合作研究

# 全球治理
## 国际竞争与合作

刘伟　张辉 ◎主编

国家开发银行研究院
北京大学中国金融研究中心

北京大学出版社
PEKING UNIVERSITY PRESS

## 图书在版编目(CIP)数据

全球治理:国际竞争与合作/刘伟,张辉主编. —北京:北京大学出版社,2017.8
ISBN 978-7-301-28629-6

Ⅰ.①全… Ⅱ.①刘… ②张… Ⅲ.①对外经济合作—研究—中国 Ⅳ.①F125.4

中国版本图书馆 CIP 数据核字(2017)第 195711 号

| | |
|---|---|
| 书　　　名 | 全球治理:国际竞争与合作 |
| | QUANQIU ZHILI: GUOJI JINGZHENG YU HEZUO |
| 著作责任者 | 刘　伟　张　辉　主编 |
| 责 任 编 辑 | 杨潇宇　李　娟 |
| 标 准 书 号 | ISBN 978-7-301-28629-6 |
| 出 版 发 行 | 北京大学出版社 |
| 地　　　址 | 北京市海淀区成府路 205 号　100871 |
| 网　　　址 | http://www.pup.cn |
| 电 子 信 箱 | em@pup.cn　　QQ:552063295 |
| 新 浪 微 博 | @北京大学出版社　@北京大学出版社经管图书 |
| 电　　　话 | 邮购部 62752015　发行部 62750672　编辑部 62752926 |
| 印 刷 者 | 北京中科印刷有限公司 |
| 经 销 者 | 新华书店 |
| | 730 毫米×980 毫米　16 开本　20.25 印张　353 千字 |
| | 2017 年 8 月第 1 版　2017 年 8 月第 1 次印刷 |
| 印　　　数 | 0001—5000 册 |
| 定　　　价 | 68.00 元 |

未经许可,不得以任何方式复制或抄袭本书之部分或全部内容。
**版权所有,侵权必究**
举报电话: 010-62752024　电子信箱: fd@pup.pku.edu.cn
图书如有印装质量问题,请与出版部联系,电话: 010-62756370

# 作者简介

**刘伟**,中国人民大学校长,教授、博士生导师。主要研究政治经济学中的社会主义经济理论、制度经济学中的转轨经济理论、发展经济学中的产业结构演变、转型经济中的产权问题。曾获孙冶方经济学著作奖(1994、1996两届),全国首届青年社会科学优秀成果一等奖(胡绳奖),第六届教育部人文社会科学优秀成果一等奖,教育部国家级教学成果一等奖等奖项。入选"新世纪百千万人才工程"国家级人才,教育部首批"跨世纪人才",2006年被教育部评为长江学者特聘教授(北京大学),1991年享受国务院政府特殊津贴。

**张辉**,北京大学经济学院副院长,教授、博士生导师。主要研究成果集中于产业经济和经济地理等方面,在全球价值链、产业结构、国家创新体系、产业集群等方面有一定研究。兼任文化部"十三五"时期文化改革发展规划专家委员会委员,商务部第二届经贸政策咨询委员会专家工作组"全球价值链专家"。曾获北京市第十一届哲学社会科学优秀成果一等奖(论文)、教育部第六届高等学校科学研究优秀成果奖(人文社会科学)一等奖等奖项。

# 主要作者简介

| | |
|---|---|
| 刘　伟 | 中国人民大学校长、教授 |
| 黄桂田 | 北京大学校长助理、教授 |
| 张　辉 | 北京大学经济学院副院长、教授 |
| 王跃生 | 北京大学经济学院国际经济与贸易系主任、教授 |
| 苏　剑 | 北京大学经济研究所常务副所长、教授 |
| 蔡志洲 | 北京大学国民经济核算与增长研究中心研究员 |
| 秦春华 | 北京大学教育学院研究员 |
| 冯　科 | 北京大学经济学院金融系副教授 |
| 樊　果 | 中国社会科学院经济研究所副研究员 |
| 刘若霞 | 中国电子信息产业发展研究院副研究员 |
| 唐毓璇 | 北京大学经济学院博士后 |
| 易　天 | 北京大学经济学院博士研究生 |
| 王　青 | 东方金诚国际信用评估有限公司研究发展部副总经理 |
| 苏　莉 | 中国太平洋人寿保险股份有限公司资产管理中心信用评估室负责人 |
| 杜艺中 | 招商证券资产管理有限公司风控合规部高级经理 |

# 序　言

2008年，国家开发银行与北京大学签署战略合作协议，启动合作研究项目。该项目在实施过程中分为三个阶段。其研究的一个重要根源在于解决内镶于当前全球经济治理秩序下中国经济结构无法实现有效转型升级的瓶颈问题。

双方合作第一期，主要从中国特色的政治经济学视角即转轨经济视角出发，研究开发性金融的理论和实践。在加入WTO之初的2000年，我国GDP只占全球的3.7%，分别只占日本的25.7%、美国的12.3%、德国的63.1%、英国的82.6%和法国的90.2%。十年过后，中国GDP总量在2010年占全球的比重上升到9.2%，达到美国GDP总量的40.4%，超过日本、德国、英国和法国，分别是其的109.9%、177.0%、250.8%、228.2%；仅仅又过了五年，到2015年，中国GDP总量占全球的比重已升至14.8%，达到美国GDP总量的60.5%，分别是日本、德国、英国和法国的263.5%、323.8%、381.4%、448.7%。

这里面的发展经验值得深刻总结和反思。一个重要的原因就是，在开发性金融的支持下，中国兴建了许多成功的基础设施，使得自身的硬件实力超前于软件实力和经济发展水平，从而在加入WTO融入全球分工体系之后，在吸引外商投资时更加具备优势，能够平稳地承接全球制造业转移。在开发性金融领域，国家开发银行扮演了至关重要的角色。在国内，国开行的投资带动了地方基础设施的超前发展，有效地推进了我国的城镇化进程；在国际业务方面，国开行的投资与随后到来的贸易体制改革前后呼应，紧密对接，一方面帮助中国在全球制造业转移中实现了超常规的发展，另一方面又对我国重点企业"走出去"起到了至关重要的辅助支撑作用。

然而与国开行的成功实践相比，其理论性的总结则稍显逊色。无论是金融学领域还是政治经济学领域，都尚未构建系统的理论体系以解释国开行的具体实践。国开行与北大的一期合作研究填补了这一理论空白。一期成果的主要贡献，就是明确了国开行在转轨经济中介于政府和市场之间的特殊定位。这一十分独特的定位，让国开行具备了得天独厚的优势和条件，让国开行的实践对中国经济产生了广泛和深刻的影响。

本书是国开行与北大合作项目的二期成果。二期研究是针对中国在未来国际化竞争中如何成功转型而做的一个前瞻性研究,研究的重点就在于在现有国际经济治理秩序下如何通过正向构造,实现一定范围内的突围,形成一定范围内以我为主的经济治理秩序,从而实现互惠共赢模式下,我国经济结构的转型升级。第二期合作研究的主要目标是,探寻新时期中国开展全球经济治理、参与全球经济秩序重构的新思路和新举措,以及国开行在其中应该扮演的角色。

本书的主要贡献是,尝试指出一条在现行全球经济秩序下的中国突围转型之路。本书的核心观点是,借鉴日本东亚"雁行理论",运用"一带一路"来指导中国在全球经济治理中的实践,形成以中国为枢纽点的全球价值双环流空间格局,构建由中国在一定空间范围内正向构造合作共赢秩序的国际经济体系。20世纪初,日本经济学家赤松要首次提出"雁行理论",指导二战后的日本经济获得了巨大成功。在以日本做领头雁的雁阵中,亚洲"四小龙"是雁身,"五小虎"、中国内地是雁尾。该雁阵持续了四十多年,直至1997年亚洲金融危机爆发才解体。期间,雁阵不仅助推日本从工业化加速国一跃成为世界一流发达经济体,而且辐射带动了处于工业化初期的亚洲"四小龙"进入工业化加速阶段,成为新兴市场和工业化经济体,那些处于传统农业社会阶段的"五小虎"和中国内地则相继进入工业时代,并逐步进入工业化加速和后工业化经济发展阶段。

放眼中国,经过改革开放三十多年来的快速发展,中国贸易总量不断提升,经济实力显著增强。2008年金融危机以来,世界经济格局发生深刻变化。首先,我国所处的亚洲在全球经济中所占份额,按2005年不变价格计算,1970年占全球GDP的17.03%,2012年则占31.10%,超过欧洲成为全球经济第一大洲;其次,中国处于工业化加速关键期,需要平衡产业升级换代和产业转移之间关系;再次,中国人民币国际化初见成效,需要为巨额外汇储备寻找更好的投资渠道;最后,中国正处于区域大国向世界大国转型期,需要一套适应自身发展的全球治理机制。如何把握历史机遇,构建"以我为主"的国际经济"全球价值双环流体系",成为中国冲破既有全球经济秩序、提升全球经济治理能力的关键所在。本书在系统梳理"英美交权""美苏争霸"等重大事件的演进历程后,认为必须充分尊重国际政治经济塑造的客观规律,巧妙运用政治、经济等"硬实力"和科技、文化等"软实力"协同发挥作用的内在逻辑,不断调整社会治理与经济治理、产业升级与产业转移、市场开拓与品牌打造、政府引导与市场决定间的平衡关系,逐步形成以中国为枢纽点的全球价值双环流空间格局。

全球经济一体化正在进入新阶段,发展中经济体正在逐步成为全球化的主要力量。就在世界经济与全球贸易发生新变化的关键时期,保守主义有所抬头,一股"逆全球化"之风开始蔓延,全球各方面摩擦不断,贸易谈判受阻,全球经济放缓,各种冲突矛盾不断。非洲、中东地区局势不稳,"东海""南海"问题,英国脱欧等背离全球经济一体化的问题接踵而至,可以看到旧有的全球化模式出现重大问题。此时的中国也正处于产业升级和产业转移的关键时期,需要降低因全球贸易受阻而造成的负面影响,开辟出一条适合中国自身发展的全球治理模式。结合对历史大国海外经济战略的回顾与反思和对周边经济体的深度剖析,"一带一路"愿景出现了。"一带一路"愿景是在中国经济"新常态"下提出的,战略思路形成于2013年,完善于2014年,实施于2015年。"一带一路"发展构想从沿线国家间的互联互通开始,勾画出推动世界经济发展的包括商品流通、货币流通、政策和文化沟通等重要元素的新图景,并把基础设施建设投资作为当前扩大贸易的实际举措。"一带一路"是在经济全球化的转折关头,中国积极参与并推动世界经济发展的重大举措,为全球经济治理注入的新能量,指出的新方向。

本书在综合考察了中国与全球主要政治经济实体的竞争合作关系后,认为中国主导的全球价值双环流体系应当将亚非拉地区(尤其是撒哈拉以南的非洲和中南美洲)作为潜在的带动辐射区,全面深化与上述地区在政治、经济、科技、文化等领域的合作,确立体系内的主导话语权,继而扩大在全球范围的经济治理影响力。与此同时,在探索以中国为主导的发展中国家经济合作模式中,提出了基于五个战略协同的"一带一路"思想构架。

本书的第一篇是关于全球治理机制的研究。本篇首先梳理总结了全球治理的概念和主要理论,在时间上将全球治理划分为三个阶段,系统介绍了美国、苏联(俄罗斯)和日本等国的全球治理实践,从中总结出大国全球治理的一般规律和经验教训,并运用这些经验教训反思中国当前面临的进一步崛起困境,为中国未来的全球治理提出策略和建议。

第二篇进一步论述了当前中国崛起面临的外部困境,主要阐释了如何应对二元化国际秩序对中国中长期发展的挑战。过去30年间,中国在全球经济中所占份额大幅增加,国际地位明显提高。但在国际关系方面,与中国交往的很多国家在经济上依赖中国的同时在政治上却选择依附其他大国。这种经济、政治影响力不匹配的"二元化"问题越来越成为中国发展的障碍。本篇借鉴日本在20世纪70年代的雁阵模式,提出了构建以中国为雁头的新雁阵模式,通过强化雁头(中国)与雁身(东盟诸国)、雁尾(非洲、拉美地区发展中国家)的经济联系,以经济促政治,解决"二元化"问题。

第三篇系统梳理了中国海外合作的历程。本篇指出在中外合作历史中产生过重大影响的东亚朝贡体系根源于"重农抑商"思想衍生出的国家利益观。随着农业退出对国家财富的主导地位,朝贡体系思想不再适合指导构建国际关系体系的实践。在新时期,中国必须通过制定合理国际联盟战略、加强国家间合作关系、建立海外密切合作区域等多种手段来保障中国的长远国家利益。

第四篇重点研究如何加强与亚非拉广大发展中国家的合作。首先,在合作主体上,本篇充分肯定了民营企业在参与亚非拉合作中的优越性和必要性,指出在发展与亚非拉国家合作的进程中,民营企业相对于国有企业在金融地位上受到歧视,建议打破这种不对等的金融格局,支持民营企业"走出去"发展亚非拉业务。其次,在合作方向上,本篇运用产品生命周期理论和边际产业扩张理论,给出了中国对非直接投资的战略建议,并以国开行的中非发展基金为例,对提出的宏观策略建议进行了实践检验。最后,以实践论证了开放性金融在统筹推动发展中国家经贸合作、推动中资企业"走出去"中的重要作用。

第五篇在分析全球地缘政治的基础上,建议选取撒哈拉以南非洲作为中国现阶段的海外密切合作区。本篇认为应当以纺织产业和能源产业作为中非展开密切合作的战略切入点,将撒哈拉以南非洲发展为在政治上、经济上均和中国保持良好关系的一元化区域。在产业"走出去"的过程中,要注重探寻合理的企业合作模式,完善资金、法律、政策环境,巧妙构建多方共赢的合作框架。

第六篇着重探讨了中国应如何加快重构国际政治经济格局,为转变国内经济增长方式、引领经济新常态提供良好的外部国际环境。本篇首先阐述了中国经济与世界经济相互依存的辩证关系,指出适宜的世界经济结构是中国转变发展方式的必备条件,重申了经济新常态下中国参与全球经济治理的重要意义。本篇随后重点分析了对促进中非一体化进程起着关键作用的中(国)南(非)贸易,论证了中南贸易互利合作的双赢特征,为中国在更广泛的地区构建国际政治经济新格局提供了可资借鉴的模式。

第七篇围绕如何提升中国在国际经济事务中的议程设定能力展开。参与设定国际经济议程是一国影响全球经济政策的最初甚至是最重要的阶段。本篇首先聚焦"大国崛起的资源环境困境",提出中国应当通过主导构建新的国际资源环境规则,在确保国家资源环境基本安全需求的同时,维护全球资源环境配置的公平与正义。其次,本篇选取中国现阶段亟待完善的知识产权问题作为研究重点,建议包括中国在内的广大发展中国家熟悉国际知识产权保护议题的谈判策略,努力发掘现行机制的灵活空间,争取合理的知识产权保护水平。

第八篇回顾和反思了历史上四个大国在发展过程中拓展国际空间的范式,从最早的武力征服和殖民统治,到后来的商品输出与资本输出。我国正处于经济崛起阶段,发达国家在发展过程中的历史经验对我国应对当前全球经济合作中遇到的问题具有参考作用。本篇最后阐述了在当前中国经济"新常态"下,"一带一路"的提出所具有的重要历史必然性。它将为中国在当前复杂的经济政治环境下构建出以中国为主导的辐射欧亚非的区域治理平台,开拓适合中国自身发展条件的区域经济发展模式,同时其五个协同战略,体现了"一带一路"在全球治理中的合理性、开放性与包容性。

为加强经济、金融研究及其他合作,国家开发银行和北京大学本着"相互支持、密切合作、平等互利、共同发展"的原则,于2008年10月签署合作共建北京大学中国金融研究中心协议。该战略协议的签订和研究的开展不但离不开国家开发银行对我国开发性金融事业和发展经济学理论多年的开创性努力和实践应用,而且更离不开国家开发银行对北京大学的一贯支持和信任。本项研究的开展也是大学服务社会、融入国家前沿改革实践的一个重要创举,不但将高校和国家开发银行的发展有机地结合了起来,而且也会有力地推动北京大学应用经济学科与国民经济建设更好地结合起来。

战略协议签署后,国家开发银行即与北京大学进行了合作研究,圆满完成了第一期课题"开发性金融和新兴市场国家发展经济学研究"(2008—2010)与第二期课题"全球治理格局变动下的国际竞争与合作研究"(2011—2012),目前正在开展第三期合作研究"全球双环流下中国与亚非拉协同机制研究"。

本书是国开行与北大合作项目的二期成果的转化与应用,笔者希望本书能够对每一位读者有所裨益。感谢中国电子信息产业发展研究院刘若霞副研究员以及北京大学经济学院博士后唐毓璇、博士研究生易天等对于书稿的修订和校正工作。在此,对所有关心和帮助过本研究得以完成的机构和人员表示衷心的感谢。

最后,由于时间、精力和水平有限,书中难免存在不少缺陷甚至错误,敬请读者不吝批评指正。

北京大学中国金融研究中心<br>
2017年8月

# 目 录

## 第一篇　全球治理机制研究

**第一章　全球治理的概念、主要理论及大国经验** ……………… (3)
　　第一节　全球治理的概念与内涵 ………………………………… (3)
　　第二节　全球治理的主要理论 …………………………………… (5)
　　第三节　全球治理的大国经验与教训 …………………………… (17)

**第二章　中国的全球治理：现状、挑战与策略** ……………………… (30)
　　第一节　中国全球治理的实践与现状 …………………………… (30)
　　第二节　中国进一步崛起之困 …………………………………… (36)
　　第三节　中国未来全球治理的策略建议 ………………………… (38)

## 第二篇　二元化国际秩序对中国中长期发展的挑战

**第三章　改革开放后中国经济增长及国际地位变化** …………… (45)
　　第一节　世界各国经济增长情况比较 …………………………… (45)
　　第二节　改革开放后中国的经济增长 …………………………… (51)
　　第三节　中国与世界其他国家经济发展情况的比较 …………… (58)

**第四章　中国对外经贸合作中的"二元化"现象及其对策** ……… (65)
　　第一节　改革开放以来中国对外经贸合作的发展及其特点 …… (65)
　　第二节　对外经贸合作中"二元化"的产生、表现及应对策略 … (72)
　　第三节　中国对外经贸合作的"雁阵模式" …………………… (81)

## 第三篇 海外密切合作区域：大国强盛的条件

### 第五章 东亚朝贡体系 ……………………………………………… (99)
第一节 东亚朝贡体系的发展历程 ……………………………… (99)
第二节 东亚朝贡体系的本质 …………………………………… (103)

### 第六章 联盟战略以及中国的选择 ………………………………… (118)
第一节 联盟战略的基本内涵 …………………………………… (119)
第二节 联盟战略的主要类型 …………………………………… (120)
第三节 中国联盟战略的选择 …………………………………… (127)

## 第四篇 亚非拉的发展：中国未来长期稳定发展的前提与基础

### 第七章 鼓励民营企业发展亚非拉业务 …………………………… (135)
第一节 民营企业发展亚非拉业务的必要性 …………………… (135)
第二节 金融不对等为推进民营企业发展亚非拉业务带来困境 ……………………………………………… (138)
第三节 推进民营企业发展亚非拉业务的策略建议 …………… (143)
第四节 国家开发银行支持民营企业"走出去"的成功案例 …… (145)

### 第八章 中国对非洲直接投资的发展方向研究 …………………… (151)
第一节 中国对非直接投资的研究现状和理论基础 …………… (151)
第二节 中非发展基金的探索 …………………………………… (159)
第三节 中国企业对非洲投资存在的问题 ……………………… (163)
第四节 中国企业对非洲直接投资的策略建议 ………………… (166)

## 第五篇 撒哈拉以南非洲：现阶段较适于发展成为中国的"密切合作区域"

**第九章 我国纺织产业转型的"非洲战略"** ……………………（173）
　　第一节　中国纺织产业的发展 ……………………………（173）
　　第二节　"非洲战略"可行性分析 …………………………（177）
　　第三节　现存的问题与解决建议 …………………………（185）

**第十章 中国对非洲能源投资的最优模式研究**
　　　　——基于中法合作的视角 ……………………………（189）
　　第一节　中国的对非投资 …………………………………（189）
　　第二节　中法合作拓展非洲市场 …………………………（191）
　　第三节　合作模式探究 ……………………………………（199）

## 第六篇 国际经济体系转型：中国发展模式转换的国际条件

**第十一章 中国经济转型与新常态的国际经济条件** ………（211）
　　第一节　问题的提出 ………………………………………（211）
　　第二节　中国经济发展模式与世界经济结构相互依存 …（212）
　　第三节　世界经济结构大调整是新常态战略的外部原因 …（216）
　　第四节　中国经济新常态有助于世界经济结构走向平衡 …（221）
　　第五节　中国经济新常态需要适宜的国际经济条件 ……（223）

**第十二章 中国与南非贸易的模式与理论** …………………（226）
　　第一节　中国与南非贸易的发展 …………………………（226）
　　第二节　中国与南非贸易分析 ……………………………（227）
　　第三节　中南发展贸易的重要性 …………………………（236）

## 第七篇 中国议程格局的变化

### 第十三章 国际经济格局变化下的中国资源环境议程建设 ……（241）
- 第一节 中国资源环境议程能力基础与现状 ……（242）
- 第二节 中国资源环境议程建设面临的总体形势及主要着力点 ……（245）
- 第三节 政策建议 ……（250）

### 第十四章 TRIPS 与 TRIPS-PLUS 下的国际知识产权保护及后发国家应对 ……（253）
- 第一节 国际专利保护发展历史及中国专利保护演进 ……（253）
- 第二节 TRIPS 与 TRIPS-PLUS 机制及其启示 ……（257）
- 第三节 TRIPS 与 TRIPS-PLUS 下发展中国家（中国）的应对方案 ……（263）

## 第八篇 中国经济"新常态"下的"一带一路"愿景

### 第十五章 典型发达国家高速发展阶段海外区域战略的回顾与反思及对我国的启示 ……（271）
- 第一节 近代史上四个世界领导者崛起阶段海外发展战略的基本特征 ……（272）
- 第二节 大国崛起阶段海外发展战略的反思 ……（283）

### 第十六章 基于中国经济"新常态"下的"一带一路"愿景 ……（289）
- 第一节 "一带一路"的历史渊源 ……（289）
- 第二节 全球经济格局与"一带一路" ……（291）

# CONTENTS

## Part I  Research on Global Governance Mechanism

**Chapter 1  The Concept of Global Governance, the Main Theory and the Experience of the Great Powers** ······ (3)

The Concept and Connotation of Global Governance ············ (3)

The Main Theory of Global Governance ·························· (5)

The Experience and Lessons of Great Powers in Global Governance ······························································ (17)

**Chapter 2  Global Governance in China: Present Situation, Challenges and Strategies** ·············································· (30)

Practice and Present Situation of Global Governance in China ······ (30)

Dilemma of China's Rise ···················································· (36)

Strategic Suggestions for Future Global Governance in China ······ (38)

## Part II  The Challenge of the Dualistic International Order to China's Mid-and Long-term Development

**Chapter 3  Changes in Economic Growth and International Status of China after Reform and Opening** ······························ (45)

Comparison of Economic Growth Around the World ············· (45)

China's Economic Growth after Reform and Opening ············ (51)

Comparison of Economic Development Between China and Other Countries ······························································ (58)

**Chapter 4  The Phenomenon and Countermeasures of Dualization in Economic and Trade Cooperation Between China and Foreign Countries** ······ (65)

The Development and Characteristics of Economic and Trade Cooperation of China after Reform and Opening ······ (65)

The Cause and Manifestation and Countermeasures of Dualization in Economic and Trade Cooperation Between China and Foreign Countries ······ (72)

The "Flying Geese" Model of Economic and Trade Cooperation Between China and Foreign Countries ······ (81)

## Part III  Close Cooperation Areas Overseas: the Condition of Prosperity of Great Powers

**Chapter 5  The Tributary System of East Asia** ······ (99)

The Development Course of the Tributary System of East Asia ··· (99)

The Essence of the Tributary System of East Asia ······ (103)

**Chapter 6  Alliance Strategy and China's Choice** ······ (118)

Basic Meaning of Alliance Strategy ······ (119)

Main Types of Alliance Strategy ······ (120)

China's Choice of Alliance Strategy ······ (127)

## Part IV  The Development of Asia, Africa and Latin America: Premise and Foundation of China's Long-term Stable Development

**Chapter 7  Encouraging Private Enterprises to Develop Business in Asia, Africa and Latin America** ······ (135)

The Necessity of Private Enterprises Developing Business in Asia, Africa and Latin America ······ (135)

The Predicament Brought by Non-equivalence in Finance of Promoting Private Enterprises to Develop Business in Asia, Africa and Latin America ······ (138)

Strategic Suggestion for Promoting the Private Enterprises to Develop Business in Asia, Africa and Latin America ······ (143)

Successful Cases of China Development Bank Supporting Private
Enterprises to Go Out ········· (145)

**Chapter 8  Research on Development of China's Outward Investment
in Africa** ········· (151)

The Recent Studies and Theoretical Basis of China's Outward
Investment in Africa ········· (151)

China-Africa Development Fund ········· (159)

The Problems of Chinese Enterprises in Investment in Africa ······ (163)

The Implications and Suggestions of Chinese Enterprises in
Investment in Africa ········· (166)

## Part V Sub-Saharan Africa: Suitable to Be China's Close Cooperation Area at This Stage

**Chapter 9  Africa Strategy of China's Textile Industry
Transformation** ········· (173)

The Development of China's Textile Industry ········· (173)

The Feasibility Analysis of Africa Strategy ········· (177)

The Existing Problems and Resolving Suggestion ········· (185)

**Chapter 10  Research on the Optimal Pattern of China's Energy
Investment in Africa, Based on the Perspective of the
Sino-French Cooperation** ········· (189)

China's Investment in Africa ········· (189)

The Sino-French Cooperation Developing African Market ········ (191)

Exploration of Cooperation Pattern ········· (199)

## Part VI  The Transition of the International Economic System: International Conditions of Transition of China's Development Pattern

**Chapter 11  International Economic Conditions for China Economic
Transformation and the New Normal** ········· (211)

The Propositions ········· (211)

Interdependence Between China's Economic Development Pattern
and the World Economic Structure ·················· (212)
The Adjustment of World Economic Structure Becomes the
External Cause of the New Normal Strategy ·················· (216)
China's New Normal Contributes to the Balance of the
World Economic Structure ·················· (221)
China's New Normal Requires Appropriate International
Economic Conditions ·················· (223)

**Chapter 12  Pattern and Theory of Trade between China and
South Africa** ·················· (226)
The Development of Trade Between China and South Africa ······ (226)
Analysis in Trade Between China and South Africa ·················· (227)
The Importance of Developing Trade between China and
South Africa ·················· (236)

## Part VII The Change in China's Agenda Structure

**Chapter 13  The Agenda Construction of China's Resources Environment
under the Changing International Economic Structure** ······ (241)
The Foundation and Current Situation of the Agenda Ability
of China's Resources Environment ·················· (242)
The Circumstances and Main Focuses of the Agenda Construction
of China's Resources Environment ·················· (245)
Policy Suggestions ·················· (250)

**Chapter 14  International Intellectual Property Protection under TRIPS
and TRIPS-PLUS and the Response of the Latecomers** ······ (253)
The History of International Patent Protection and the
Evolution of China's Patent Protection ·················· (253)
The Mechanism of TRIPS and TRIPS-PLUS and the
Implication ·················· (257)
The Response of Developing Countries (China) to TRIPS and
TRIPS-PLUS's ·················· (263)

## Part VIII  Vision on "The Belt and Road" under the Circumastance of China's Economic "New Normal"

**Chapter 15  Review and Rethinking on Overseas Regional Strategies of Typical Developed Countries in the Phase Of High Speed Development and the Implication to China** ················ (271)

The Basic Features of Overseas Development Strategies in the Rising Phase of Four Leading Countries in Morden History ···································· (272)

Rethinking of Overseas Development Strategies in the Rising Phase of Big Countries ······································· (283)

**Chapter 16  Vision on "The Belt and Road" Based on The Circumastance of China's Economic "New Normal"** ························ (289)

Historical Origins of "The Belt and Road" ···················· (289)

The Structure of Global Economy and "The Belt and Road" ······ (291)

# 第 一 篇

# 全球治理机制研究

**本篇概要**

　　本篇紧紧围绕"全球治理机制"这一主题,对全球治理概念的内涵进行了界定,对相关理论进行了梳理,并系统考察了美国、苏联(俄罗斯)、日本等主要大国,以及韩国、印度等新兴经济体全球治理的实践过程,得出了大国崛起过程中全球治理的一般规律和经验教训,最后从中国崛起的外部困境出发,立足对中国当前治理现状的分析,提出了对中国下一步开展全球治理、促进自身崛起的策略建议。

　　本篇目的在于了解全球治理的概念内涵和相关理论、全球治理的发展脉络以及主要大国全球治理的实践过程和经验教训等,理解中国全球治理的现状和进一步崛起之困境,进而掌握"中国为什么要实施全球治理""如何开展全球治理"等问题。

本篇将要讨论的问题:

- 全球治理的概念是什么?已有哪些理论研究?
- 美国全球治理实践的经验是什么?
- 中国作为大国进一步崛起尚存在哪些困难?
- 中国全球治理的现状如何?对中国未来全球治理有哪些建议?

# 第一章 全球治理的概念、主要理论及大国经验

研究全球治理机制,首先要弄清楚的一个问题是"什么是全球治理"。本章首先对全球治理的概念和内涵进行了界定,紧接着梳理了全球治理的相关理论。经济治理是全球治理的核心,自从哥伦布发现新大陆开启了全球历史,经济治理便在各大国的崛起进程中相伴而生了。从初期的暴力征服、建立殖民地、实施垄断贸易,到后来通过世界贸易体系和工农业"剪刀差"获取暴利,再到 20 世纪下半叶以来,通过低附加值产业和环节转移、进行价值链治理等,全球经济治理的实践极其丰富。同样,理论方面也是百花齐放,本章重点探讨了全球价值链治理理论和"中心—外围"理论。在社会治理方面,涉及领域很广,相关的理论研究也比较多,其中比较有代表性的包括传统的威慑理论,以及近年来兴起的"软权力"理论等。这里将以"软权力"理论为重点,讨论社会治理的相关理论基础。

## 第一节 全球治理的概念与内涵

### 一、治理的起源

在古代,治理与统治一词的意思基本相同,长期以来它主要用于与国家公共事务相关的管理活动和政治活动中。"'治理'(governance)一词源自于拉丁语和古希腊语中的'引导领航'(steering)一词,原意系指统理(govern)、引导或操纵之行动或方式,经常与'统治'(government)一词相互交叠使用。"民族国家兴起以后治理一词主要被限用于与国家事务相关的宪法议题和法律活动,以及处理各类利害关系不同的特定机构或专业单位之间的行为。

1989 年世界银行在《撒哈拉以南非洲问题的报告》中首次使用了"治理危机"(Crisis in Governance),明确指出治理就是"为了发展而在一个国家的经济与社会资源的管理中运用原理的方式"后,治理才被赋予新的含义,不仅涵盖的范围远远超出了传统的经典意义,而且其含义也与统治相去甚远,并

成为全球化时代划分两种不同管理方式的标志性词汇。不同的学科、不同的学者对它的定义各不相同,侧重点和认识角度也存在一定的差异。例如务实的学者将治理视作改革的途径;联合国等组织以"善治"作为目标,在发展中国家进行大规模的改革计划。

## 二、全球治理的概念及内涵

全球治理,作为一种理论,被世界银行、联合国以及各国学者所重视和研究;作为一种实践,也在各国相应举措中得到越来越多的体现。那么到底什么是全球治理呢?

传统的观点多针对生态、人权、移民、毒品、走私等全球性问题,依托具有约束力的国际规则来解决这些问题(俞可平,2002)。1995 年,"全球治理委员会"的报告认为,"全球治理是各种公共的或私人的个人和机构管理全球共同事务的诸多方式的综合……"戴维·赫尔德(2001)认为,"全球治理不仅意味着正式的制度和组织——国家机构、政府间合作等制定(或不制定)和维持管理世界秩序的规则和规范,而且意味着所有的其他组织和压力团体——从多国公司、跨国社会运动到众多的非政府组织,都追求对跨国规则和权威体系产生影响的目标和对象"。

在国际政治学里,"全球治理"是一种基于全球政治视角,超越传统国家间政治界线的制度变革,它所强调的是全球多元主体共同参与、协商,形成有序、自治、非正式制度化的管理机制,其对于治理主体的界定是,由国家中心向多元主体转变。然而,国际政治学里的"全球治理"只是全球治理在全球化时代以来的一个特定阶段的部分表现,而且其对治理主体的界定也存在明显的理想主义——处于"公民社会"的多元治理主体在共同的公民意识的指导下,通过最优化制度设计的国际秩序来实现共同利益的理论设想,这显然不具有很强的可操作性。

显然,前面的定义都已经无法承载这个词的内涵,本章认为,全球治理是一个国家从自身的国家利益出发,在全球范围内配置经济、社会等各类资源,使其他国家适应、配合自身的发展,最终实现本国崛起的过程。全球治理的主体,是以国家为核心的多元主体,包括政府、政府间组织、跨国公司和非政府组织等。全球治理的过程,又可分为经济治理和社会治理,前者不言自明,社会治理即各类非经济领域的治理总和,包括政治、军事与外交、文化与教育、民生与人权、环境等多个领域。一般而言,经济治理是大国全球治理的核心,而社会治理往往是为经济治理服务的。

## 第二节 全球治理的主要理论

### 一、全球价值链的治理理论①

全球化进程的加剧催生了对于全球价值链的研究。在经济全球化过程中,产业链在全球范围内进行了空间重组,各个价值片段广泛地散布于全球不同的地理空间,并形成了"集群"。在全球化的时代,世界经济的运行离不开地方产业集群的发展,而在经济全球化进程中,地方行为主体只有两个选择,要么主动利用现有资源积极地应对全球经济提出的新需求,从而建立特有的竞争优势,促进区域经济的繁荣;要么消极地对全球治理做出反应,从而在全球化进程中被边缘化,最终失去利用自身潜力获取竞争优势的机会。因此,全球价值链的治理也就上升到国家战略的层面,治理者与被治理者之间的关系,也就演变成为治理者所在国家与被治理者所在国家的关系。

所谓的全球价值链,是指为实现商品或服务价值而连接生产、销售、回收处理等过程的全球性跨企业网络组织,涉及从原料采集和运输、半成品和成品的生产和分销,直至最终消费和回收处理的整个过程。它包括所有参与者和生产销售等活动的组织及其价值、利润分配。当前,散布于全球的处于全球价值链上的企业进行着从设计、产品开发、生产制造、营销、出售、消费、售后服务到最后循环利用等各种增值活动。下面主要阐述全球价值链的理论框架及其对产业发展的影响。

(一)全球价值链的驱动机制

全球价值链拥有众多的功能环节,包括核心与非核心(关键与非关键)环节。根据核心环节的不同,格里芬等人提出了生产者驱动和购买者驱动两种模式,认为全球价值链条的驱动力基本来自生产者和购买者两方面。

生产者驱动,是指由生产者投资来推动市场需求,形成全球生产供应链的垂直分工体系,投资者可以是拥有技术优势谋求市场扩张的跨国公司,也可以是力图推动地方经济发展建立自主工业体系的本国政府。跨国公司通过控制全球的市场网络,组织商品与服务的销售、外包与海外投资,形成产业的前后向联系,并最终形成生产者驱动的全球价值链条。

购买者驱动,是指拥有强大品牌优势和国内销售渠道的经济体通过全球采购和OEM等生产组织起来的跨国商品流通网络,形成强大的市场需求,

---

① 本小节选编自张辉等(2007)。

拉动那些奉行出口导向战略的发展中地区的工业化。购买者驱动的价值链条主要是由大型零售商、著名的品牌授权公司以及贸易代理公司等大型跨国公司控制的全球生产网络,典型的企业包括家乐福、沃尔玛、耐克、锐步以及伊藤忠商事等。这些企业的总部设在核心国家,生产集中在低薪资的边缘地带,而半边缘地区负责协调,生产网络具有典型的空间分工协作特点。

表1.1从动力根源、核心能力、进入门槛、产业分类、典型产业部门、制造企业的业主、主要产业联系、主导产业结构和辅助支撑体系、典型案例十个方面对此进行了比较研究。

表1.1　生产者和购买者驱动的全球价值链比较

| 项目 | 生产者驱动的价值链 | 购买者驱动的价值链 |
| --- | --- | --- |
| 动力根源 | 产业资本 | 商业资本 |
| 核心能力 | 研究与发展;生产能力 | 设计;市场营销 |
| 进入门槛 | 规模经济 | 范围经济 |
| 产业分类 | 耐用消费品;中间商品;资本商品等 | 非耐用消费品 |
| 典型产业部门 | 汽车;计算机;航空器等 | 服装;鞋;玩具等 |
| 制造企业的业主 | 跨国企业,主要位于发达国家 | 地方企业,主要在发展中国家 |
| 主要产业联系 | 以投资为主线 | 以贸易为主线 |
| 主导产业结构 | 垂直一体化 | 水平一体化 |
| 辅助体系 | 重硬件轻软件 | 重软件轻硬件 |
| 典型案例 | 英特尔、波音、丰田、海尔、格兰仕等 | 沃尔玛、国美、耐克、戴尔等 |

除生产者驱动和购买者驱动的产业链条外,在实际的经济活动中,还有"混合驱动"的产业链条。这类产业链条的特点在于同时具备了生产者驱动和购买者驱动的特征。IT行业是其中的一个典型代表,IT行业公认的核心竞争力来源于CPU等硬件设施和操作系统这类典型的生产环节,然而在流通环节中表现较出色的企业,例如戴尔,也在产业链中扮演了重要角色。从全球价值链驱动力的区别来看,不同的价值链条应该有着不同的市场竞争规则。以产业资本为原动力的生产者驱动,其全球价值链条更加强调技术的研究与发展、生产工艺的不断改进、产品的不断更新、通过产业的垂直一体化来强化规模经济效应和加强基础设施等硬件的建设完善等方面内容;而以商业资本为原动力的购买者驱动,其全球价值链则强调市场营销、拓展销售渠道以获得范围经济,将制造业从产业链条中分离出去和加强信息等软环境的建设等方面内容。对于混合驱动的全球价值链就要具体情况具体分析了。

对生产链条驱动机制的研究,实际上所探讨的是发达国家与发展中国家在经济全球化浪潮中如何分工协作、如何竞争的问题。尤其是对于以中国为代表的发展中国家而言,如何在发达国家通过分工体系攫取巨额理论的时候,利用全球经济一体化所带来的机遇完成产业升级,并最终成为发达国家。

(二)全球价值链的治理者与被治理者

即使全球分工不再有任何有形或无形的障碍,发展中国家的企业也不可能自动地进入全球市场,因为任何产业在全球都被有限的几个企业所治理或控制。这些领导型企业"在全球价值链上承担着产业功能整合和全球不同地区诸多经济活动的协调和控制",因此这些领导型企业在一定程度上把握着全球商品贸易的走势。

治理者的能力很大一部分来源于研发、设计、品牌和市场渠道等无形竞争力,这些无形竞争力一般都有高门槛和高回报的特性,因此由发达国家企业掌握;相反,被治理者一般都趋向于从事治理者所规定的生产加工等有形活动,这些活动一般以门槛低和回报低为主要特性,所以多由发展中国家承担。

全球价值链理论的一个基本思路就是,一个价值链条中众多的价值环节并非创造等量价值。实际上只有某些特定的价值环节才能创造更高的附加值,而某些辅助或支撑环节并不创造价值。这并不能说明它们不重要,这些高附加值的价值环节一般就是全球价值链上的战略环节,谁抓住了这些战略环节谁就抓住了整个价值链,也就控制了该行业,那它就是这条价值链的治理者。例如,我国虽然在家电领域中的彩电、冰箱、空调、洗衣机和 VCD 等行业有很高的市场占有率,不过从战略环节上看,彩电的战略环节是数码技术和显像管,冰箱、空调和洗衣机的战略环节是压缩机,VCD 的战略环节是解码器,这些设备国内企业基本不能生产,大多依赖进口或合资生产,因此在这些产业中,中国还处于被治理者的地位。

由此可见:要保持全球产业竞争优势,关键是掌握该产业全球价值链上的战略环节。对应于全球价值链的两种驱动模式,这种战略环节在生产者驱动的全球价值链中一般存在于生产制造领域,而在购买者驱动的全球价值链中该环节一般会位于流通领域。例如,英特尔在计算机行业中的竞争优势来源于其在中央存储器方面的技术优势,但是戴尔在计算机行业中的竞争优势则来源于其覆盖全球的强大销售和服务体系而非个人电脑的关键技术。

(三)全球价值链下的产业升级

全球价值链下的产业升级主要有以下四个具体方面:工艺流程升级、产品升级、产业功能升级和价值链条升级,如表 1.2 所示。

表 1.2　购买者驱动价值链产业升级一般轨迹

| 项目 | 工艺流程 | 产品 | 产业功能 | 价值链条 |
|---|---|---|---|---|
| 发展轨迹 | ↓ | | | → |
| 实证 | 委托组装(OEA)<br>↓<br>委托加工(OEM)<br>→ | 自主设计和加工(ODM)<br>→ | 自主品牌生产(OBM)<br>→ | 链条转换,如从收音机到手机等 |
| 经济活动中非实体性程度 | 随着附加价值不断提升,经济活动非实体性或产业空心化程度也不断提升 | | | → |

　　工艺流程升级是通过提升价值链条中某环节的生产加工工艺流程的效益而达到超越竞争对手的目的,提高原材料的利用率和存货周转率是其中两个重要的途径。产品升级是通过开发、引进新产品或提高已有产品的效率来达到超越竞争对手的目的。产业功能升级是通过重新组合价值链中的环节来获取竞争优势的一种升级方式。价值链条升级是从一个产业链条转换到另一个产业链条的升级方式,例如中国台湾企业从生产晶体管、收音机转到生产计算器、电视,再到生产电脑监视器直至掌上电脑等的一个过程。不过这种转换一般都来源于突破性创新。

　　对以上四种产业升级方式,众多研究表明其内部是有一定规律可循的。普遍认为产业升级一般都依循从工艺流程升级到产品升级,再到产业功能升级,最后到链条升级这一升级规律,这一规律基本上可以通过东亚众多国家的工业化进程来加以佐证。此外,在产业升级过程中,随着产业升级的不断深化,参与价值链中的实体经济活动的环节也变得越来越稀少,这从一个侧面说明了全球产业转移实际上是高低不同附加值的价值环节,在空间上的一次优化调整和再配置。

　　此外,全球化使得价值链条的升级轨迹并非一成不变,例如当技术出现突破性创新的时候,就是一个突破常规升级轨迹的好时机。波特在其《竞争论》中提过,1960 年纽约布法罗市的两位医生和一位电机工程师,合作发表了一篇关于自行消毒、芯片移植的脉搏器的论文,而远在外地的电子医学公司也正在研发这类产品,因此在几个月内就买下了这项技术的专利权并独家开发了这项新产品。如果纽约布法罗市本地有相关的产业集群,其中的企业就能把他们的成果产业化,他们的成就就会更有经济价值,当地的价值链条也将得到升级。这也告诉我们突破性技术创新一般只有那些已经融入了该产业价值链条的企业或地方产业集群才能够把握住,由此,要谋求产业升级,尤其是突破价值链条一般发展规律的产业升级,就要融入全球价值链中而不要太介意是低端融入还是高端融入。这对于中国的产业升级和全球价值链治理具有重大的借鉴意义。

经过上面的分析,可以发现:全球价值链的理论,尽管是对产业链、价值链治理的探讨,但由于经济全球化的作用,产业链、价值链在全球范围内进行了重构,形成了一批地方化产业集群,它就成了国家之间的经济治理理论。全球价值链的治理理论告诉我们:首先,根据自身已有条件和价值链的治理模式,找到最合适的切入点或价值环节;其次,根据该价值链的驱动机制,确定价值链条的增值路径,以此来安排发展战略、谋求产业升级;最后,关注和抓住该价值链中的突破性创新,来获取价值链的跨越式发展。

**二、国际分工格局的"中心—外围"理论**

正如全球价值链的治理理论诞生于经济全球化的背景之下,"中心—外围"理论的产生也有着深刻的经济背景,这就是二战后形成的北方工业国和南方农业国之间不平等的治理秩序。正如它的提出者阿根廷经济学家劳尔·普雷维什所述,资本主义世界由"中心"与"外围"构成。"中心"表现为生产结构的多样化与同质化,主要由西方发达国家构成;"外围"表现为生产结构的专业化与异质化,包括广大的发展中国家。"中心"与"外围"之间这种生产结构的巨大差异并不导致它们自成体系,并相互独立。恰恰相反,它们之间是相互联系的,就像事物的两极,两者互为条件,共同构成了一个动态统一的世界经济体系。

关于"中心—外围"理论的相关论述最早可以追溯至普雷维什于1945年5月向拉美经济委员会(Economic Commission for Latin America and Caribbean)递交的题目为《拉丁美洲的经济发展及其主要问题》的报告。普雷维什在报告中指出:"在拉丁美洲,现实正在削弱陈旧的国际分工格局,这种格局在19世纪获得了很大的重要性,而且作为一种理论概念,直到最近仍继续发挥着相当大的作用。在这种格局下,落到拉丁美洲这个世界经济体系外围部分的专门任务是为大的工业中心生产粮食和原材料。"可以看出,普雷维什描述的世界经济分工体系被分割成了两个部分,"中心"与"外围":其中"中心"是指当时的资本主义强国组成的工业中心,而"外围"则是指包括拉丁美洲在内的向工业中心输送粮食与原材料的部分国家。生产结构和经济分工上的巨大差异使得"中心"与"外围"之间的关系并不对等,然而两者并非分属于两个不同的系统,而是构成了一个动态统一的经济体系。概括起来,"中心—外围"理论描述了这一经济系统的三个特性——整体性、差异性与不平等性。

有关整体性,即在"中心—外围"体系中,"中心"和"外围"并不是分属于不同的经济体系,而是共同构成了当时的世界经济体系,维系这一体系运转的正是"中心"与"外围"之间迥然不同的国际分工。在这种国际分工形式中,世界经济体系的"中心",也即治理者由首先取得技术进步的国家构成;而世界经济体系的"外围",即被治理者由技术上落后的国家构成。"中心"与"外围"的形成可以认为是技术进步的成果在世界经济体系中产生以及传播的不平衡所导致的,并最终导致了"中心"与"外围"的差异性和不平等性,具有历史的必然性。

有关差异性,顾名思义是指"中心"与"外围"经济结构的差异性。普雷维什认为,技术进步并非在整个经济体系中均衡地产生,而是首先在"中心"集中发生,进而通过传播扩散至"外围",最终在整个经济体系中相对均衡地分布。"多样性"和"同质性"是"中心"经济结构的两个重要特征。"多样性"可以表述为,"中心"国家的产品具有广泛的领域,包括资本品、中间产品以及最终消费品等一系列工业制成品;而"同质性"可以理解为"中心"的经济结构与"外围"相比具有明显的技术进步性,这一技术领先贯穿于"中心"国家的整个经济。而与"中心"相比,"外围"国家的经济结构则具有很大的不同。一方面,在世界经济体系中,"外围"国家的经济结构具有专业化的特征,对初级产品的生产消耗了这部分国家绝大部分的生产资源,而工业制成品主要依赖于来自"中心"的进口。另一方面,"外围"国家的经济结构又具有异质性的特点,劳动生产率低与劳动生产率高的经济部门同时存在,技术落后与接受"中心"技术扩散的部门同时存在。

而不平等性是"中心—外围"理论的第三个主要方面,同时也是该理论的关键点与最终落脚点所在。根据普雷维什归纳出的"中心—外围"体系产生、维持和变迁的动因,他认为"中心"和"外围"的经济地位是不对等的,两者的关系也是不对称的。普雷维什的"中心—外围"理论,从贸易体系出发,展现了二战后西方发达国家全球经济治理的基本图景:发达国家向发展中国家输出工业产品和服务,而后者通过向前者出口初级产品,以换取外汇购买工业产品和引进技术。然而,在这种贸易格局下,发展中国家是处于被治理者和依附者的地位的。"中心—外围"理论指出,这一方面是由于殖民主义和工业革命的影响不同,造成"中心"和"外围"一开始就处在发展进程的不同起点上;另一方面是由于技术进步的利益在"中心"与"外围"之间的不平等分配、贸易周期运动对"中心"与"外围"的不同影响、初级产品的需求收入弹性大大低于制成品等因素的影响,与工业品相比,初级产品的贸易条件不断恶化,而长期恶化的贸易条件所导致的是"中心"与"外围"的不平等性进一步加大。当然,"中心—外围"的地位并不是固定不变的,而是随着经济的发展,处于动态变化中的。

根据"中心—外围"理论,"中心"与"外围"之间严重的不平等现象普遍存在于资本主义这一国际分工体系之下。"外围"国家要摆脱这种不利的地位,往往采取出口导向的发展战略,但由于技术的落后性,大都只能以劳动密集型产业替代初级产品的生产出口。然而这样的制度安排实际上是对发展中国家面临的贸易条件长期恶化问题的妥协,在长期层面并不能从根本上解决这一问题。与出口导向相比,实行进口替代工业化是一种可行方式。所谓的"进口替代",就是发展中国家优先发展某些工业来替代进口,并以这些优先发展起来的工业来推动整个现代化进程的一种发展战略。20 世纪五六十年代,普雷维什和辛格提出了进口替代工业化战略,此后亚非拉许多发展中国家都在不同程度上实行了进口替代战略的举措。

尽管"中心—外围"理论的实践结果并不成功,20 世纪 80 年代以后,很多拉美国家纷纷放弃了这一战略,但是,这一理论对于发展中国家的影响却非常深远,时至今日仍有许多遗留问题,对于塑造全球发展的格局起到了重要的作用。更重要的是,中国改革开放前的"闭关锁国",事实上也是这一理论的实践写照,因此,在讨论全球治理机制的时候,自然不能略过。此外,虽然这一理论主要谈的是发展中国家的发展,但也在一定程度上揭示了当时发达国家开展全球经济治理的实质,即让初级产品的贸易条件恶化,对于处于"世界加工厂"地位的中国,应有不少启迪。

### 三、"软权力"理论

软权力(soft power),或者被译为"软实力",是由美国哈佛大学肯尼迪政府学院院长约瑟夫·奈(Joseph S. Nye, Jr.)于 1990 年针对当时美国人普遍对于美国衰落的担忧而提出来的。20 世纪 70 年代随着美国在越南战场上的失利,1971 年以美国宣布停止美元与黄金的固定汇率为标志的布雷顿森林体系的土崩瓦解,加之 1983 年的石油危机,美国在经济、军事上的失意使得越来越多的美国人开始担心美国是否已经在走下坡路了,"衰落论"风靡一时。在这样的背景下,约瑟夫·奈在其 1990 年出版的《注定领导世界:美国权力性质的变迁》一书,以及于同年在《对外政策》杂志上发表的题为《软权力》一文中,最早明确地提出和论述了软权力的概念,并迅速地在全球传播开来。

(一)"软权力"

约瑟夫·奈在论述影响他人行为方式的基础上,把权力分为"硬权力"和

"软权力"两个方面,从而阐述了其"软权力"思想。他指出,有很多种影响他人行为的方式,既可以通过威胁和奖励他人,也可以通过吸引他人,来达到自己的目的。前者是运用"硬权力",后者是施展"软权力"。在奈看来,"硬权力"指的是通常同诸如军事和经济力量那样的具体资源相关的"硬性命令式权力"(hard command power),"软权力"指的是与诸如文化、意识形态和制度等抽象资源相关的、决定他人偏好的"软性同化式权力"(soft co-optive power)。简单来说,"硬权力"的核心在于强迫,即通过威胁或者奖励等手段迫使别人改变自己的行动意愿,做实际上并不愿意干的事情,具体表现是"胡萝卜"加"大棒"的政策;而"软权力"则是通过文化吸引力、意识形态或者政治价值观的感召力以及塑造国际规则或者提出国际议题能力等方面,促使各国自觉地接受其各项决断的合法性、遵循现行国际规则,最终间接地达成满足其偏好的结果。

归纳而言,约瑟夫·奈所说的"软权力"具体包含以下内容:第一,文化(culture)吸引力。他所说的文化是指具有全球吸引力的文化。文化是一个内容很广也很模糊的概念,宗教、语言、教育、生活方式、电影、电视、报纸、网络、饮食等都可以包括在文化的范畴之内。很显然,具有全球吸引力的文化无疑是构成"软实力"的重要基础。在他看来,美国在这方面具有很多的"软权力",美国文化是其"软权力"的重要源泉。正如奈所说:不管我们做什么,美国的大众文化都具有全球影响,好莱坞、有线电视网和互联网的影响无所不在。

除了大众文化,更重要的是知识,尤其是社会、经济理论等"软权力"对于一国实施其全球战略意图有着重要的引导作用。资本主义强国推崇古典经济学的自由贸易理论,宣扬贸易自由,要求所有国家都向它们开放市场,倾销商品。而"进口替代"作为发展中国家应对"二元结构性"收入不平等而提出的可行方案,从诞生的那天起,就遭受了发达资本主义强国的攻击与批判。暂不讨论"进口替代"对于发展中国家发展的效果如何,单就古典经济学的自由贸易理论的传播导致发展中国家也泛滥一种否定"进口替代"战略的思潮这一点,可见一国经济理论等知识文化对于其他国家的影响力。知识的传播与理论的学习,重要的途径之一就是教育。落后国家总是有模仿发达国家的驱动力,对于落后国家来说派出国内精英分子学习发达国家先进的科学技术与社会科学理论是它们实现跨越发展的途径之一;对于发达国家来说,吸引他国知识分子到本国学习,接受本国的文化观念、意识形态、知识理论等,是将这些精英分子培养成接受本国价值观并将所学理论运用到他国发展实践的重要一步。

第二，意识形态(ideology)或政治价值观念(political values)的吸引力。意识形态和价值观念同样也是难以定义的概念。奈本人在论及"软权力"源泉的时候，常常把理念(ideas)、政治价值观念(political values)等概念和意识形态概念加以混用(张晓明，2005)。

第三，塑造国际规则和决定政治议题的能力。奈在1990年出版的《注定领导世界》中明确指出，如果一个国家可以通过建立和主导国际规范(international norms)及国际制度(international institutions)，从而左右世界政治的议事日程，那么它就可以影响他人的偏好和对本国国家利益的认识，从而具有"软权力"，或者具有"制度权力"(institutional power)。奈在2004出版的著作《软权力》中，使用了"塑造国际规则"的提法，"如果一个国家可以塑造(shape)国际规则(international rules)，使之与自己的利益和价值观念相吻合，其行为就更可能在他人看来具有合法性。如果它可以使用和遵循那些能够引导和限制他国自愿行为的制度和规则的话，那么它就没有必要使用代价高昂的胡萝卜与大棒"。

当然，"软权力"的来源并不仅仅限于上面三个方面，奈在其《软权力》中提到的信息技术、国家政策等也能塑造国家的软权力，并提出"信息权力"(information power)，他认为以信息技术的发展和互联网的出现为标志的信息革命，通过民主和权力分散化将非政府组织带入权力的争夺中来。创造知识的国家，也能产生吸引力，信息技术也许是"最重要的权力源泉"。

(二)"软权力"与"硬权力"

值得一提的是，文化等作为"软权力"的一个部分，并非奈的独创，而且国家层面有意识的"软权力"治理也早已有之。美国、日本、德国等国家在经济腾飞时，无一例外地选择在发展"硬权力"的同时，大力地提高"软权力"。美国最早把文化和产业链接起来，依靠市场机制大力发展文化产业，从一个文化资源小国而跃升为文化超级大国，90年代以后文化生产成为美国最富于活力并为美国带来巨大经济效益的产业。日本和韩国在成功实现经济起飞后为了进一步提高自身的国际地位，都把建立文化大国和树立良好国际形象作为重要的发展战略。早在1979年，当时的日本首相大平正芳就提出了"文化立国"的口号，认为日本已经进入了重视文化的时代。

尽管整体而言，与经济、军事等传统意义上的"硬权力"相比，"软权力"并没有引起足够的重视。直到90年代，为应对保罗·肯尼迪的《大国的衰落》中提到的美国衰落论，约瑟夫·奈提出的"软权力"日益成为美国在处理国际事务时依赖的力量，尽管美国的权力构成发生了变化，但是国家并没有衰落。在冷战时期，大国主要依靠军事力量来维持国际体系的平衡，"硬权力"是东西方对抗的轴心。然而随着苏联的解体,美苏之间全球军事对抗随之消失,经济、文化等非军事因素在国际关系中发挥的作用也日益突出。

当然,随着"软权力"地位的提高和各国对于"软权力"的重视,"硬权力"这个在过去几个世纪一直占据统治地位的权力代表,并没有就此陨落,退出历史的舞台。相反,"软权力"与"硬权力"是相互依存的关系。哈佛大学教授塞缪尔·亨廷顿(Samuel Huntington)认为,军事和经济上的失败会导致自我怀疑甚至是认同危机,而物质上的成功往往会使文化、意识形态等更具吸引力,因此"硬权力"是构成"软权力"的基础,或者说"硬权力"的实力决定了"软权力"的影响力。从这层意义上说,"软权力"是构建在"硬权力"的基础之上的,越过经济等"硬权力"去大力提高意识形态和国际秩序议题等"软权力",其结果必然是徒劳无功的。

约瑟夫·奈也肯定了这一说法,他提出"硬权力"能够产生"软权力",比如说军事和经济力量的强大,可以用武力抢占电台,影响事件的报道;经济力量意味着可以投入大量的资金用于援助、民间交流、对外宣传、为国外留学生提供奖学金、为其他落后国家提供免费参观机会,宣扬其成功经验和国家政权组织形式。或者说,以"硬权力"镇压,以"软权力"来感召驱使民众自觉认同。以美国为例,在二战中,美国投在日本广岛和长崎的原子弹加速了日本的投降。在美国占领日本后并没有实行激化矛盾的奴役和掠夺,而是对日本实行和平改造,输出美国号称的"民主、自由"理念,以强大的军事和经济实力为依托,以自身文化的感召力来获取认同,使一个军国主义国家,昔日的敌国,最终成为美国密切的盟友。日本人崇尚强者的"武士道"精神,让他们对曾经痛击他们的美国毫无仇视,反而有一种对强者的崇拜。反观同样是与日本互为敌手,并取得中日战争胜利的中国,由于自身"硬权力"的不足,不仅没能得到对方的道歉,而且也没得到对方的尊重。一样是二战中的战胜国,但却获得了不同的待遇,这是值得深思的。

但是,有时"硬权力"的使用也会制约"软权力"。2003年美国绕过联合国进攻伊拉克就是最好的例证。美国这一依仗强大的"硬权力"而蔑视国际条例的单边主义行动也极大地损害了美国自身的国际亲和力,又削弱了其对国际规则和文化发展战略国际机制的控制力;"虐囚事件""黑水保安事件"重创了美国的"人权卫士"形象,令美国人向来引以为傲的人权价值观"软实力"受到强烈的冲击;事与愿违,伊拉克没有成为美国大中东计划的关键第一步,却成为滋生恐怖主义的温床,美国式的民主在伊拉克不仅没有吸引力,反而激起了更多的恐怖主义(李霞,2010)。

那么,相较于传统的"硬权力","软权力"对一国在全球范围内的影响力、国家利益以及实施国家战略时的影响路径有什么区别？约瑟夫·奈指出："如果一个国家能够使其权力在别国看来是合法的，那么它在实现自己意志的时候就会较少受到抵抗。如果它的文化和意识形态具有吸引力，那么别的国家就会更愿意效仿。如果它能建立起与其社会相一致的国际规范，那么它需要改变自己的可能性就会很小。如果它能够帮助支持那些鼓励其他国家按照主导国家所喜欢的方式采取或者限制自己行为之制度，那么它在讨价还价的情势中就可能没有必要过多地行使代价高昂的强制权力或者硬权力。简言之，一个国家文化的普世性和它具有的建立一套管理国际行为的有利规则和制度之能力，是至关重要的权力源泉。在当今国际政治中，那些软权力源泉正变得越来越重要。"

因此，硬权力是软权力的基础，软权力是硬权力的柔性表现；而软权力的运用又有助于使得一个国家在国际上占领道德的制高点，获得广泛的支持，为其硬权力创造出一个相对有利的外部国际环境。

（三）软抗衡

各国施行"软权力"和"硬权力"的过程中，在以美国为代表的"一超独霸"的全球非对称时代，软抗衡和软制约成为世界舞台上国家关系的新亮点。所谓的"软抗衡"理论是由芝加哥大学国际关系教授罗伯特·佩普（Robert Pape）于2005年提出的。他指出，美国推行的单边主义军事政策，促使世界其他主要国家对其抗衡，即利用国际机构、经济策略和外交安排等手段来抗衡，如果取消，软抗衡即消失，否则软抗衡很可能就演变成硬抗衡。罗伯特对于软抗衡理论的见解立足于"软反美"，美国在军事和经济上的超强优势，使得其他国家无法硬抗衡美国霸权，才不得已采取软抗衡的手段。

军事实力的差异、经济的相互依存度使得"硬抗衡"无法实现，因此"软抗衡"成为应对之策。软抗衡既不同于硬对抗也不同于恐怖主义等极端形式，而是防御性的自保，是旨在避免成为美国霸权的牺牲品，而自发形成的不合作行为。例如在伊拉克战争前夕，作为北约盟国的土耳其拒绝向美国提供进攻伊拉克的通道，致使美军调整攻伊计划，增加了战争成本，这在美国看来，就是一种"软抗衡"。

"软抗衡"理论与约瑟夫·奈的"软权力"理论都是将视角从美国自身转移到美国之外，从新的角度来探讨在非对称时代和信息时代，如何应对对于美国霸权的挑战，在"后美国的时代"保持其超然的霸权地位。对于其他国家来说，顺应时代的潮流，抓住全球化的机遇，加快地区一体化的进程，发出共同有力的声音是抗衡霸权的途径之一。毕竟从根源上说，真正对于美国霸权提出挑战的，不是软抗衡，而是加速的地区一体化，最终将形成欧盟、亚洲一体化,美洲自贸区,南非共同体均衡的局面,软抗衡只不过是这个过程中的产物。崛起的大国或一体化地区,出于自保的目的以及对于霸权的不满,软性抗争已经成为常态。

(四)策略

"软权力"理论的提出,为一国实施全球社会治理提供了一个新的思路,对于新兴发展中国家而言,有利于进一步挖掘教育、科技、文化、人权等社会领域方面的资源,制定创新的全球战略,谋求自身的发展。

同时,基于"软权力"与"硬权力"间的相互联系的事实,在全球范围内进行治理时,须认识到两者间的逻辑关系,制度创新、文化凝聚力、高科技研发能力以及国家形象、国际机制的控制能力等非经济的因素作为乘数,对经济"硬权力"起到的倍增或者递减效应。例如,二战后美国建立的布雷顿森林体系以及确立美元为世界货币都为美国攫取了巨额经济利益。在2008年金融危机后,美国大量地发行美元,造成美元贬值,相当于向全世界征收大量的"铸币税"。

当然,也要认清"软权力"是构建在经济等"硬权力"的基础之上的,任何不顾及自身经济、军事实力,追求意识形态和政治制度的行为都是不成功的。美苏争霸最终以苏联解体结束恰好说明了这一点,意识形态之争所引发的东西方两大阵营愈演愈烈的军备竞赛成为苏联国家活动的重心,导致经济瘫痪、人民基本的消费生活都无法保障,而美国虽然同样拥有巨额的军费开支,但其将军用技术转为民用进而刺激经济增长,使其经济完全能支撑住其他支出。无经济"硬权力"为基础的"软权力"之争必将以失败告终。

法力德·扎卡里亚在2008年出版的《后美国的世界》中提到,在过去的500年间,世界上有三次重要的权力转移:第一次权力转移是西方世界的崛起,始于15世纪,在18世纪末其转移速度加快,催生了科学技术、资本主义和工业革命;第二次权力转移是19世纪末美国的崛起,美国完成工业化后,在20世纪的绝大部分时间里,在世界经济、政治、科学和文化领域都占据主导地位,尤其是在苏联解体后更是成为唯一的超级大国;当前,我们正经历着第三次权力转移,即"其他力量的崛起",这一时期主要是新兴市场国家,例如巴西、中国、墨西哥、印度等亚非拉国家的经济飞速发展,在政治舞台上拥有越来越多的话语权,其巨大的市场和强劲的经济增长为其要求改变以美国为主导的国际秩序增添了砝码。在后美国的权力分散的时代,权力的争夺要求各国在传统的经济、军事等"硬权力"的基础上,必须重视"软权力"的塑造,而"软权力"的来源也正是各国治理尤其是社会治理的着重点。

## 第三节 全球治理的大国经验与教训

### 一、全球治理中的美国

(一) 美国全球战略思想的演变及其动向

1. 演变

在短短两百多年的时间,美国即从殖民地一跃成为全球唯一的超级大国,源于其成功的全球治理实践,这可以从美国全球战略思想的演变中体现出来。如表 1.3 所示。

表 1.3 美国全球战略思想的演变

| 时间 | 倡导者 | 基本国情 | 战略思想主要特征 |
| --- | --- | --- | --- |
| 美国独立到二战初期 | 华盛顿 | 建国初期,国力弱小 | 孤立主义:不卷入欧陆纷争,避免对外政治联系 |
| 二战中后期 | 富兰克林·罗斯福 | 英法衰落、美国崛起 | 世界主义:建立美国一国统治全球的国际战略结构 |
| 二战结束到里根上台 | 杜鲁门、里根 | 美国成为超级大国,实力超群 | 杜鲁门主义、里根主义:全球扩张 |

从独立战争到二战初期,是美国实力的储备期,"孤立主义"处于主导地位;倡导美国保持"超然地位",不卷入欧洲旧大陆的纷争;在发展商业关系的同时,美国尽可能避免同外国发生政治联系,避免同任何外国订立永久性同盟,以维护美国自身的独立、领土完整和选择自由。美国建国初期国力弱小,无力同英法等欧洲列强抗衡,因此它既不愿意让欧洲各国涉足北美,也无意卷入欧洲的政治旋涡。但是奉行"孤立主义"的外交原则并不意味着不对外扩张。随着资本主义的发展,美国需要尽可能广阔的国外市场,因而它不久之后就开始向美洲大陆和亚太地区大力扩张。但是这时美国的影响范围大体局限在美洲大陆。

二战中后期,美国的全球战略思想开始由"孤立主义"变为"世界主义",建立起由大国共同支配世界到美国一国统治全球的国际战略结构。罗斯福等人设计了一套建立战后世界秩序、实现"美国世纪"的办法,通过主导成立联合国、国际货币基金组织、世界银行和"关税和贸易总协定"等,为战后整个世界格局的确立奠定了基石。

从二战结束到里根上台,是不断遏制共产主义的时期,美国的战略思想趋于理论化、多样化和系统化。二战结束后出现的"杜鲁门主义",标志着美国的对外政策彻底摆脱了孤立主义的影响,开始由局部扩张转变为全球扩张。里根上台,提出"星球计划",展示了美国全球战略的膨胀。

可以发现,美国全球战略主导思想的演变是以国家实力的起伏为转移的。事实上,华盛顿的"孤立主义"和罗斯福的"世界主义"并无本质差别,只不过是根据本国实力地位谋求美国利益的不同方式罢了,也体现了社会治理与经济治理必须要保持均衡的理念。美国的决策者既不做超出自己实力的蠢事,这样才有了美国实力的储备时期——孤立主义阶段;也不放过任何一个在海外谋求美国利益的可能和机会,以谋求世界霸权,这样才有了"杜鲁门主义"和"里根主义"等(刘德斌,1988)。

2. 动向

1990年,美国学者约瑟夫·奈最早明确提出了"软权力",他将美国的世界权力划分为"硬权力"和"软权力"。奈特别强调"软权力"在经济全球化、信息化时代的重要性,在美国引发了很多人的共鸣,使得美国人开始对美国在世界的领导力进行反思。美国在这之后的全球治理实践在一定程度上受到了"软权力"这一战略思想的影响,美国人更加注重政治文化影响的作用,试图用美国的价值标准把一个多元文化的世界统一起来,进而实现冷战后"美国统治下的和平"。

在继续遏制老对手俄罗斯方面,"软权力"的作用尤为明显。在克林顿政府时期,美国借助非政府组织,成功地在俄罗斯的后院国家推广美国的政治、经济和文化理念,并最终导致格鲁吉亚、乌克兰、吉尔吉斯斯坦等国家改变政权,从而将美国势力渗透到俄罗斯的家门口。在这一过程中,美国没有动用一兵一卒,也没有挥舞经济制裁大棒,这完全是"软权力"在发挥作用(吴凯,2010)。

小布什执政期间,自恃国内经济状况稳定,抛弃了克林顿政府时期的行之有效的外交战略,在"9·11"事件的刺激下,奉行了先发制人的进攻性战略和单边主义政策,过度依赖"硬权力",而忽视了"软权力",使得美国陷入外交困境。

奥巴马上台后,实施"软实力"和"硬实力"相结合的"巧实力"战略,力图摆脱外交困境、重塑美国的道义威望和领导力。奥巴马刚当选总统就说:"对这些想知道美国的灯塔是否还依然明亮的人们来说,今天晚上我们再次证明,美国真正的力量不是靠我们军队的威力,不是靠我们国家的财富,而是来自我们理想持久的威力,这就是民主、自由、机会和坚定不移的希望。"

(二) 美国全球治理的三阶段

1. 殖民主义时代(美国建国至 1945 年)

从美国建国到二战之前,为了阻止和进一步排斥欧洲列强在西半球的政治影响,使美洲和欧洲"脱离接触",从而为美国在西半球的扩张扫清了道路,出现了"门罗主义",其中的不干涉原则和美洲体系原则成为美国夺取西半球霸权的主要工具,确立了美国在西半球的地位。这一时期在美洲大陆上进行领土扩张最大的国家其实正是打着不再殖民原则幌子的美国。从 1819 年到 1853 年,美国在北美大陆上通过掠夺、兼并和购买的方式扩张的领土达 130 万平方英里,将近于 1819 年以前美国国土面积的 80%(罗荣渠,1963)。到 19 世纪四五十年代,为了增加蓄奴州的人口、发展种植园的经济,南部奴隶主对墨西哥发动了肆无忌惮的侵略。但是,由于美国固有的"孤立主义"的限制,美国的势力活动范围主要局限在美洲大陆,这也是美国根据本国实力地位谋求利益的现实选择。

欧洲列强大都曾经控制过广阔的殖民地,为争夺殖民地进行了多次殖民战争,并将对手的殖民地作为战利品据为己有。但是美国与欧洲老牌殖民国家把征服的领土单单作为殖民地的做法不同,美国在美洲大陆的扩张是为了把更多的陆地纳入美国的领土范围,是把它作为美国的一个个州,通过联邦制度捆绑在一起,如 1836 年它先策动原属墨西哥的得克萨斯省独立,成立共和国,随后于 1845 年吞并得克萨斯,使其成为美国的第 28 个州。正如我国学者王苴(2010)所说:"19 世纪上期美国的领土拓展,具有一定的历史进步性,但不是'扩张',而是美国的'形成',是美国走向成熟的过程。"

在领土扩张的手段上,美国为了避免过多地触及老牌殖民帝国的利益,往往采取双边协商基础上的贸易购买方式,以获取大量的廉价土地。例如 1803 年趁法国在欧洲战场上形势不利以 1 500 万美元的低价从拿破仑手中买下了路易斯安那,1867 年趁沙俄克里米亚战败以 720 万美元购得阿拉斯加,至 50 年代除加拿大外,北美南部全都列入美国的版图。通过这些灵活的手段,既扩张了国土,又避免了与老牌殖民帝国的直接冲突,秉承了其"孤立主义"的战略思想。到 19 世纪末,美国已经成为东临大西洋、西濒太平洋的世界大国,获得了无与伦比的地缘优势。

领土扩张后,美国联邦政府通过"宅地法"等措施,鼓励东部居民与欧洲移民在西部建立农场,牵起了始于 18 世纪 90 年代的"西进运动"的高潮,更刺激了大量海外移民的涌入,为美国的发展提供了大量优质的产业工人。西部的煤、铁、铜、锡、金、银等矿藏被大量开采,为美国后来能够在第二次工业革命中崭露头角奠定了资源基础。到 19 世纪下半叶,一个个新的工商业中心,如芝加哥、圣路易斯等城市拔地而起,一个充满希望的新西部诞生了。

随着国内经济的发展,美国需要拓展商品倾销市场,而这时美国面对的是已被瓜分完毕的殖民地。为避免过多地与老牌殖民帝国发生冲突,在运用"仲裁外交"解决与大英帝国争端的同时,提出"门户开放"的政策,以此来为美国的工业化和产业升级奠定基础,逐步取得了经济霸权,并在经济霸权的基础上去争夺世界霸权。美国"新左派"外交史学家沃尔特·拉菲伯将这种不是通过在政治、经济上控制殖民地,而是通过贸易手段来进行扩张而建立起来的帝国称为"新帝国"。当然,美国偶尔也会采取军事手段与一些小的殖民国家争夺殖民地,例如在1898年的美西战争中打败了早已衰落的西班牙。

可以发现,殖民主义时代,美国的全球治理基本是恪守"孤立主义"的战略思想的,当然,随着美国经济实力的快速提升,美国也有一些灵活的调整;经济治理与社会治理是高度结合的,主要局限于现在的美国境内,通过领土扩张、引入移民,促进了新扩张地区的土地开发,同时注重商业扩张、倾销商品。

2. "两极格局"阶段(1945—1991)

二战结束后,美国综合实力遥遥领先,一跃成为与苏联并列的超级大国。同时,英法等老牌殖民帝国深受重创,美国抓住自身的有利地位,突破了二战前"孤立主义"思想的束缚,逐步发展为全球核心治理者。

二战后,美国主导建立了世界经济的"三驾马车"——关贸总协定、国际货币基金组织和世界银行,建立布雷顿森林体系与美元—黄金本位制,确立了全球经济治理者地位。首先,美元的霸权地位使美国得以大规模地征收国际铸币税。其次,美元的霸权地位使得美国能够长期支持其巨额贸易赤字,因为美元可以通过贬值,减轻外债负担,刺激出口,以改善国际收支情况。仅在1985年3月至1986年3月的一年间,通过美元贬值就减轻了美国约1/3的债务(张群发,2008)。最后,美元霸权使得美国政府可以持续获得低成本的国际融资。其他国家有相当大一部分美元储备又流回美国,并主要用于投资美国国债,但获取的回报率极低。在现在看来,建立以美元为主导的国际货币体制,增加了美国在经济治理领域的"软权力"。

战后初期,美国通过"马歇尔计划",向欧洲大幅输出资本,转移国内落后的产业和价值环节,强化了对全球价值链的控制。而"曼哈顿计划"等军事项目的实施及商业化,推动了以计算机和原子能为标志的新科技革命的到来,美国国内经济长期高速增长、产业升级势头迅猛,稳固了美国经济治理的全球领导者地位。此外,美国还加强了对发展中国家的投资,发展南北贸易,优化农矿初级产品供应环境,以获取"工农业剪刀差"。为了加强对殖民地资源和市场的控制,美国在事实上默许和纵容了殖民地的民族解放运动,殖民地纷纷取得了民族解放和政治独立,进一步瓦解了老殖民主义体系,打击了英法等老牌殖民帝国对殖民地市场的垄断权力,极大地促进了美国对殖民地地区的资本和商品输出。

在社会治理方面,美国为了维护"工农业剪刀差",采取政治、军事等多种手段,将更多的发展中国家拉入全球市场,并积极遏制和分化资源、能源供应国的卡特尔行为。同时,随着60年代后德国、日本的迅速复苏,对美国构成了严峻的挑战,美国开始采取了一系列手段,例如贸易保护政策,以遏制竞争对手。1985年,美国更迫使日本签署了《广场协议》,逼迫日元大幅升值。此外,美国积极反共、反赤化,不惜以战争手段维护自己的势力范围,例如发动了朝鲜战争、越南战争等。同时,美国还积极发挥自身的"软权力",引入全球的智力资源,输出自己的文化、价值观等。在二战期间,美国就通过提供奖学金、科研经费等各种方式吸引外来科技人才,如爱因斯坦等科学家。二战结束后美国之所以经济得以快速发展,其中一个重要原因就是他们从欧洲猎取了大量高素质人才,为美国的发展带来了智力资源。

两极格局下,美国霸权地位得以建立和维护,数十年间,美国虽然遇到了苏联、德国和日本等多重的威胁,但凭借卓有成效的全球治理,始终保持着优势。纵观新殖民主义阶段的美国全球治理,可以发现:美国成功地根据自身的条件和机遇,制定了相匹配的战略,即坚持经济治理与社会治理的均衡,在强化"硬权力"基础的同时,日益重视"软权力",从而成功瓦解了多个竞争对手。

3. 全球化时代(1991年以来)

苏联解体以后,美国成为全球唯一的超级大国。进入新世纪后,美国加紧推行其全球战略,试图创建一种新的"全球治理"理念,以谋求实现美国"治下的世界和平"。美国全球战略的核心就是依仗军事这种"硬权力"的优势,并结合美国文化、民主、国际规则制度等"软权力"的影响,遏制竞争对手,重新塑造美国主导下的世界新秩序,建立美国独霸全球的单极世界。

在经济治理方面,美国在积极推动国内产业升级的同时,鼓励资本输出和产业转移,推动经济全球化的发展,通过对全球价值链的控制,谋取附加值的最大化。当然,美国的产业转移从二战结束后的"马歇尔计划"就已经开始了,如表1.4所示。

表 1.4 美国的产业转移与价值链治理

| 时间 | 承接国家或地区 | 转移的产业或环节 | 国内重点发展的产业 |
| --- | --- | --- | --- |
| 二战结束初期 | 日本和联邦德国 | 技术密集程度较低的纺织、钢铁、造船以及普通工业机械 | 新兴通信、电子、自动化工业等技术密集型产业 |
| 20世纪60年代 | 韩国、中国台湾、葡萄牙、西班牙、希腊等新兴工业化国家和地区 | 高能耗、高物耗的劳动密集型产业 | 发展精密化工、机械制造、汽车以及电子集成电路等能源消耗少、附加值高的技术与资本密集型产业 |
| 20世纪70—80年代 | 亚洲"四小龙" | 具有"重、厚、长、大"特征的钢铁、造船和化工等重化工业以及汽车、家电等部分资本密集型产业 | 高附加值、低能耗的计算机、信息技术等技术与知识密集型产业 |
| 20世纪90年代以来 | 亚洲"四小龙"和中国内地等新兴国家和地区 | 开始涉及技术与知识密集型产业价值链上的低附加值环节 | 信息网络技术为代表的高科技产业 |

从跨国公司所处的行业类型来看,不仅包括了第二产业中的劳动密集型产业跨国公司以及资本和技术密集型产业的跨国公司,近年来处于第三产业特别是生产型服务业的跨国公司也开始在国际产业转移活动中崭露头角。

通过在全球市场配置经济资源,因地制宜地将附加值相对较低的产业或价值链环节转移到国外,而在国内保留高附加值产业或价值链环节,美国实现了国内产业的升级与换代,在全球价值链的治理中实现了自身收益的最大化,同时也降低了对能源、矿产等初级产品生产国的依赖。

自1992年美国政府提出"信息高速公路"等一系列的高新技术经济导向政策,如今信息业和服务业已是美国最大的两个产业,稳居世界一流水平。此外,美国着重打造其拥有的世界上最具活力和最健全的教育和培训体系,以强化知识经济时代的竞争力,例如克林顿政府制订了"终身学习计划"、半工半读的"国民服务计划"、帮助青年上大学的"贷款改革计划"以及对失业工人的"再培训计划"等。当然,随着产业升级势头的减弱,以及互联网泡沫的破灭,为了维持经济增长,美国启动了房地产市场,也进一步助长了投机活动,加剧了制造业的空心化,直接导致了2007年的全球金融危机,更阻碍了美国全球经济治理能力的提升。

同时,凭借自身经济和军事实力的坚强后盾,美国在社会治理方面也动作频频,打着"民主""人权"的旗号,绕过联合国,实施单边主义,甚至必要时

"先发制人",大行干涉乃至发动局部战争,以拔除一些共产主义的遗留势力和异己,让各国都融入美国所主导的国际规则制度中。例如通过北约东扩,排挤俄罗斯,并于1999年通过北约发动科索沃战争推翻了米诺舍维奇政府,2001年发动阿富汗战争推翻了塔利班政权,并策划和援助了独联体国家的一系列颜色革命,包括格鲁吉亚的"玫瑰革命"(2003年)、乌克兰的橙色革命(2004年)等。当然不可否认的是,美国的许多行动也是服务于其全球经济治理的,例如军事介入的海湾战争(1991年)、伊拉克战争(2003年),策划和援助的中东、北非"茉莉花革命"(2010年)等,从而强化了对产油国的控制。

很显然,全球化时代以来,美国的经济治理和社会治理出现了一定程度的不均衡,过度的社会治理给美国经济自身带来了严重的危害,过度的"硬权力"治理也导致美国"软权力"的下降,最终导致美国全球治理能力走上下坡路。当然,毫无疑问,美国仍然是全球最有实力的治理者,无论是在经济领域还是社会领域,而且,随着美国对其治理策略的进一步调整,美国的全球影响力仍将继续保持。

(三)美国在全球治理实践中的经验

两百多年来美国参与和领导全球治理的实践,有颇多可圈可点之处,当然,也有一些遗憾与不足,这些对于后进国家而言,不失为一笔宝贵的财富。

1. 经济治理与社会治理均衡,"硬权力"与"软权力"均衡

除了20世纪60年代的越南战争和21世纪初小布什执政时期的单边主义外,美国长期恪守这一准则,这也是美国能够在短短两百多年里快速崛起的重要基础。在经济实力较弱的情况下,美国遵循"孤立主义"的战略思想,社会治理也限于当今的美国范围;而到了二战后,美国成为超级大国,确立了"世界主义"的战略思想,主导了全球治理格局,包括重建了以美国为中心的全球贸易体制,和以美元为中心的全球货币体制——布雷顿森林体系;此外,在坚持"硬权力"的基础上,着力发挥自身的"软权力"优势。

2. 灵活处理与现行治理者的关系,避免直接的军事冲突,同时,把握各种机遇谋求突破

在殖民主义时期美国快速崛起的阶段,面对市场的不足,美国选择了商业扩张,以及与英国的仲裁外交等灵活策略,使得英国主动"禅让"相关的利益和地位,而非德国、日本那样的军事挑战策略。同时,美国也抓住了许多机遇,实现了全球治理的突破性进展,例如早期土地扩张抓住法国、俄罗斯的不利时机,以购买形式获得了大量的廉价土地。

**3. 鼓励私人对外投资和产业转移,控制全球初级产品生产与全球价值链**

一直以来,私人对外投资都是美国对外投资的主力军,更是产业转移的主要途径,美国政府也积极鼓励私人对外投资,建立一系列的配套政策与服务措施。通过对外投资,美国跨国公司控制了许多发展中国家的初级产品生产,从而分享了新兴经济体经济增长的红利;另一方面,美国跨国公司牢牢掌握价值链的战略环节,借力模块化生产,打造全球供应链,在全球范围内配置资源,实现了对全球价值链的治理和自身利润的最大化。

**4. 国内产业升级是对外产业转移和全球价值链的治理的基础**

自二战以来,美国几乎历次大的产业转移,同时都伴随着国内的产业升级,无论是早期"曼哈顿计划"带来的新科技革命,还是后来的"星球大战计划"的商业化,或是90年代的互联网发展引领的新一轮产业升级。脱离了国内产业升级的对外产业转移,将会导致国内产业竞争力进一步下降和产业空心化,美国的跨国公司也将丧失全球价值链治理者的地位,这是英国的教训也是美国的经验。

## 二、全球治理中的苏联(俄罗斯)

苏联(俄罗斯)一直是国际社会关注的焦点之一。苏联(俄罗斯)幅员广阔,拥有大量的战略核力量。它的陨落与复起,举手与投足都会引起整个国际社会的相应变化。苏联是与中国一样实行社会主义制度的国家,但在计划经济的约束下失败了。那么从全球治理的角度研究苏联在全球治理实践中的经验与教训,对中国就非常具有借鉴与警示意义。

**(一)社会治理**

**1. 地缘政治扩张**

由于苏联地处欧亚大陆的心脏地带,其独特的地理位置和环境决定了地缘因素对其崛起的影响尤其突出。苏联的扩张思路与沙俄有所区别,沙俄不管是无心还是有意,其扩张基本上是陆权为主、海权为辅的地缘政治路线。而苏联的扩张具有浓重的以意识形态为主轴的色彩,因此出现了沙俄时代所罕见的跳跃式扩张,不管古巴等地多么遥远,只要有左派上台机会的地方它都要插一杠子,四面开花,全面对抗。

60年代末、70年代初国际局势发生了某些新的变化,整个西方世界陷入了战后经济深谷。勃列日涅夫时期,全球争霸战略成为苏联对外战略的重要一环。以这一思想为指导,苏联开始与美国在世界范围内形成大体均衡的军事抗衡局面,并在世界各地进行广泛的地缘政治扩张。这一时期,苏联将

80%的军事援助以及50%的经济援助均集中在非洲南部地区以及地中海到波斯湾地区,苏联所获得的海外军事基地也大体上位于这一区域,将扩张的矛头直指西方经济的重要运输线以及西方国家的战略资源原产地。在苏联对外扩张最频繁的19世纪70年代,苏联开展活动最多的安哥拉、东北非洲、也门以及阿富汗等国家和地区均集中在这一区域。另一方面,随着亚太地区在国际政治舞台上的崛起,苏联又在这一地区展开了与美国的较量。同时,苏联更将对外扩张的力量逐步渗透到拉丁美洲,竭力牵制美国的精力,力图扰乱其发展秩序。

2. 对外援助

在广大第三世界国家,由于西方帝国主义和殖民主义的长期统治,加上其他的历史或民族原因,这部分国家存在许多矛盾和纷争。这些矛盾和纷争成为苏联对外援助的重要切入点。苏联以军事援助或者经济援助的方式进行干预,支持其中的一方反对另一方,或者暗中让双方互相削弱,阿富汗是苏联最早给予对外"援助"的第三世界国家。苏联的"援助",既造成了被援助者对苏联的依赖,又削弱了西方国家在这些地区的影响力。相关资料显示,在苏联对外援助的二十多年间,苏联给予第三世界国家的经济援助约120亿美元,军事援助约250亿美元,分别占到苏联对外援助的80%以及75%以上。由于长期有计划的重点经营,苏联在上述地区的第三世界国家中扩张顺利,这也从侧面反映了苏联对于这一地区的重视。而苏联这些对外援助的目的,也在于南下对西欧实施侧翼包围。与不发达国家的经济合作,尤其是军事援助与经济援助相结合,是苏联在冷战时期主要的对外政策工具之一。苏联的对外援助与西方国家具有很多相似点。苏联的援助常带有混合动机,包括推进对外贸易、宣传人道主义等,但扩大政治影响往往是苏联对外援助工作的重中之重。

3. 与美国军备争霸

二战后,苏联除继续保持在东欧的驻军外,还与东欧各国签订了一系列的友好合作互助条约,积极帮助它们改组和建设军队。1955年5月5日,英、法、美三国批准了巴黎协定,联邦德国正式加入了北约组织。苏联和东欧七国针对这一事件,于5月14日在华沙缔结了《友好合作互助条约》,并于同年6月华沙条约生效时结成军事政治同盟,即华沙条约组织。华沙条约约定,各缔约国同意建立联合武装司令部。华沙条约加强了苏联对于东欧的军事控制,自此,东欧被纳入苏联的军事体系,实现了包括武装力量联合防御和指挥,战役和战斗训练,军事科学研究、军工生产、军事装备和军事预算等在内的军事一体化。

勃列日涅夫时期,苏联在亚非拉地区进行了大规模的军事扩张,共建立或夺取了二十多个海外军事基地。在非洲,苏联分别于1964年、1977年以及1978年间给予安哥拉、埃塞俄比亚、索马里和也门等国家军事援助,为这些国家提供武器,培训军事人员;在拉丁美洲,苏联则插手了尼加拉瓜和萨尔瓦多的内部事务。在亚洲,苏联于1974年开始对阿富汗进行大规模的军援,至1979年10月入侵阿富汗,但这一军事行动遭到阿富汗人民的激烈反抗,苏军在拖延十年之后被迫撤出。

同时,为了对抗美国的强大的军事力量,苏联的军费开支猛增,1965年苏联的军费开支约为320亿美元,至1981年,这一数字达到1400亿美元,增长了3.4倍(见图1.1)。在巨额军费开支的支持下,苏联的军事力量扩充到400多万人,海军舰艇的总吨位接近美国,洲际导弹数量也在1970年超过美国,在部分战略性军事技术上赶上甚至超过了美国。然而,长期的军备竞赛之下,人民的生活水平并不能得到改善,反而导致苏联民用经济日渐萎缩,综合国力显著下降。这也是苏联最终解体的原因之一。

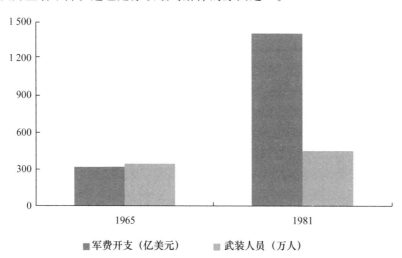

图1.1　勃列日涅夫时代苏联军费开支与武装人员数量的变化

(二)经济治理

1. 成立经济互助委员会

1947年7月至8月,苏联分别与保加利亚、捷克斯洛伐克、匈牙利、波兰等东欧国家签订了贸易协定,即"莫洛托夫计划",并以此来反击美国的"马歇尔计划"。这一计划的目的在于加强苏联与东欧的经贸联系,同时限制东欧与西欧的贸易往来,以初步筑起东欧的经济壁垒。1949年1月5日至8日,苏联、保加利亚、匈牙利、波兰、罗马尼亚、捷克斯洛伐克等六国政府代表宣布成立经济互助委员会,经济互助委员会是对"莫洛托夫计划"的延续,本质上相当于社会主义经济共同体,旨在加强苏联对东欧的经济控制力。后来有民主德国、古巴、蒙古、越南的加入,形成了一个由社会主义国家组成的政治经济合作组织。

苏联以经互会为载体建立了一个相对独立和封闭的社会主义国际经济体系,主要源于斯大林提出的"两个平行市场"的观点,也即统一的世界市场瓦解论。在战后苏联,"两个平行市场"的观点是苏联对世界政治与经济形势的重要估计,以这一思想为指导,包括苏联在内的众多社会主义经济国家断绝了与西方国家的经贸往来。由于政治、经济以及军事上的巨大影响力,苏联成为经互会的领导者,其他社会主义国家处于从属地位。然而,苏联却打着协调宏观经济的旗号制订引导性的经济计划,以此来干预成员国的经济生产。同时,经互会其他成员国间的经贸往来也不以市场规律为准,而是基于一套另外创造的所谓的社会主义法则。可以说,意识形态和霸权主义两种力量相交织,使得经互会中市场缺失倍增。

经济互助委员会加强了苏联与东欧的经济联系,但是也限制了东欧同西方的经济往来,使其日益成为一个游离于世界市场之外的封闭经济集团。由于战后东欧的经济恢复速度明显慢于西欧,因此经济学家普遍认为,经互会在很大程度上扮演了一个工具角色,协助了苏联从卫星国夺取生产原材料。有些学者甚至认为,苏联率领下的东欧,经济水平从来没有恢复至战前水平。这也直接加大了东西方阵营的财富鸿沟。

2. 发展军事为导向的重工业

布热津斯基1989年提到:"苏联成为世界大国的唯一基础是军事实力,在其他方面,苏联都与世界大国的地位不相称。"而发展军事实力必须依靠重工业,所以苏联在斯大林时期就决定了优先发展重工业的工业化方针。之后,强调重工业优先就成为基本国策。勃列日涅夫时期,重工业被认为是苏联国防的基础,苏联经济政策长远方针的重点也在于发展重工业。在政策的指引下,苏联重工业投资占到全部工业投资的80%以上,相对复杂的国防产品需要几乎所有的工业部门参与生产。这一时期,苏联大部分的电子计算机和集成电路均用于建设武装力量,此外还包括全国1/6的化学产品,1/5的冶金产品,1/3的机械制造品,2/3的飞机和船只。

苏联为了谋取与支持全球霸权地位,国家对军事工业的基本要求主要是取得政治意义上的效益,而不注重经济效益,甚至可以不计成本。苏联军事工业正是举倾国之力,在二战后美苏长期的军备竞赛中畸形地超速发展,这种以军事为导向的重工业发展严重地偏离了国民经济的正常发展轨道。军事工业的一枝独秀是以牺牲整个国民经济的协调发展和经济增长的整体效益为代价的,因而是畸形的、不经济的和不可持续的。

(三) 苏联(俄罗斯)在全球治理实践中的经验和教训

苏联作为曾经的社会主义超级大国,其兴也勃焉,其亡也忽焉,它的兴起与陨灭也揭示了自身在全球治理实践中的沉痛教训。同为社会主义国家,中国未来更需要从苏联的身上吸取教训。

1. 社会治理过度偏离经济治理,"硬权力"滥用、"软权力"匮乏

苏联经济是封闭的、基本脱离于全球市场的,如果考虑到其初级产品出口的话,那么其无疑是处于弱势的被治理者地位。然而,苏联基于地缘政治和意识形态的考虑,在社会治理领域大举扩张,与美国争霸,以争夺势力范围,甚至发动武装侵略,无疑拖垮了其经济力量。加之苏联在社会治理过程中,过度施用"硬权力",例如入侵捷克斯洛伐克、入侵阿富汗等,丧失了民心、丧失了"软权力"。

2. 当资源配置方缺乏效率时,科技进步不一定带来产业升级

苏联经济是高度的计划经济体制,政府主导着全社会资源的配置,效率极其低下。尽管苏联的科技进步势头迅猛,然而,缺乏市场化的资源配置机制,这些科技无法实现商业化以带动产业升级。此外,为了支撑扩张性的全球社会治理,苏联将全社会的大部分资源都集中到了重工业领域,挤压了其他产业的投资和消费,进一步限制了产业升级。

## 三、全球治理中的日本

日本国内的资源禀赋条件,决定了明治维新之后,日本即走上了全球治理的实践道路。在殖民主义时代,日本与其他殖民国家类似,即依托暴力手段建立殖民地,控制资源、倾销商品。不过,作为一个后起之秀,日本积极挑战现有治理格局下的领导者,也付出了极为惨重的代价。

1960年,池田内阁成立,把重点放在经济上,想以发展经济来确保新安保体制的推行,努力实现从经济大国到政治大国的转变。池田内阁把谋求提高国民生活水平作为经济繁荣的一项政治任务,开始展开国家对经济的干预。日本在美国的援助支持下,凭借自身原有基础的积淀,工业化和产业升级特别迅速,政府主导的经济战略取得了巨大的成功,并开始以东亚、东南亚地区为重点,实施产业转移,进行价值链的治理,创造了著名的"雁际模式"。

日本积极融入全球价值链,引进美国等西方国家的技术,发展新兴产业,推动产业升级。而且,日本注意对技术的消化、吸收和推广,逐步摆脱了对西方国家的经济、技术依附关系,逐渐建立起本国工业自主发展的技术基础,特

别是建立了本国的技术研究、开发体系。同时,日本适时推动低附加值产业及环节的转移,形成了"雁际模式"的产业结构转移:日本作为"领头雁",其产业结构的不断升级,为亚洲其他充当"雁身"和"雁尾"的国家提供了产业转移。此外,日本积极加强与资源型国家的联系,通过发展经贸关系、加强经济援助和技术合作等手段确保其石油供应,甚至积极主动地利用自身的资金技术优势加强对国外石油资源的控制,以优化农矿初级产品的供应环境。

在社会治理领域,日本充分利用日美安全体制和美国核保护伞,走"轻军备、重经济"之路,将节省的国防开支用于经济建设。为获取原材料、能源和输出商品或劳务,日本积极进行对外援助,着力打造以文化为中心的国家"软权力",为日本在战后重新崛起发挥了关键作用。

到了全球化时代,随着被迫签订"广场协议",日本产业竞争力骤降,转向刺激房地产,引发了经济泡沫,加剧了产业升级停滞和"空心化",导致了日本"失去的十年""失去的二十年"。与此同时,日本在社会治理上反而强硬起来,积极谋求政治大国地位,极力争取"入常"、加强军事力量,并突破向海外派兵的禁区,积极参加联合国"维和"行动。

总结日本的全球治理经验和教训,可以得到:把握经济治理的核心位置,充分发挥"软权力"的治理;"雁际模式"、软硬兼施,稳定资源供应环境;积极发挥市场对资源配置的主体作用,政府应谨慎启动房地产市场。

# 第二章　中国的全球治理：现状、挑战与策略

改革开放以来,中国逐步融入全球市场和治理体系之中,在世界格局中的地位和发挥的作用也日益突出,在一些领域和区域甚至已经开始扮演治理者的角色。但不可否认的是,无论是经济治理,还是社会治理,中国都面临挑战,尤其是第二产业对接的是发达国家的第三产业(品牌技术、市场渠道)和资源型国家的第一产业(能源、资源),在这两个循环的治理中,中国实际所处的地位都并不乐观。

## 第一节　中国全球治理的实践与现状

### 一、经济治理

当前,中国的全球经济治理,可以分为对资源型国家和对发达国家两方面。

(一)对资源型国家的经济治理以东盟为典型,对澳新、非洲的合作也日益深化

首先是中国对东盟的经济治理。一直以来,中国便希望提升在东盟国家中的影响力,使其成为自身发展的稳定资源供应地和产品销售市场。1997年,以亚洲金融危机为契机,中日韩与东盟各国在吉隆坡举行了非正式会晤,议题主要涉及深化东亚区域合作。由此建立起了东盟十国与中日韩的"10+3"和东盟十国与中国的"10+1"合作机制。2002年11月,中国与东盟十国签署《中国—东盟全面经济合作框架协议》,"中国—东盟自由贸易区"正式启动,双方的合作进入新的历史阶段。

2010年1月,自由贸易区按照既定的时间建成。中国对东盟的平均关税从12.8%下降至0.6%。其中,中国对新加坡、马来西亚、泰国、菲律宾、印度尼西亚和文莱超过90%的产品实行零关税政策;老挝、越南、柬埔寨和缅甸将在2015年对中国90%的产品实行零关税政策。在自由贸易区的推动

下,中国与东盟各国之间的贸易得到了重要发展,双边贸易总额屡创新高。2011年,中国与东盟的进出口总值达到3 628.5亿美元,同比增长23.9%,中国出口总值为1 700.8亿美元,增长23.1%,进口总值1 927.7亿美元,增长24.6%。

中国在主要东盟成员国进出口贸易中的地位逐步上升,并开始部分取代日本以及其他东盟成员国。以新加坡为例,2007年,中国在新加坡对外出口中所占的比例为9.66%;至2012年中国在新加坡对外出口中所占的比例上升到10.75%,贸易额达到439.12亿美元。再看进口数据,2007年,中国为新加坡第三大进口来源国,排在马来西亚与美国之后;至2012年,中国超过美国,成为新加坡的第二大进口来源国。中国在新加坡、印度尼西亚、马来西亚以及泰国这四个东盟国家的进出口贸易中的地位变动如表2.1和表2.2所示。

表2.1　2007—2012年中国在东盟四国进口来源国中的地位

| 国家 | 年份 | 贸易额（亿美元） | 占比 | 排序 |
| --- | --- | --- | --- | --- |
| 新加坡 | 2007 | 319.08 | 12.13% | 3 |
|  | 2012 | 391.68 | 10.31% | 2 |
|  | 年均变动 | 4.20% | −0.36% | ↑ |
| 印度尼西亚 | 2010 | 204.24 | 15.06% | 1 |
|  | 2012 | 293.87 | 15.33% | 1 |
|  | 年均变动 | 19.95% | 0.14% | → |
| 马来西亚 | 2009 | 172.46 | 13.96% | 1 |
|  | 2012 | 297.23 | 15.15% | 1 |
|  | 年均变动 | 19.89% | 0.40% | → |
| 泰国 | 2007 | 169.80 | 11.81% | 2 |
|  | 2012 | 369.57 | 14.93% | 2 |
|  | 年均变动 | 16.83% | 0.62% | → |

资料来源:根据联合国贸易数据库进行计算。其中,印度尼西亚与马来西亚缺少2007年的数据,所取的数据为可获取的最早年份。年均变动一栏,贸易额的变动为复合增长率,百分比变动为算术平均值。

表 2.2　2007—2012 年中国在东盟四国出口目的国中的地位

| 国家 | 年份 | 贸易额 | 占比 | 排序 |
| --- | --- | --- | --- | --- |
| 新加坡 | 2007 | 289.25 | 9.66% | 3 |
| | 2012 | 439.12 | 10.75% | 2 |
| | 年均变动 | 8.71% | 0.22% | ↑ |
| 印度尼西亚 | 2010 | 156.93 | 9.95% | 2 |
| | 2012 | 216.60 | 11.40% | 2 |
| | 年均变动 | 17.50% | 0.73% | → |
| 马来西亚 | 2009 | 191.04 | 12.15% | 2 |
| | 2012 | 287.43 | 12.64% | 2 |
| | 年均变动 | 14.59% | 0.16% | → |
| 泰国 | 2007 | 148.73 | 9.68% | 3 |
| | 2012 | 269.00 | 11.72% | 1 |
| | 年均变动 | 12.58% | 0.41% | ↑ |

资料来源:同表 2.1。

总体而言,中国与东盟发展中国家的贸易额增长更为迅速,在表 2.1 与表 2.2 中,中国与新加坡的进出口贸易,年均复合增长率不足 10%,而与印度尼西亚、马来西亚与泰国之间进出口贸易的年均复合增长率均超过 10%,部分数值甚至接近 20%。同时,中国是印度尼西亚以及马来西亚的最大进口来源国。

中国—东盟自由贸易区的建立,也加快了中国与东盟成员国间建立跨境经济合作区的进程,加强了双方的经济纽带作用。目前,双方已建成广西凭祥综合保税区(已于 2011 年年底开关运行),此外,"中老磨憨—磨丁跨境经济合作区""中缅瑞丽—木姐跨境经济合作区"等也在调研和备建阶段。同时,中国也加快了对东盟各国的投资力度。如图 2.1 所示,2010 年,中国对东盟投资达 143.5 亿美元,投资领域包括采矿业,制造业,电力、煤气及水的生产和供应业,建筑业,交通运输与仓储业,租赁与商业服务业,金融业等领域。

当然,不可忽视的是,中国对于东盟的能源、矿产等初级产品的生产,以及产业链、价值链的控制程度还比较低。自贸区的建设都是政府主导,中国企业对东盟各国还非常不了解,导致"政府推得快,企业跟得慢"。此外,是竞争同质化的问题,中国和东南亚各国的优势都在于劳动密集型产业,都实施了出口导向型的经济发展战略,都以发达国家为出口市场,竞争不可避免并且越发激烈。

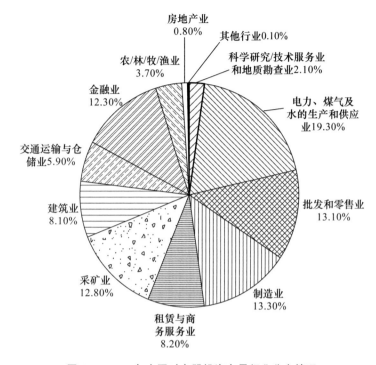

**图 2.1　2010 年中国对东盟投资存量行业分布情况**
资料来源：根据 2010 年度中国对外直接投资统计公报相关数据计算。

其次是中国对澳新的经济治理。澳大利亚和新西兰两国，拥有富饶丰沛的自然资源，是全球主要的初级产品出口大国。近年来，中国经济的高速增长，以及对矿产等初级产品的需求与不断扩张，刺激了澳新的出口和经济发展，一度亲欧亲美的澳新两国甚至发出了重回亚洲的声音。

当前，中国与澳新的经济治理关系，集中体现在中国希望加强对资源的控制，以创造有利于自身崛起的稳定的初级产品供应环境。因此，中国对澳新的直接投资发展得十分迅速，以中央企业为代表的中国企业纷纷涉足澳新矿业领域。但不得不指出，国内资源型企业海外收购的成功案例屈指可数：一方面是因为缺乏海外生产经营管理经验；另一方面是因为收购国政府的一些政策，包括限制国有企业、保护本地就业等。

对于今天的中国而言，强化对能源、矿产等战略性资源的控制能力，已经成为中国崛起中异常重要的环节，随着本国资源日益稀缺和垄断，中国必须在全球范围内寻求突破。但是，中国要想获取澳新的资源，除了充裕的资金，还有许多工作要做，无论是有志"走出去"的中国企业，还是致力于为中国的全球经济治理保驾护航的中国政府，着力点在"硬权力"，更在"软权力"。

最后是中国对非洲的经济治理。非洲国家资源丰富,市场潜力巨大,近年来,中国企业大大加快了对非投资的步伐,尤其是广大民营企业异军突起,大量涌入非洲市场。

目前,中国民营企业在非洲所投资的领域十分广泛,涉及纺织、鞋、农业、乳品、糖业、木材、手机、通信、房地产、水泥、玻璃、电力变压器等许多行业,当然,最重要的还是采掘业,例如热带雨林、矿产等。这类投资,能够极大地扩张全球矿产等初级产品的供应,增强中国在全球初级产品市场中的定价权。

总体来讲,中国对非洲的直接投资规模还比较小,而且区域不均衡。截至 2010 年年底,中国对非洲国家的直接投资(存量)为 130.4 亿美元,仅占对外直接投资总存量的 4%,其中,对南非一国的投资(存量)就占到了对非投资总额(存量)的 32%,其次为尼日利亚、阿尔及利亚和苏丹等。

此外,无论是国有企业,还是民营企业,在对非洲国家投资的过程中,还遇到了一些问题和挑战。一是政府力度不够,包括资金支持力度不均衡,企业在遇到资金短缺等困难的时候贷款申请难度大;二是信息透明度不够;三是政府及社会机构人员中行贿、受贿、吃回扣等情况普遍。

### (二) 对价值链高端的国家的经济治理

在与美日欧等价值链高端的发达国家的治理关系中,中国尚处于被治理者的地位,中国的产业升级更多的是依靠外商直接投资。从建立经济特区的那一刻起,中国就融入了以发达国家为主导的全球价值链,从附加值最低的环节做起,一步一步谋求产业升级,取得了积极的成效。经过 30 年的循序渐进发展,中国已经成为全球第一的"世界加工厂"和贸易大国,成绩斐然。

然而,2003 年后,随着各类要素成本的大幅上涨,加之其他新兴经济体的竞争,中国对于价值链治理者的吸引力不断减弱,国内产业升级遇阻。由于发达国家实际控制了许多发展中国家的资源、能源,通过联合炒高价格,进一步蚕食了中国经济增长的红利。此外,发达国家还积极寻找可替代的新兴经济体,加强对全球价值链的控制。除了经济治理的手段,美国等发达国家更是"软硬兼施",遏制中国,例如迫使中国于 2005 年下半年起允许人民币升值,到 2010 年年底已累计升值 30% 以上,远远超过同期印度、巴西等新兴经济体的货币升值幅度,削弱了中国产品的竞争力。

从发达国家对外投资的结构来看,外商直接投资大量涌入房地产业、批发和零售业,而中国承接的高端制造业、生产性服务业等领域的投资严重不足,遏制了中国产业的进一步升级。2010 年,中国实际利用外资总额突破 1 000 亿美元,流入金融保险业、租赁和商务服务业的投资总计只占到 7.8%,仅相当于进入房地产业的投资额的 1/3,无益于国内产业结构的转型和升级。

(三) 中国的金融治理

为了提升全球经济治理能力,改革开放以来,中国一直在积极推进金融治理。中国在近几年间加快了双边贸易互换,截止到2012年3月份,中国已和17个国家或地区签署了额度高达1.67万亿人民币的双边本币货币互换协议。经过多年的金融体制改革,人民币已经具备了国际货币的雏形。然而,许多制约因素仍然存在,一来中国尚未全面开放资本项目,二来人民币汇率管制制约了境外人民币远期汇率市场的发展,此外,外国投资者直接投资渠道不畅、缺乏境外以人民币计价的金融产品等,都限制了人民币成为国际储备货币。

## 二、社会治理

经济实力的大幅提升,奠定了中国社会治理的基础。在取得显著成就的同时,我们不得不正视一些存在的矛盾。

(一) 中国对亚非拉资源型国家的社会治理

整体而言,目前还比较薄弱,突出体现在严重的政治经济二元化现象上,我们在南海岛屿等一些领土争端问题上的弱势,更加助长了这一态势的蔓延。

以东盟为典型,由于中国过去曾与多个东盟国家发生过冲突,乃至局部战争,并且与菲律宾、越南和马来西亚等在南海岛屿归属的问题上尚存争议,一些国家甚至已在争议海域大规模开发,海上石油年产量高达3 000万—5 000万吨;同时,华人在当地社会的经济影响力较强,东盟原住民对华人有一定的仇视抵触情绪,印度尼西亚、马来西亚、菲律宾等国都曾发生过大规模排华事件;此外,东盟各国执政者对中国以及自由贸易和经济一体化都心存忧虑,"中国威胁论"仍在一些东盟国家时隐时现。未来,中国还需要智慧地去解决当地原住民对华人、中国的印象,以及包括南海岛屿在内的领土争端问题。

同样,中国与澳新在经济上的关系日益密切,在社会治理方面却问题重重,主要源于美国、日本和澳新国内三个方面。澳美同盟由来已久,一直是澳大利亚对外政策的基石,澳大利亚在未来相当长的一段时间内,在对外关系上仍将以美国为核心。与美国一样,日本为了与中国争夺亚太地区经济和社会治理的主导权,仍将会不断向澳大利亚施加压力,影响中澳关系。澳大利亚国内对中国的疑惧心理也将影响中澳关系的走向。根据澳一份民调显示,仍有25%的澳大利亚国民将中国的发展视为威胁。

中非关系方面,尽管有强大的基础,即中国曾对非洲的民族解放运动和"南南合作"坚定地支持,以及大力实施对非援助。然而,过度强调精英路线的政府主导式治理,在当今社会治理日益多元化、多样化的背景下,显得越来越格格不入:一是与广大民众联系不深,影响力也不强;二是对非援助主要集中于大型建筑和基础设施建设上,并没有惠及普通非洲人民;三是中国在非洲销售的某些商品质量堪忧,工作人员也没有很好地融入当地社会。尽管中国也日益关注"软权力",例如建设"孔子学院"传播中国文化和推广汉语学习,然而政府主导的模式依然引起了一些非议。

(二)中国的国际通道屏障及应对

中国的全球社会治理的另一个挑战,是严峻的国际通道问题。目前,美国正忙于经营一条所谓的"太平洋锁链",也称"岛屿锁链",以限制中国向太平洋的扩张;在中国对外能源依存度不断提高的同时,对波斯湾、马六甲海峡等国际通道也日益依赖,而它们大多处于大国控制之下。

为了突破这些屏障,中国也提出了一些应对之策或设想,例如在泰国开凿克拉运河或修建克拉地峡输油管道、直接经缅甸打开通往印度洋的出海口、修建巴基斯坦到新疆的管道和铁路,以及修建里海—哈萨克斯坦(吉尔吉斯斯坦)—新疆能源管道,等等,但直到当前,事实的基本面尚未改变。

## 第二节　中国进一步崛起之困

经过三十余年的高速经济增长,中国经济总量已经跃居世界第二,综合国力大幅提升。面对中国的崛起,外部世界已经越来越无法适应中国的需要,例如在资源消耗与产业升级、政治经济二元化、对外直接投资和经济援助等方面的问题,已经成为制约中国未来崛起的重要障碍。未来中国的进一步崛起,面临着多方面日益严峻的挑战,亟待更加积极和合理的全球治理实践。

### 一、输入性成本高,削弱中国竞争力

近年来,随着内外部要素成本的攀升,特别是外部输入性成本的大幅提升,例如能源、矿产资源,以及主要农业产品的价格大涨,导致国内制造业生产成本大幅提升,同时也引致国内资源产品价格普涨,加之人民币汇率的大幅升值,国际游资大举进入,共同推动国内通货膨胀节节攀升,刺激土地、劳动力等要素价格普遍上涨,如此循环往复。

从 2002 年 6 月到 2008 年 9 月的 6 年多里,国内原油、铁矿石和铜的进

口单价分别上涨了 4.3 倍、6.0 倍和 5.3 倍①,远远高于同期 GDP 的增速。生产成本的高企,不但直接压缩了国内制造业企业的利润空间,还引发了连环的通货膨胀效应,导致资本转向房地产、资本市场和资源品的投资,进一步制约了国内产业升级的进程。

同时,新兴国家的快速发展,对中国的成本优势产生了巨大的冲击,使得中国在全球价值链下形成的加工贸易模式越来越受到挑战。根据 2010 年《AlixPartners 美国制造外包成本指数》,近年来由于人工成本上涨及人民币对美元汇率走强,中国在成本效益方面已经落后于其他的新兴国家:2005 年,中国的制造成本最具竞争力,领先于印度,随后的排序为越南、俄罗斯和墨西哥;到 2010 年,墨西哥成为制造成本最低的地区,而中国的竞争力已经低于越南,排在印度与俄罗斯之后。

无疑,这一格局有利于发达国家对全球价值链的控制,获取更高额的附加值,但对于中国来说,将进一步压缩出口产品的利润空间,遏制国内相关产业集群的升级潜力,引发一系列衍生问题,例如结构性失业。传导到国内,引发了"竞次"的蔓延,即以降低环境标准、劳工标准和产品质量标准等生产监管标准为代价的虚假效率提升。

输入性资源成本的上升,还引发了一系列连锁效应,一是资源生产环节和加工制造环节出现利润"倒挂"的现象,降低了企业经济效率,不利于制造业的产业升级;更进一步,社会财富从竞争性的加工制造领域转向垄断性的资源生产领域,进一步扩大了收入差距。数据显示:2002 年我国收入最高的行业和最低的行业的工资是 2.99 倍,而到了 2010 年,这一差距已超过了 10 倍。

**二、政治经济二元化**

当前,中国已经成为带动全球,特别是发展中国家发展的核心引擎。2010 年,包括日本、澳大利亚在内的 16 个国家的对华出口总额超过了该国出口总额的 10%,蒙古(88%)、老挝(39%)和菲律宾(32%)等更超过三成,对华经济依存度已经达到了相当高的程度。近年来,中国市场持续旺盛的需求,极大地刺激了广大发展中国家的出口,带动了其经济迅速走出衰退。

然而,亚非拉发展中国家对华政治外交关系,却呈现出与经济的"二元背离"倾向,即在经济上依附中国,分享中国发展的红利或依赖中国的援助,在政治上却依附美国,甚至以此为筹码,加强对中国政治上的压力,获取自身的

---

① 资料来源:根据中经网统计数据库相关数据计算。

最大利益。对于亚洲国家而言,这种"骑墙战略"是利益最大化的选择,一方面可以从中国的经济增长中获取利益,另一方面又能从美国的政治军事力量中获取安全庇护。

这种政治经济二元化的现象,不符合一个大国崛起中应有的惯例,对于中国的崛起的影响也是相当负面的。无论是英国时代美、德的成长,还是美国时代下日本的成长,都没有出现过如此弱势被动、腹背交困的局面。

**三、对外直接投资与经济援助的困境**

近年来,在国家的积极推动和支持下,中国企业纷纷实施"走出去"战略,对外直接投资和对外经济合作的规模日益扩大,政府层面的对外经济援助也日益增多。然而,问题也在日益暴露出来:中国对外直接投资主要以国有企业为主体,集中流向三大"避税港",重点投向服务业。

以国有企业,特别是以中央企业为主体,经营管理的效率低下,在项目运作过程中也更容易出现腐败现象,由于部门结构不合理,项目运作人员分工职责不清晰,在应对一些突发问题上手续繁冗,显得比较迟钝。此外,这些企业习惯了与政府官员打交道,而不善于融入当地,容易引起当地政府和舆论的猜忌和误读。以服务业为主要投资对象,表明我国对外直接投资主要还是为了国内商品的销售服务,主要目标是占领当地市场。但是,脱离了资源占领的基础,依赖商品倾销的原始模式,必将随着资源成本的不断攀升,而日益陷入相互的恶意竞争,直至最终失去市场;过度商品倾销也将重创当地生产与就业,激起当地政府和民众的反感,给西方国家落下口实。

在对外援助方面,尽管截至2009年年底,中国累计对外提供援助金额已高达2562.9亿元,但由于国家行为色彩较为浓厚,往往被贴上"新殖民主义"的标签。此外,中国以政府和国有企业为主的援助主体,使受援助国受限于许多条件,即使短期取得一定收益,长期也滋生了一系列的问题。

## 第三节 中国未来全球治理的策略建议

**一、经济治理与社会治理的均衡**

在未来中国的全球治理进程中,必须把握经济治理与社会治理的均衡,坚持以经济治理为基础,全力推进经济增长与产业升级,再因地制宜制定相应的社会治理策略。未来,中国应进一步调整、更新自身的社会治理策略:改变一味地被动回应,采取更加积极主动的军事、外交战略,构建通畅的多样化国际通道,树立在东亚地区的绝对优势地位,但也切忌矫枉过正;同时,避免与美国发生直接的军事冲突,动用一切资源灵活处理中美关系,通过在经济、反恐、核安全等诸多问题上的配合,换取美国相应的让步,支持中国的核心诉求。

## 二、"硬权力"与"软权力"的均衡

软硬的均衡,是指软硬都强的基础上的均衡。"硬权力"方面,中国的军事力量、国防科技和国防产业等,都有待加强,可以进一步引入市场机制,加快科技创新和产业化;当然,经济治理能力的提升更重要,包括对外贸易、投资、经济合作等,争取高端价值链环节入驻、推动低附加值环节转移,以及加强对全球能源、资源的控制。"软权力"方面,中国更亟待加强,无论是对发达国家还是发展中国家,都需要通过更加多样化的措施,让世界了解中国、欣赏中国、爱上中国。在具体策略上,对亚非拉发展中国家,主打一些经济类项目,例如,指导与推广农业生产技术、提供来华受教育机会、实施科学技术援助、适行制造业投资等;而对发达国家,则要以文化类项目为主,例如,宣传中国传统文化,美食,绘画、音乐、电影和电视剧等现代中国艺术元素。

## 三、产业升级与产业转移的均衡

注重国内的产业升级,在产业升级的基础上,合理重构全球价值链,对一些附加值较低的环节进行转移。首先,产业升级与产业转型均衡的基础是市场配置资源,因此,应进一步打破行政的藩篱甚至是国界,推动资源、资本、土地等要素的市场化;其次,要立足不同区域的产业基本状况,不能一概而论,例如上海可能应重点发展生产性服务业,而皖江还应大力承接劳动密集型产业;最后,国内的产业升级是基础,应注重发挥市场和政策作用,激发市场的创新活力,为创造具有竞争力的产业营造良好的环境。

## 四、市场开拓与品牌打造的均衡

未来,中国品牌的打造,很大程度上要依赖于亚非拉发展中国家的市场。然而,在亚非拉不健全的市场环境下,如果一味追求市场占有,很可能陷入恶性竞争的境地,牺牲了"中国制造"的质量和品质,无益于品牌的打造。为此,政府可以延伸相应的服务,协助优化中资企业的经营环境,大力培育商会等市场力量,通过企业、行业的自我约束,提升中资企业和"中国制造"的形象。同时,鼓励企业进行本地化生产,提升投资质量和空间。既可以稳固品牌市场,也能创造就业,获得当地政府和民众的认可度。

### 五、政府与市场的均衡

积极发挥市场配置资源的主体地位作用,激发市场经济的创造性。未来,市场化是中国的唯一出路,积极推动以民营企业为主体的市场力量的发展,将有助于国内的产业升级,以及海外直接投资。当然,这不代表政府要完全退出,事实上,全球治理的稳定实施,有赖于政府在全球范围内提供完善的相关服务,包括对外贸易服务、投资服务和项目合作的服务等,特别是对民营企业的服务;此外,在国内,政府还应规范市场秩序,加强对监管标准的执行力度,遏制各种形式的"竞次"行为。在社会治理领域,这一点显得更为迫切,未来,中国政府应进一步向市场放权、让利,积极培育市场化的 NGO 等组织,促进中国与全球其他国家人民之间的沟通,化解误会、增进交流,提升中国的"软权力"和参与全球社会治理的综合能力。

## 本篇总结

1500 年以来,全球治理机制的发展走过了三个阶段:其一,殖民主义时期(1500—1945 年),宗主国通过暴力手段,建立和直接控制专业化的初级产品生产基地——殖民地,同时向殖民地大肆倾销宗主国的工业制成品,谋取超额利润,为宗主国的工业化发展积累资本;其二,两极格局时期(1945—1991 年),在不进行直接殖民统治的情况下,发达国家通过大规模的对外直接投资,加强对发展中国家的初级产品生产的控制,优化全球初级产品供应环境,从而获得工农业"剪刀差"(超额利润),以维持发达国家的经济增长和崛起,同时"软硬兼施"以维系这种关系;其三,全球化时期(1991 年以来),发达国家通过对全球价值链的高附加值战略环节的控制,以及对农矿初级产品生产的投资与控制,分享了全球经济增长的主要附加值,同时,辅以日益非军事化、"软权力"化的社会治理手段维系这一关系。

基于对全球治理(机制)的研究,结合大国全球治理实践的经验和教训,以及中国面临的实际问题,本篇提出了中国全球治理需要遵循的"五大均衡",即经济治理与社会治理的均衡、"硬权力"与"软权力"的均衡、产业升级与产业转移的均衡、市场开拓与品牌打造的均衡,以及政府与市场的均衡。

## 参考文献

[1] Balassa, B. The Theory of Economic Integration[M]. Homewood: Richard Irwin, 1961.

[2] Joseph S. Nye Jr. Soft Power: The Means to Success in World Politics [M]. 2004.

[3] Joseph S. Nye Jr. The Changing Nature of World Power [J]. Political Science Quarterly,1990:p177—192.

[4] Scitovsky, T. Economic Theory and Western European Integration [M]. London: Allen & Unwin,1958.

[5] 安秀伟. 论中国在东南亚的软实力建设[J]. 理论学刊,2011(3):97—100.

[6] 包松娅. 破解"马六甲困局"南向国际大通道建设刻不容缓[N]. 人民政协报,2007-5-18(A02).

[7] 保罗·肯尼迪. 大国的兴衰[M]. 北京:国际文化出版公司,2006:35.

[8] 仇华飞. 战后美国海外投资研究[J]. 社会科学,2004(1):27—34.

[9] 戴维·赫尔德,安东尼·麦克格鲁. 治理全球化——权力、权威与全球治理[M]. 曹荣湘,龙虎等译. 北京:社会科学出版社. 2004.

[10] 戴维·赫尔德. 全球大变革[M]. 北京:社会科学文献出版社,2001:P70.

[11] 格力·斯托克. 作为理论的治理:五个论点[J]. 国际社会科学(中文版),1999(2):19—30.

[12] 胡场顺. 以世界眼光和战略思维谋划我国陆上新国际大通道[J]. 中国勘察设计,2007(11):59—62.

[13] 胡俊文. "雁际模式"理论与日本产业结构优化升级——对"雁际模式"走向衰落的再思考[J]. 亚太经济,2003(4):23—26.

[14] 胡勇. "十二五"时期加强我国国际大通道建设的构想与建议[J]. 中国经贸导刊,2010(21):25—26.

[15] 黄先智. 战后日本技术引进、产业结构变迁及其启示[J]. 云南科技管理,2003(1):41—45.

[16] 金熙德. 日本联合国外交的定位与演变[J]. 世界经济与政治,2005(4):20—25.

[17] 李冰. 国际战略通道研究[D]. 北京:中央党校研究生院,2005.

[18] 李向阳. 跨太平洋伙伴关系协定:中国崛起过程中的重大挑战[J]. 国际经济评论,2012(2):17—27.

[19] 刘志青.新中国成立以来的九次战争[J].同舟共济,2010(1):39—41.

[20] 卢静. 对外开放:国际经验与中国道路[M]. 北京:世界知识出版社,2011:95—100.

[21] 孙海霞. 美元国际化:历程与启示[J]. 兰州商学院学报,2012,28(1):90—94.

[22] 俞可平.全球治理的兴起[N].学习时报,2002-1-28.

[23] 约书亚·埃森曼,约书亚·科兰滋克.中国的非洲战略[J].新共和,2006(5).

[24] 张辉等.全球价值链下北京产业升级研究[M].北京:北京大学出版社,2007.

[25] 张辉.全球价值链理论与我国产业发展研究[J].中国工业经济,2004(5):38—46.

[26] 张鹏.中国参与全球治理的地方支持[A].贾庆国.全球治理与中国的作用[M].北京:新华出版社,2011:175—196.

# 第 二 篇

# 二元化国际秩序对中国中长期发展的挑战

## 本篇概要

本篇比较了过去 30 年世界各国与中国的经济增长情况。改革开放以来,中国在全球经济中所占份额有了很大的提升,国际地位也明显增强。然而,从国际关系上看,随着中国经济的发展,"二元化"的问题也愈发突出,成为中国发展的阻碍。本篇分析了二元化的产生及其特点,借鉴日本在 20 世纪 70 年代的"雁阵模式",初步提出了通过构建以中国为"雁头"的新雁阵发展模式,强化与"雁身"(东盟诸国)、"雁尾"(非洲、拉美地区发展中国家)的经济联系,以经济促政治,探索破除二元化的解决途径。

本篇目的在于了解中国经济的发展状况,以及国际地位的变化。理解中国在全球治理中的二元化现象产生的根源、特点。掌握雁阵发展模式是中国由"二元化"向"一元化"转化的重要途径。

**本篇将要讨论的问题:**

- 我国改革开放后的经济走势如何?城镇农村居民家庭人均可支配收入指数曲线呈发散状背后的原因及带来的后果是什么?
- 20 世纪 80 年代初期,美国财政赤字剧增,对外贸易逆差大幅增长。美国希望通过美元贬值来增加产品的出口竞争力,以改善美国国际收支不平衡的现状。从日本投资者拥有庞大数量的美元资产来看,《广场协议》对日本的经济主要有哪些方面的影响?
- 中国对外经贸合作的内容及特点是什么?外向型经济的其他组成部分在促进中国经济发展当中中国的作用有哪些?
- 中国形成"二元经济"的国家的动机是什么?如何从"二元经济"向"一元经济"转化?

# 第三章 改革开放后中国经济增长及国际地位变化

对全球经济发展形势有初步的了解是研究全球治理机制的基础。本章首先对世界各国经济增长情况做了一个比较,分析各国经济增长过程中表现出来的特点。随后对中国经济发展情况进行分析。最后通过对比中国和世界各国经济总量以及份额占有量、人均 GNI 水平等指标,明晰地展现了中国当前的经济发展情况及在世界中的地位。①

## 第一节 世界各国经济增长情况比较

一个国家在国际比较中份额的变化,最重要的影响因素是经济增长。那么,在过去 30 年中,世界各国的经济增长表现出哪些特征呢?表 3.1 分别列出 1980—2010 年和 2000—2010 年这两个时间段世界主要国家和地区的中长期实际经济增长②(即不包含价格变动和汇率因素的影响),我们可以从长期(30 年)和近期(10 年)这两个角度,看中国和世界各国的经济增长。

表 3.1 1980—2010 年世界各国及地区实际经济增长率

| 排序 | 国家或地区 | 30 年倍数 | 年均增长(%) | 10 年倍数 | 年均增长(%) |
|---|---|---|---|---|---|
| 1 | 中国内地 | 17.74 | 10.06 | 2.71 | 10.48 |
| 2 | 新加坡 | 7.26 | 6.83 | 1.72 | 5.59 |
| 3 | 缅甸 | 7.06 | 6.73 | 3.12 | 12.05 |
| 4 | 韩国 | 6.26 | 6.30 | 1.50 | 4.15 |
| 5 | 印度 | 6.13 | 6.23 | 2.09 | 7.67 |
| 6 | 马来西亚 | 5.57 | 5.89 | 1.57 | 4.61 |
| 7 | 泰国 | 5.03 | 5.53 | 1.53 | 4.32 |

---

① 本章的内容来自刘伟、蔡志洲:"中国与其他国家(地区)经济增长状况的比较",《经济纵横》,2013 年第 1 期,编入本书时又进行了修订和完善。

② 不包含人口在 200 万以下的国家,也不包含缺乏连续时间序列的国家和地区。

(续表)

| 排序 | 国家或地区 | 30年倍数 | 年均增长(%) | 10年倍数 | 年均增长(%) |
| --- | --- | --- | --- | --- | --- |
| 8 | 印度尼西亚 | 4.66 | 5.26 | 1.66 | 5.21 |
| 9 | 乍得 | 4.65 | 5.26 | 2.24 | 8.38 |
| 10 | 毛里求斯 | 4.36 | 5.03 | 1.44 | 3.75 |
| 11 | 巴基斯坦 | 4.26 | 4.95 | 1.57 | 4.61 |
| 12 | 中国香港 | 4.18 | 4.88 | 1.48 | 4.03 |
| 13 | 埃及 | 4.16 | 4.87 | 1.61 | 4.85 |
| 14 | 斯里兰卡 | 4.15 | 4.86 | 1.65 | 5.17 |
| 15 | 苏丹 | 4.13 | 4.85 | 1.85 | 6.33 |
| 16 | 布基纳法索 | 4.13 | 4.84 | 1.74 | 5.70 |
| 17 | 孟加拉国 | 4.05 | 4.77 | 1.76 | 5.83 |
| 18 | 智利 | 3.88 | 4.62 | 1.44 | 3.73 |
| 19 | 多米尼加 | 3.82 | 4.57 | 1.68 | 5.31 |
| 20 | 尼泊尔 | 3.77 | 4.53 | 1.46 | 3.88 |
| 21 | 莫桑比克 | 3.70 | 4.46 | 2.14 | 7.93 |
| 22 | 爱尔兰 | 3.67 | 4.43 | 1.29 | 2.55 |
| 23 | 约旦 | 3.63 | 4.39 | 1.81 | 6.12 |
| 24 | 塞浦路斯 | 3.62 | 4.38 | 1.32 | 2.80 |
| 25 | 突尼斯 | 3.50 | 4.26 | 1.56 | 4.52 |
| 26 | 土耳其 | 3.48 | 4.25 | 1.46 | 3.88 |
| 27 | 以色列 | 3.40 | 4.17 | 1.36 | 3.14 |
| 28 | 巴拿马 | 3.35 | 4.11 | 1.78 | 5.96 |
| 29 | 加纳 | 3.30 | 4.07 | 1.75 | 5.77 |
| 30 | 叙利亚 | 3.29 | 4.05 | 1.61 | 4.91 |
| 31 | 哥斯达黎加 | 3.24 | 3.99 | 1.52 | 4.25 |
| 32 | 贝宁 | 3.07 | 3.81 | 1.48 | 4.00 |
| 33 | 摩洛哥 | 2.99 | 3.71 | 1.62 | 4.95 |
| 34 | 刚果共和国 | 2.90 | 3.62 | 1.57 | 4.64 |
| 35 | 哥伦比亚 | 2.76 | 3.44 | 1.49 | 4.08 |
| 36 | 马拉维 | 2.74 | 3.42 | 1.57 | 4.64 |
| 37 | 尼日利亚 | 2.72 | 3.40 | 1.86 | 6.41 |
| 38 | 马里 | 2.70 | 3.37 | 1.71 | 5.53 |
| 39 | 肯尼亚 | 2.67 | 3.33 | 1.49 | 4.08 |
| 40 | 纳米比亚 | 2.66 | 3.31 | 1.56 | 4.54 |
| 41 | 卢旺达 | 2.63 | 3.28 | 2.07 | 7.55 |

(续表)

| 排序 | 国家或地区 | 30年倍数 | 年均增长(%) | 10年倍数 | 年均增长(%) |
| --- | --- | --- | --- | --- | --- |
| 42 | 洪都拉斯 | 2.61 | 3.25 | 1.49 | 4.07 |
| 43 | 塞内加尔 | 2.60 | 3.23 | 1.49 | 4.04 |
| 44 | 阿联酋 | 2.54 | 3.16 | 1.52 | 4.26 |
| 45 | 菲律宾 | 2.49 | 3.09 | 1.59 | 4.75 |
| 46 | 多米尼加 | 2.48 | 3.08 | 1.27 | 2.44 |
| 47 | 巴布亚新几内亚 | 2.45 | 3.03 | 1.45 | 3.78 |
| 48 | 秘鲁 | 2.37 | 2.91 | 1.73 | 5.65 |
| 49 | 巴拉圭 | 2.32 | 2.85 | 1.48 | 4.00 |
| 50 | 毛里塔尼亚 | 2.30 | 2.82 | 1.47 | 3.95 |
| 51 | 厄瓜多尔 | 2.30 | 2.82 | 1.57 | 4.59 |
| 52 | 危地马拉 | 2.26 | 2.76 | 1.39 | 3.34 |
| 53 | 美国 | 2.26 | 2.75 | 1.17 | 1.60 |
| 54 | 阿尔及利亚 | 2.23 | 2.71 | 1.44 | 3.69 |
| 55 | 喀麦隆 | 2.20 | 2.66 | 1.38 | 3.27 |
| 56 | 阿尔巴尼亚 | 2.16 | 2.60 | 1.66 | 5.23 |
| 57 | 西班牙 | 2.16 | 2.60 | 1.23 | 2.07 |
| 58 | 挪威 | 2.15 | 2.58 | 1.16 | 1.53 |
| 59 | 玻利维亚 | 2.14 | 2.57 | 1.46 | 3.84 |
| 60 | 巴西 | 2.13 | 2.56 | 1.42 | 3.59 |
| 61 | 加拿大 | 2.11 | 2.53 | 1.20 | 1.87 |
| 62 | 冰岛 | 2.09 | 2.48 | 1.24 | 2.17 |
| 63 | 阿根廷 | 2.05 | 2.42 | 1.53 | 4.35 |
| 64 | 利比亚 | 2.05 | 2.42 | 1.73 | 5.60 |
| 65 | 墨西哥 | 2.01 | 2.35 | 1.19 | 1.78 |
| 66 | 芬兰 | 1.99 | 2.32 | 1.20 | 1.85 |
| 67 | 葡萄牙 | 1.97 | 2.29 | 1.07 | 0.68 |
| 68 | 南非 | 1.96 | 2.27 | 1.41 | 3.49 |
| 69 | 荷兰 | 1.95 | 2.25 | 1.14 | 1.36 |
| 70 | 英国 | 1.94 | 2.24 | 1.15 | 1.42 |
| 71 | 乌拉圭 | 1.91 | 2.18 | 1.37 | 3.17 |
| 72 | 奥地利 | 1.88 | 2.12 | 1.17 | 1.56 |
| 73 | 瑞典 | 1.87 | 2.12 | 1.22 | 2.05 |
| 74 | 尼日尔 | 1.83 | 2.04 | 1.55 | 4.50 |

(续表)

| 排序 | 国家或地区 | 30 年倍数 | 年均增长(%) | 10 年倍数 | 年均增长(%) |
| --- | --- | --- | --- | --- | --- |
| 75 | 萨尔瓦多 | 1.82 | 2.01 | 1.21 | 1.89 |
| 76 | 委内瑞拉 | 1.81 | 2.01 | 1.36 | 3.13 |
| 77 | 多哥 | 1.79 | 1.95 | 1.29 | 2.61 |
| 78 | 日本 | 1.78 | 1.94 | 1.07 | 0.70 |
| 79 | 加蓬 | 1.75 | 1.88 | 1.24 | 2.18 |
| 80 | 比利时 | 1.74 | 1.87 | 1.15 | 1.40 |
| 81 | 布隆迪 | 1.73 | 1.84 | 1.36 | 3.14 |
| 82 | 法国 | 1.72 | 1.82 | 1.12 | 1.13 |
| 83 | 牙买加 | 1.71 | 1.81 | 1.10 | 0.95 |
| 84 | 尼加拉瓜 | 1.70 | 1.78 | 1.40 | 3.40 |
| 85 | 塞拉利昂 | 1.70 | 1.78 | 2.48 | 9.49 |
| 86 | 丹麦 | 1.69 | 1.77 | 1.07 | 0.64 |
| 87 | 沙特阿拉伯 | 1.69 | 1.76 | 1.37 | 3.23 |
| 88 | 保加利亚 | 1.68 | 1.74 | 1.49 | 4.07 |
| 89 | 德国 | 1.68 | 1.74 | 1.10 | 0.94 |
| 90 | 希腊 | 1.66 | 1.71 | 1.23 | 2.12 |
| 91 | 瑞士 | 1.63 | 1.65 | 1.18 | 1.65 |
| 92 | 马达加斯加 | 1.62 | 1.63 | 1.30 | 2.62 |
| 93 | 意大利 | 1.53 | 1.42 | 1.03 | 0.26 |
| 94 | 科特迪瓦 | 1.51 | 1.38 | 1.12 | 1.15 |
| 95 | 中非共和国 | 1.44 | 1.21 | 1.10 | 0.95 |
| 96 | 拉脱维亚 | 1.40 | 1.12 | 1.43 | 3.66 |
| 97 | 匈牙利 | 1.39 | 1.11 | 1.22 | 1.97 |
| 98 | 罗马尼亚 | 1.38 | 1.08 | 1.52 | 4.31 |
| 99 | 津巴布韦 | 1.11 | 0.33 | 0.62 | −4.70 |
| 100 | 刚果民主共和国 | 0.98 | −0.08 | 1.59 | 4.76 |

资料来源:世界银行数据库。

表 3.1 是按照过去 30 年各个国家或地区的经济增长率来排序的。在过去 30 年中,中国内地的经济增长率是全球最高的,年均增长率为 10.06%;而在过去 10 年中,中国的年均经济增长率仅低于缅甸,居世界第二位。但缅甸是一个后起的国家,起点低,经济规模小,近 10 年来通过基础设施建设等实现了高增长,中国则是在已经高速增长 20 年的基础上继续增长,难度要更

大。从发展阶段上看,中国仍然处于高速成长期,近 10 年的年均增长率(10.48%)[①]还略高于过去 30 年的年均增长率(10.06%),这是改革开放后中国经济增长的最好阶段。正是这种高增长导致了中国国际地位的巨大提升。

在过去的 30 年里,世界经济整体增长并不是很快,在表 3.1 的 100 个国家和地区中,只有 10 个国家或地区的年均增长率超过 5%,20 个国家或地区在 4% 和 5%,17 个国家或地区在 3% 和 4% 之间,29 个国家或地区在 2% 和 3% 之间,24 个国家在 2% 以下。高速的经济增长并不是这一时期世界经济增长的普遍状态,中国能保持这样长期的超过 10% 的年均增长,确实是世界经济发展史上的奇迹。在这一时期,世界各国的经济增长表现出以下特点。

第一,世界经济的重心开始向亚洲偏移。在表 3.1 中,过去 30 年来增长最快的 8 个国家和地区全部都在亚洲,分别为中国内地、新加坡、缅甸、韩国、印度、马来西亚、泰国和印度尼西亚,其中的中国内地、印度和印度尼西亚都是人口过亿的大国。年均增长率最高的是中国内地,超过 10%,最低的是印度尼西亚,为 5.26%。其中中国内地、印度和缅甸近 10 年的年均经济增长率高于过去 30 年,经济增长保持上升势头。尤其是印度,过去 10 年的年均经济增长率达到了 7.67%,可以说是步入了高速经济增长阶段,引起世人关注;印度尼西亚的增长率基本持平,作为一个拥有 2 亿人口的地区大国,连续 30 年保持 5% 以上的经济增长,也是相当不容易的;其他 4 个国家则是增长有所减缓,如新加坡和韩国最近 10 年来的年均经济增长率已经回落到 5.59% 和 4.15%,可以说已经走出高速增长期。日本是亚洲的重要国家,但近 30 年来,经济增长已经明显放缓,年均经济增长率由高增长时期的 10% 下降到 1.96%,而最近 10 年的年均经济增长率更是下降到 0.7%。这种停滞为日本解决国内问题带来了困难,同时也降低了它在亚洲和全球的经济影响力。从发展趋势看,中国正在成为亚洲经济增长的重要主导力量,而亚洲新兴国家的发展,则对促进亚洲国家之间的经济合作和整体的经济增长发挥了重要的作用。

第二,一些发展中国家出现了经济增长加速的势头,世界经济发展多极化的格局更加明显。从表中可以看出,年均增长率居前的国家和地区中,大部分国家属于亚非拉发展中国家。如南亚国家印度、巴基斯坦、斯里兰卡等,历来属于人均收入水平较低而且增长缓慢的国家,现在经济增长已经开始提速。非洲的很多国家(尤其是资源丰富的国家)近些年来经济也走出了停滞状态,出现了较好的发展。尤其应该注意的是,一些大的发展中国家(人口较

---

[①] 根据世界银行数据计算。

多、领土较大)的经济正在好转,如金砖五国、印度尼西亚和一些拉美国家等,它们的经济增长率可能不是很高,但已经走出了徘徊的局面,出现或重新出现了加速增长的势头,在世界经济舞台上互相合作和支持,实现共赢。这使世界经济秩序发生了明显的新变化。

第三,世界主要发达国家的经济增长已经明显开始放缓。在七国集团中,虽然各国占世界经济的份额有一定的调整,但相互之间的排序关系没有变化,仍然是美国、日本、德国、法国、英国、意大利和加拿大,日本和德国等战后经济恢复和发展比较快的国家,也都进入了稳定发展期。七国集团国家最近10年的GDP倍数,以日本为最低,1.07倍(年均增长率为0.7%),德国次之,1.10倍(年均增长0.94%),以加拿大为最高,2.2倍(年均增长1.87%),而从1980—2010年的长期增长来看,以德国为最低,4.6倍(年均增长1.74%),以英国为最高,6.9倍(年均增长2.24%),相互之间没有显著性差别,都属于较慢的经济增长。美国近10年来的年均经济增长率为1.6%,而在1980—2000年期间则是3.34%(过去30年为2.75%),近10年比前20年下降了近2个百分点。经济增长在近10年来明显放缓是西方发达国家经济增长的共同特点。不但下降的幅度大,而且实际的经济增长率也相当低,如日本和德国,几乎就是零增长。这也从某种意义上为全球金融危机后美国经济的复苏迟缓和后来的欧洲主权债务危机做了注解。在中国等新兴工业化国家的经济发展起来之后,发达国家的传统比较优势(如金融、技术、资金、装备等)必然会有所减弱,这就要求它们在新的领域中有所突破(如20世纪70年代的新技术革命),开创和发展新的优势,如果不是这样,经济增长就有可能出现停滞,而没有经济增长也就没有了解决各种发展中的矛盾的基础。

发达国家的经济放缓和中国经济的加速增长形成了鲜明的对照,也是中国国际地位迅速提升的直接原因。但应该看到,在经济全球化的今天,世界各国的经济增长是互相影响的。随着中国的长期经济增长和综合实力的提高,中国和发达国家之间的关系也在逐渐发生着变化,中国和发达国家之间的关系,在很多方面已经从互补关系发展成为竞争关系,中国已经发展成为新的世界制造业中心,在很多领域替代了原先由发达工业化国家(如德国、日本等)所从事的生产。这对中国来说当然是好事,但在另外一方面,发达国家由于竞争力减弱所造成的经济放缓以及购买力的减弱,又反过来影响了中国对它们的出口,如这次美国的金融危机和欧洲债务危机,都对中国的外向型经济的发展造成了冲击。世界环境的变化、国内经济发展出现的失衡,以及可持续发展的要求,都可能影响中国未来的经济增长。按照经济增长的一般规律,随着一个国家以人均GDP衡量的经济发展水平的提高,其经济增长率有可能逐步减缓,但这种减缓往往是在一个长期的过程中发生的,如果没有特别大的外部冲击(如世界大战),即使出现了世界性金融危机、巨大自然灾害等,高速经济增长也不会突然中断。从目前情况看,中国的长期经济增长率在达到了21世纪前10年的新高后,可能会逐渐回落。但只要我们像过去30年中那样,能够较好地处理社会和经济发展中的各种矛盾,中国的长期经济增长率即使下调1—2个百分点甚至更多,和世界各国相比,仍然可能是世界上经济增长最好的国家。我们虽然在经济总量和增长率上已经达到了世界领先水平,但是无论从工业发展阶段和科技发展水平上,还是从国内经济的均衡发展和人民生活水平上,都和发达国家、新兴工业化国家之间有着很大的差距,这是我们继续保持长期高速增长的潜力和动力。

## 第二节　改革开放后中国的经济增长

改革开放以来,中国经济增长取得了巨大的成就,1978—2011年,年均经济增长率达到了9.89%。进入新世纪以来,随着工业化和城市化进程的推进,经济增长进一步加速,2000—2011年,年均经济增长率达到了10.36%。而且随着我国市场化程度和宏观调控水平的提高,中国经济在保持高增长的前提下,稳定性也大大改善了。巨大的经济增长改善了中国的综合国力和人民生活,也为我们进行大规模的经济建设(如基础设施建设、城市建设等)、应对突发事件和解决各种发展中的矛盾提供了强大的物质基础。党的十六大提出了新世纪的前20年GDP翻两番的目标,十七大则将这一目标调整为人均GDP翻两番,从表3.2的数据看,2011年的GDP总量已经达到了2000年的2.95倍,在这一期间的年均经济增长率达到了10.36%,也就是说,由于在前一阶段中国取得了更高的经济增长率,因此在未来的9年里,中国只要再实现3.4%的年均GDP增长率就能完成在新世纪翻两番的目标。而按照目前的长期增长趋势,中国在"十二五"和"十三五"规划期间的年均经济增长率将远远高于这一速度,如果没有大的意外,提前实现十六大和十七大上提出的经济增长目标是没有问题的。2011年后,中国经济增长率有所回调,但无论从中国经济增长动力还是长期趋势来看,中国经济增长仍然可能保持一个相对较高的速度。与其说中国经济增长当前面临的问题是经济增长放缓问题,不如说是如何改善经济增长质量、提高经济增长的效率问题。中国要保持长期、稳定和较快的经济增长,需要更多地关注改善供给结构、需求结构以及资源环境的可持续发展问题。

表 3.2 1978—2011 年中国 GDP 指数

| 年份 | GDP 指数<br>上年＝100 | 年份 | GDP 指数<br>上年＝100 | 年份 | GDP 指数<br>上年＝100 |
| --- | --- | --- | --- | --- | --- |
| 1979 | 107.6 | 1990 | 103.8 | 2001 | 108.3 |
| 1980 | 107.8 | 1991 | 109.2 | 2002 | 109.1 |
| 1981 | 105.2 | 1992 | 114.2 | 2003 | 110.0 |
| 1982 | 109.1 | 1993 | 114 | 2004 | 110.1 |
| 1983 | 110.9 | 1994 | 113.1 | 2005 | 111.3 |
| 1984 | 115.2 | 1995 | 110.9 | 2006 | 112.7 |
| 1985 | 113.5 | 1996 | 110 | 2007 | 114.2 |
| 1986 | 108.8 | 1997 | 109.3 | 2008 | 109.6 |
| 1987 | 111.6 | 1998 | 107.8 | 2009 | 109.2 |
| 1988 | 111.3 | 1999 | 107.6 | 2010 | 110.4 |
| 1989 | 104.1 | 2000 | 108.4 | 2011 | 109.2 |
| 2011 年为 1978 年的倍数 | | | | | 22.48 |
| 年均经济增长率(%) | | | | | 9.89 |
| 2011 年为 2000 年的倍数 | | | | | 2.95 |
| 年均经济增长率(%) | | | | | 10.36 |

资料来源：根据《中国统计年鉴》历年数据整理而成。

和 GDP 的增长相比，在这一阶段我国居民家庭的可支配收入增长是相对偏慢的。在 1978—1990 年、1990—2000 年和 2000—2010 年，我国城镇居民家庭人均可支配收入（在消除了价格变动后）的年均增长率为 5.86%、6.83% 和 9.66%，长期年均增长率为 7.34%；农村居民家庭人均纯收入的年均增长率分别为 9.92%、4.50% 和 7.04%，长期年均增长率为 7.3%[1]，而这一期间我国人均 GDP 的年均增长率为 8.79%，居民人均收入的长期年均增长率比人均 GDP 低 1.5 个百分点左右，这体现了我国作为一个新兴工业化进程中的发展中国家在分配经济增长成果上的特征，这就是将更多的成果用于积累，进行投资和发展外向型经济。图 3.1 对改革开放后的 GDP、城镇和农村居民实际收入的增长率进行了比较，可以看出，经济增长和居民收入增长曲线之间是发散的。但在另外一方面，我们也从分析数据中看到，近 20 年来，各个阶段的居民收入的实际增长率在逐步提高，在新时期里，由这种居民收入增加导致的内需增加，有可能为中国经济增长增加动力。

---

[1] 根据《中国统计年鉴 2011》中居民收入数据综合计算整理。

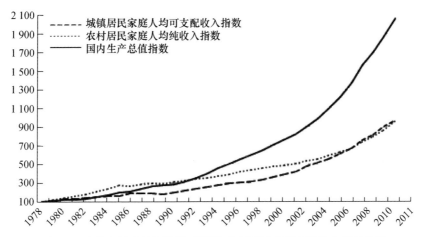

图 3.1 改革开放后经济增长、城镇和农村居民家庭实际收入增长比较

从整体上看,自 1978 年至 2011 年,一方面,我国以 10% 的年均经济增长率实现了长达 33 年的持续高速增长,综合实力、人民生活水平与国际地位发生了根本性的变化。在这期间,我国经济发展的主要目标就是实现"高速"增长,并且在这种增长中逐步解决经济和社会发展中的各种矛盾。要做到这一点并不容易,在这期间里,世界上没有一个国家能够做到在推动了经济高增长后,又把经济增长的水平保持了 30 年以上的时间。这就是为世人称道的"中国奇迹"。这也证明了我国把工作重点转移到经济建设上来和通过改革开放来促进经济增长的决策以及措施是适应中国生产力的发展要求的。

另一方面,由于长期以来,我们在经济建设中的主要指导思想是实现"高速增长",在发展过程中虽然也注意控制过热、控制投资、控制通胀,但增长仍然是第一位的。因此在改革开放以后,尤其是在 21 世纪初我国进入新一轮的加速经济增长周期后,我国在大多数年份的经济增长都是超过预期的。我国历次提出的中长期增长"翻番"目标,大多数是十年翻一番,也就是年均增长率在 7.2% 左右;而在 2011 年以前的历次《政府工作报告》中,所提出的年度经济增长目标最多也就是 8%,但在执行中总是被超额完成。随着我国经济发展水平的不断提高,经济增长开始受到越来越多的条件约束,包括经济的、社会的、资源和环境的条件约束,同时,社会主义市场经济体系更加完善,在这种情况下,中国政府对于经济增长的目标以及实现经济增长的路径进行了调整,不再只是强调经济增长数量而同时要关心经济增长的质量;在经济增长中不能只是依靠增加投入来扩大产出,更要重视制度创新和技术创新的作用;国家必须提高宏观调控的水平,但更要重视市场在配置资源中的决定性作用。因此,在我国的经济增长进入"新常态"后,我们开始对经济增长实行更加精准的调控,不是越高越好,也不能停滞不前。只有在市场化建设、经济发展和宏观调控到达了一定水平后,才有可能提出这样具体的调控目标,这是对我国政府的新的挑战和考验。这种目标的提出是有客观依据的,这就是我国现阶段仍然具备保持较高增长率的潜力,只要我们坚持改革,坚持中国特色的社会主义道路,坚持按照客观经济规律制定政策并实行科学的宏观调控,我们就有可能实现我们长期的经济和社会发展目标。

在经过三十多年的改革开放和高速经济增长后,随着经济发展水平和发展阶段的变化,我国近些年的年均经济增长率开始由原先的10%左右降低到现在的7%左右。有些人担心即使是这样的经济增长率也难以继续保持,这样就会影响我们实现中长期的发展目标。这种担心并不是完全没有根据的,因为我们的经济增长确实仍在放缓,现实经济活动中也存在着很多问题。但是,如果我们对中国的实际情况有一个清醒和深刻的认识,我们就会看到,在进入"新常态"之后,中国仍然保持着以中高速经济增长的条件。从大多数新兴国家和地区的经验来看,在保持了多年10%左右的高增长并进入上中等收入国家和地区的行列之后,随着原有生产要素的比较优势减弱,年均经济增长率会出现一定的回落。与此同时,新的比较优势又会被培育出来,因此中高速的经济增长仍然可能保持比较长的时期。从我国目前的情况来看,虽然经济增长率出现了一定的放缓,但是仍然属于全世界经济增长中最好的。从发展阶段上看,仍然处于由发展中国家向新兴工业化国家、由上中等收入国家向高收入国家发展的阶段,具备保持中高速经济增长的条件。关键在于我们能否通过体制创新、深化改革和宏观调控,改善和解决我国经济发展中的各种矛盾尤其是结构性矛盾,跨越中等收入陷阱,实现我们的增长和发展目标。

从中国改革开放以后高速经济增长的实践上看,任何时候都是挑战和机遇并存。在我们进入全面建成小康社会的决胜阶段,面临着一次新的挑战和历史机遇。正是在这种条件下,国家提出了要在适度扩大总需求的同时,加强供给侧的结构性改革,这是符合我国现阶段经济发展要求的。具体地看,至少在以下几个方面,我国的经济增长和经济发展目前仍然具有巨大的潜力。

一是实现经济、社会和环境的可持续发展,尤其是要注重在保护环境的基础上实现的经济增长,实际上为我们创造了新的经济增长点。能源开发和使用在我国经济增长中一直发挥着基础性的作用。改革开放三十多年以来,我国能源消费对经济增长的弹性系数一直很高,长期保持在 0.8—0.9 之间,而在 21 世纪后的前十年间则达到 0.9 以上。中国目前已经是全球最大的能源消费国,能源消费量占世界的比重已经达到 20% 以上。目前国际能源和资源价格的下跌,降低了我们的发展成本。但是一旦国际市场上能源和资源的价格重新上升,就有可能形成外部输入的通货膨胀,给我国的经济增长带来冲击。由于在能源开发和工业化中我国的环境保护措施没有跟上,我国的环境污染尤其是空气污染已经发展到了相当严重的地步,经济增长和环境保护之间的矛盾已经相当尖锐。在这种情况下,环保产业以及环保型产业实际上就有了巨大的发展空间。这些产业的发展,不仅有助于改善环境,而且能够为经济增长做出贡献。

二是混合所有制的改革,将大大提高国有和国有控股企业的市场效率,加强实体经济的活力。我国现阶段对国有企业特别是大型和特大型企业进行混合所有制改革,是对 20 世纪末国有企业产权制度改革的继续。单纯的国有制独资或绝对控股的国有企业,在制度上具有国有企业服务社会发展和体现国家总体利益要求的功能,但却难以实现市场竞争性效率最大化的目标。并非说实现了企业混合所有制经济改革就必然能保证充分实现市场竞争盈利目标,但不进行混合所有制改革,传统国有制企业在所有制上和企业功能定位上就难以实现微观盈利的效率目标,国有企业混合所有制的经济改革正是在企业所有制上为企业适应市场竞争创造必要的基础。众多的国有企业经改造成为混合所有制经济之后,其企业目标原则上会发生根本的变化,将以适应市场竞争、获取最大盈利作为首要目标。而企业服务社会、贡献国家的职能只需要保留少数这样的企业或以其他方式来实现。十多年国有企业产权制度改革的实践,证明了对更多的国有企业进行混合所有制改革、为它们提升市场竞争性的盈利最大化能力创造制度基础是完全可行的。

三是通过城镇化进程,实现区域间生产力布局和经济发展的均衡将为我们带来新的需求。改革开放以来,我国是通过"一些地区先富起来"来带动整个国家的经济发展和经济增长的。这样做的好处是可以集中有限的资源在部分地区实现零的突破,形成示范效应,问题在于在一些地区的经济发展起来之后,经济发展不均衡的格局可能长期延续下去,从而降低资源配置的效率并影响全国整体福利水平的提升。目前我国一些先富起来的地区(如浙江、江苏和广东等),现代化的水平已经相当高,上海、北京、天津、广州、深圳这些大都市,其人均 GDP 及实际经济发展水平甚至已经达到了高收入国家或地区的水平。但以贵州、云南等地区为代表的欠发达地区,平均发展水平却仍然在下中等收入的水平或者说刚刚达到上中等水平。在同一个地区(省份),大都市与小城市之间,城乡之间,经济发展水平也仍然存在着很大的差距。这种发展水平以及相应的居民收入水平上的差距,导致人口及生产要素向大城市流动,在大城市人口拥挤、投资条件恶化的同时,欠发达地区的发展却没有跟上来,导致资源配置效率降低,经济增长的动力减弱。因此,如何通过合理的政策,引导各种资源和生产要素向发达程度较低的地区流动,推动这些地区的工业化和城镇化进程,发挥这些地区的比较优势,是改善我国生产力布局,实现经济可持续增长的重要途径。近两年来,我国高收入地区的经济增速普遍回落,但重庆等地却由于有了比较好的政策(城乡综合一体化发展),同时又有生产要素的比较优势,经济增长仍然保持了很好的势头。就中国经济发展水平较低的地区而言,经济增长不是太快而是仍然有提高的空间,但问题是在经济发展过程中得不到充分的资源,投入不足。中国的城镇化进程,不应该是大量的劳动力向少数发达城市转移,而是应该让欠发达地区发展起来,在这些地区容纳更多的非农就业。经济增长在区域间的非均衡性,是我国作为一个发展中国家在工业化和现代化进程中的必经之路,这一方面反映了中国和欧美等发达国家之间的差距,说明部分地区的现代化并不等于一个国家的现代化,个别地区经济上的超前发展如果不能充分带动其他地区的发展,那么这些地区的整体福利也不可能真正地得到彻底改善;另一方面,这种区域间经济发展的不均衡事实上又是我国经济发展的比较优势,因为在这些地区,无论是在改善需求还是加强供给方面,都有更大的空间。

四是产业结构升级将进一步提高我国经济增长的效率。我国的第三产业在传统上是发展不足的。改革开放之后,由于强调和追求高增长,仍然是制造业及第二产业在优先发展,第三产业相比较于制造业、工业及整个第二产业而言,无论是在传统服务业(批发零售、运输等)上还是现代服务业(科技创新、金融、通信等)上的发展,都是滞后的。在高增长下这种服务业发展不足所带来的经济增长中的结构性矛盾在一定程度上被掩盖,但是到了一定的阶段,无论是从投资形成的基础设施(大部分基础设施投资最后都会转化成为第三产业的固定资产,如机场、铁路、公路、港口、互联网等)看,从制造业的转型升级和专业化分工来(制造业中将有越来越多的功能由第三产业来承担,如制造业的融资、技术服务、运输、销售等)看,还是从容纳工业化和城镇化带来的就业压力来(第三产业是吸收就业最多的产业,而第二产业则是排斥劳动的,将在不断的产业升级中用机器和技术代替劳动)看,第三产业都需要而且必然会有一个大的发展。近几年来,在整个经济增长放缓的背景下,第二产业的增长率出现了显著的回落,从10%以上回落到6%左右,而第三产业的增长率也有所放缓,但仍然保持了8%左右的增长,这实际上表明我国的经济增长将会通过一次较大的产业结构调整和升级,为可持续的经济增长建立新的基础。在第二产业尤其是制造业的发展上,我国现在已经形成了自身的新的优势,交通运输工具、通信和高科技产品、成套设备等的制造都已经在世界上形成了竞争力。另一方面,世界各国尤其是发展中国家的建设需求(尤其是基础设施建设的需求)则为我们提供了难得的机遇。这说明我们的第二产业本身实际上仍然有很大的发展空间,问题是第二产业应该如何调整结构来适应国内外市场的需求。

五是收入分配和再分配的改革将为我国的经济增长带来新的拉动。收入分配的改革调整的是企业、政府和劳动者之间的利益关系。就发展趋势看,从2009年开始,我国居民收入分配差异扩大化(微观分配),居民部门和企业部门、政府部门之间的收入增长失衡(宏观分配)的矛盾已经有所改善,基尼系数有缩小的趋势。但是这些变化的幅度还不够,居民可支配收入的增长不足影响了居民消费水平的进一步提高;而就企业而言,一方面用工成本在增加,另一方面市场扩张相对缓慢,一部分企业甚至还面临着严重的产能过剩,企业的利润空间明显压缩,影响了企业的发展甚至是生存。在这种情况下,在鼓励企业加快技术进步、提高市场竞争力的同时,要适当减轻企业在税收和公用事业收费方面的负担。企业发展了,国家向企业征收的税收(包括间接税和直接税)就能增加,劳动者的收入也就有可能随着企业的发展而提高(国家可以通过法律和行政手段来对此进行调节),劳动者也就有更强的纳税能力,国家从劳动者那里征收的所得税也可以增加。国家通过税收制度的改革,由政府适度承担一些经济发展中的收入风险,增加企业和劳动者的收入,各个收入主体的收入就能够得到提升,由此进一步拉动经济增长。

2012年,我国在对全球金融危机后推出的扩张性宏观经济政策实施择机退出后,经济增长率由上一年的9.5%回落到7.7%,这是进入21世纪后中国的经济增长率第一次回落到8%以下,在此之后,中国的经济增长一直处于缓慢的回落过程中,2016年达到了6.7%。从表面上看,中国经济增长的势头似乎比改革开放后前33年有所减弱,但在实际上,这五年(2012—2016年)却是中国经济苦练内功、解决深刻的结构性矛盾、经济增长质量得到显著提升的五年。而且从数值上看,仍然属于全世界最好的经济增长。在这五年中,我国的就业在不断改善、人民生活水平在不断提高、产业结构有明显改善、内需尤其是居民消费越来越成为拉动增长的重要力量。"文武之道、一张一弛",这种必要的经济调整实际上已经为中国在全面建成小康社会以及未来的发展创造了更好的发展条件。我们完全有能力应对我们面临的机遇和挑战,实现我们的宏伟发展目标。

## 第三节　中国与世界其他国家经济发展情况的比较

### 一、中国及世界主要国家的经济总量及其占世界份额的变化

进入21世纪后,由于高速的经济增长,中国在世界经济总量中所占的份额在迅速提高。从表3.3中可以看到,1978年中国刚刚开始改革开放的时候,中国的GDP总量仅为1 500亿美元,在世界上的份额仅为1.8%,排名第10位,和一个世界上人口最多的大国的地位极不相称。由于人口众多,人均水平就更低,属于低收入贫穷国家。在此之后的20年,中国虽然取得并保持了高速经济增长,但是GDP占世界经济的份额仍然只有3.7%,落后于传统的发达国家,如日本、德国、英国、法国等,排名为第6位,排名虽然提前了4位,但国际影响力仍然是有限的。进入21世纪后,这种情况发生了明显的改变,由于发展基数已经大为提高,再加上强劲的经济增长,中国的经济总量先后超过法国、英国、德国、日本,成为仅次于美国的世界第二大经济体。2010年中国的GDP总额达到了5.93万亿美元,占世界GDP比重的9.4%,成为对世界具有重大影响的经济大国。而在对外贸易的发展上,也呈现了这样的特征,在改革开放初期,中国的出口在全球贸易中所占的比重几乎可以忽略不计,但是到了2000年,中国的出口占全球的份额已经提高到3.9%,在全球排名第七位,而到了2010年,中国出口在全球所占的份额已经提高到10.4%,成为全球最大的商品出口国。[①] 可以说,进入21世纪后的10年,是中国历史上国际经济地位改善最为显著的10年,并由此带动了其他方面地位的提升。

表3.3　世界20个主要国家过去30年GDP及变化情况

| 国家 | 2010年 | | | 2000年 | | | 1978年 | | |
|---|---|---|---|---|---|---|---|---|---|
| | 排序 | GDP(万亿美元) | 份额(%) | 排序 | GDP(万亿美元) | 份额(%) | 排序 | GDP(万亿美元) | 份额(%) |
| 美国 | 1 | 14.59 | 23.1 | 1 | 9.90 | 30.7 | 1 | 2.28 | 27.1 |
| 中国 | 2 | 5.93 | 9.4 | 6 | 1.20 | 3.7 | 10 | 0.15 | 1.8 |
| 日本 | 3 | 5.46 | 8.6 | 2 | 4.67 | 14.5 | 2 | 0.98 | 11.7 |
| 德国 | 4 | 3.28 | 5.2 | 3 | 1.89 | 5.9 | 3 | 0.72 | 8.5 |
| 法国 | 5 | 2.56 | 4.1 | 5 | 1.33 | 4.1 | 4 | 0.50 | 5.9 |

---

① 根据世界贸易组织统计资料分析计算。

(续表)

| 国家 | 2010年 | | | 2000年 | | | 1978年 | | |
|---|---|---|---|---|---|---|---|---|---|
| | 排序 | GDP(万亿美元) | 份额(%) | 排序 | GDP(万亿美元) | 份额(%) | 排序 | GDP(万亿美元) | 份额(%) |
| 英国 | 6 | 2.25 | 3.6 | 4 | 1.48 | 4.6 | 5 | 0.33 | 3.9 |
| 巴西 | 7 | 2.09 | 3.3 | 9 | 0.64 | 2.0 | 8 | 0.20 | 2.4 |
| 意大利 | 8 | 2.05 | 3.2 | 7 | 1.10 | 3.4 | 6 | 0.30 | 3.6 |
| 印度 | 9 | 1.73 | 2.7 | 13 | 0.46 | 1.4 | 13 | 0.14 | 1.6 |
| 加拿大 | 10 | 1.58 | 2.5 | 8 | 0.72 | 2.2 | 7 | 0.21 | 2.6 |
| 俄罗斯 | 11 | 1.48 | 2.3 | 19 | 0.26 | 0.8 | | — | — |
| 西班牙 | 12 | 1.41 | 2.2 | 11 | 0.58 | 1.8 | 9 | 0.16 | 1.9 |
| 墨西哥 | 13 | 1.03 | 1.6 | 10 | 0.58 | 1.8 | 15 | | 1.2 |
| 韩国 | 14 | 1.01 | 1.6 | 12 | 0.53 | 1.7 | 27 | 0.05 | 0.6 |
| 荷兰 | 15 | 0.78 | 1.2 | 16 | 0.39 | 1.2 | 11 | 0.15 | 1.7 |
| 土耳其 | 16 | 0.73 | 1.2 | 18 | 0.27 | 0.8 | 22 | 0.07 | 0.8 |
| 印度尼西亚 | 17 | 0.71 | 1.1 | 28 | 0.17 | 0.5 | 26 | 0.05 | 0.6 |
| 瑞士 | 18 | 0.53 | | 20 | 0.25 | | | | |
| 波兰 | 19 | 0.47 | 0.7 | 25 | 0.17 | 0.5 | | 0.00 | — |
| 比利时 | 20 | 0.47 | 0.7 | 22 | 0.23 | 0.7 | 16 | 0.10 | 1.2 |
| 以上合计 | | 50.13 | 79.4 | | 26.81 | 83.2 | | 6.48 | 77.0 |
| 世界 | | 63.12 | 100.0 | | 32.24 | 100.0 | | 8.42 | 100.0 |

资料来源:世界银行数据库(GDP以现价美元计算)。

表3.3列出的是2010年世界上经济总量最大的20个国家在过去30年来按汇率法计算的GDP总量、份额和排序的比较,造成这些关系变化的直接影响因素有三个,即实际经济增长率、通货膨胀水平和汇率,而经济增长率则是最重要的影响因素。从世界长期发展的观点看,在开放经济的条件下,一个国家的通胀程度和汇率之间通常上存在着反比的关系,通胀程度越大,本币的贬值程度往往也越大,反之亦然。因此,按汇率法对GDP的长期变化进行开放的大国之间的横向比较,是能够说明各国的世界经济地位变化的。

从表中还可以看到在过去的30年中世界其他主要国家的总量和份额的变化情况:

在发达国家中,美国、日本和英国属于前20年所占份额提升、近10年下降的国家;加拿大属于前20年份额下降、最近10年份额略有提升(由2.2%上升到2.5%)的国家;而德国、法国、意大利属于份额持续下降的国家。

美国和日本是两个经济总量最大的发达国家,但情况有所不同。1978—

2000年,美国所占的份额在已经达到27.1%的情况下,再进一步提高到30.7%。新技术革命、金融和文化产业的创新以及房地产的发展,对这一时期美国和世界的经济增长做出了贡献。但最近10年,美国经济虽然还在增长,但所占的份额下降到了23.1%,下降了7.6个百分点。日本的GDP在世界经济总量中所占的份额,1978年为11.7%,2000年则提高到14.5%。但在事实上,从1973年石油危机以后,日本经济增长就已经明显放缓,所占份额的提高主要是受1985年广场协议后日元大幅升值的影响。日本为这一升值付出了巨大的代价,使已经放缓的经济增长更进一步陷入困境。最近10年其所占的份额又从14.5%下降到8.6%,下降了5.9%。

从30年的份额变化看,七国集团的所有国家在世界经济中所占的份额都是下降的。其中美国下降了4%,日本下降了3.1%,德国下降了3.3%。而中国在这一期间所占的份额提高了7.6%,超过了和中国经贸关系最为密切的美国、日本的份额变化之和,而这种变化主要是在最近10年发生的。这也在一定程度上说明了为什么中国现在受到美国及西方各国这么大的关注。

发达国家所占份额的减少,是和新兴国家所占份额的提升相对应的。虽然除了中国之外,其他国家的份额提高的程度都不算高,如位居份额变化第二名的印度,在过去30年中仅提升了1.1%,但这些国家人口众多、资源丰富,经济增长的比较优势明显,近年来纷纷走上了经济增长的快车道,这就导致了最近10多年世界经济格局的迅速变化。而在这种经济格局的变化中,中国无疑占据着重要地位。从发展上看,新兴国家的发展是有利于中国经济增长的。如果说中国在经济起飞的初期,更多地依赖了与发达国家之间的后发优势,那么到了现在,通过与新兴国家尤其是新兴发展中国家之间的领先优势推进我国的全球化战略,将是我国实现持续发展的重要途径。

**二、以当前价格反映的经济增长**

在表3.4中,对中国和世界主要国家的经济总量、在世界经济中所占份额和排序的变化是以按汇率法反映的现价GDP反映的。因此,各国之间的横向比较就不仅仅是历年经济增长的比较,还和各国价格总水平、汇率的变动相关。表3.4反映的就是包括了这些因素的世界上20个主要国家过去10年来以美元计价的名义的经济增长率的比较。从这个表中可以看出,在加上了价格和汇率因素后,各国国际地位的变化,和表3.1有很大不同,如中国、印度、巴西、印度尼西亚、俄罗斯等国际地位的提升,都明显地快于其经济增长的速度。以中国为例,中国这一期间的名义增长率为17.22%,仅次于俄罗斯,位居20个国家中的第二位。其中,年均经济增长率为10.48%,价格总水平的年均增长率为4.09%,汇率水平的年均增长率为1.93%。一般地说,经济发展水平较低的国家,初级产品的价格(如蔬菜)相对便宜,而经济发展水平较高的国家,工业制成品的价格相对便宜,这是一些学者及国际机构(如世界银行)利用购买力平价法进行国际比较的重要理由。但我们也可以看到,一个国家的经济发展水平越高,和发达国家人均发展水平的差距越小,其购买力平价与汇率之间的差别也就越小。从这个意义上看,发展中国家汇率的逐步提升,事实上也是其现代化程度的重要标志。但是也应该看到,发展中国家的汇率决定,应该服务其经济增长而不是其他目的,一个国家汇率的短期提升,将影响其商品的国际竞争力和其货币在国际上的购买力,进而对其未来的经济增长带来重大的影响。如前面所指出的那样,日元在20世纪80年代的大幅度升值曾大大提高了其经济总量在世界上的份额,并且使日本的名义人均GDP有很大提升,但由此导致的对日本经济增长的负面影响,最终的结果是日本在国际上所占的份额又重新降下来。

表3.4 2000—2010年世界主要国家现价GDP的变化

| 国家 | 2010年GDP | | | 为2000年的倍数 | 名义年均增长率(%) |
| --- | --- | --- | --- | --- | --- |
| | 排序 | 万亿美元 | 份额(%) | | |
| 美国 | 1 | 14.59 | 23.1 | 1.5 | 4.14 |
| 中国 | 2 | 5.93 | 9.4 | 4.9 | 17.22 |
| 日本 | 3 | 5.46 | 8.6 | 1.2 | 1.84 |
| 德国 | 4 | 3.28 | 5.2 | 1.7 | 5.45 |
| 法国 | 5 | 2.56 | 4.1 | 1.9 | 6.63 |
| 英国 | 6 | 2.25 | 3.6 | 1.5 | 4.14 |
| 巴西 | 7 | 2.09 | 3.3 | 3.2 | 12.33 |
| 意大利 | 8 | 2.05 | 3.2 | 1.9 | 6.63 |
| 印度 | 9 | 1.73 | 2.7 | 3.8 | 14.28 |
| 加拿大 | 10 | 1.58 | 2.5 | 2.2 | 8.20 |
| 俄罗斯 | 11 | 1.48 | 2.3 | 5.7 | 19.01 |
| 西班牙 | 12 | 1.41 | 2.2 | 2.4 | 9.15 |
| 墨西哥 | 13 | 1.03 | 1.6 | 1.8 | 6.05 |
| 韩国 | 14 | 1.01 | 1.6 | 1.9 | 6.63 |
| 荷兰 | 15 | 0.78 | 1.2 | 2 | 7.18 |
| 土耳其 | 16 | 0.73 | 1.2 | 2.8 | 10.84 |
| 印度尼西亚 | 17 | 0.71 | 1.1 | 4.3 | 15.70 |

(续表)

| 国家 | 2010 年 GDP | | | 为 2000 年的倍数 | 名义年均增长率（%） |
|---|---|---|---|---|---|
| | 排序 | 万亿美元 | 份额(%) | | |
| 瑞士 | 18 | 0.53 | 0.8 | 2.1 | 7.70 |
| 波兰 | 19 | 0.47 | 0.7 | 2.7 | 10.44 |
| 比利时 | 20 | 0.47 | 0.7 | 2 | 7.18 |
| 以上合计 | | 50.13 | 79.4 | 1.9 | 6.63 |
| 世界 | | 63.12 | 100 | 2 | 7.18 |

资料来源：根据世界银行数据库（GDP 以现价美元计算）相关资料计算整理。

### 三、人均 GNI 水平的国际比较

虽然中国的经济总量已经得到了巨大的提升，但是从人均 GDP 或人均 GNI（国民总收入①）上看，中国在世界上的水平仍然不高。表 3.5 列出的是世界银行公布的一部分国家和地区的人均 GNI②，从表中可以看到，在列入 2010 年统计的 213 个国家和地区中，中国内地的人均 GNI 为 4 260 美元，在世界上名列第 121 位（如果按购买力平价排序，则名列第 118 位）。如果按照表后的世界银行的比较标准，中国已经属于中等收入国家。这对于中国来说是一个很大的进步，经过三十多年的改革开放和高速经济增长，我们已经从一个贫穷落后的低收入国家发展成为一个中等收入的发展中国家。但在另外一方面，我们还应该看到，这个中等收入是从排序上看的（排在 200 多个国家和地区的中间位置），但从水平上看，还不到世界平均水平（9 097 美元）的一半，和高收入国家接近 4 万美元的水平差得更远，从这个角度来看，中国还需要实现进一步的经济增长。

表 3.5 2010 年世界主要国家和地区人均 GNI

| 排序 | 国家或地区 | 人均 GNI（美元） | 排序 | 国家或地区 | 人均 GNI（美元） | 排序 | 国家或地区 | 人均 GNI（美元） |
|---|---|---|---|---|---|---|---|---|
| 4 | 挪威 | 85 380 | 14 | 瑞典 | 49 930 | 19 | 奥地利 | 46 710 |
| 6 | 卢森堡 | 79 510 | 15 | 荷兰 | 49 720 | 21 | 比利时 | 45 420 |
| 7 | 瑞士 | 70 350 | 17 | 芬兰 | 47 170 | 23 | 澳大利亚 | 43 740 |
| 10 | 丹麦 | 58 980 | 18 | 美国 | 47 140 | 24 | 德国 | 43 330 |

---

① GNI 和 GDP 的差别在于"来自国外的净要素收入"，因为人均水平的比较更加重视"收入"，所以在人均水平的国际比较中更为常用。就中国而言，这两个指标之间的数值差别不大，从 2007 年起，GNI 略高于 GDP。

② 一些较小经济体的数据未列入此表中，但在排序中没有排除。

（续表）

| 排序 | 国家或地区 | 人均GNI（美元） | 排序 | 国家或地区 | 人均GNI（美元） | 排序 | 国家或地区 | 人均GNI（美元） |
|---|---|---|---|---|---|---|---|---|
| 26 | 法国 | 42 390 | 73 | 委内瑞拉 | 11 590 | 114 | 伊朗 | 4 530 |
| 27 | 加拿大 | 41 950 | 74 | 立陶宛 | 11 400 | 116 | 马其顿 | 4 520 |
| 28 | 日本 | 42 150 | 76 | 乌拉圭 | 10 590 | 117 | 厄瓜多尔 | 4 510 |
| 29 | 爱尔兰 | 40 990 | 78 | 智利 | 9 940 | 118 | 阿尔及利亚 | 4 460 |
| 30 | 新加坡 | 40 920 | 79 | 俄罗斯联邦 | 9 910 | 119 | 约旦 | 4 350 |
| 31 | 中国澳门 | 39 520 | 80 | 土耳其 | 9 500 | 120 | 马尔代夫 | 4 270 |
| 32 | 英国 | 38 540 | 81 | 塞舌尔 | 9 490 | 121 | 中国内地 | 4 260 |
| 35 | 意大利 | 35 090 | 82 | 巴西 | 9 390 | 122 | 泰国 | 4 210 |
| 36 | 冰岛 | 33 870 | 83 | 墨西哥 | 9 330 | 123 | 突尼斯 | 4 070 |
| 37 | 中国香港 | 32 900 | 84 | 黎巴嫩 | 9 020 | 124 | 阿尔巴尼亚 | 4 000 |
| 38 | 西班牙 | 31 650 | 85 | 阿根廷 | 8 450 | 125 | 安哥拉 | 3 960 |
| 39 | 文莱 | 31 180 | 86 | 马来西亚 | 7 900 | 126 | 伯利兹 | 3 740 |
| 40 | 塞浦路斯 | 30 460 | 87 | 罗马尼亚 | 7 840 | 127 | 土库曼斯坦 | 3 700 |
| 41 | 新西兰 | 29 050 | 88 | 加蓬 | 7 760 | 128 | 斐济 | 3 610 |
| 43 | 以色列 | 27 340 | 89 | 毛里求斯 | 7 740 | 129 | 汤加 | 3 380 |
| 44 | 希腊 | 27 240 | 90 | 哈萨克斯坦 | 7 440 | 130 | 萨尔瓦多 | 3 360 |
| 47 | 斯洛文尼亚 | 23 860 | 92 | 巴拿马 | 6 990 | 131 | 科索沃 | 3 300 |
| 48 | 巴林 | 25 420 | 93 | 博茨瓦纳 | 6 890 | 132 | 圭亚那 | 3 270 |
| 49 | 葡萄牙 | 21 860 | 94 | 黑山共和国 | 6 690 | 133 | 佛得角 | 3 160 |
| 56 | 韩国 | 19 890 | 95 | 哥斯达黎加 | 6 580 | 134 | 亚美尼亚 | 3 090 |
| 58 | 阿曼 | 17 890 | 97 | 保加利亚 | 6 240 | 135 | 乌克兰 | 3 010 |
| 59 | 马耳他 | 18 350 | 98 | 南非 | 6 100 | 136 | 马绍尔群岛 | 2 990 |
| 60 | 捷克 | 17 870 | 99 | 白俄罗斯 | 6 030 | 137 | 巴拉圭 | 2 940 |
| 61 | 沙特阿拉伯 | 17 200 | 100 | 苏里南 | 5 920 | 138 | 萨摩亚 | 2 930 |
| 62 | 斯洛伐克 | 16 220 | 101 | 塞尔维亚 | 5 820 | 140 | 摩洛哥 | 2 850 |
| 64 | 特立尼达和多巴哥 | 15 380 | 102 | 古巴 | 5 550 | 143 | 格鲁吉亚 | 2 700 |
| 65 | 赤道几内亚 | 14 680 | 103 | 格林纳达 | 5 560 | 146 | 斯威士兰 | 2 600 |
| 66 | 爱沙尼亚 | 14 360 | 104 | 哥伦比亚 | 5 510 | 147 | 印度尼西亚 | 2 580 |
| 67 | 克罗地亚 | 13 760 | 105 | 阿塞拜疆 | 5 180 | 148 | 埃及 | 2 340 |
| 69 | 匈牙利 | 12 990 | 108 | 多米尼加共和国 | 4 860 | 149 | 伊拉克 | 2 320 |
| 70 | 波兰 | 12 420 | 111 | 牙买加 | 4 750 | 150 | 刚果共和国 | 2 310 |
| 71 | 利比亚 | 12 020 | 112 | 秘鲁 | 4 710 | 151 | 斯里兰卡 | 2 290 |
| 72 | 拉脱维亚 | 11 620 | 113 | 纳米比亚 | 4 650 | 152 | 菲律宾 | 2 050 |

(续表)

| 排序 | 国家或地区 | 人均GNI（美元） | 排序 | 国家或地区 | 人均GNI（美元） | 排序 | 国家或地区 | 人均GNI（美元） |
|---|---|---|---|---|---|---|---|---|
| 154 | 不丹 | 1 920 | 173 | 赞比亚 | 1 070 | 193 | 卢旺达 | 540 |
| 155 | 蒙古 | 1 890 | 176 | 毛里塔尼亚 | 1 060 | 195 | 坦桑尼亚 | 530 |
| 156 | 洪都拉斯 | 1 880 | 177 | 巴基斯坦 | 1 050 | 196 | 尼泊尔 | 490 |
| 157 | 摩尔多瓦 | 1 810 | 177 | 塞内加尔 | 1 050 | 196 | 乌干达 | 490 |
| 158 | 玻利维亚 | 1 790 | 179 | 所罗门群岛 | 1 030 | 198 | 中非共和国 | 460 |
| 160 | 印度 | 1 340 | 180 | 老挝 | 1 010 | 198 | 津巴布韦 | 460 |
| 161 | 巴布亚新几内亚 | 1 300 | 181 | 吉尔吉斯斯坦 | 880 | 200 | 阿富汗 | 330 |
| 163 | 乌兹别克 | 1 280 | 182 | 科摩罗 | 820 | 201 | 冈比亚 | 440 |
| 165 | 苏丹 | 1 270 | 183 | 肯尼亚 | 780 | 201 | 马达加斯加 | 440 |
| 166 | 加纳 | 1 240 | 183 | 塔吉克斯坦 | 780 | 201 | 莫桑比克 | 440 |
| 167 | 圣多美和普林西比 | 1 200 | 185 | 柬埔寨 | 760 | 201 | 多哥 | 440 |
| 168 | 尼日利亚 | 1 180 | 186 | 贝宁 | 750 | 206 | 埃塞俄比亚 | 380 |
| 169 | 喀麦隆 | 1 160 | 187 | 海地 | 650 | 206 | 几内亚 | 380 |
| 170 | 越南 | 1 100 | 188 | 孟加拉 | 640 | 208 | 尼日尔 | 360 |
| 171 | 尼加拉瓜 | 1 080 | 189 | 乍得 | 600 | 209 | 塞拉利昂 | 340 |
| 173 | 象牙海岸 | 1 070 | 189 | 马里 | 600 | 211 | 马拉维 | 330 |
| 173 | 也门 | 1 060 | 192 | 布基纳法索 | 550 | 213 | 利比里亚 | 190 |
| 世界 | | | | | 9 097 | | | |
| 低收入 | | | | | 510 | | | |
| 中等收入 | | | | | 3 764 | | | |
| 低中等收入 | | | | | 1 658 | | | |
| 高中等收入 | | | | | 5 884 | | | |
| 高收入 | | | | | 38 658 | | | |
| 欧元区 | | | | | 38 580 | | | |

资料来源：世界银行数据库。

"十二五"规划提出的年均经济增长目标是7%，但从前面进行的分析和国际比较看，在未来十年或者更长的时间里，即使从10%以上的增长区间上回落，中国的年均经济增长仍有可能保持在7%以上，也就是说，有可能用十年时间使中国的GDP和人均GNI再翻一番。再综合考虑世界经济增长、价格总水平和汇率等方面的因素，大约用十多年的时间，中国的人均GNI就有可能达到或超过那时的世界平均水平。

# 第四章 中国对外经贸合作中的"二元化"现象及其对策

改革开放后尤其是进入 21 世纪后,中国对外经贸合作和外向型经济迅速发展,国际影响力得到巨大的提升,成为主导世界经济秩序的重要力量。但与此同时,我们也面临着以美国为主导的西方国家的抗衡,由此产生了对外经济合作中的"二元化"现象,对中国的全球化发展战略造成了负面影响。下面将对中国外向型经济的发展、"二元化"现象的产生,以及改善"二元化"格局的路径进行研究和分析。

## 第一节 改革开放以来中国对外经贸合作的发展及其特点

### 一、改革开放以来中国对外经贸合作的发展

改革开放以来,中国的经济增长中的一个突出特征,就是外向型经济的迅速发展,出口及整个外向型经济的发展都高于经济增长。从 20 世纪 70 年代开始,全球步入新技术革命时代,同时这也是一个经济全球化和国际分工合作更加紧密的时代。中国抓住了这一难得的历史机遇,以开放促改革、以开放促发展,加快了现代化和"赶超"的进程。对于要实现经济起飞的国家,发展外向型经济成为推动经济增长的重要手段。通过利用国内国外两个市场、两种资源,获得更有效率的经济增长。在进入 21 世纪和加入 WTO 以后,中国的出口贸易有了更快的增长,年均增长率达到 17.9%,尤其是 2002—2007 年期间,每年的增长率都在 20% 以上,2008 年,由于全球金融危机造成的世界经济衰退,使中国的出口增长率出现了明显回落,2009 年甚至是负增长,但随着国际经济形势的改善,2010 年中国的出口增长率又回升到 20% 以上。表 4.1 列出了以现行价格反映的各年的 GDP 和相应的名义增长率(因为出口及增长也是按照现行价格计算的),可以看出,在这一时期,中国的出口增长是快于 GDP 增长的,从名义增长率看,高出约 3 个百分点,出口

对于经济增长的贡献在加大,反映为出口依存度(出口总额与 GDP 的比值)的提高,由 2000 年的 20.8%提高到 2010 年的 26.8%,提高了 6 个百分点。从具体发展看,则经历了先上升再适度回落的过程。尤其是 2009 年,由于全球金融危机的冲击,出口出现了大幅度的负增长,导致出口依存度明显下降,使得国家要通过增加投资的手段来保持经济增长的稳定。这一方面说明我国在发展外向型经济方面取得了重大进展,促进了经济增长,但在另外一方面,也说明随着外向型经济规模的不断扩张,我国的经济增长对世界经济的依赖程度在提高,国际经济环境的变化对中国经济的影响程度也在提高。通过调整内需和外需的结构,使外向型经济的发展和经济增长相适应,有利于保持平稳较快的经济增长。

表 4.1 2000—2010 年中国出口与经济增长

| 年份 | 出口 | | GDP | | 出口依存度(%) |
|---|---|---|---|---|---|
| | 总额(亿元人民币) | 名义增长率(%) | 总额(亿元人民币) | 名义增长率(%) | |
| 2000 | 20 634 | — | 99 215 | — | 20.8 |
| 2001 | 22 024 | 6.7 | 109 655 | 10.5 | 20.1 |
| 2002 | 26 948 | 22.4 | 120 333 | 9.7 | 22.4 |
| 2003 | 36 288 | 34.7 | 135 823 | 12.9 | 26.7 |
| 2004 | 49 103 | 35.3 | 159 878 | 17.7 | 30.7 |
| 2005 | 62 648 | 27.6 | 184 937 | 15.7 | 33.9 |
| 2006 | 77 595 | 23.9 | 216 314 | 17.0 | 35.9 |
| 2007 | 93 456 | 20.4 | 265 810 | 22.9 | 35.2 |
| 2008 | 100 395 | 7.4 | 314 045 | 18.1 | 32.0 |
| 2009 | 82 030 | −18.3 | 340 903 | 8.6 | 24.1 |
| 2010 | 107 459 | 31.3 | 401 202 | 17.7 | 26.8 |
| 年均增长(%) | | 17.9 | | 15.0 | |

资料来源:根据《中国统计年鉴 2011》中相关数据整理。

表 4.2 列出的是同一时期世界前 10 个最大的出口国家或地区商品出口的增长情况。在这一期间,如果用美元计算,中国内地的年均出口增长率是在主要出口经济体中增长最快的,达到了 20.26%,达到世界平均增长率 9.12%的两倍以上。2000 年,美国是世界上最大的出口国,出口占世界的份额达到 12.3%,而中国内地则排在 6 个最大的发达国家之后,为第七位,但对外贸易的高速增长(主要是出口的增长,而进口是由出口带动的),使中国内

地的出口超过了世界其他所有的国家和地区,成为最大的出口经济体。在这一期间,除了个别国家和地区之外(如德国),欧美发达国家的出口普遍增长得比较慢,低于世界平均水平,虽然中国内地、韩国、荷兰等由于增长较快而加大了在全球出口中的份额,但还不能抵消发达国家出口份额下降的部分,所以前十大出口国家和地区在全球出口中的比重是下降的,这说明发展中国家和新兴工业化经济体出口的平均发展速度要高于发达国家,而中国内地在这一世界贸易格局发生重大变化的进程中处于领先位置。

表 4.2  2000—2010 年世界主要经济体商品出口情况

| | 2000 年 | | | | | 2010 年 | | | | 期间年均增长率（%） |
|---|---|---|---|---|---|---|---|---|---|---|
| 排序 | 国家或地区 | 总额（10亿美元） | 份额（%） | 增长率（%） | 排序 | 国家或地区 | 总额（10亿美元） | 份额（%） | 增长率（%） | |
| 1 | 美国 | 781.1 | 12.3 | 11 | 1 | 中国内地 | 1 578 | 10.4 | 31 | 20.26 |
| 2 | 德国 | 551.5 | 8.7 | 1 | 2 | 美国 | 1 278 | 8.4 | 21 | 5.05 |
| 3 | 日本 | 479.2 | 7.5 | 14 | 3 | 德国 | 1 269 | 8.3 | 13 | 8.69 |
| 4 | 法国 | 298.1 | 4.7 | −1 | 4 | 日本 | 770 | 5.1 | 33 | 4.85 |
| 5 | 英国 | 284.1 | 4.5 | 6 | 5 | 荷兰 | 573 | 3.8 | 15 | 10.43 |
| 6 | 加拿大 | 276.6 | 4.3 | 16 | 6 | 法国 | 521 | 3.4 | 7 | 5.73 |
| 7 | 中国内地 | 249.3 | 3.9 | 28 | 7 | 韩国 | 466 | 3.1 | 28 | 10.47 |
| 8 | 意大利 | 237.8 | 3.7 | 1 | 8 | 意大利 | 448 | 2.9 | 10 | 6.53 |
| 9 | 荷兰 | 212.5 | 3.3 | 6 | 9 | 比利时 | 412 | 2.7 | 11 | 8.27 |
| 10 | 中国香港 | 202.4 | 3.2 | 16 | 10 | 英国 | 406 | 2.7 | 15 | 3.63 |
| | 小计 | 3 572 | 56.1 | | | 小计 | 7 721 | 51.0 | | |
| | 世界 | 6 364 | 100.0 | 12 | | 世界 | 15 237 | 100.0 | 22 | 9.12 |

资料来源：WTO, Statistics：International Trade Statistics 2011, Table I.8；International Trade Statistics 2001, Table I.5.

表 4.2 按各大洲与中国之间进出口总额占中国对外贸易总额的比重列出了中国和各个大洲的对外贸易情况,从表中可以看到,亚洲是中国最大的贸易伙伴,在进出口总额中的占比达到 52.71%,欧洲和北美洲分别列居第二位和第三位,占比分别为 19.28% 和 14.23%,而拉丁美洲、非洲和大洋洲所占的比重较少。从贸易平衡上看,中国对欧洲和北美的贸易存在着顺差,而对亚洲、拉丁美洲、非洲和大洋洲存在着逆差,由于和欧美贸易的整体顺差大于和其他各洲的逆差,所以从整个的对外贸易来看,我国还是顺差的,这就为国家增加外汇储备和增加对外投资创造了条件。从中国对各大洲出口的动态比较看,对亚洲出口的比重由 2001 年的 53.0% 下降到 46.4%,北美洲

由 21.7%下降到 19.4%,欧洲由 18.5%上升到 22.5%,大洋洲、拉丁美洲和非洲则分别由 1.5%、3.1%和 2.3%提升到了 2.09%、5.82%和 3.80%。

表 4.3 2010 年中国对世界各大洲的对外贸易情况

| | 进出口 | | 出口总额 | | 进口总额 | |
|---|---|---|---|---|---|---|
| | 总额(亿美元) | 比重(%) | 总额(亿美元) | 比重(%) | 总额(亿美元) | 比重(%) |
| 亚洲 | 15 669.11 | 52.71 | 7 319.55 | 46.39 | 8 349.56 | 59.86 |
| 欧洲 | 5 730.58 | 19.28 | 3 551.88 | 22.51 | 2 178.70 | 15.62 |
| 北美洲 | 4 229.20 | 14.23 | 3 058.43 | 19.38 | 1 170.77 | 8.39 |
| 拉丁美洲 | 1 836.40 | 6.18 | 917.98 | 5.82 | 918.42 | 6.58 |
| 非洲 | 1 270.46 | 4.27 | 599.54 | 3.80 | 670.92 | 4.81 |
| 大洋洲及太平洋群岛 | 990.35 | 3.33 | 330.17 | 2.09 | 660.18 | 4.73 |
| 总计 | 29 726.09 | 100.00 | 15 777.54 | 100.00 | 13 948.55 | 100.00 |

资料来源:《中国统计年鉴 2011》。

### 二、中国对外经贸合作的内容和特点

对中国来说,对外贸易是外向型经济最重要的组成部分,但是并不是全部内容。随着中国高速的经济增长及外向型经济的不断发展,中国和世界各国其他的经贸合作也在不断扩大。这种经贸合作,在改革开放初期,更多地体现在与发达国家之间的交往上,因为中国的经济建设需要国外的资金、技术和市场,但近十多年来,尤其是进入新世纪以来,中国和亚非拉国家的经贸合作有了迅速的提升。总的来看,中国和世界各国的经贸合作主要体现在四个大的方面:

一是货物和服务的进出口,2010 年,由海关统计的中国进出口货物的总额,已经达到了 2.97 万亿美元,占世界贸易总额的比重已经达到 10%左右。

二是吸引的外商直接投资和对外直接投资,2010 年分别为 1 057 亿美元和 688 亿美元,虽然吸引外商投资的金额仍然大于对外直接投资,但对外直接投资的规模已经明显增加。

三是承包工程和劳务合作在内的国际经济合作,2010 年达到了 1 000 亿美元。

四是对外援助,2010 年为 136 亿元人民币(按当年平均汇率计算约为 20 亿美元)。可以看出,对外援助在中国对外经贸活动中所占的比例已经较小,

对外经贸合作主要是通过各种生产、经营和贸易活动来实现的。

我们分别从对外经贸关系的构成和发展,来考察中国对外经贸合作的特点。

首先,从取得收入的规模上看,对外贸易的规模最大,对外经济合作(承包工程和劳务合作)次之,而对外直接投资的规模则相对较小,但正在迅速增长。

其次,对外贸易的发展主要借助的是发达或新兴工业化国家或地区,但和发展中或欠发达国家的贸易近年来有扩大的趋势。

最后,与亚非拉发展中国家的经贸合作发展得非常快,而且具有广泛的发展前景。

中国发展对外经贸关系,不仅仅是贸易关系,还有对外投资和对外经济合作(承包工程和劳务合作),如果对这两个领域进行考察,我们就会发现,发展中国家在其中所占的比重大大增加了。

表 4.4 列出的是中国近年来对外直接投资的情况。由于作为制造业大国对于国际能源和自然资源的依赖,近些年来中国在国外加强了对于能源和资源产业的投资。许多亚非拉发展中国家通过和中国合作开发自然资源,使本国的经济状况明显改善,同时也缓解了中国能源和自然资源的紧张局面,双方都得到了发展。当然,中国的对外直接投资并不仅仅局限于能源和自然资源领域,而是包含了可能合作共赢的各个领域,但能源和自然资源最受关注。2010 年中国的对外直接投资已经位居世界第五,成为世界主要对外投资国之一,这些投资主要分布在新兴经济体和发展中国家,对相关国家的基础设施建设和经济增长产生了重要的影响。

表 4.4 2009 年和 2010 年中国对外直接投资

| 排名 | 国家或地区 | 对外直接投资净额(亿美元) | | 截至 2010 年对外直接投资存量(亿美元) |
|---|---|---|---|---|
| | | 2009 年 | 2010 年 | |
| | 合计 | 565.29 | 688.11 | 3 172.11 |
| 1 | 中国香港 | 356.01 | 385.05 | 1 990.56 |
| 2 | 英属维尔京群岛 | 16.12 | 61.20 | 232.43 |
| 3 | 开曼群岛 | 53.66 | 34.96 | 172.56 |
| 4 | 澳大利亚 | 24.36 | 17.02 | 78.68 |
| 5 | 新加坡 | 14.14 | 11.19 | 60.69 |
| 6 | 美国 | 9.09 | 13.08 | 48.74 |

(续表)

| 排名 | 国家或地区 | 对外直接投资净额（亿美元） | | 截至2010年对外直接投资存量（亿美元） |
| --- | --- | --- | --- | --- |
| | | 2009年 | 2010年 | |
| 7 | 南非 | 0.42 | 4.11 | 41.53 |
| 8 | 俄罗斯 | 3.48 | 5.68 | 27.88 |
| 9 | 加拿大 | 6.13 | 11.42 | 26.03 |
| 10 | 中国澳门 | 4.56 | 0.96 | 22.29 |
| 11 | 德国 | 1.79 | 4.12 | 15.02 |
| 12 | 英国 | 1.92 | 3.30 | 13.58 |
| 13 | 尼日利亚 | 1.72 | 1.85 | 12.11 |
| 14 | 印度尼西亚 | 2.26 | 2.01 | 11.50 |
| 15 | 日本 | 0.84 | 3.38 | 11.06 |
| 16 | 泰国 | 0.50 | 7.00 | 10.80 |
| 17 | 越南 | 1.12 | 3.05 | 9.87 |
| 18 | 阿尔及利亚 | 2.29 | 1.86 | 9.37 |
| 19 | 韩国 | 2.65 | −7.22 | 6.37 |
| 20 | 苏丹 | 0.19 | 0.31 | 6.13 |
| 21 | 法国 | 0.45 | 0.26 | 2.44 |
| 22 | 马达加斯加 | 0.43 | 0.34 | 2.30 |
| 23 | 新西兰 | 0.09 | 0.64 | 1.59 |
| 24 | 墨西哥 | 0.01 | 0.27 | 1.53 |
| 25 | 几内亚 | 0.27 | 0.10 | 1.36 |

资料来源：根据《中国统计年鉴2011》中有关数据整理。

在对外经济合作方面，如果说在前两个领域（外贸和投资）中发达国家和新兴工业化经济体还占了比较重要的地位，那么从表4.5中可以看到，在中国开展的对外经济合作中，亚非拉发展中国家则占据了主要地位。在印度的数额最大，达到52亿美元，安哥拉和阿尔及利亚都达到了50亿美元。发达国家在其中所占的份额很小。虽然这种对外经济合作在中国整个国际收支中的比重现在还不大，但随着各国基础设施投资和经济发展的需要，这种国际经济合作在将来会得到很大的发展。

表 4.5　2010 年中国按国家(地区)分对外经济合作完成营业额

| 排名 | 国家(地区) | 完成的营业额<br>(亿美元) | 其中:<br>承包工程 | 其中:<br>劳务合作 |
|---|---|---|---|---|
|  | 合计 | 1 010.50 | 921.70 | 88.80 |
| 1 | 印度 | 52.58 | 52.55 | 0.02 |
| 2 | 安哥拉 | 50.97 | 49.64 | 1.33 |
| 3 | 阿尔及利亚 | 50.19 | 49.47 | 0.72 |
| 4 | 印度尼西亚 | 35.18 | 35.18 | 0.01 |
| 5 | 利比亚 | 35.09 | 34.49 | 0.59 |
| 6 | 委内瑞拉 | 34.80 | 34.80 | 0.00 |
| 7 | 沙特阿拉伯 | 32.45 | 32.27 | 0.18 |
| 8 | 越南 | 31.31 | 31.10 | 0.22 |
| 9 | 阿联酋 | 30.51 | 29.72 | 0.79 |
| 10 | 尼日利亚 | 29.36 | 29.30 | 0.07 |
| 11 | 新加坡 | 28.32 | 22.67 | 5.64 |
| 12 | 苏丹 | 23.39 | 23.37 | 0.02 |
| 13 | 巴基斯坦 | 21.11 | 21.08 | 0.02 |
| 14 | 中国香港 | 18.96 | 15.91 | 3.04 |
| 15 | 日本 | 18.66 | 2.58 | 16.08 |
| 16 | 伊朗 | 18.61 | 18.61 | 0.00 |
| 17 | 菲律宾 | 17.73 | 17.73 | 0.01 |
| 18 | 赤道几内亚 | 17.57 | 17.48 | 0.09 |
| 19 | 博茨瓦纳 | 15.86 | 15.85 | 0.01 |
| 20 | 埃塞俄比亚 | 15.54 | 15.50 | 0.04 |
| 21 | 俄罗斯 | 14.98 | 14.31 | 0.67 |
| 22 | 乍得 | 14.75 | 14.75 | 0.00 |
| 23 | 哈萨克斯坦 | 14.65 | 14.64 | 0.01 |
| 24 | 中国澳门 | 14.48 | 11.35 | 3.13 |
| 25 | 缅甸 | 13.34 | 13.33 | 0.00 |
| 26 | 马来西亚 | 13.22 | 13.08 | 0.14 |
| 27 | 埃及 | 11.70 | 11.69 | 0.01 |
| 28 | 刚果共和国 | 10.90 | 10.78 | 0.12 |
| 29 | 卡塔尔 | 10.67 | 10.43 | 0.24 |
| 30 | 巴西 | 10.20 | 10.20 | 0.00 |

资料来源:《中国统计年鉴 2011》。

## 第二节 对外经贸合作中"二元化"的
## 产生、表现及应对策略

### 一、"二元化"的产生及其表现

在中国与世界各国的经贸关系获得巨大发展的同时,中国所面临的挑战也是空前的,不但在经济上面临着各种挑战,在政治上也面临着各种挑战。在与中国交往的很多国家中,都存在着在经济上依赖中国,在政治上(从而在外交、军事和安全上)却依附或倾向于美国,并通过这种政治倾向和美国的影响力在商品市场、资本市场上蚕食中国经济利益的现象。我们把这种中外合作中政治和经济相分离的现象,称为"二元化"现象。

"二元化"现象或格局,是伴随着中国的崛起和外向型经济的发展而出现的。如果没有中国的崛起,那么在苏联解体后,以美国为主导的西方国家就是世界的主宰,虽然也存在着多方面相互制衡的力量,但从整体上看,美国主导的西方国家是世界上的主要力量,也就是说,世界经济政治秩序是以美国为主导的"一元化"。而随着中国的崛起,中国成为很多国家或国家集团最重要的贸易伙伴、最重要的外商投资国家、最重要的工程承包商等,情况则发生了变化,中国成为美国之外世界上另外一支最大的力量。在这种情况下,以美国为主导的西方国家的长期形成的政治影响力在世界上仍然存在,相当多的国家在面对着中国和美国这两大力量时,经常是在政治上(从而在外交、军事和安全上)依靠美国或西方,在经济发展上则借助于中国,出现政治和经济相分离的"二元化"。这种"二元化",一方面是一种进步,标志着中国作为一支新的主导力量,使世界经济和政治格局出现了重大变化;另外一方面,也是对中国的挑战,因为这种格局不利于中国和世界各国保持长期的互信和在平等互利的条件下取得共同发展。

"二元化"现象并非出现在所有与中国交往的国家中。俄罗斯在苏联解体后虽然力量削弱了,但在国际事务中仍有自己独立的立场,并不依附于美国或中国任何一支力量。在与中国的经贸和政治交往中,主要出发点是自身以及双方的利益。在与中国和巴基斯坦之间的良好合作中,也很少出现经济和政治相分离的现象。它们都和美国有很多联系,但它们并没有通过这种联系影响中国的利益,这才是正常的国家关系。中国并不希望和美国对抗,而是强调要发展中美新型的大国关系,也希望和世界各国发展正常的经济和政治关系,不要出现在相互交往中经济和政治背离的现象。但反过来,正如上面所分析的,美国则越来越把中国看成竞争对手而在世界各地和中国抗衡,而不少国家则游离于两国之间,企图利用这种矛盾获得更多的自身利益,这就导致了"二元化"格局的出现。我们可以把世界上游离于美国和中国之间的国家或国家集团,根据其在与中国交往中的"二元化"的特点,分为以下几类:

一是周边与中国有领土争端而且近年来对抗加剧的国家,包括日本、越南、菲律宾和印度等,这些国家和中国之间都存在着密切的经贸合作,近些年更是得到了很大的发展。它们的经济发达程度不同,如日本已经是发达国家,而菲律宾还是相当贫穷的发展中国家。但是有一点是共同的,就是这些国家在和中国进行经济往来获得好处的时候,又要激化领土争议,为自己获取更大的利益,而且有时表现得相当恶劣,直接损害中国的核心利益。如菲律宾总统阿基诺三世2011年8月来华访问时,前脚通过和中国签订一系列协议拿到大量好处,后脚离开中国后就利用南海问题反华,并在此后采取一系列动作损害中国的利益。这些国家的共同特点,都是希望通过和美国的军事同盟关系或其他军事政治关系,在与中国的对抗中争取美国的支持,而且美国也通过联合军演、相互访问和发表观点等各种手段,明里暗里支持这些国家和中国对抗,遏制中国的崛起。

二是和美国关系密切的经济发达和较发达的市场经济国家,包括欧洲发达国家、亚洲新兴工业化国家(如韩国等)。自1944年布雷顿森林会议之后,西方资本主义世界建立起了以美国为主导的世界金融货币体系和市场体系,战后六十多年来,资本主义世界已经发生了很大的变化,形成了以美国、欧洲、日本等为主要支柱的多极体系,金融体系和市场规则也发生了很大的变化,美国的领导地位已经明显地削弱,但仍然是西方资本主义国家的霸主,无论是在国际机构中还是在世界事务中,美国都具有很大的话语权。而在国际事务中,大多数西方发达国家是站在美国一边的。虽然它们之间也有矛盾,但总体而言,在对待中国的全球化发展战略上,它们的立场经常是相近的。在市场规则的制定上,它们主要考虑的是发达国家的利益而不是中国这样的新兴国家及广大亚非拉发展中国家的利益;在国际政治事务上,包括对于涉台、涉藏问题,它们往往也有共同的立场。从总体上看,这些与美国关系密切的发达国家,在政治上、价值观上和美国更接近,对一个正在崛起、不断强大的中国心存疑虑,为了自身的利益,它们可能制造各种贸易摩擦,但是为了自身的发展,又不得不和中国开展经贸合作。由于它们是原来的市场规则的制定者,因此,当中国的发展影响到它们的利益时,它们就有可能通过不合理的规则以及改变规则,影响中国的利益。但相比较而言,这些国家还是比较遵守市场经济的原则的,更多的是通过制定和调整规则来主导世界经济秩序,而不像某些落后的发展中国家那样随意改变市场规则而使中国的利益直接受到损害。同时,我们也要看到,中国仍然处于市场化的进程中,市场体系和市场秩序还在建设和发展中,有些领域(如在国际收支上的金融和资本账户上的自由流动)还没有完全开放,这就决定了世界金融市场、商品市场的主要规则还是由发达市场经济国家制定的,中国要发展全球化战略,要更大范围地进入世界市场,在开始的时候就需要遵循由这些先来者所制定的规则,并随着我们的力量不断扩大而增加我们的话语权,如现在中国在国际货币基金组织中份额的扩大,就是和中国对世界贡献的程度加大分不开的。

三是以澳大利亚、巴西、中东国家等为代表的资源依附性国家。随着中国的经济增长尤其是新的全球制造业中心的地位的确立,中国对这些国家资源的依赖性不断增大。这些国家在政治上和美国的关系更为密切,如澳大利亚最近就和美国签订了增加驻澳大利亚美军的协定,但在经济上和中国之间的相互依存关系更为紧密。这使得它们在国际市场上,经常利用以美国为首的西方资本集团制定的游戏规则来挤压中国的利益空间,蚕食中国红利。它们在按照这种原则和中国交往时,更多地注重的是眼前的利益,没有注意到当它们和以美国为首的西方资本集团共同影响市场并损害中国利益时,最终可能会影响到它们自身的长远利益。如巴西不仅一再对出口中国的铁矿石提价,甚至还想垄断铁矿石的海上运输,而一旦中国减少对其产品的进口,它的经济就要受到冲击。其他一些对初级产品出口依赖较大的国家,如印度尼西亚等,也存在着类似的问题。

四是广大发展中亚非拉国家。这些国家包括的范围很广,遍布亚洲、非洲和拉丁美洲。它们的特点是经济发展水平低(按世界银行的标准属于低收入或中低收入国家)、经济增长长期停滞,但近些年来经济发展开始起步,和中国的经贸关系也有了比较大的发展。这些国家的经济发展水平之所以处于较低水平,并不完全是由于缺乏经济发展资源而造成的,而是和它们的体制落后有关。在这些国家中,相当多的国家有过受帝国主义殖民侵略的历史,与美国或其他西方发达国家有着千丝万缕的联系,如菲律宾就先后是西班牙和美国的殖民地。因此它们与美国或其他西方国家的政治关系就较为密切,尽管无论在对它们进行殖民侵略时,还是在离开它们后,西方发达国家关心的都是怎样对它们进行掠夺而不是帮助它们,从而造成了它们今天的落后,但它们仍然对西方抱有幻想,以为美国或西方国家会帮助它们,在政治上仍然是倾向美国。事实上,二战后的几十年间,它们并没有从美国或西方国家那里得到什么帮助,反而是在最近这些年里,由于它们和中国、新兴经济体以及发展中国家之间开展了广泛的经贸合作,才加速了经济增长。亚洲和拉美的欠发达国家、非洲国家尤其是撒哈拉以南的不发达国家,由于发展了和中国的经贸关系,促进了当地的经济发展,也对中国经济的增长做出了贡献。这种不断发展的经贸合作,是由中国的经济与这些亚非拉发展中国家经济的互补性所决定的:首先,中国经济虽然近些年来得到了比较快的发展,但仍然是一个发展中国家,有着在发展中国家如何发展经济的经验。这些经验不仅体现在通过体制改革促进经济增长上,同样体现在具体的基础设施建设、工程管理、技术引进、劳动者培训、企业经营管理等一系列工作的方面,这些经验贴近发展中国家的现实,对广大亚非拉发展中国家来讲有针对性。中国不是指手画脚教人家怎么做,而是平等互利地亲身参加它们的建设实践,带动它们的发展,因而受到各国的欢迎。其次,发展中国家对于中国的商品、资金、技术和建设力量,有现实的需求。虽然中国一些商品的质量,可能和发达国家的产品相比还有差距,但从整体上来看,中国商品的性价比高,容易被当地人民接受,因此在当地有很强的竞争力,满足了当地人民的各种需要,同时也促进了中国的出口,这也说明了中国具有实施全球化战略的积极性,只有和其他国家共同发展,中国的外向型经济才具有可持续性。最后,中国经济发展到目前这个阶段,需要提高对外经贸合作的层次,实现和有关国家贸易、投资、建设、金融等方面全方位的合作。不但要发展和发达国家之间的经贸关系,更要和广大发展中国家扩大经贸合作。但是中国和这些欠发达国家发展经贸关系是存在着一定的风险的。无论从市场体制还是从政治体制上看,这些国家都处于相对落后的状态,这一方面为我们提供了和这些国家实现共同发展的机会,另一方面,因为那里的市场规则不健全而产生的任意性以及政局的变化,尤其是这些国家政府左右摇摆,政策多变,同时还可能出现政局动荡,这就为中国和它们发展经贸关系以及在当地的发展带来了风险。中国在对外经贸合作中所遇到的"二元化"挑战,主要就发生在这些国家。在这些国家中,会经常出现市场逐利行为,借助美国和西方国家的政治势力和国际市场体系,浑水摸鱼,猎食中国市场的红利。更为严重的是,在国际政治的角逐中,一些非发达国家在政治和经济上交叉配合使用两套办法,既要从美国获得政治好处(往往使中国受到政治损失),又要从中国分得经济好处,这就加大了中国在国际经济合作中的风险。一些国家甚至把中国在国际交往中释放出来的各种善意,理解为中国软弱可欺。这种博弈的发生,和中国现阶段的经济发展有关,由于中国正在经历"走出去"的过程,因此在国际经贸合作中,有时必须做出一些适当的让步,一方面是支持发展中国家,另外一方面也是为建立长远的双边和多边关系奠定更好的基础。而从中国的传统文化来看,中国也不是一个好战的和对外侵略的民族,所以在没有触及中国核心利益的时候,中国也有可能做出必要的妥协。但是有一些国家利用中国的善意来损害中国的利益甚至欺负中国,就值得我们高度重视。

**二、由经济促政治、逐步实现由"二元化"向"一元化"的转化**

面对"二元化"格局对中国经济发展的挑战,我们应该由经济促政治,逐步实现由"二元化"向"一元化"的转化。我们可以考虑从以下三个主要的方面采取对策:

1. 全面改善和发展与亚非拉发展中国家的关系

因此,中国克服与亚非拉广大发展中国家在经济合作中的"二元化"格局是有基础的,这就是广大发展中国家要摆脱贫困和取得经济增长,在现阶段就必须和中国发展关系,同时,中国所希望的和平、合作和共赢的发展,也是符合发展中国家利益的,这就为这种合作提供了可能。而美国及西方盟国一方面要遏制中国与这些发展中国家的合作,另外一方面又拿不出实际行动来支持它们,亚非拉发展中国家最终会认识到,"二元化"格局可能会使它们获得短期利益,但却会因为削弱了经济合作的利益基础而影响到长期合作。

就中国而言,虽然改革开放和高速经济增长已经发生了三十多年,但是和亚非拉广大发展中国家大规模地开展广泛和深入的经贸合作,还是近十多年的事。我们应该看到,在这些国家出现的"二元化"格局虽然有着复杂的原因,但是从根本上说,还是源于这些国家的贫穷落后,一般来说,一个国家的经济越不发达,发展越不平衡(表现为贫富差别、地区差别和部族差别),国内的经济和政治矛盾就越尖锐,这里的政府就越容易在中国和西方国家之间左右摇摆,从而导致"二元化"格局的出现,加大中国与它们开展经贸合作时的风险和不确定性。因此,中国及中国的企业在和这些国家发展经贸关系时,应该注意以下几个方面:

一是要评估风险,要避免由于这些地方的法制不健全、市场规则变化以及政治动乱而导致对中国投资者或商人的业务造成冲击。应该看到,和亚非拉广大发展中国家发展经贸和其他关系,并不仅仅取决于我们单边的愿望,还需要当地具备一定的条件,如发展经贸关系就需要当地具备诸如政局相对稳定、民众友好、当地有相关法律依靠、经济有一定的发展基础等条件,在一个充满动乱或者是没有发展经济条件的国家和地区,是谈不上经贸合作的,最多只能是经济援助。

二是要通过开展经贸合作,带动这些地方的经济增长和改善当地人民的生活,让人民切身体会到和中国发展经贸合作的好处,这就会使当地的政府、企业和民众对中国政府、企业和商人有更多的信任。事实上,美国和西方发达国家在面对亚非拉广大发展中国家的问题时,经常是指手画脚,到处推行西方式的民主,激化当地民众和族群间的矛盾,留下一个烂摊子让当地人收拾。在表面的公正背后,实际上是要扩大自己的影响,增强当地人对它们的政治依赖,但它们自己并不愿意负责任。美国在阿富汗和伊拉克所做的就是这些。这些国家对美国的威胁是缓解了,但这些国家内部的矛盾却激化了,经济更加落后。而中国要做的恰恰相反,是通过相互合作解决当地的发展问题,这就有可能改变当地对美国和西方国家的政治依附,改变当地的"二元化"局面。

三是中国的投资者和企业要自律,在改革开放的进程中,无论在国内还是国外,中国企业的逐利倾向都在增加,企业追求利润的最大化是无可厚非的,但是有些企业和商人为了金钱而越出道德、法律和市场规则的底线,在国际上就会造成很坏的影响。因此对于走出国门的企业,我们既要加强思想教育,也要加强法律约束,尽可能减少不良企业和商人在国外对中国造成的负面影响。

四是要把中国改革开放和经济发展的经验介绍到广大发展中国家,让它们认识到发展才是硬道理,内部纷争只会使它们不断地丧失发展经济的良好机会。中国不能够像过去那样,对当地所存在的问题完全不闻不问,而应该给当地政府和人民应有的建议,尤其是对当地由利益分配而产生的部族冲突,应该尽力往好的方面引导。中国不能以大国姿态对当地的政治生活指手画脚,但是在条件合适的情况下,应该提出自己的建议,表现出文明大国应有的风度。中国应该在亚非拉发展中国家,建立一些经济和政治合作的典范,通过它们的发展来说明中国会以什么样的态度来发展对外合作,能够取得哪些成果,"二元化"实际上并不会给合作国带来好处。这样的例子在世界上很多,如新加坡、印度尼西亚和韩国,都和中国建立起了很好的合作关系,实现了共赢发展。而在非洲这样的欠发达地区,由于贫穷落后的面貌还没有根本改变,中非合作的经济和政治基础还不稳固。我们在与这些国家合作时,除了直接和它们开展经贸合作,还要和其他国家共同合作,通过各种措施一起帮助它们发展经济。

五是要通过发展经贸关系促进政治关系的改善。中国与很多发展中国家尤其是非洲等欠发达国家很早就建立了较好的政治关系,但是这种政治关系如果没有经贸关系的推动,往往是不稳固的。反过来,如果双方的合作仅停留在经贸合作上,就会更多地着眼于短期利益,影响双方长远合作的大局。中国政府及其相关部门应该在促进全面的中外合作中发挥更大的作用,通过把更多的好品牌、好企业、好队伍推荐到国外去,从而提高中国的声誉。同时,要继续改善政府间的合作机制,建立国家间的互信,由经济促政治,发展与广大亚非拉发展中国家的长期友好关系。

2. 积极参加全球治理,提高中国在国际经济事务中的发言权和主动权

从20世纪90年代开始,新兴市场国家的整体实力上升,以新兴市场国家带动的广大发展中国家的快速崛起冲击着冷战以后以美国为首的国际经济政治秩序,使全球经济与贸易重心"由西向东"发生转移。全球金融危机时代,亚太地区在全球经济中的引领和推动作用更加明显,尤其是亚洲新兴国家如中国、印度、印度尼西亚、马来西亚、泰国、越南等国,在欧美经历着经济停滞和衰退的同时,仍然保持了旺盛的经济增长势头,带动了世界经济的复苏。从总体上看,世界原有的供需体系已经改变,发达国家的经济发展已经出现停滞,而新兴国家和发展中国家作为一个整体正在崛起。新兴国家和发展中国家的经济对外向型经济的依赖性较大,当发达国家出现需求不足甚至停滞时,对它们的经济也是有影响的。但由于民众生活水平较低,当外需不足时,可以通过各种措施把外需在一定程度上转化为内需,从而保持经济增长。而对发达国家来说,由于制造业劳动力成本的不断提高,制造业尤其是基础制造业已经大规模转移到发展中国家,虚拟经济及资金链又出现了问题,要想走出困境就很难,必须在新技术产业或者高端服务业上有所突破,才能走出困境。在这种情况下,广大新兴国家和发展中国家如果想获得进一步的发展,就不能过度依赖于美国和其他发达国家,而必须创造自身的需求,增加供给来获得经济增长。而从现在的情况看,全球经济治理结构是由以美国为首的发达国家在长期的市场经济实践中建立的,它的优点在于主张自由市场经济对资源配置的引导作用,从而具有普遍的应用价值,这也是发展中国家要推广市场化改革和在 WTO 的框架下进入国际市场发展外向型经济的基本原因;它的问题在于大多数市场规则是由发达市场经济国家所制定的,保护的是传统发达国家的利益。当发达国家要向发展中国家倾销商品时,它们就强调自由市场经济的原则,而发展中国家的制造业发展起来后,它们又反对倾销制造,贸易摩擦;它们主张国际收支账户上货币的自由兑换和流动以及汇率市场化,但是当一些国家的汇率有利于那些国家的出口时,就把它们列为汇率操纵国。如果说一个国家屈服于发达国家的意志,并做出了妥协,那它们的经济可能就会受到致命的打击。日本当年签订广场协议,同意日元大幅度升值,就重创了日本的经济,使之至今还没走出停滞;而非洲很多国家的高汇率,是它们出口困难和经济增长缓慢的重要原因。在国际市场上,如果处处按照以美国为首的西方国家的意愿和规则行事,一个国家就有

可能牺牲掉很多的经济利益甚至是经济发展的前景。

随着外向型经济的发展,中国对世界经济的贡献在增大,对世界经济的依赖程度也在增加。这种依赖主要表现在两个方面,一是在商品市场上,需要国际市场来消化中国的商品,而随着中国全球化战略的进一步发展,对外投资、对外服务也会进一步增加;二是在能源和自然资源上,对国际市场的依赖度也在提高。虽然中国地大物博,能够依靠自身解决相当多的能源和自然资源的需求,如消耗的能源的90%以上是靠自己解决的,但作为新的国际制造业的中心,我们的很多产品是向国际市场提供的,因而生产这些产品的能源和自然资源也应该由国际市场提供,这是符合全球资源合理配置的要求的。但是由于中国是国际市场上的后来者,规则是由先到的人制定的,尤其是以美国为首的西方资本集团制定的,这些规则往往更加有利于它们。我们在进入这个市场后,发展的红利受到两方面的蚕食,一是在商品市场上,我们的商品和输出的生产要素的价格受到打压,除了市场规则方面的原因外,一些发展中国家还利用政治上的投机取巧,进一步压低我们的商品价格;二是资源市场如大宗商品市场是由美国和西方发达国家控制的,而一些资源丰富的新兴国家和发展中国家,则通过这些市场,让我们被迫地接受资源产品的涨价,在中国形成成本输入型的通货膨胀。原材料在涨价,而产品被压价,无疑会使我们损失发展红利。再进一步,由相关的国际贸易的顺差形成的外汇储备,又用来购买美国以及西方发达国家的政府债券,虽然能够得到一定的利息,但是随着人民币的升值,这些外汇储备实际上又在贬值。在这种局面中,虽然不存在着我们和美国以及西方发达国家之间的直接政治对抗,但是存在着影响力之间的对抗,这实际上也是"二元化"的一种反映。对于这种"二元化",我们就要通过积极参加全球治理,提高我们在国际事务中的发言权和主动权,不断改变我们在国际市场上的被动局面。

3. 发展中美新型大国关系并改善与其他国家的合作

"二元化"格局的核心,是美国对中国的抗衡。这种抗衡不仅表现在美国和中国之间的直接的摩擦和对抗之中,同时通过美国与其他国家的关系间接地表现出来。许多国家正是要利用中美间的矛盾,以从中获得自己的利益。而中国和美国之间、中国和西方发达国家之间的关系如果能稳定发展,从而在更多的领域中建立和发展互信,就可以有效地削弱"二元化"的基础。

在中美建交初期,中美关系中的合作大于对抗。虽然在意识形态上存在着很大的差别,但是在政治上,美国希望拉拢中国对抗苏联。而在经济上,中美之间主要是互补关系,美国已经是世界上最发达的国家,中国则是世界上最贫穷的国家。中国希望能够通过中美经贸合作带动中国科技水平的提高和经济的发展,而对美国来说,也希望中国能够发展更好,有实力和苏联对抗。对于美国来说,中国是它在全球战略中的一个重要的组成部分,而对中国来说,则需要在现代化进程中借助美国的力量。所以在中美建交后的很长时期内,虽然在人权、知识产权、对台军售等方面,中美之间仍存在着矛盾,但总的关系是好的。但进入 21 世纪后,情况发生了变化,中美关系中的不和谐因素开始增加,尤其是在奥巴马总统上台后,这种不和谐表现得更为明显,在外交、军事、经贸、环境等各个方面,美国政府的要人经常把中国视为其对手,公开地指责中国,表现出咄咄逼人的气势。这种变化的主要原因在美国而不在中国。中国的发展和崛起是一个连续的过程,是中国人民用了三十多年的时间,改革开放、锐意进取、励精图治的成果,在全面建设小康社会的进程中不断取得了进展,在我们看来,中国的经济发展水平还不够高,实现现代化目标还要经历很漫长的历程。但是在世界经济中,2008 年美国次贷危机带来的全球金融危机爆发前后,却是中国的国际地位发生历史性变化的时刻。从横向对比上看,中国先后超过德国和日本,成为世界上最大的出口国和第二大经济体;从纵向发展上看,在美国和西方国家遇到重重困难而经济出现停滞和衰退时,中国经济却仍然保持着高增长;从相互关系上看,中国和美国及西方国家的关系从主要是互补关系,演变为众多领域上的竞争关系。过去,是中国向美国和西方国家出口初级产品和轻纺产品,由美国和西方国家进口制造业产品、高科技产品和高端服务,但是现在情况改变了,在许多领域,中国产品已经开始与美国和西方国家的产品竞争,有些美国政治家甚至认为美国失业率的提高,在很大程度上是由于中美贸易的不平衡以及与中国产品的竞争造成的。这种经济关系的变化也影响到其他各个领域,美国和西方国家针对中国的对抗性军演、在环境领域对中国的指责、批评中国在亚非拉国家搞"新殖民主义",等等,都是在这种背景下发生的。美国这种对华态度的转变,对中国并不是没有影响的,正如本篇中所分析的那样,这种转变在相当程度上加剧了国际合作中的"二元化"格局,损害了中国的政治和经济利益,其实也在一定程度上损害了美国自身的利益。因此,在新形势下积极地调整中美关系,对中国和美国的利益都是有帮助的。

在国际关系史上,新兴大国与传统大国之间如何相处一直是个难题。但是从发展趋势上看,由于世界经济发展的不平衡导致的新的抗衡,其表现形式已经发生了变化。英国工业革命前后,新老大国之间的抗衡仍然延续着古老的战争模式,即强权国家之间通过战争来扩充国土及争夺殖民地、划分势力范围,以占据更多的资源来获得经济和政治利益,两次世界大战都是以这样的方式发生的。但第二次世界大战之后,情况发生了很大的变化,美苏两个超级大国及其集团之间不断升级的对抗,把大量本来可以用于改善民生的资源用于军备竞赛,但并没有发生全面性的直接军事冲突。虽然冷战思维仍然在继续,但由于大规模杀伤性武器的发展及人类价值观的变化,把战争作为解决大国之间冲突的基本手段的时代,可以说已经过去。和平与发展已经成为新的世界发展趋势。在这种背景下,美国和中国之间即使存在着矛盾甚至矛盾已经升级,通过对话及加强合作来改善关系的前景始终是存在的。我们需要通过加强国防等手段来提高中国的整体实力,但从总体上来说,以合作来代替对抗应该成为解决中美大国关系的主要途径。在新的形势下,中国提出了发展中美新型大国关系,对如何处理这种关系提出了新的思路。在2012年5月举行的中美第四轮战略与经济对话的开幕式上,胡锦涛指出:"发展中美新型大国关系,一是需要创新思维,二是需要相互信任,三是需要平等互谅,四是需要积极行动,五是需要厚植友谊。"①中美发展新型大国关系是有基础的,这就是两国人民都希望实现政治稳定、经济发展和安全保障。事实上,在美国的安全真正受到威胁时,如在发生了"9·11"事件的情况下,中国是理解美国的处境的,并采取了相应的行动。而在美国发生次贷危机时,中国也根据美国的要求,积极地做出了配合。坚定地推进合作伙伴关系的建设,求同存异,善于抓住"同",把共同利益的蛋糕做大;正确对待"异",尊重和照顾彼此利益关切,对两国人民和全世界的和平与发展都是有利的。

## 第三节　中国对外经贸合作的"雁阵模式"

**一、雁阵发展模式**

1. 雁行发展理论

雁行发展理论是由日本经济学家赤松要博士提出的,他在考察日本出口产品生命周期时发现,净出口在时间轴上表现为一种类似"大雁飞行的状态",即表现为出口产品由低到高,再从高到低的过程。

雁行产业发展形态说是指通过国外引进—国内生产—产品出口的循环,使后起国实现产业结构的工业化、重工业化和高加工度化的学说。日本的产业通常经历了进口—当地生产—开拓出口—出口增长四个阶段并呈周期循环的趋势。随着产业进口量的不断增长,国内生产和出口逐渐形成,四个阶段的发展情况在图上呈倒V形,如三只大雁展翅翱翔(见图4.1),所以

---

① 参见胡锦涛第四轮中美战略与经济对话开幕式致辞,中国新闻网,2012年5月3日。

称之为"雁行产业发展形态"。

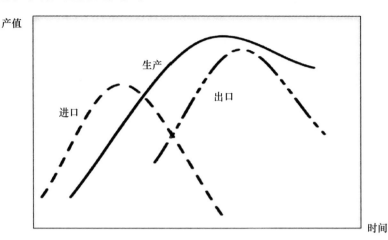

图 4.1　雁行产业发展形态图

雁行产业发展形态说表明,后进国家可以通过进口利用和消化先进国的资本和技术、同时利用低工资优势打回先行国市场。后起国可以对先行国产生"反回头效应",即通过引进先行国的资本和技术,扩张生产能力,使先行国受到的国外竞争压力威胁减少。后起国通过进口—国内生产—出口这种循环模式缩短工业化、重工业化、高度加工化的过程。

通过对战后日本经济的发展情况和对外贸易数据进行分析,赤松要博士发现,日本在五六十年代的经济发展和工业化进程中,经历了对外开放国内工业品市场,从而逐步建立起自己的工业品生产替代进口,进而出口工业品的过程。随后,其他工业品部门同样会经历部门的开放、进口、进口替代、出口、重新进口这四个阶段。日本的这种经济发展模式也是一般发展中国家在工业化进程中的共同特征:由于发展中国家技术、经济的落后,在工业化过程的开始阶段不得不向发达国家开放某些工业品市场,之后随着产品的国内需求达到一定的规模,本国形成生产这种工业品的经济和技术条件。此时,相对于从国外进口,本国在劳动力成本和资源成本方面更有优势,所以会逐渐发生由进口到国内生产的转变。随着生产的规模经济效应,本国的产品的国际竞争力不断提升,进而出口产品,实现产业结构的升级。

雁行发展理论本是针对日本战后经济快速发展这一过程的解释,然而20世纪70年代东亚及太平洋地区的一些发展中国家的迅速崛起,在短时间内实现工业化和经济的迅速发展,为雁行发展理论提供了新的实例,从而引发了对东亚及太平洋地区的发展中国家工业化出现的集群现象及其传导机制的研究。这个过程中实现了对雁行发展理论的延伸和扩展,形成了描述区域经济发展及其传导机制的"雁阵模型"。雁行发展理论是用来描述一个国家的工业化过程特征的,不同于雁行发展理论,雁阵模型侧重于研究群体国家工业化过程之间的关系。

1. 日本为核心的雁阵模型

以日本为核心的雁阵发展模式是在 20 世纪 70 年代初步形成的,日本作为雁阵的雁头,在引导东亚及太平洋经济的发展过程中起到最为核心的作用。如图 4.2 所示,70 年代经济迅速发展的亚洲新兴工业化经济体(NIEs),主要包括亚洲"四小龙":韩国、新加坡、中国台湾和香港地区,作为其雁身。雁阵尾部为中国内地和一些东盟国家,包括缅甸、柬埔寨、老挝、越南等。

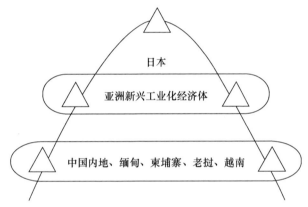

**图 4.2　日本为核心的雁阵模型**

其中,日本作为雁头,是整个雁阵中经济总量最大的经济体,而且保持较高的经济增长速度,而雁身国家经济水平处于中等,雁尾国家则经济水平相对落后。日本将国内经济增长的动力通过贸易向东南亚国家及经济体传递,带动其经济发展。从日本的进口贸易数据可以发现,70 年代日本 50% 的进口贸易额来自亚洲,25% 以上来自东亚及太平洋地区。通过贸易这个渠道,雁阵形成了以日本为核心的梯度分工体系。日本以先进的工业结构占据雁阵分工体系的顶层,主要从事技术密集与高附加值产业,NIEs 处于第二梯度承接资本技术密集产业,中国内地和东盟诸国处于第三梯度,以劳动密集型产业为主。通过雁阵分工体系,日本在战后实现了自身产业结构的升级,并通过贸易和产业转移将一些成熟并在日本丧失优势的产业转移到 NIEs,而 NIEs 则在承接了日本产业转移的同时,将自身失去竞争优势的产业转移到中国内地和其他东盟国家。

雁阵发展模式的基础是产业的生命周期理论,一个典型的产业生命周期可以划分为五个阶段。整个过程以从先行国家进口某种新产品开始,到国内生产失去比较优势从而将该产业重新安置到落后国家结束。

在第一阶段,相对落后的国家通过进口新产品与工业化国家建立贸易联系。由于国内消费者对进口产品的大量需求,促使国内也开始这种产品的生产。然而,由于国内产品的质量和成本问题,难以与进口的产品竞争。因此,大量的进口直接造成了国家对外贸易赤字。

在第二阶段,为了解决由于进口该产品而造成的贸易赤字问题,类似于20世纪70年代东盟四国的情况,政府通常会通过对该产品征收一定的关税的方式限制该产品的进口,保护本国产业。在本国政府的保护下,加上生产该产品的标准技术的获得,使得国内大规模生产该产品成为可能。随着国内产品质量的提升以及价格变得更加有竞争力,国内产品逐渐替代进口产品。

在第三阶段,国内需求增长开始下降,同时实现产品的出口,产量也一直维持在较高水平。出口该产品带来的贸易顺差可以用来进口资本来扩大生产,而该产业在发达国家已经失去了比较优势并开始向发展中国家转移,两个因素综合的结果直接表现为国内外商直接投资的显著增加。此外,随着经济的发展,商业和法律逐步完善,交通通信等基础设施也得到进一步发展,劳动力受教育水平也相应提高。

在第四阶段,该产业走向成熟,来自后起国家产业发展的激烈的行业竞争以及成本的增加,使得国内产量减缓,同时出口增加减缓,国内需求逐渐减弱。此时,由于投资都被吸引到后起国家,外商直接投资减少。

在最后阶段,由于工资和生产成本过高,国内产业完全丧失比较优势,只能通过把产业迁移到后起国家才能实现继续生存。国内又开始通过进口该商品来满足国内的需求。

表4.6选取了70年代经济迅速发展的亚洲新兴工业化经济体中的韩国和新加坡两国在1965—1985年对日本贸易出口额相关数据,通过韩国和新加坡对日本出口额占各自总出口额的百分比一栏可以清晰地发现,韩国和新加坡对日本出口占总出口额的百分比都经历了一个明显的先增加后来逐渐减少的过程。这个过程与雁阵发展模式中所描述的规律十分吻合。从表4.6中可以发现,从1965年到1974年,韩国、新加坡对日本出口量占自身总出口量的百分比一直处于上升阶段。在这一阶段,正是日本将本土产业转移到两国,通过从两国进口产品满足国内自身需求的阶段。而1975年之后,韩国、新加坡对日本出口占自身出口总额的百分比开始逐渐下降,这种现象可以解释为雁阵发展模式中由于该产业在韩国、新加坡等亚洲"四小龙"逐渐成熟,慢慢失去了比较优势,高昂的成本加上来自后进国家的同业竞争使得它

表 4.6 1965—1985 韩国、新加坡对日本出口情况表

单位:千美元

| 年份 | 韩国 GDP | 韩国出口总额 | 韩国对日本出口额 | 对日出口额所占比例 | 新加坡 GDP | 新加坡出口总额 | 新加坡对日本出口额 | 对日出口额所占比例 |
|---|---|---|---|---|---|---|---|---|
| 1965 | 3 017 614.37 | 250 522.7 | 41 315 | 16.49% | 974 186.78 | 1 201 122.5 | 32 718 | 2.72% |
| 1966 | 3 806 043.71 | 381 387.0 | 70 688 | 18.53% | 1 095 902.9 | 1 351 650.7 | 30 307 | 2.24% |
| 1967 | 4 702 747.06 | 518 378.9 | 92 382 | 17.82% | 1 237 415.2 | 1 414 991.4 | 36 023 | 2.55% |
| 1968 | 5 955 336.77 | 730 901.9 | 101 630 | 13.90% | 1 425 020.1 | 1 791 540.7 | 61 762 | 3.45% |
| 1969 | 7 475 692.34 | 966 743.3 | 133 927 | 13.85% | 1 659 044.5 | 2 193 145.3 | 65 970 | 3.01% |
| 1970 | 8 899 729.52 | 1 212 648.1 | 228 970 | 18.88% | 1 919 496.2 | 2 420 440.3 | 86 539 | 3.58% |
| 1971 | 9 851 361.08 | 1 474 866.8 | 274 421 | 18.61% | 2 262 529.4 | 2 704 379.4 | 113 893 | 4.21% |
| 1972 | 10 735 574.8 | 2 081 498.6 | 425 992 | 20.47% | 2 719 900.4 | 2 904 841.6 | 120 939 | 4.16% |
| 1973 | 13 691 504.3 | 3 926 993.4 | 1 207 309 | 30.74% | 3 693 760.0 | 4 373 973.3 | 223 002 | 5.10% |
| 1974 | 19 229 361.9 | 5 140 554.3 | 1 568 041 | 30.50% | 5 216 837.4 | 7 804 807.4 | 618 988 | 7.93% |
| 1975 | 21 458 884.3 | 5 769 421.5 | 1 307 999 | 22.67% | 5 631 116.7 | 7 725 073.2 | 398 958 | 5.16% |
| 1976 | 29 554 752.1 | 8 869 834.7 | 1 916 773 | 21.61% | 6 321 005.4 | 9 457 765.9 | 646 622 | 6.84% |
| 1977 | 37 926 239.7 | 11 517 975.2 | 2 124 010 | 18.44% | 6 608 805.2 | 10 772 167 | 687 974 | 6.39% |
| 1978 | 51 125 206.6 | 14 527 686.0 | 2 568 389 | 17.68% | 7 502 213.8 | 12 436 296 | 866 961 | 6.97% |
| 1979 | 65 561 776.9 | 17 433 471.1 | 3 338 738 | 19.15% | 9 277 974.9 | 17 169 155 | 1 485 580 | 8.65% |
| 1980 | 63 834 351.3 | 20 468 202.1 | 3 004 388 | 14.68% | 11 861 066 | 24 031 619 | 1 521 392 | 6.33% |
| 1981 | 71 469 245.1 | 24 491 432.1 | 3 392 072 | 13.85% | 14 132 149 | 28 092 713 | 1 951 944 | 6.95% |
| 1982 | 76 218 197.7 | 25 324 451.5 | 3 245 069 | 12.81% | 16 016 927 | 29 812 704 | 1 817 161 | 6.10% |
| 1983 | 84 510 602.6 | 27 865 291.7 | 3 366 466 | 12.08% | 17 708 667 | 29 675 285 | 1 470 056 | 4.95% |
| 1984 | 93 210 997.8 | 31 103 129.1 | 4 213 608 | 13.55% | 19 631 102 | 30 889 932 | 1 763 652 | 5.71% |
| 1985 | 96 619 732.9 | 30 891 358.8 | 4 097 197 | 13.26% | 19 043 841 | 29 160 745 | 1 596 380 | 5.47% |

资料来源:根据世界银行数据库和日本统计局数据整理得出。

们不得不将该产业转移到雁尾国家。1975年韩国、新加坡对日本出口占出口总额的百分比数据充分印证了雁阵发展模式。

20世纪七八十年代,日本政府采用了恰当的产业政策,受益于雁阵发展模式,日本的经济快速增长,在80年代末期一举成为仅次于美国的世界第二位的经济大国,创下了举世公认的"经济奇迹"。如图4.3所示,80年代后期是日本经济最辉煌的时期,直到90年代初期日本的经济仍然保持较快的增长速度,1995年的GDP相当于1981年的将近5倍。

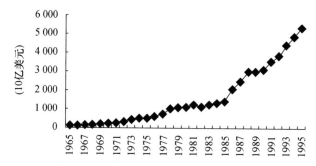

**图 4.3 日本 1965—1995 年 GDP 增长情况**
资料来源:世界银行数据库。

日本90年代以前推行的"雁阵发展模式"确实对东亚及太平洋地区经济增长起到了重要的推动作用,一度成为世界经济增长点,其积极作用显而易见。

下面把研究区间分为1965—1970年、1971—1975年、1976—1980年、1980—1985年四个时间段来分析日本进口与亚洲"四小龙"GDP之间的相关性。这里我们运用EViews计量软件进行运算。其中KORGDP、SGPGDP、HKGGDP分别表示韩国、新加坡、中国香港的GDP总额,JAPANIM表示日本与相应国家和地区的进口额(见表4.7至表4.9)。

**表 4.7 日本进口对韩国 GDP 影响运算结果**

| 年份 | 表达式 | $R$ 平方 |
| --- | --- | --- |
| 1965—1970 | KORGDP=32.67346 * JAPANIM+2000249 | 0.90425 |
| 1971—1975 | KORGDP=7.88200 * JAPANIM+7452215 | 0.76613 |
| 1976—1980 | KORGDP=26.19180 * JAPANIM−18248326 | 0.96470 |
| 1981—1985 | KORGDP=20.59584 * JAPANIM+896599 | 0.76142 |

资料来源:根据世界银行数据库数据和EViews运算得出。

表 4.8　日本进口对新加坡 GDP 影响运算结果

| 年份 | 表达式 | $R$ 平方 |
| --- | --- | --- |
| 1965—1970 | SGPGDP=15.20115 * JAPANIM+591376.4 | 0.936897 |
| 1971—1975 | SGPGDP=6.301656 * JAPANIM+2103298.2 | 0.775041 |
| 1976—1980 | SGPGDP=4.955903 * JAPANIM+3151620.4 | 0.862130 |
| 1981—1985 | SGPGDP=−7.525557 * JAPANIM+30249180.96 | 0.398205 |

资料来源:根据世界银行数据库数据和 EViews 运算得出。

表 4.9　日本进口对中国香港 GDP 影响运算结果

| 年份 | 表达式 | $R$ 平方 |
| --- | --- | --- |
| 1965—1970 | HKGGDP=26.14077 * JAPANIM+1363593.6 | 0.966723 |
| 1971—1975 | HKGGDP=24.70247 * JAPANIM+2524009.3 | 0.813385 |
| 1976—1980 | HKGGDP=31.10937 * JAPANIM+2255811.9 | 0.641874 |
| 1981—1985 | HKGGDP=16.10128 * JAPANIM+20979514.2 | 0.396753 |

资料来源:根据世界银行数据库数据和 EViews 运算得出。

由表格可以看出,在 1965—1985 年,日本从亚洲"四小龙"进口贸易额与亚洲"四小龙"的 GDP 存在正相关关系,这种正相关关系在 1965—1975 年表现得极为明显。容易发现,随着时间的推移,日本进口与亚洲"四小龙"GDP 之间的拟合度从较高水平降低下来,也就意味着日本通过进口对亚洲"四小龙"的拉动作用逐渐减弱。基于雁阵发展模式,这种现象可以解释为日本将本国已经不具备竞争力或者比较优势的产业通过雁行发展模式转移到亚洲"四小龙",通过从亚洲"四小龙"进口这些产品来满足国内的需求。而随着时间的推移,如图 4.4 所示随着亚洲"四小龙"这种产业的发展,也会出现类似日本的情况。具体来说,随着该产业成本的不断提高,以及后进国家产业的竞争,亚洲"四小龙"该产业也逐渐失去了比较优势,不得不将该产业转移到更多的后进国家。因此,才会产生表 4.7、表 4.8、表 4.9 中的日本进口额对亚洲"四小龙"GDP 拟合水平在后期降低的现象。

1. 雁阵发展模式的终结

进入 90 年代以后,随着"泡沫经济"的破灭,日本经济陷入了以通货紧缩为主要特征并伴随着阶段性衰退的长期停滞阶段。日本经历了 1996 年、1997 年、1998 年三年连续的负增长,即便到了 1999 年恢复了正常的经济增长,此时的国内生产总值与之前的水平比还是下降了。伴随着经济的长时间停滞,日本对外贸易增长也有所减缓。由于作为雁头的日本经济萎

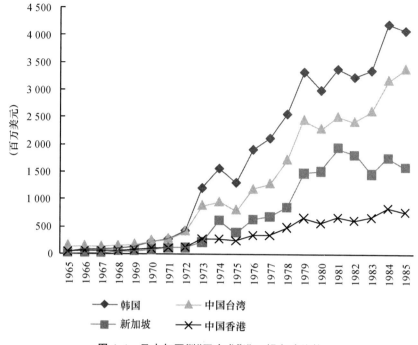

**图 4.4 日本与亚洲"四小龙"进口额变动趋势**
资料来源:根据日本统计局数据整理得出。

靡不振,日本与东亚各国和地区的贸易额,特别是对经济有拉动作用的进口增长速度有减慢的趋势,对中国香港和台湾地区的进口额甚至出现了不同程度的减少。

雁阵发展模式存在的基础是各经济体产业梯度差的存在,动力来自于雁头日本经济的持续增长。由于各经济体经济的发展和日本经济不景气的影响,这种产业梯度差正在逐步缩小,直接导致了雁阵发展模式的逐渐终结。日本作为雁阵的雁头,在20世纪90年代经历了持续十余年的萧条,日本的雁头地位也开始动摇。此外,由于东亚各经济体工业化过程的快速进行,雁阵形成的基础条件产业梯度也逐渐变得越来越不明显,产业转移的条件也越来越不具备,从而导致雁阵模式进入后雁阵时代。

## 二、中国雁阵模式的潜力

### 1. 后雁阵时代东盟经济的增长

尽管经历了亚洲金融危机,后雁阵模式时代东盟各国经济仍然保持较高的发展速度(见表4.10),成为世界上增长最快的地区之一。这在很大程度上仍然归功于东盟各国采取的"出口导向型"经济增长模式。

表 4.10  1995—2012 年东盟国家经济增长率    单位:%

| 年份 | 新加坡 | 菲律宾 | 越南 | 印度尼西亚 | 文莱 | 泰国 | 缅甸 | 马来西亚 | 老挝 | 柬埔寨 |
| --- | --- | --- | --- | --- | --- | --- | --- | --- | --- | --- |
| 1995 | 7.3 | 4.7 | 9.5 | 8.4 | 4.5 | 9.2 | 6.9 | 9.8 | 7.0 | 6.4 |
| 1996 | 7.6 | 5.8 | 9.3 | 7.6 | 2.9 | 5.9 | 6.4 | 10.0 | 6.9 | 5.4 |
| 1997 | 8.5 | 5.2 | 8.2 | 4.7 | −1.5 | −1.4 | 5.7 | 7.3 | 6.9 | 5.6 |
| 1998 | −2.2 | −0.6 | 5.8 | −13.1 | −0.6 | −10.5 | 5.9 | −7.4 | 4.0 | 5.0 |
| 1999 | 6.2 | 3.1 | 4.8 | 0.8 | 3.1 | 4.4 | 10.9 | 6.1 | 7.3 | 11.9 |
| 2000 | 9.0 | 4.4 | 6.8 | 4.9 | 2.8 | 4.8 | 13.7 | 8.9 | 5.8 | 8.8 |
| 2001 | −1.2 | 2.9 | 6.9 | 3.6 | 2.7 | 2.2 | 11.3 | 0.5 | 5.8 | 8.0 |
| 2002 | 4.2 | 3.6 | 7.1 | 4.5 | 3.9 | 5.3 | 12.0 | 5.4 | 5.9 | 6.7 |
| 2003 | 4.6 | 5.0 | 7.3 | 4.8 | 2.9 | 7.1 | 13.8 | 5.8 | 6.1 | 8.5 |
| 2004 | 9.2 | 6.7 | 7.8 | 5.0 | 0.5 | 6.3 | 13.6 | 6.8 | 6.4 | 10.3 |
| 2005 | 7.4 | 4.8 | 8.4 | 5.7 | 0.4 | 4.6 | — | 5.3 | 7.1 | 13.3 |
| 2006 | 8.6 | 5.2 | 8.2 | 5.5 | 4.4 | 5.1 | — | 5.6 | 8.6 | 10.8 |
| 2007 | 9.0 | 6.6 | 8.5 | 6.3 | 0.2 | 5.0 | — | 6.3 | 7.6 | 10.2 |
| 2008 | 1.7 | 4.2 | 6.3 | 6.0 | −1.9 | 2.5 | — | 4.8 | 7.8 | 6.7 |
| 2009 | −0.8 | 1.1 | 5.3 | 4.6 | −1.8 | −2.3 | — | −1.5 | 7.5 | 0.1 |
| 2010 | 14.8 | 7.6 | 6.8 | 6.2 | 2.6 | 7.8 | — | 7.2 | 8.5 | 6.0 |
| 2011 | 5.2 | 3.6 | 6.0 | 6.5 | 2.2 | 0.1 | — | 5.1 | 8.0 | 7.1 |
| 2012 | 1.3 | 6.8 | 5.0 | 6.2 | 2.2 | 6.5 | — | 5.6 | 8.2 | 7.3 |

资料来源:世界银行数据库。

2. 后雁阵时代中国的经济与贸易

日本在 20 世纪 90 年代以后经历了"泡沫经济"的破灭,陷入以通货紧缩为主要特征并伴随着阶段性衰退的长期停滞阶段。而此时,中国的经济发展却经历着与日本截然不同的境况。从中国 90 年代到 2012 年,中国的经济增长率一直保持在较高的水平(见表 4.11),引起了全世界的关注并成为世界经济发展中的亮点,如今中国已成为世界第二大经济体。

表 4.11　日本与中国 GDP 增长率　　　　　　　　　单位:%

| 年份 | 日本 GDP 增长率 | 中国 GDP 增长率 |
| --- | --- | --- |
| 1995 | 1.94% | 10.90% |
| 1996 | 2.61% | 10.00% |
| 1997 | 1.60% | 9.30% |
| 1998 | −2.00% | 7.80% |
| 1999 | −0.20% | 7.60% |
| 2000 | 2.26% | 8.40% |
| 2001 | 0.36% | 8.30% |
| 2002 | 0.29% | 9.10% |
| 2003 | 1.69% | 10.00% |
| 2004 | 2.36% | 10.10% |
| 2005 | 1.30% | 11.30% |
| 2006 | 1.69% | 12.70% |
| 2007 | 2.19% | 14.20% |
| 2008 | −1.04% | 9.60% |
| 2009 | −5.53% | 9.20% |
| 2010 | 4.65% | 10.40% |
| 2011 | −0.57% | 9.30% |
| 2012 | 1.94% | 7.80% |

资料来源:世界银行数据库。

与中国 GDP 的增长相对应的,中国对外贸易的发展也尤为引人注目(见表 4.12)。与日本的对外贸易增长的颓势比起来,中国对外贸易增长表现得非常强劲,从 1995 年进出口总额的 2 825.2 亿美元增长到 2011 年的 42 943.9 亿美元。中国对外贸易的增长对本国经济做出的贡献促进了亚洲经济乃至全球经济的发展。日本在其《贸易白皮书》中指出日本充当亚洲经济发展领头羊的"雁阵结构"发展态势已经被打破。而且,由于中国的迅速崛起,正逐步成为亚洲乃至世界经济发展的助推器。中国通过其与东盟、非洲、拉丁美洲等国家的双边、多边贸易,已经逐渐替代日本在雁阵发展结构中作为雁头的位置,从而开启了中国作为雁头的新雁阵发展模式。

表 4.12　中国贸易及从东亚及太平地区进口情况表　　　单位:亿美元

| 年份 | 进出口总额 | 进口总额 | 从东亚及太平洋地区国家进口额 | 百分比 |
|---|---|---|---|---|
| 1995 | 2 825.2 | 1 353 | 69 | 5.11% |
| 1996 | 3 258.0 | 1 541 | 84 | 5.44% |
| 1997 | 3 716.6 | 1 644 | 97 | 5.88% |
| 1998 | 3 710.1 | 1 636 | 101 | 6.19% |
| 1999 | 4 083.0 | 1 898 | 128 | 6.76% |
| 2000 | 5 302.5 | 2 507 | 195 | 7.78% |
| 2001 | 5 707.3 | 2 713 | 206 | 7.58% |
| 2002 | 6 934.1 | 3 280 | 273 | 8.32% |
| 2003 | 9 339.3 | 4 489 | 408 | 9.08% |
| 2004 | 12 623.7 | 6 065 | 541 | 8.92% |
| 2005 | 15 489.8 | 7 121 | 644 | 9.05% |
| 2006 | 19 144.5 | 8 528 | 795 | 9.32% |
| 2007 | 23 769.4 | 10 347 | 1 010 | 9.74% |
| 2008 | 28 145.6 | 12 328 | 1 090 | 8.82% |
| 2009 | 24 465.0 | 11 130 | 1 010 | 9.06% |
| 2010 | 33 989.7 | 15 830 | 1 520 | 9.61% |
| 2011 | 42 943.9 | 19 980 | 1 970 | 9.84% |

资料来源:世界银行数据库。

3. 以中国为雁头的新雁阵时代

下面从双边层面的数据就东盟的"经济增长发动机"模式进行分析。为了研究需要,选取印度尼西亚、马来西亚、菲律宾以及泰国这几个经济发展速度较快的国家(简称"东盟四国")作为东盟国家的代表,分析中日两国通过进口对东盟经济的拉动作用。

进入 90 年代,日本经济和贸易发展低迷,经历了"失去的十年""失去的二十年"。根据日本统计局的数据,从 1991 年至今日本从东盟四国进口额占东盟四国的总出口额的比例一直保持下降趋势,其中印尼的百分比值下降了近 50%,其他三个国家百分比值也有明显的下降,直接体现了日本在雁阵发展模式中的雁头地位逐步弱化。

与此同时,不同于日本在对外贸易上的颓势,中国的对外贸易发展迅速,近几年中国已成为东盟各国主要的出口对象,对中国的出口占东盟各国总出口的比例正在逐渐提高(见表 4.13),近些年来逐渐发展成为东盟四国的主要贸易对象。

表 4.13 2002—2011 年中国从东盟四国进口占各自总出口的比例  单位:%

| 年份 | 印度尼西亚 | 马来西亚 | 菲律宾 | 泰国 |
| --- | --- | --- | --- | --- |
| 2002 | 7.05 | 8.51 | 8.46 | 4.73 |
| 2003 | 8.03 | 11.87 | 15.94 | 6.64 |
| 2004 | 8.72 | 12.63 | 20.41 | 7.52 |
| 2005 | 8.66 | 12.40 | 27.06 | 7.85 |
| 2006 | 8.49 | 12.92 | 31.05 | 8.99 |
| 2007 | 9.74 | 13.97 | 35.78 | 10.02 |
| 2008 | 9.42 | 13.97 | 30.44 | 9.66 |
| 2009 | 10.49 | 17.49 | 22.02 | 10.56 |
| 2010 | 11.94 | 21.80 | 23.35 | 11.24 |
| 2011 | 14.05 | 23.57 | 25.11 | 11.83 |

资料来源:《中国统计年鉴》。

从表 4.13 我们可以看出,中日两国对东盟四国出口贸易占比的变动呈现相反的趋势。即日本通过进口这一渠道对东盟四国经济发展的作用正在逐渐减弱,而中国对东盟四国的经济发展的促进作用逐渐增强。因此,日本在逐步丧失其在东亚及太平洋地区经济贸易的领导地位的同时,以中国为核心的新贸易模式逐步得到确立。

为了直观体现中国进口与东盟四国 GDP 之间的关系,下面以印尼、泰国、马来西亚为例,将研究区间分为 2002—2006 年和 2007—2011 年两个时间段来分析中国对东盟四国进口额与东盟四国 GDP 之间的相关性。这里采用《中国统计年鉴》的贸易数据和世界银行数据库的东盟四国 GDP 数据,通过 EViews 软件进行运算。其中 IDNGDP、THAGDP、MYSGDP 分别表示印尼、泰国、马来西亚的 GDP 水平,CHINAIM 表示中国从这些国家的进口额。回归结果如表 4.14 至表 2.21 所示。

表 4.14 中国进口对印度尼西亚 GDP 影响运算结果

| 年份 | 表达式 | $R$ 平方 |
| --- | --- | --- |
| 2002—2006 | IDNGDP=0.03086CHINAIM−115355.7 | 0.092248 |
| 2007—2011 | IDNGDP=0.04548CHINAIM−912944.1 | 0.935945 |

资料来源:根据中国统计年鉴数据用 EViews 运算得到。

表 4.15 中国进口对泰国 GDP 影响运算结果

| 年份 | 表达式 | R 平方 |
| --- | --- | --- |
| 2002—2006 | THAGDP=0.992841CHINAIM−1323131.6 | 0.992841 |
| 2007—2011 | THAGDP=0.165028CHINAIM−1869467.1 | 0.990424 |

资料来源:根据中国统计年鉴数据用 EViews 运算得到。

表 4.16 中国进口对马来西亚 GDP 影响运算结果

| 年份 | 表达式 | R 平方 |
| --- | --- | --- |
| 2002—2006 | MYSGDP=0.213264CHINAIM−1035940.6 | 0.930891 |
| 2007—2011 | MYSGDP=0.360961CHINAIM−4271123.8 | 0.88441 |

资料来源:根据中国统计年鉴数据用 EViews 运算得到。

从回归的结果可以看出,中国通过从东盟四国的贸易进口额与东盟四国的 GDP 有显著的正相关关系,通过 EViews 计算出的 R 平方统计量非常理想,直接说明了中国通过与东盟四国的贸易往来对东盟四国经济发展的带动作用,同时也间接证明了中国作为新雁头的条件已日趋成熟。

表 4.17 中国在东亚、拉丁美洲、非洲进口额百分比变化 单位:%

| 年份 | 从东亚和太平洋地区发展中经济体 | 从拉丁美洲和加勒比地区的发展中经济体 | 从中东和北非地区发展中经济体 | 从撒哈拉以南非洲地区发展中经济体 |
| --- | --- | --- | --- | --- |
| 1990 | 4.51 | 2.56 | 0.40 | 0.54 |
| 1991 | 4.70 | 2.08 | 0.30 | 0.48 |
| 1992 | 4.25 | 1.70 | 0.44 | 0.42 |
| 1993 | 3.96 | 1.53 | 0.79 | 0.64 |
| 1994 | 4.41 | 1.71 | 0.34 | 0.64 |
| 1995 | 5.11 | 1.99 | 0.59 | 0.94 |
| 1996 | 5.44 | 2.22 | 0.78 | 0.96 |
| 1997 | 5.88 | 2.29 | 0.98 | 1.58 |
| 1998 | 6.19 | 1.80 | 0.93 | 0.87 |
| 1999 | 6.76 | 1.35 | 0.96 | 1.21 |
| 2000 | 7.78 | 1.76 | 1.52 | 2.25 |
| 2001 | 7.58 | 2.17 | 1.35 | 1.64 |
| 2002 | 8.32 | 2.26 | 1.11 | 1.59 |
| 2003 | 9.08 | 3.03 | 1.31 | 1.81 |
| 2004 | 8.92 | 3.18 | 1.34 | 2.41 |
| 2005 | 9.05 | 3.23 | 1.80 | 2.69 |

(续表)

| 年份 | 从东亚和太平洋地区发展中经济体 | 从拉丁美洲和加勒比地区的发展中经济体 | 从中东和北非地区发展中经济体 | 从撒哈拉以南非洲地区发展中经济体 |
| --- | --- | --- | --- | --- |
| 2006 | 9.32 | 3.54 | 1.95 | 3.00 |
| 2007 | 9.74 | 4.21 | 2.02 | 3.26 |
| 2008 | 8.82 | 5.22 | 2.54 | 4.35 |
| 2009 | 9.06 | 5.01 | 2.31 | 3.67 |
| 2010 | 9.61 | 5.12 | 2.49 | 4.00 |
| 2011 | 9.84 | 5.53 | 2.89 | 3.98 |

资料来源:世界银行数据库。

观察表4.17可以发现,从1990年到2001年,中国在东亚和太平洋地区的拉丁美洲、非洲地区发展中国家的进口额中所占百分比处于逐年增加状态。以中国为雁头的雁阵发展模式已经初具雏形。与中国自贸易往来的国家中,东盟各国如菲律宾、柬埔寨、泰国等相对于非洲、拉丁美洲国家经济发展水平较高,可以作为以中国为雁头的雁阵发展模式的雁身,而非洲、拉丁美洲诸国作为雁阵发展模式的雁尾。

面对中国全球治理中的"二元化"问题,雁阵发展模式不仅为中国经济的持续稳定发展创造了更为广阔的空间,更不失为由"二元化"向"一元化"转变的重要手段和途径。如今,中国作为雁阵发展模式的雁头,东盟诸国作为雁身,非洲、拉丁美洲国家作为雁尾的新雁阵已经初具雏形。中国应该充分把握这一契机,加强与东盟国家以及非洲、拉美等国家的经济联系,以经济促政治,全面提升综合国力和国际地位。

## 本篇总结

通过对中国、世界银行和联合国国民经济核算数据的分析,不难看出改革开放后,无论从中国经济增长动力还是长期发展趋势来看,中国的经济增长仍然可能保持一个相对高的速度。与其说中国经济增长当前面临的问题是经济增长放缓问题,不如说是如何改善经济增长质量、提高经济增长的效率问题。中国要保持长期、稳定和较快的经济增长,对内要更多地关注改善供给结构、需求结构以及资源环境的可持续发展问题,对外则要解决二元化格局对中国红利的蚕食。

促使二元格局形成的因素,既有意识形态差异方面的原因,更是因为以美国为首的发达资本主义国家不愿意放弃自己从现有的国际政治经济体系中获取的利益,也对中国的发展和崛起保持警惕。而不发达国家由于自身缺乏左右国际局势的能力,因此也缺乏以长远目光看待国际局势发展的动力,因而只能在现有的体系中浑水摸鱼。要改变这种二元格局,根本上要依据现状和中国的实力,拓展"一元化"区域,即在广大亚非拉地区,通过积极进取的政治经济合作,逐步形成一批在政治上、经济上都与中国有密切利益关系的国家,打破正在形成的分享、蚕食中国红利的不公平的世界经贸格局。面对"二元化"格局对中国经济发展的挑战,我们应该由经济促政治,逐步实现由"二元化"向"一元化"的转化。为此,我们可以从以下三个主要方面采取相应对策:

第一,全面改善和发展与亚非拉发展中国家的关系。

第二,积极参加全球治理,提高中国在国际经济事务中的发言权和主动权。

第三,发展中美新型大国关系并改善与其他国家的合作。

## 参考文献

[1] 包群,许和连,赖明勇.贸易开放度与经济增长:理论及中国的经验研究[J].世界经济 2(2003):10—18.

[2] 胡超.对外贸易与收入不平等,基于中国的经验研究[J].国际贸易问题 3(2008):22—27.

[3] 刘霞辉.论中国经济的长期增长[J].经济研究 5(2003):41—47.

[4] 裴长洪.我国对外贸易发展:挑战,机遇与对策[J].经济研究 9.103.112(2005):103—112.

[5] 彭金荣,陈利.高外贸依存度下中国经济面临的风险与应对策略[J].中国人民大学学报 6(2005):57—62.

[6] 沈坤荣,李剑.中国贸易发展与经济增长影响机制的经验研究[J].经济研究 5(2003):32—40.

[7] 王小鲁,樊纲,刘鹏.中国经济增长方式转换和增长可持续性[J].经济研究 1.4(2009):44—47.

[8] 王小鲁.中国经济增长的可持续性与制度变革[J].经济研究 7.3(2000):15.

[9] 王岳平.高速增长时期我国对外贸易问题[J].管理世界 5(1995):008.

[10] 杨全发,舒元.中国出口贸易对经济增长的影响[J].世界经济与政治 8.5(1998):4—58.

[11] 赵陵,宋少华.中国出口导向型经济增长的经验分析[J].世界经济 8(2001):14—20.

[12] 赵晓,柳阳.再论中国崛起之"国际经济摩擦时代"[J].国际经济评论 3.4(2005).

# 第 三 篇

# 海外密切合作区域：
# 大国强盛的条件

**本篇概要**

  本篇梳理了东亚朝贡体系的历史渊源以及它的建立、延续和解体过程，为新格局下的合作区域建设提供借鉴。在全球竞争体系中，中国应寻找并建立有效的海外密切合作区域，继而建立和维持合作关系以实现合作共赢，从而促进中华民族的伟大复兴。本篇探讨了国际联盟战略，并分析了中国的联盟战略选择。

  本篇在于了解东亚朝贡体系的渊源和古代中国主导的地区性国际关系体系；了解国际联盟战略的内涵和主要类型，在此基础上掌握中国联盟战略的选择。

**本篇将要讨论的问题：**

- 东亚朝贡体系是怎么建立起来的？
- 东亚朝贡体系产生的根源是什么？
- 联盟战略的主要类型是什么？
- 中国对待联盟战略的选择是怎么样的？为什么？

# 第五章　东亚朝贡体系[①]

## 第一节　东亚朝贡体系的发展历程

西方历史学家布罗代尔(Fernand Braudel)曾说过:"如果不谈奴隶,不谈附庸性经济,欧洲是不可理解的。同样,如果不谈其国内的未开化民族和国外的藩属,中国也是不可理解的。"(布罗代尔,1992)这段话表明,任何关于中国传统对外关系模式的探讨,必须包括历代中央王朝与其属国之间所建立的朝贡关系的内容。事实上,在长达约两千年的历史进程中,东亚区域内的中外朝贡关系也确实构成了一种历史上独具特色的国际关系模式,从而成为古代中国对外关系的一个显著特征。一些学者甚至认为:"(这种模式)直到今天仍然对这些国家和地区的国际地位以及对外政策发挥着影响。"(张丽东、潘一禾,2003,第296页)

### 一、朝贡制度的历史渊源

现代国际体系始于1648年的欧洲,之后扩展至全世界。而在此之前,世界其他地区也曾出现过一些"地区性"的国际关系体系(约瑟夫·奈,2002,第23页)。根据相关史料记载及一些当代学者的研究,19世纪末之前在东亚地区存在的以中国为中心的东亚朝贡体系,或称为"华夷秩序"(何芳川,1998)、"天朝礼治体系"(黄枝连,2002)、"中国的世界秩序"(费正清,1992)等,即是其中之一。

普遍认为,朝贡关系的原型要追溯到先秦之前,是上古时期中央与地方之间、天子与诸侯之间朝聘关系的延伸和发展。(张存武,1967)朝贡中的"朝",本意即是诸侯对天子的觐见,"贡"则指的是诸侯向天子进献的物品。《竹书纪年》载:"帝尧陶唐氏十六年,渠搜氏来宾。"[②]又有:"帝舜有虞氏九

---

[①] 本章核心观点与主要内容来自作者于2007年完成的博士论文《中国传统对外关系的两种模式——利益认知与体系结构分析》,并进行了修改和完善。

[②] 《竹书纪年》卷上。

年,西王母来朝……献白环玉珏。"《左传·宣公三年》载:"昔夏之方有德也,远方图物,贡金九牧。"《史记·夏本纪》中也记载,夏禹"披九山、通九泽、浃九河、定九州"之后,九州的地方长官"各以其职来贡,不失厥宜"。① 而各州所贡之物,主要是当地的各类土特产品。《周礼》记载周时已设有专门接待远人的怀方氏之职:"怀方氏掌来远方之民,致方贡,致远物,而送逆之,达之以节。治其委积、馆舍、饮食。"② 上述记载难免夹杂有想象和传说的成分,但却反映出朝贡关系的历史在古代中国源远流长。从文献记载来看,最能反映先秦朝贡关系原貌的是西周初期分封列国时实行的五服制,它表明在上古时期,天子与诸侯之间的朝贡行为首先是一种政治上臣服与隶属关系的体现。各地方诸侯在自己的封国内享有自主权,但要承认天子对他们的宗主权,并以朝贡这种礼仪性的行为加以明确,而天子将对不遵礼行事的诸侯采取不同的对策,施以不同的处罚。

考察先秦,特别是西周时期天子与诸侯及四方蛮夷戎狄之间的朝贡关系可以看出,首先,此时的朝贡制度不仅用于中外之间,即天子与要服、荒服中的蛮、夷、戎、狄政权之间,而且主要用于中央和地方诸侯之间,即天子与同属华夏的甸、侯、宾三服中的地方政权之间。其次,在中央与地方的朝贡关系中,并非奉行"来者不拒、去者不追"之原则,相反,不遵礼朝贡会招致"刑、伐、征"等严重后果。朝贡制度的实现是以武力为后盾的,朝贡关系本身带有强制色彩。最后,在先秦时期的朝贡制度中,贡与税并无明确区分,更无关于"厚往薄来"的相关描述。③

## 二、东亚朝贡体系的建立、延续和解体过程

### (一) 建立

关于朝贡体系的始建时间,则众说纷纭。余英时、何芳川、李云泉等学者认为朝贡体系始于汉代(余英时,2005;何芳川,1998;李云泉,2004);韩国学者全海宗认为,在魏晋南北朝时期朝贡体系基本完备;熊义民认为,华夷秩序形成于唐与新罗宗藩关系的建立(熊义民,2002);杨军、张乃和则认为,"贡封体系"始于13世纪末的元代(杨军、张乃和,2005);费正清和邓嗣禹认为朝贡体系开始于明代(Fairbank and Teng,1941)等。本书综合分析以上各家观点

---

① 《史记》卷2《夏本纪》。
② 《周礼·夏官·司马》。
③ 《礼记·中庸》中虽有"厚往而薄来,所以怀诸侯也",但普遍认为,《礼记》最早成书于战国时期,虽然所记载的有关史官的情况可能反映了西周的部分史实,但其主要观点反映了后世儒家的思想。

后认为,西汉可被认为是本书所研究的朝贡体系的初创时期。

"朝""贡"合在一起使用,始见于《汉书》:"修奉朝贡,各以其职。"①它包含了朝贡一方的"称臣纳贡"和宗主一方的"册封赏赐"的双重内容,是一种建立在双向交往、沟通之上的宗主国与国外藩属之间的国际关系。而据余英时考证,这种用于处理中外关系的朝贡活动也正是在西汉时期开始形成(余英时,2005,第39页)。不过,汉代的朝贡制度最初主要是在与西、北部匈奴打交道的过程中逐步建立起来的。

汉神爵二年(前60年),由于匈奴统治集团发生分裂,诸单于相继分立,汉匈力量对比出现决定性逆转。甘露元年(前53年),呼韩邪单于慑于汉朝的强大攻势,决定"称臣入朝事汉"②,随后遣其子右贤王铢娄渠堂至汉朝作质子。三年(前51年)正月,呼韩邪单于来朝,汉待以殊礼,"位在诸侯王上,赞谒称臣而不名"。③ 同年,郅支单于亦"遣使奉献,汉遇之甚厚"。④ 至此,汉匈之间的朝贡关系才得以"正名":匈奴须朝觐、奉贡、纳质,汉朝则对其上层给予相应的册封和赏赐(李云泉,2003)。

朝贡制度虽然起于汉朝与西北游牧民族之间的交往过程,但由于双方之间战争不断,汉朝与匈奴、西域之间的朝贡关系始终处于不稳定状态——仅在东汉时期,西域就曾"三绝三通"。相比之下,连绵不断的战争才是这一地区中外关系的主旋律,而且这种状态在后世王朝中长期得以持续。而中外朝贡关系真正得以长期维持的是在历代中央王朝与东、南部政治实体的关系中,而在这一方向上的传统朝贡区域主要是指朝鲜半岛、日本列岛、海外东南亚诸国及中南半岛地区。明太祖朱元璋在《皇明祖训》中所列的"不征之国"大致体现了这一范围:"今将不征诸夷国名,开列于后。东北:朝鲜国;正东偏北:日本国;正南偏东:大琉球国、小琉球国;西南:安南国、真腊国、暹罗国、占城国、苏门答腊、西洋国、爪哇国、湓亨国、白花国、三弗齐国、渤泥国。"⑤其中除西洋国为印度古名外,其余国家均在东亚、东南亚范围之内。用现代国际关系语言来表达,"10+3"⑥再加上东北亚的朝鲜即是传统东亚朝贡体系的地理范围。

(二)延续

据史料记载,早在汉武帝时期,朝鲜半岛与中南半岛诸国即曾遣使朝贡。

---

① 《汉书》卷100下《叙传下》。
② 《汉书》卷94下《匈奴传下》。
③ 同上。
④ 同上。
⑤ 《皇明祖训·祖训首章》。
⑥ "10+3"是指今天的东盟十国加中、日、韩三国。

朝鲜于元封二年(前109年)"遣太子入谢,献马五千匹,及馈军粮"。① 此后,汉朝与朝鲜虽偶有冲突,但双方之间的朝贡关系长期得以保持。而日南徼外(即今越南、老挝、柬埔寨等地)蛮夷,"自武帝以来皆献见"。② 在东汉时期,日本列岛上的一些政权也与东汉王朝发生了朝贡关系。据《后汉书·东夷传》记载,光武帝建武中元二年(57年),"倭奴国奉贡朝贺,使人自称大夫,倭国之极南界也。光武赐以印授"。③ 此金印在1784年于日本福冈县志贺岛出土,上刻"汉委奴国王"五个阴刻篆字。而这一区域内的其他国家也开始陆续加入以东汉王朝为中心的朝贡体系。汉章帝元和元年(84年),"日南徼外究不事邑豪献生犀、白雉"。④ "究不事"即今柬埔寨。汉和帝永元九年(97年),"掸国王雍由调遣重译奉承国珍宝,和帝赐金印紫授,小君长皆加印绶、钱帛"。⑤ 掸国即今缅甸。汉顺帝永建六年(131年),日南徼外叶调国"遣使贡献"。⑥ 据法国汉学家伯希和考证,"叶调"即今印尼的爪哇(冯承钧,1998,第6页)。

在此后的历史进程中,始建于汉代的东亚朝贡体系始终在不同程度上得以维持,尤其是在中国处于大一统王朝统治时代,朝贡关系更是构成了双边交往的主流。据史料记载,日本自"魏至齐、梁,代与中国通"。⑦ 隋朝统一中国后,日本大和朝廷先后三次派出遣隋使。继三国时期东吴孙权派朱应、康泰出使海南诸国后⑧,隋朝时,赤土(马来半岛)、真腊(高棉)、波利(婆罗洲)等十余国曾先后通使中国。⑨ 而朝鲜半岛各政权即使是中国在汉、隋之间长期处于分裂状态下,亦不曾中断与中国的朝贡往来。在唐代,中国与东亚南诸国的朝贡关系得以进一步发展,分别与林邑(占婆)、真腊(高棉)、诃陵、室佛逝(印度尼西亚群岛)等国保持长期朝贡关系。

东亚朝贡体系在明代迎来了它的顶峰时期。明初,太祖朱元璋于洪武二年(1369年)正月、二月,接连派遣两批使者诏谕日本、占城、爪哇诸国。在接下来的两年里,占城、爪哇、西洋、安南、渤泥、朝鲜、三佛齐、暹罗、日本、真腊等十国先后遣使来华朝贡(李云泉,2003)。明成祖继位后,对外政策仍以广

---

① 《史记》卷115《朝鲜列传》。
② 《汉书》卷28下《地理志下》。
③ 《后汉书》卷85《东夷传》。
④ 《后汉书》卷86《南蛮西南夷列传》。
⑤ 同上。
⑥ 同上。
⑦ 《隋书》卷81《倭国传》。
⑧ 公元226年至231年,朱康二人奉命"南宣国化,暨徼外扶南、林邑、堂明诸王,各遣使奉贡"。见《梁书》卷54《诸夷传》,并参见《三国志》卷60《吴书·吕岱传》。
⑨ 《隋书》卷82《南蛮传》载:"大业中,南荒朝贡者十余国。"

招海外国家前来朝贡为核心,而且还史无前例地派出了郑和船队六下西洋[第七次是在宣宗宣德五年(1431年)],使中外之间的交往达到空前的高度。先后有渤泥、满剌加(马六甲)、苏禄(今属菲律宾)、古麻剌朗(今属菲律宾)四国国王亲赴大陆觐见明成祖。后世史家称明成祖时期"四方宾服,受朝命而入贡者殆三十国,幅员之广,远迈汉唐,成功骏烈,卓乎盛矣"。①

(三) 解体

当中国历史进入最后一个中央集权的大一统王朝——清朝后,传统的东亚朝贡体系继续得以维持,只是由于明末以来大量海外朝贡国被西方殖民者陆续占领,清朝的朝贡国数目明显减少,主要包括朝鲜、琉球、越南、缅甸、暹罗、南掌(老挝)和苏禄等国家。1840年以后,清朝自身在与西方殖民者的直接交锋中接连战败,使其逐渐丧失了对属国的感召力,其后国内发生的农民大起义(太平天国运动)更进一步削弱了它的统治力量。而西方列强在强迫清政府签订不平等条约的同时,也把手伸向了其周边的属国。在这几种力量的共同作用下,维系两千年之久的东亚朝贡体系终于无可逆转地开始瓦解了:19世纪50年代,南掌对清廷进行了最后一次入贡;60年代末,暹罗断绝了与清廷的朝贡关系;1884年,越南沦为法国的保护国;1885年,缅甸成为英国的殖民地;1895年甲午战争后,东亚朝贡体系的永久成员朝鲜被置入了日本的势力范围。这就意味着,当中国通过一系列不平等条约被强行拉入近代世界时,原有东亚国际体系不断萎缩,并最终解体。

## 第二节 东亚朝贡体系的本质

### 一、东亚朝贡体系内的力量对比

就古代中国在东亚朝贡体系内的国际地位而言,一个基本事实是,生发于这片土地上的华夏文明,以其先进的农业、手工业生产力发展水平,成熟的哲学思想、伦理观念,高度发达的艺术表现形式,以及一套在当时较为完整的政治组织制度,于长达数千年的时间跨度内,在文明形态上遥遥领先于周边国家和地区。事实上在近代以前,中国在整个世界中所处的位置可以更直观地通过图5.1显示出来。

---

① 《明史》卷7《成祖本纪》。

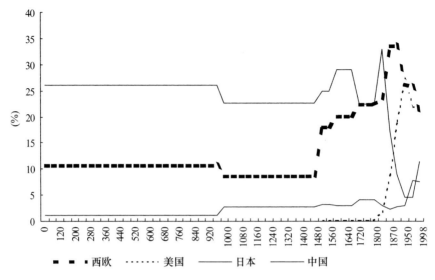

**图 5.1 中国占全球 GDP 比重的演变(0—1998 年)**
资料来源:〔英〕安格斯·麦迪森:《世界经济千年史》,许宪春、叶燕斐、施发启译,北京大学出版社 2003 年版,第 259 页;图表制作:清华大学国情研究中心。

当然,在那个时期经济财富往往不能直接转化为军事力量,否则中国历史上就不会多次出现西北游牧民族入主中原的事件了。但在东亚朝贡体系内,历代中央王朝却没有面临强大的外部军事挑战。体系内的任何一个国家都不曾直接威胁到王朝的生存与独立。中国军事力量的绝对优势地位通过与体系内另一个相对较为强大的国家日本在朝鲜半岛的两次角逐,即白江口之战(唐帝国击败日本、百济联军)、壬辰卫国战争(明、朝联军击败日本),得到切实的佐证。从这个意义上说,东亚体系属于以中国为中心的单极体系。

**二、东亚朝贡体系内中国对外关系的和平属性**

考察历代中央王朝在东亚朝贡体系内的对外关系行为,人们可以看到体现"怀柔四夷,协和万邦"精神,以期"使重译来庭,航海入贡"①的和平主义外交路线,如明太祖朱元璋曾这样告诫后世子孙:"四方诸夷……若其不自揣量,来挠我边,则彼为不祥。彼既不为中国患,而我兴兵轻伐,亦不祥也。吾恐后世子倚中国富强,贪一时战功,无故兴兵,致伤人命,切记不可……今将不征诸夷国名,开列于后……"②在给各朝贡国的诏谕中,朱元璋也一再表明

---

① 《汉书》卷 94 下《匈奴传下》。
② 《皇明祖训·祖训首章》。

与其和平相处,"共享太平之福"的立场。

对一衣带水的邻国日本,历代王朝的对外关系模式鲜明地体现出和平主义特征。在整个古代史中,中国只是在元世祖忽必烈统治时期两次进攻日本(元至元十年(1273年)元军第一次攻日本之战,及元至元十七年(1280年)元军第二次攻日本之战。其重要意义在于,如果说朝鲜作为朝贡体系中的模范生始终与历代中央王朝维持一种宗主国与属国之间的关系的话,那么日本则早在隋朝时期,实际上就已游离于朝贡体系之外,其后只是在明代有过短期的朝贡行为。也就是说除元代开国时期外,中国历代封建王朝均没有将征服、统治日本,或者强迫其履行朝贡义务纳入自己的对外政策目标。回顾中国大一统王朝时代的中日关系史,中国并没有奉行一种以自己的意志支配其他国家的霸权政策(王青,2007,第76页)。

至于其他海外东南亚国家,尽管在历史上双方之间很早就有了交往,而且部分国家与不同时期的中央王朝还建立起紧密或者松散的朝贡关系,但考察全部历史过程,中国与这些国家之间的战争或冲突只发生过三次:元至元三十年(1293年),元军攻爪哇之战以及郑和下西洋过程中与当地政权发生的两次武装冲突事件:明永乐九年(1411年),郑和与锡兰之战;明永乐十三年(1415年),郑和击苏门答腊苏干剌之战。显然,这里的中外关系仍然表现为一种和平主义模式。

另外,除了古代中国在不同区域内对外战争数字之间的比较外,将古代中国与东亚体系内国家的关系状态与16世纪后西方殖民者对该区域内国家采取的武装侵略政策进行比较,则进一步凸显了古代中国在东亚朝贡体系内对外关系模式的特征。

**三、东亚朝贡体系中的国家对外行为模式**

在东亚朝贡体系中,尽管中国作为宗主国,与这些朝贡国在名义上是一种"以大字小、以小事大"(谢俊美,2005,第34页)的封建政治关系,但由于这些朝贡国的领土不列入中国版图,有自己独立的行政系统和政治制度,因而拥有处理自己内部事务的最高统治权。而且虽然获得中央王朝的册封,被视为朝贡国统治者拥有政治合法性的象征,但实际上这并不表明中国的皇帝可以像任命国内郡县长官一样直接指定朝贡国的统治者,册封往往只是一种对既成事实的追认。政治事务如此,其他一般性的经济、民政事务更是由各朝贡国完全自行处置,中央王朝甚至难得与闻。此外,从以上对东亚朝贡体系历代延续过程的梳理可以看出,各朝贡国在对外关系方面也拥有全部自由,它们能够根据国际形势、本国危机、中国内战等原因,自主决定中断或恢复与中国的朝贡关系。因此,尽管始于汉代的中外朝贡关系有"制度"之名,历代王朝统治者也均希望做到贡有定期,封有常制,但朝贡与否的决定权并不单方面掌握在中国手中,朝贡关系只是一种松散型的、建立在双方自愿基础上的关系,历代大一统王朝实际上在该区域范围内满足于一种"不治主义"对外政策。

历代大一统王朝在军事力量占绝对优势的单极体系中,为什么鲜有对外扩张,而只满足于维持这种松散型、礼仪性的朝贡关系?若要回答中国为什么在东亚朝贡体系内奉行一种非扩张性的和平主义对外关系行为模式,本书根据建构主义国际关系理论(亚历山大·温特,2002),建立一个分析国家对外关系行为模式的理论框架(见图5.2)。

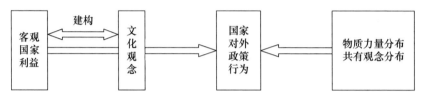

图 5.2 国家对外关系行为模式

根据这一框架,有两种基本因素对一个国家的对外关系行为产生影响:国家利益与体系结构。前者主要是在物质性客观国家利益(主要是安全利益与经济利益)基础上,通过文化观念建构而形成的国家利益认知;后者包括体系结构中物质力量分布、国际共有观念分布。上文表明,在东亚朝贡体系的物质力量分布上,它是一个以中国为中心的单极结构;在这一国际体系中的共有观念是互相承认对方的生存权(主要是历代中央王朝普遍承认朝贡国的独立生存权,朝贡国在内政外交方面实际上拥有完整的主权),追求权力最大化、谋求终极霸权并非是这里的主导性行为逻辑。相反,以"朝贡—封赏"为代表的文、礼手段成为国家间交往的普遍方式,中外之间的战争即使发生,从整体上看频率也相当低。作为其中的主导性大国,中国在与东亚朝贡体系内国家的交往中,主要奉行了一种非扩张性的和平主义对外关系行为模式,从而对该体系中的国际共有观念、行为逻辑产生了决定性的影响(作为主导性大国,中国与其他朝贡国的根本区别在于,它不是这种国际共有观念、行为逻辑的被动接受者,而是其创造者)。因此这里的主要问题就是,在没有外部结构力量制衡的条件下,中国为何选择了一种非扩张性的和平主义对外关系模式。这需要我们考察文化观念对客观性国家利益的建构结果。

事实上,在国家安全、独立无虞的情况下,经济利益往往超越国家尊严成为决定一个国家对外政策的核心因素。不妨进行这样一个反事实假设:16世纪的满剌加或者印尼群岛、菲律宾群岛上的东方古国能够通过仅仅向葡萄牙、西班牙以及荷兰殖民者表示一种礼仪性的臣服而避免沦为殖民地的命运吗？答案是显而易见的。正是确保通商特权、获取贸易利润乃至直接掠夺当地自然资源（初期主要是以黄金和白银为代表的贵金属及香料）所代表的经济利益驱使这些西方殖民者不远万里蹈海而来，凭借其占优势的军事力量，在长达数百年的时间内，用武力逐步征服了一个个古老的文明，将其纳入自己的殖民统治之下。

然而在古代中国，人们对何为国家财富的观念却有着完全不同的理解。在中国的传统观念中，15世纪以来西方殖民者所渴求的通商、贸易乃至黄金、白银并不被认为是国家财富的根本，通过侵略扩张赢得这些目标自然也不能成为国家对外关系的动力。事实上，非扩张性的和平主义对外关系模式的基础就在于：历代中央王朝认为其在海外并没有重要的国家经济利益。

### 四、"重农抑商"思想：朝贡体系的根源

**（一）"重农抑商"思想及其所建构的国家经济利益认知**

1. "重农抑商"思想内涵

就一般印象而言，人们普遍认识到中国具有源远流长、底蕴深厚的文化传统。从传说中的"三皇五帝"时代到夏、商、周时期，关于人与自然、人类社会组织的思想萌芽便开始出现，《尚书》等古代典籍向我们揭示了那个时代人们对自然、社会和生活的思考。然而直至春秋战国时期（前770—前221），中国的思想、哲学才迎来了一个真正的"黄金时代"。东周时期"礼崩乐坏"、列国混战的乱世反而为人们开创了一个最具文化创造性的空间，诸子百家的渐次登场、激辩争鸣开启了中国古代第一个思想大爆发的时代（楚树龙、王青，2007）。这其中引起人们普遍注意的是蕴含于儒家、道家、法家、墨家等学派中的哲学、政治、伦理思想。然而同样是在这个时期，一种对后世影响至深的经济思想也诞生于法家学派之中，这就是"重本抑末"思想，其核心就是"重农抑商"。这种思想首先是由战国时期的法家代表人物商鞅提出来的（顾颉刚，1994；张守军，1988）。

此前，人们已普遍认识到在社会生产活动中存在着农业、手工业和商业的分工，以及农业在社会经济中的重要地位："夫民之大事在农，上帝之粢盛于是乎出，民之蕃庶于是乎生，事之共给于是乎在，和协辑睦于是乎兴，财用蕃殖于是乎始，敦庞纯固于是乎成。"[①]因此，"王事唯农是务"[②]。但因商业能

---

[①] 《周礼·国语上》。
[②] 同上。

够"阜通货贿",从而被视为社会生产的必要组成部分。

直至春秋时代,农商并重仍是各诸侯国的基本政策,如卫国"务材训农,通商惠工";晋国"轻关易道,通商宽农";齐国则"劝其女功,极技巧,通鱼盐"。① 农商之间并无本末之分。

到了战国时代,随着诸侯国之间大规模兼并战争的频繁发生,各国为了在这种严酷的国际环境中寻求生存、强大之道,纷纷开始变法图强,其中由商鞅在秦国实施的变法最为成功。在经历了公元前356年和公元前350年的两波改革后,秦国国力迅速增强,很快就在群雄争霸中脱颖而出,并最终一统华夏中心区,在中国历史上建立了第一个中央集权的科层制大一统王朝。商鞅变法的措施很多,择其要者可论列如下:① 建立中央集权的科层制政治体制,取代以前的封建制;② 通过严刑峻法加强社会控制;③ 奖励军功;④ 重视农业,奖励开荒拓垦,大力提高农业生产水平;⑤ 抑制商业活动。其中的最后两条,即集中体现了商鞅的"重本抑末"思想。

2. 建构的国家经济利益认知

商鞅认为,治国必须懂得事物的关键,"知万物之要"②。而治国之要就在于"令民归心于农"③。这样商鞅就明确把"农"看成是国本,确立了著名的"农本"思想。与此同时,商鞅还认为,为了固本,必须禁末,"事本而禁末"④。这里的"末"范围很广:"谈说之士,资在于口;处士,资在于意;勇士,资在于气;技艺之士,资在于手;商贾之士,资在于身。"⑤这样商人和商业被列入了"末"的范围。当然,这里的"禁"并非彻底消灭。而抑和限的意思,就是"令商贾技巧之人无繁"⑥。那么,商鞅为什么要把农业确定为本业,而把商业列入末业呢?

首先,商鞅秉持这样一种国家财富观念,即农业才是国家财富的来源。他认为"国多物"与"国少物"是国家贫富的标志。这里的"物"主要是指粮食。对国家来说,"民不逃粟,野无荒草,则国富"⑦,"粟爵粟任,则国富"⑧。而只有利出一孔,即出于农,才能"多物"。与此同时,商鞅认为食和钱两者之间存

---

① 《史记》卷129《货殖列传》。
② 《商君书·农战》。
③ 同上。
④ 《商君书·壹言》。
⑤ 《商君书·算地》。
⑥ 《商君书·外内》。
⑦ 《商君书·去强》。
⑧ 同上。

在这样的关系:"食贱者钱重",而"食贱则农贫,钱重则商富"①。由此会导致"本物贱,事者众,买者少,农困而奸劝"②。因此,金银珠玉实际上有碍于"农富其国"③。商鞅当然看到国与国之间可以通过贸易手段用金钱购买粟。但他的逻辑是,如果一个国家能在国内大量生产粟,就可以一举两得:"国好生粟于竟内,则金粟两生,仓府两实,国强。"④相反,如果一个国家只是追求金银等货币财富,最终只会一举两失:"国好生金于竟内,则金粟两死,仓府两虚,国弱。"⑤由于国家需要购买粮食,那么金钱最终还是要流向国外。因此,重视农业,搞好农业生产,才是富国的根本途径。由此可以看出,在中国早期的经济思想中,就存在这样一种"早熟"现象:在商鞅时代,人们就已洞悉货币的本质,认为它并不是国家财富的根本,甚至本身也不是国家财富。这与西方15世纪时期形成的早期重商主义,即重金主义思想——把黄金看成财富本身,是国家财富之本——大相异趣。而正是这种财富观念的区别,对此后中西双方的对外关系模式产生了深远的影响。

根据商鞅的经济思想,既然农业才是富国之本,国家财富主要表现为粟帛多入、粮米有余,那么国家就必须采取措施,排除各种对农业的干扰,为农业生产提供保障,使"女事尽于内,男事尽于外,则入多矣"⑥。这其中就包括"苟令商贾技巧之人无繁,则欲国之无富,不可得也"⑦。此外,为提高农业生产,还必须增加劳动力投入,而"豪杰务学诗书,随从外权,要靡事商贾,为技艺,皆以避农战,民以此为教,则粟得无少,而兵焉无弱也"⑧。因此要想富国,就必须重本抑末,这其中就包括抑商。此外,在商鞅变法时代,诸侯之间的大规模战争还使得"农"在当时不仅是富国之本,还是强兵之本:一方面农业生产为战争提供可靠的后勤保障,"兵起而程敌,……食不若者勿与久"⑨;另一方面农民还提供了大量兵源。

为了使这种"重本抑末"思想得到落实,商鞅变法中具体采取了下列措施:

(1) 实行粟爵粟任。根据百姓向国家缴纳粮食的多少,赐予相应的官爵。

---

① 《商君书·外内》。
② 《商君书·去强》。
③ 《商君书·外内》。
④ 《商君书·去强》。
⑤ 同上。
⑥ 《商君书·画策》。
⑦ 《商君书·外内》。
⑧ 《商君书·农战》。
⑨ 《商君书·战法》。

（2）实行"不农之征必多"的赋税徭役政策，"重关市之赋"①"市利之租必重"②，并规定赋税一律纳粟。以此来鼓励人们投身农业，压制、限制商业和手工业。

（3）实行"市利尽归于农"③的市场价格政策。主要包括：提高粮食价格，禁止商人经营粮食，防止商人通过倒卖粮食谋利等措施。

包括以上措施在内的变法改革在秦国得到推行后，秦国富强，并最终得以一统天下。其后由于秦王朝暴政残民，国祚短促，西汉王朝很快继之而起。西汉早期统治者记取秦王朝的历史教训，不再以"法"治国，改行与民休息、无为而治。但秦王朝留下的遗产并没有被全然抛弃。首先，尽管汉初分封，但整体上中央集权的科层制政治架构被保留下来；其次，"重本抑末"的经济思想也被继承下来，并在新的历史条件下有所发展和强化。

在整个华夏文化中心区实现了政治上的大一统后，政治秩序从春秋战国时期的无政府状态转变为等级制状态，以农养战的思想就此消失了，而重农此时被认为可以富安天下，贾谊在《论积贮疏》中说："管子曰：'仓廪实而知礼节。'民不足而可治者，自古及今，未之尝闻。……古之治天下，至纤至悉也，故其畜积足恃。今背本而趋末，食者甚众，是天下之大残也；……今驱民而归之农，皆著于本，使天下各食其力，末技游食之民转而缘南亩，则畜积足而人乐其所矣，可以为富安天下。"④晁错《论贵粟疏》也称："民贫，则奸邪生。贫生于不足，不足生于不农，不农则不地著，不地著则离乡轻家，民如鸟兽，虽有高城深池，严法重刑，犹不能禁也。……明主知其然也，故务民于农桑，薄赋敛，广畜积，以实仓廪，备水旱，故民可得而有也。"⑤作为西汉时期的两位重要思想家和政治家，贾谊和晁错的重农思想被落实到国家政策中，文景时期曾多次下诏，强调农为天下之本。景帝后元二年（前142年）四月下诏称：百姓"饥寒并至而能亡为非者，寡矣"，因此，"欲天下务农蚕，素有畜积，以备灾害"。⑥

其次，为了实现重农，继续强调抑末，主要就是抑商。晁错在指出农夫之家生计艰难——"四时之间亡日休息""有卖田宅、鬻子孙以偿责者矣"⑦——之后，将其归结为商业对农业的危害，他认为："商贾大者积贮倍息，小者坐列贩

---

① 《商君书·垦令》。
② 《商君书·外内》。
③ 《商君书·垦令》。
④ 《贾谊集》，上海人民出版社1976年版，第201—202页。
⑤ 《晁错集注释》，上海人民出版社1976年版，第33页。
⑥ 《汉书》卷5《景帝纪》。
⑦ 《晁错集注释》，第36页。

卖,操其奇赢,日游都市,乘上之急,所卖必倍。故其男不耕耘,女不蚕织,衣必文采,食必粱肉;亡农夫之苦,有仟伯之得。因其富厚,交通王侯,力过吏势,以利相倾;千里游敖,冠盖相望,乘坚策肥,履丝曳缟。此商人所以兼并农人,农人所以流亡者也。"①这些"积贮倍息""交通王侯,力过吏势"的商人被认为是不创造财富的社会寄生虫:"不耕而食、不织而衣",造成了"一人耕之,十人聚而食之"②的景况。因此需对这些"浮淫并兼之徒"③予以限制、打击。

汉初在抑商方面采取了很多政治、经济措施。例如,规定商人"不得衣丝乘车,重租税以困辱之","市井之子孙,亦不得仕宦为吏"。④ 同时从西汉时期开始,政府即开始直接介入粮食、盐铁等社会重要物资的经营,排挤、打击民间商业行为。并且通过行政手段,提高粮食价格,即下令卿、诸侯、大夫、商人都必须按规定的数量储藏粮食,结果"农辟其五谷三倍其贾,则巨商失其事,而农夫百倍之利矣"。⑤

在汉武帝统治时期,儒家思想在意识形态领域取得了独尊地位,而此时的"重农抑商"思想也得到了进一步强化,被与儒家的"重义轻利"思想结合了起来。本来在先秦儒家的思想中,并无明确的"重农抑商"观念。孔子就曾明确表示"君子谋道不谋食"⑥,"焉用稼!"⑦孟子虽然重农,但也没有抑商思想。但西汉时期的儒家除了继续认为"国有沃野之饶而民不足于食者,工商盛而本业荒也","故商所以通郁滞,……非治国之本也"⑧外,还在义利之分的角度强调了"重本抑末""重农抑商"的意义:"窃闻治人之道,防淫佚之原,广道德之端,抑末利而开仁义,毋示以利,然后教化可兴,而风俗可移也。"⑨在此"末"与"利"被联系在了一起,而与"义"对立。此时的儒家也反对国家介入商业经营活动以求利:"今郡国有盐铁、酒榷、均输,与民争利,散敦厚之朴,成贪鄙之化,是以百姓就本者寡,趋末者众。……愿罢盐铁、酒榷、均输,所以进本退末,广利农业,便也。"⑩

至此,"重本抑末""重农抑商"即等同于贵义贱利,"重农抑商"思想成了儒家的信条,取得了不可侵犯的地位。这种思想将农业视为国家财富的唯一

---

① 《晁错集注释》,第37—38页。
② 《汉书》卷50《贾谊传》。
③ 《汉书》卷3《高后纪》。
④ 《史记》卷129《货殖列传》。
⑤ 《管子·轻重乙》。
⑥ 《论语·卫灵公》。
⑦ 《论语·子路》。
⑧ 《盐铁论·本议》。
⑨ 同上。
⑩ 同上。

来源,把粮食当作国家财富本身,商业在满足"通郁滞"的基本需求后,必须加以抑制。这不仅被认为是富国之本,而且关乎天下治乱,体现义利之别,因此必须遵行不殆。

(二)"重农抑商"思想的统治地位及相应的国内抑商政策

"重农抑商"思想在西汉王朝时期确立后,成为后世历代王朝治国的指导性原则。东汉历代劝督农桑、抑制商贾的诏令史不绝书。汉明帝永平十二年(69年)诏:"田荒不耕,游食者众。有司其申明科禁,宜于今者,宣下郡国。"①

西晋王朝同样厉行"重农抑商":"申戒国计吏守相令长,务尽地利,禁浪食商贩。"②并且对商人公开进行人身侮辱:"侩卖者,皆当着巾,白贴额,题所侩卖者及姓名,一足着白履,一足着黑履。"③

南朝各代也是如此,甚至有人为了打击商品经济,压抑商人,提出了以谷帛取代金钱作为货币的主张。首先,这种主张认为货币并非国家财富之本④:"钱虽盈尺,既不疗饥于尧年;贝或如轮,信无救渴于汤世。其蠹病亦深矣。固宜一罢钱货,专用谷帛,使民知役生之路,非此莫由。"⑤其次,认为通过以谷帛取代货币,可以最大限度地打压商业:"夫千匹为货,事难于怀璧;万斛为市,未易于越乡。斯可使末伎自禁,游食知反。"⑥

北方各朝同样推行歧视商人的政策:"非命士以上,不得乘车马于都百里之内,金银锦绣,工商、皂隶、妇女不得服之,犯者弃市。"⑦

在唐宋大一统王朝统治时期,工商业获得了空前发展,但众所周知,儒家思想仍是唐宋时期的正统意识形态,特别是在南宋时期,理学的兴起使儒学真正走进了民间,成为人们日常生活中自觉遵守的行为准则。因此在这段时期不可能发生针对"重义轻利""重农抑商"的真正意义上的思想革命。就抑商而言,国家政策更多的只是与前朝相比,在宽与禁之间出现了一定程度的摇摆,但政府从未奉行过奖励工商,甚至开拓海外贸易的政策。

明清时期,工商业愈见繁荣,即开始出现所谓的"资本主义萌芽"现象。但在具体的国家政策层面,明清两代可以说是忠实贯彻"重农抑商"思想的典型。明太祖朱元璋开国伊始,就厉行重本抑末政策,在他的诏书中有:"若有

---

① 《后汉书》卷2《明帝纪》。
② 《晋书》卷3《武帝纪》。
③ 《太平御览》卷828。
④ 这种观点实际是对西汉时期晁错在《论贵粟疏》中主张的"是故明君贵五谷而贱金玉"的一种继承和发展。《晁错集注释》,第35页。
⑤ 《宋书》卷82《周朗传》。
⑥ 《宋书》卷56《孔琳之传》。
⑦ 《晋书》卷113《符坚载记》。

不务耕种,专事末作者,是为游民,则逮捕之。"①洪武十四年(1381年)还规定:"农民之家许穿绸纱绢布,商贾之家止穿绢布。如农民家但有一人为商贾,亦不许穿绸纱。"②从而继续在商人的穿衣打扮上做文章,实行人身歧视政策,希望以此来使商人弃商归本。到了清朝,"重农抑商"思想和政策未有丝毫动摇,如雍正五年(1727年)的上谕中说:"朕观四民之业,士之外,农为最贵。凡士工商贾,皆赖食于农。以故农为天下本务,而工贾皆其末也。今若于器用服玩,争尚华巧,必将多用工匠。市肆中多一工作之人,则田亩中少一耕稼之人。"③乾隆皇帝也讲得很明确:"朕欲驱天下之民,使皆尽力南亩……将使逐末者渐少,奢靡者知戒,蓄积者知劝。"④

在具体政策上,尽管14世纪后中国的工商业出现了更为繁荣的景象,但明清两朝都实行重征商税的抑末措施。明宣德年间,长江和运河就设立钞关三十二处。清代也设户部二十四关,工部五关,税额也经常任意增长,横征暴敛,使工商业遭到严重摧残。如明神宗时期,在河西务关则称:"税使征敛,以致商少,如先年布店计一百六十余名,今止三十余家矣。"⑤清代为了限制海外贸易,规定沿海渔船只许用单桅(福建除外),梁头不得超过一丈,舵工水手不得超过二十。明清两代都不准违禁私自出海贸易。

(三)"重农抑商"思想在对外关系方面的影响

外交是内政的延伸。历代中央王朝在重抑商思想指导下奉行的治国方略,必然在对外政策中体现出来,从而为东亚朝贡体系长期得以维持奠定了基础。

1. "重农"观念的影响

在大一统中央集权制王朝建立以前,原以华北地区为主体的华夏文明就开始逐步向周边扩展,形成了东南部以海洋为界,西北部延至长城一线的文明中心区域,即所谓"天生四夷,皆在先王封域之外,故东距沧海,西隔流沙,北横大漠,南阻五岭,此天所以限夷狄而隔中外也"⑥。这一地理界线虽在不同朝代几经扩张和收缩(主要是在西、北方向),但文明中心区主体范围基本稳定。这片区域的确定有其自然地理方面的原因,如海洋、山脉、戈壁、荒原往往成为天然的分隔线,但更重要的则是经济地理原因:中心区以农业为主体的经济模式在边缘地带也已接近它向外推进的极点。

---

① 《明太祖实录》卷208。
② 胡侍:《真珠船》卷2。
③ 《清世宗宪皇帝实录》卷57。
④ 《临澧史志》卷30《督抚、劝课农桑》。
⑤ 《明神宗实录》卷376。
⑥ 《唐会要》卷73《安西督护府》。

具体到东亚朝贡体系而言,大一统中央王朝直接统治区域之外均是些半岛、群岛地区。这些地区的经济虽然也以农业为基础,但耕作条件较差,生产效率低,甚至广泛流行着"刀耕火种"的轮换耕作制。这是一种适应地广人稀、耕作技术较为落后的山林地区的农业制度,常见于中南半岛内陆及海岛丛林地区的民族之中。只有在相对较小的平原及三角洲一带,才形成了固定的灌溉农业区,并以此为基础,在历史上不同时期相继崛起了几个文明古国,如柬埔寨的吴哥帝国、缅甸诸统一王朝以及暹罗的阿瑜陀耶王朝等。① 总体而言,这些半岛、海岛地区的农业生产条件较为不利,不能对具有重农观念、将农业视为国家财富唯一来源的历代中央王朝产生持久的吸引力。

这一点在明太祖朱元璋留给后世子孙的告诫中可以清晰地看出来:在列出了主要包括在东亚朝贡体系内的 15 个"不征之国"之前,他道明了执行这种政策的原因:"四方诸夷皆限山隔海,僻在一隅,得其地不足以供给,得其民不足以使令。……吾恐后世子孙倚中国富强,贪一时战功,无故兴兵,致伤人命,切记不可。……今将不征诸夷国名,开列于后……"② 也就是说,不对这些国家用兵,除了它们在安全上不会给中国造成威胁外,重要的原因是"得其地不足供给",这些地区在农业生产上不具有较大的价值,甚至连自给自足都做不到。这种现象在清朝政府消灭郑氏集团后对待台湾的政策辩论中也可以看出来。康熙二十二年(1684 年)施琅平定台湾后,清政府内部对台湾的或弃或留产生了激烈的争论。不少人认为只要将郑氏家族和部属迁回大陆,就没有必要再据守台湾,其理由就是"弃之不可惜"。放弃台湾的意见一度占了上风,甚至康熙皇帝本人也认为:"台湾仅弹丸之地,得之无所加,失之无所损。"③ 后来只是在施琅等人的恳切陈词下,康熙皇帝才出于海防安全考虑,决定设置隶属于福建省的台湾府。

由此可见,由"重农"观念所建构的国家利益认知使大一统王朝统治者甚至连靠近大陆、攻取到手的台湾都考虑放弃,更遑论去夺取农业生产条件同样不利的海外领土了。因此向东亚朝贡体系内的朝鲜半岛、中南半岛扩张,甚至吞并海外日本列岛、东南亚国家的领土并不符合由重农观念所建构的国家利益。

2."抑商"观念的影响

在国内尚且要将商业活动的范围抑制在"通郁滞"的最低程度之内的情况下,由政府倡导,大规模拓展海外贸易,甚至为了确保商业特权动用武力对

---

① 梁志明主编:《殖民主义史·东南亚卷》,第 40—41 页。
② 《皇明祖训·祖训首章》。
③ 《康熙起居注·康熙二十二年十月十一日条》。

外侵略扩张,在逻辑上则是更不可能的了。事实上,鉴于历代王朝统治者普遍认为,商业的发展不仅有违重义轻利的原则,商贾周流有可能紊乱王朝统治秩序,而且从根本上不能带来国家利益(以金银为表现形式的商业利润并不是国家财富),因此他们的海外政策行为普遍带有浓厚的非商业色彩,甚至在不同时期实行了海禁政策,严禁民间海外贸易行为。

首先,历代大一统中央王朝在朝贡体系内对外的官方"朝贡—封赏"行为违反最核心的贸易原则——即赢利原则,而是依据儒家"君子喻于义"的观念,表现为"厚往薄来",以展示天朝上国的雍容大度。事实上各朝贡国来华朝贡,所携物品往往分为两类:一类是进献皇帝的礼品,通常为一些珍玩宝物;另一类则是普通的土特产品,俗称"蕃货"。对前者中国皇帝自然要"礼尚往来",厚加赏赐;对后者,除个别王朝(如元代)外,一般也按照"厚往薄来"的原则进行给价收购。这种甘做赔本买卖的行为自然对各朝贡国产生了很大吸引力,"诸番贪中国财帛,且利市易,络绎道途"①,以至于一些中央王朝不胜其累,不得不通过规定贡期等方式加以限制。所以尽管历史上一直存在这种所谓的"朝贡贸易"现象,但它绝不意味着王朝政府旨在通过这种官方商业行为谋取经济利益,当然也就不可能为了追求这种经济利益而推行对外强制性政策了。

其次,除了实行"厚往薄来"、具有礼品交换性质的官方朝贡贸易之外,历代王朝均没有推动民间开展海外贸易的政策,甚至东南沿海一有风吹草动,即行海禁。

汉代以前,由于海外贸易数量甚少,王朝政府自然没有什么明确的民间海外贸易政策。唐、宋时期,中外之间出现了较大规模的贸易行为,其中广州成为最重要的海外贸易港,海外客商纷纷前来。从有关材料来看,官方对外国商人并没有采取严格限制的态度,但绝不鼓励中国人私自出海贸易,而且在传统"重农抑商"思想的影响下,这种对民间海外贸易行为的容忍并没有持续下去。

明朝在国内抑商政策重新收紧的同时,对民间海外经商行为也开始严加限制。据《明实录》记载,明洪武四年(1371年)十二月,朱元璋颁布诏令:"禁濒海民不得私出海。"②此后这类政策被不断重申,例如,洪武十四年(1381年)十月:"申禁海外互市。"③在中国帝制王朝时期,开国皇帝所确立的制度、政令往往被作为"祖制"而为后世所遵行。对于明朝来说,朱元璋严禁海外贸

---

① 《明宪宗实录》卷63。
② 《明太祖实录》卷70。
③ 《明太祖实录》卷252。

易的政策就成了终明一代的既定国策。例如,明成祖在夺取皇位的当年(1402年),就在颁布的谕旨中重申:"缘海军民人等,近年以来,往往私自下番,交通外国,今后不许。所司一遵洪武事例禁治。"[1]明宣宗于宣德八年(1443年)也曾颁诏,强调:"私通外夷,已有禁例。"[2]此后,历代明朝皇帝在位期间几乎都不曾忘记重申太祖所制定的禁止民间海外贸易的祖制。即使在部分开放海禁之时——如明穆宗隆庆元年(1567年)之后的一段时期——也是为了"于通之之中,寓禁之之法"[3]。

清代对民间海外贸易行为的政策几乎是明朝的翻版。顺治十二年(1656年),清廷谕令沿海各省:"严禁商民船只私自出海。"[4]顺治十五年(1659年),清政府甚至下达了迁海令,强迫沿海居民内迁三十至五十里,不准商船渔船片帆出海。康熙十一年(1672年)题准:"凡官员兵民私自出海贸易,……孥拿问罪。"[5]在平定东南后,康熙二十三年(1684年)清政府开放海禁。但之后不久,看到沿海贸易商船纷纷出海,每年多至千余,清政府再度颁布了贸易禁令:"禁止商船往南洋、吕宋、噶喇吧等处贸易,……其卖船与外国及留在外国者,立法究治。"[6]雍正五年(1727年)清政府尽管解除了南洋贸易禁令,但此后对于大陆商人出海贸易,并不鼓励,而是实行种种限制甚至扼杀政策,如严格限制出海的船数和人数,严禁大陆商人在国外造船带回,禁止大陆居民私自出洋和久居外国等。乾隆十二年(1747年)还下令:"福建省舟古仔头,桅高蓬大,利于走风,未便任其制造,以致偷漏;永行禁止,以禁海防。"[7]这些禁令和限制措施,严重阻碍了海外贸易的发展,致使许多商人因慑于禁令,而不敢出海经商(郭宇立、王青,2008,第28页)。

现代研究明清海禁的学者均强调海疆不靖、盗匪滋扰,以致统治者担心沿海人民会勾结这些势力来向他的统治挑战,是当时实行海禁的主要原因——明初张士诚、方国珍余部活动海上,继续与朱明王朝为敌;清初郑氏集团在东南海上坚持反清复明(晁中辰,第1页;陈尚胜,1997,第29页)——并举出唐宋时期无海禁,就是因为当时海外并不存在这些外部威胁因素。但这些学者忽略了一个重要现象,那就是从更广阔的国际比较视野来看,古今中外很多国家都曾遇到来自海外的军事威胁,并且远比明清所面临的形势要严

---

[1] 《明太宗实录》卷10。
[2] 《明宣宗实录》卷103。
[3] 晁中辰:《明代海禁与海外贸易》,第206页。
[4] 《清世祖实录》卷102。
[5] 《光绪大清会典事例》卷120。
[6] 《皇朝文献通考》卷33。
[7] 《厦门志》卷5。

峻得多。但绝少见到一个国家像明清王朝那样长期实行海禁政策,"片板不许下海",严禁民间商业往来,特别是己方人民出海经商行为。而且即使在海氛已靖之后——如明代后期及清朝雍正、乾隆年间——明清两朝依然对民间海外贸易行为多加限制,这就更不能仅从安全角度进行解释了。事实上之所以出现这种在今天看来的不可思议的现象,前述的安全考虑只是一个直接诱因,背后的深层原因在于:明清王朝统治者根本不认为这种政策会对自己有什么损失。因为民间出海经商,本就属于该抑的末道。在他们看来,这样做实际上是一举两得:通过海禁,既可以防止民间交通海匪、暗通线索,或者与之贸易、资以粮物,又可以抑制商业发展,促使海商返本归农,从而真正增进国家间的经济利益。"海禁"对于历代中央王朝在朝贡体系内的和平主义对外政策的意义在于:一个对民间海外商业活动进行这样自我限制的国家,自然不可能为了拓展这种活动而向外扩张,这同样包括对东亚朝贡体系内的朝鲜半岛、中南半岛扩张,甚至吞并海外日本列岛,因为它显然并不符合由"抑商"观念所建构的国家利益。

# 第六章　联盟战略以及中国的选择

回顾近五百年来西方大国的发展史,从 15—17 世纪的葡萄牙、西班牙到后来的荷兰、法国,再到 18 世纪的英国乃至 20 世纪的美国,各大国在其崛起初期、中期均在全球范围内确定了"海外密切合作区域",对本国发展进行"滋养",这是它们国力迅速壮大和国势崛起的重要历史条件。与西方国家不同的是,过去 30 年中国的高速发展主要依靠国内要素支持,是在人口红利条件下的自我"滋养"。但长远来看,中国人口红利将在未来一段时间内转为人口负债,资源与生态都损耗过大,这种"滋养"方式将难以为继。因此,寻找并建立中国自己的"海外密切合作区域",将成为中国经济对外战略的首要任务。

"海外密切合作区域"的实质,就是以中国为中心的国际经济合作体系当中的"一元化区域"。它们在本质上体现了中国与亚非拉国家发展的内在一致性,是相互滋养的平台,是发展中国家深化务实合作的有效途径,与帝国主义殖民地和领地性质完全不同。确立"海外密切合作区域"应注意以下要点:在政治上坚持去殖民化的原则;从中国与亚非拉国家发展的内在一致性出发,设计中国参与这些国家重建与发展的方式;创新经济合作模式,以政治影响力确保经济合作成功;增强与政治不稳定国家保持长期"一元化"关系的外交能力;在"一元化"条件下,向发达国家特别是美国实行"商业开放"政策,以减少国际阻力。

而在国际关系中,联盟堪称国家间建立密切合作关系的经典战略。自古以来,国家之间的联盟与反联盟斗争几乎遍及世界各个角落。联盟的诞生、演化与解体往往主导了当时的国际格局,决定了大国的兴衰甚至国家的存亡。联盟一般被认为是"国家感到有共同的敌人或者共同的安全问题而进行的正式合作,这种合作一般是在特定的有限的时期以内"(拉西特、斯塔尔,2001,第 83 页)。

合作的核心内涵就是对特定国家采取共同军事行动的承诺,而不论这些国家是否已被明确承认。国家间联盟的存在根植于国际社会的本质特征:自助,即国际体系是一种无政府状态,没有任何最高权力为国家安全提供保证。在这样一种本质上奉行"丛林原则"的环境中,一旦国家间敌对关系升级,国家生存环境恶化,任何国家若想生存下去,或减轻威胁、防范对手,除了壮大自身的军事实力,选择加入联盟、构筑均势几乎是一种必然。可以说均势诱发了联盟的产生、伴随着联盟的进程。联盟并不能完全避免战争,均势或均势认知的倾斜恰恰诱发了战争,战争的结局往往仅仅意味着新一轮联盟的重新组合。当然,在生存压力较小的环境中,一些国家为了扩大自身权利、促进共同利益、展示彼此认同,往往也会选择以结盟的形式确立国家间关系。

## 第一节 联盟战略的基本内涵

纵观历史上的众多联盟,无论是否以公开、正式的条约形式得以确定,基本核心要件主要包括以下几项:

第一,联盟成员国家安全、核心利益的承诺。联盟国家之间往往要明确规定当成员国的国家安全、核心利益受到侵犯时,其他成员应履行军事援助义务,这是任何一种联盟的基本原则和主要特征。正如美国国际关系理论家罗伯特·奥斯古德所指出的:联盟是"一个潜在的战争共同体"(奥尔森、麦克莱伦、桑德曼,1987,第303页)。但现实中这种援助有时并非是相互的,例如在新日美安保条约中规定:在日本遭受攻击的场合,美国负有保护日本的义务;而当美国遭受攻击时,日本并不需要承担援助美国的义务。这种同盟一般被称为"片务性同盟"(李广民,1997,第36页)。在这类同盟中,承担援助义务的国家往往着眼于国际体系的稳定、获得对被保护国的控制等其他利益。

第二,援助程序的设定。一旦发生涉及成员国国家安全、核心利益的应援事件,联盟通常会按照以下两种类型的事先约定方式启动援助进程。一是"触发"型:一旦应援事由出现,同盟国便立即自动履行援助义务。这种类型的联盟具有强烈的威慑含义,往往缔结于国际战争形势一触即发的状态下。二是"协商"型:应援事由出现后,结盟国经过协商然后采取行动。这种类型的联盟往往出现在敌对氛围较弱、战争紧迫程度较低的环境,成员国需要判断应援事件的性质,避免误判造成事件的恶性螺旋升级。

第三,联盟的时效、范围规定。绝大多数正式联盟都有时效的规定,即规定了联盟的有效年限及联盟解散的程序。如《中苏友好同盟互助条约》于1950年4月11日起生效,条约规定其有效期为30年。事实上,国际政治形势是随时间不断演化变动的。一般说来,联盟共同目标的达成或消失,将促成其寿终正寝,或名存实亡。同样是《中苏友好同盟互助条约》,实际上早在中苏20世纪60年代交恶后,就已失效。1971年美国总统尼克松访华后,中美联盟抗苏的"一条线"战略已经悄然形成,尽管并未以任何联盟条约的形式公开确认。因此,旧联盟的解体、新联盟的诞生是国际社会局势演化、各种力量纵横捭阖的必然过程。

此外,有些联盟还规定了应援事项的适用范围,这常见于"片务型"联盟之中。如日美同盟最初适应的地理范围是日本本土,目前已扩展到"日本周边地区"(杨扬,2009,第13、14页)。

## 第二节 联盟战略的主要类型

国家间建立军事互助同盟是联盟战略的基本特征,但考察在不同历史时期的各类联盟,就会发现其鲜明的个性特征,这不仅极大地丰富了联盟战略的历史内涵,而且反映了在每个联盟背后,一个国家所处的不同客观形势、审时度势的主观决断、自身独特的文化个性及国际社会发展的时代背景。

### 一、古代常规型联盟战略

(一)国外的常规联盟模式

检视一部国际关系史,联盟对抗战略几乎像时间一样古老。早在古希腊时期,历史学家修昔底德就在他的《伯罗奔尼撒战争史》中详细记述了一场以雅典为首的提洛同盟与以斯巴达为首的伯罗奔尼撒联盟之间为争夺希腊霸权进行的战争。从伯罗奔尼撒战争中各国的联盟行为中,可以解读到该项战略的常规模式:

1. 国家利益直接对撞、国家生存环境显著恶化

作为古希腊世界的两大强国,雅典的政治结构是一个民主社会(当时的民主与今天的民主不一样),而斯巴达则奉行寡头政治。希波战争后,雅典正处于其文化的顶峰,凭借以自身为核心的提洛同盟积极支持希腊各城邦的民主派,旨在获取希腊世界的绝对霸主权力。而斯巴达面对雅典的强势,则联合其他城邦与之对抗,并鼎力支持与雅典结盟的希腊各城邦的贵族集团和寡头政治集团。双方均不承认对方政治秩序的合法性,典型表现即是斯巴达在战争胜利后,立刻在雅典推翻了其原有的民主政治,引入了寡头政治。

2. 相关国家加入不同联盟

公元前478年,雅典联合小亚细亚和爱琴海诸岛的希腊城邦组建提洛同盟,后来成员增至约200个城邦;公元前6世纪中叶起,斯巴达陆续与埃利斯、西居昂、科林斯、迈加拉等城邦订立双边军事同盟条约。两大集团的对抗局面主导了当时希腊世界的国际秩序。

3. 联盟成员彼此提供军事援助

公元前431年年初,分属两大集团的底比斯人同普拉提亚人爆发争端,斯巴达和雅典分率各自盟邦军事介入,战争正式展开,并一直持续到公元前421年。当时几乎所有希腊的城邦都以加入两大联盟的形式参加了这场战争,战场席卷了当时整个希腊世界。在现代研究中也有人称这场战争为"古代世界大战"。

(二) 中国的常规联盟

中国古代战国时期诸国推行的"合纵连横"战略堪称"不稳定联盟"的典型,从而凸显了联盟战略中"邦无定交"的战略属性。当中国历史进入战国时期,齐、楚、燕、韩、赵、魏、秦七雄并立,"诸侯力政,强凌弱,众暴寡,兵革不休"①。当时各国发动战争的目的已满足于控制小国,实现"霸业",而是"兼国有地",战争的胜负关系到国家的生死存亡。

直到战国晚期之前,七雄中尚没有一个诸侯国能够在激烈的兼并战争中占据绝对的优势。因此,为了联络与国、共同对敌,各国诸侯都毫无例外地非常重视"择交",即结盟(周鹏飞,1984,第59页)。所谓"择交而得则民安,择交不得则民终身不得安"②。在"择交"的过程中,强国为了扩充势力,常常拉拢弱国;而弱国为了求得生存,也往往依附强国;有时,强国或弱国之间为了彼此的共同利益,也可能暂时携起手来,实行某种程度的联合。于是,在此基础上,便形成了相互对立的军事集团。但由于各国所处的地位与利害关系并不一致,所以集团的成员时常更替,"择交"的对象也不断变动,呈现出时离时合、朝秦暮楚的特殊景象。这种频繁变化的联盟外交与一定的军事行动相结合,就产生了错综复杂的"合纵连横"战略,"从(即纵)者,合众弱以攻一强也;而衡(即横)者,事一强以攻众弱也"③。

在战国时期183年的历史中,大规模的合纵连横就发生了六次。

第一次:公元前323年,秦国用张仪的连横之策,与齐、楚结盟攻魏,魏国于同年采纳公孙衍的合纵之谋,发起魏、韩、赵、燕、中山"五国相王"④,但收效甚微,最终于公元前317年战败。

第二次:公元前314年,秦国先后击败了魏国、韩国,并迫使两国与之实行连横。公元前312年,楚、齐、宋三国实行合纵,向秦、韩、魏发动了进攻。战争结局为秦击败楚齐两大强国,楚国从此败落。

---

① 《过秦论》。
② 《史记·楚世家》。
③ 《韩非子·五蠹》。
④ 《史记·秦本纪》。

第三次：公元前303年，"齐、韩、魏为楚负其从亲而合于秦，三国共伐楚"①。当时秦、楚实行连横，齐相孟尝君田文筹划齐、韩、魏三国合纵。公元前301年，三国联军胜楚军于垂沙，秦慑于三国声威，未敢出兵相救。

第四次：公元前288年，秦使魏冉致帝号于齐，"两帝立，约伐赵"②。此阶段属秦国与齐连横，共谋伐赵。而赵国由奉阳君李兑于前287年实施了齐、燕、赵、韩、魏五国合纵攻秦，破坏了齐、秦的连横。公元前286年，齐国灭宋国，引起各国的普遍反对，秦国便一改其与齐国连横而为与燕、赵、韩、魏合纵攻齐。这一阶段为以秦国为首的合纵运动。公元前284年，"诸侯害齐湣王之骄暴，皆争合从与燕伐齐"③，齐军大败，齐湣王身死，齐国从此一蹶不振。

第五次：公元前247年，魏信陵君无忌联合魏、赵、韩、楚、燕攻秦，击败秦将蒙骜于河外。④

第六次：公元前241年，赵将庞煖率魏、赵、韩、楚、燕五国之师，合纵攻秦至蕞地。⑤ 而秦国在战国晚期则一直坚持范雎"远交而近攻"的连横战略，对各国的合纵实行分化瓦解，各个击破，并最终一统华夏。

以上几乎令人眼花缭乱的合纵连横组合，尽显联盟战略的权变特质，而唯一不变的是在严酷环境中国家求生图存的本能。事实上，结盟对抗，构筑均势，几乎是弱国面对强敌时唯一的生存之道。

## 二、近代大国的联盟战略

### （一）英国的"光荣独立"政策

一般认为，在19世纪下半叶，英国对欧洲大陆奉行的对外政策是"光荣孤立"（Splendid Isolation）政策。其具体内容体现在1896年英国首相索尔兹伯里在伦敦市长宴会上的致辞中："英国应不参加固定的同盟和集团，保持行动自由，便于操纵欧洲均势。"（辞海编辑委员会，1984，第142页）然而仔细考察英国外交史就可以发现，其"光荣孤立"政策实际上肇始于欧洲现代国际体系形成时期，终结于二战之前，历时长达近三百年。

这种政策的精髓就在于：英国不会与欧洲大陆上任何一个国家或国家集团永久结盟，它的目标就是防止欧洲大陆上出现霸权国家，危及自身的安全；

---

① 《史记·楚世家》。
② 《帛书·二十一》。
③ 《史记·乐毅列传》。
④ 《史记·秦本纪》。
⑤ 《史记·赵世家》。

因此总是在欧洲大陆上相互对立的联盟间选择加入弱者一方以维持均势局面。此间,英国三次重大对外结盟活动都清楚地表明了这一点:"三十年战争"(1618—1648年)结束后,法国成为最大的受益者,西班牙哈布斯堡王朝受到极大削弱。此时以"太阳王"自居的法国国王路易十四开始极力追求欧洲霸权,法西战争等一系列战争的结果表明,欧洲均势的天平正在迅速倾斜。此时英国选择加入安戈斯堡同盟(the League of Augsburg),全力抗法。双方之间最终爆发了"九年战争",战争以法国失败告终,欧洲均势得以恢复。

1799年拿破仑上台后,法国即开始发动大规模对外军事扩张,欧洲均势岌岌可危。此时英国再度选择加入反法同盟。滑铁卢一役,拿破仑建立欧洲帝国的野心归于破灭。1815年维也纳会议后,欧洲的战略格局又趋于均衡。

19世纪末20世纪初,德意志帝国迅速兴起。作为一个工业勃兴、陆海军力量强盛且国家主义意气正浓的强国,德国在威廉二世的统治下逐渐展示出称霸欧洲的企图。到1906年,英国已确定德国为主要敌人,并在外交和军事上准备对抗它"拿破仑"式的威胁。这次英国选择与法俄结盟,对抗以德国为首的同盟国集团。一战后,德国称霸欧洲的野心最终被遏制。

通过以上具体政策过程可以看出,英国的"光荣孤立"政策虽有"孤立"之名,但丝毫不带有与世隔绝的意味;相反,是一种在政治上、外交上积极介入欧洲事务的政策。英国作为一个岛国与欧洲大陆分隔的地缘因素、西方政治文化中的权力制衡思想以及关于国际政治的现实主义观念——没有永恒的敌人,也没有永恒的朋友,只有永恒的利益——使英国人相信,只有通过权力制衡、维护欧洲均势才能确保自身的安全。而英国的政策并不考虑企图称霸欧洲的究竟是哪一个国家——无论是法国还是德国,只要这样的国家一出现,英国就选择加入它的反对者同盟。这样,英国就凭借其强大的力量,在欧洲大国的纵横捭阖中自觉地充当起"均势平衡者"[①]的角色。就其效果而言,"光荣孤立"政策确实使英国在三百年间成功地避免了任何一个国家称霸欧洲的企图,有效地维护了自身的安全。二战后,世界格局发生了根本性的变化,包括英国在内的欧洲诸国退出了国际政治舞台的中心位置,旨在操纵均势的"光荣孤立"政策也就此走进了历史。[②]

(二)日本的"事大"外交传统

19世纪后期,东方另一个岛国迅速崛起,迈入世界强国之林,这就是明

---

① 关于"均势平衡者"的概念,由汉斯·摩根索最先提出,并在其《国际间政治——权力与和平》一书做出了具体论述。可参见摩根索(2006,第231—234页)。
② 本部分根据作者于2008年发表的论文《孤立主义的三种历史类型及其启示》改写。参见郭宇立、王青(2008,第29页)。

治维新后的日本。在国际战略上,联盟外交主导了20世纪日本对外关系进程。

1. 日英同盟(1902—1922年)

日本在甲午战争中击败中国,正式在国际舞台登场亮相,并力行"脱亚入欧"战略,并具体将其转变成了外交上与强势力量的结盟战略,选择与世界最强国英国结盟,战略目标直指近邻俄国。此前的19世纪的国际体系可称为标准的英国治下的和平。尽管从20世纪初开始,美国逐渐崛起,并在经济实力上令许多欧洲强国相形见绌,但美国的经济力量转化为政治、军事力量以及美国新角色的定位等还需要时间。(张景全,2004,第63页)因此在国际舞台上,英国直至20世纪前期,都是当之无愧的全球霸主。这正是日本选择与其结盟的重要原因。而当时英国为了加强在远东的地位,力图假日本之手遏制俄国在远东的扩张,于是双方经过反复权衡,终于在1902年1月30日正式缔结了同盟条约。日英签约不久,日本就开始在远东向俄国发起挑战。这场在中国土地上进行的日俄战争最终以日本的胜利而告终。保罗·肯尼迪指出:"甚至遥远的英日联盟也会对欧洲国家体系产生影响,因为当日本在1904年决定就朝鲜和满洲问题向俄国挑战时,英日联盟使得任何第三国都不能介入。"(肯尼迪,1992,第314页)此后,日本追随英国加入第一次世界大战,作为战胜国,进一步巩固了其世界强国的地位。

2. 日德同盟(1940—1945年)

一战结束后英国霸权的衰落已是不争的事实,而在20世纪30年代,在希特勒的铁腕统治下,德国的经济快速复苏,而且在若干重要国力、军力指标上赶超了英国,并在随即启动的第二次世界大战前期占据明显优势。作为同样怀有全球战略野心的挑战者,日本审时度势,于1940年与德国、意大利签订"三国同盟条约",妄图共同瓜分世界。二战最终以三国投降告终,日本的此次结盟战略归于彻底的失败。

3. 日美同盟(1952年至今)

二战战败后日本被美军占领,美国也无可争议地确立了全球头号大国的地位。此时的日本再次展现出战略灵活性,于1952年签订《日美安全保障条约》,加入以美国为首的盟国体系,对抗苏联领导的社会主义国家集团。其间日本经历了战后的经济崛起、1991年苏联解体后敌对阵营的崩溃,但日美联盟几经调整,依然存在,只不过已悄然将战略矛头指向因中国崛起带来的战略威胁。考察日本的联盟外交,可以发现以下几点特征:

首先,同样作为孤悬海外的岛国,与英国长达300年内一直奉行"光荣孤立"政策、与欧洲大陆弱国结盟制衡强者不同,日本的结盟外交鲜明地体现出

"事大"特征,即专与当时世界上的最强权势者缔结盟约,而且无论作为既有国际体系的挑战者还是维护者,它扮演的这一角色从未改变。正如日本自己总结其外交政策时所说的那样:"运用结盟政策有两个'秘密',其一是不加入'弱者同盟',而加入'强者同盟,与强者为伍',19世纪末20世初,英国是世界头号强国,日本缔结日英同盟便与此有关。"(日本自民党政策丛书,1978)

其次,日本的联盟外交具有"远交近攻"的战略特征,即其结盟对象均是在地缘政治上相距较远的世界强国,日本与邻近国家则长期保持紧张甚至敌对的状态的关系。在国际关系中,"远交近攻"往往会被理解为一种旨在打破现状的进攻性战略,因此,对周边地区谋求战略优势、战略扩张始终是日本结盟的根本动机。

最后,日本的联盟外交证明,构筑均势绝非现实中制约所有国家外交行为的永恒法则,尽管它确实在大多数联盟中出现。按照均势法则,今天日本结盟的对象便不是美国,而应当是中国。这表明,国家间的联盟、对抗组合不是如"撞球"游戏那般简单刻板,一个国家的文化背景在其联盟战略中经常打下鲜明的烙印。事实上,早在伯罗奔尼撒战争中,对政治秩序的不同理解就构筑了相互对立的两大联盟。就日本而言,其文化中固有的强者依赖心理、根深蒂固的集团主义精神以及强烈的自我约束心态——不会因联盟制约了自己的行动自由而感到不适——都对其联盟战略的选择产生了潜在影响。而自身孤悬海外、资源匮乏,历史上长期游离于以中国为中心的朝贡体系,也使日本人很难真正理解"均势"的含义。相反,依托强权向周边扩张,改变自身生存环境的愿望更加迫切。

(三)以美国为主的"认知联盟"体系

1991年,持续半个世纪之久的美苏冷战以苏联解体而正式宣告结束,以美国为首的"西方民主国家"联盟取得胜利。按照传统联盟理论,为特定目标而形成的联盟会随着这一目标的实现而宣告解散,因为支撑联盟存在的共同安全威胁已然消失。但冷战后的现实却是,以美国为主导的联盟体系不但没有解体,反而凸显了扩张性和职能强化的一面。

1994年1月北大西洋公约组织(简称"北约")决定向前华沙条约组织(简称"华约")成员国扩大。1999年3月,波兰、捷克和匈牙利加入北约,完成了北约在冷战结束后的第一次扩大。同年4月,北约华盛顿首脑会议制订了"加入行动计划",决定继续吸收中东欧国家加入该军事集团。2009年4月1日阿尔巴尼亚和克罗地亚正式加入北约,从而使该组织成员国总数升至28个。

除北约东扩之外,以日美联盟、韩美联盟等为核心的亚太联盟体系也在职能、组织程度和合作范围方面普遍得到加强。一些已近解体的联盟又开始加强合作,比如近期趋于活跃的美菲军事合作等。

对这一"例外"现象的理解促成了"认知联盟"理论的产生。对这一理论比较全面的阐释最早见于2001年泰德·霍普的《冷战后的联盟——单极的幻象》一文,并首次提出了"认知联盟"理论的概念和主要观点。该理论认为目前遍布全球的民主国家联盟体系更多地不是因威胁的驱动而得以维系,而是在社会、经济、文化一致性或兼容性的基础上的利益共同体,对利益联系性和共同性的充分认同使这一联盟体系自发地融合和壮大。它不仅摆脱了传统联盟的约束,而且使传统联盟在原有威胁消失后能继续长期地存在。联盟已由传统联盟实现了向认知联盟的转化。认知联盟针对的是事,而不是某一特定国家。认知形成一致后,就可以通过持续的互动和实践生存并扩展下去,即使原有的某些一致消失,认知联盟机制具有的再造能力也会使其再度凝成一体(Rubin and Keaney,2001)。

该理论强调当前以美国为首的"认知联盟"建立在集体身份认知——民主国家——的基础上。一旦集体身份形成,联盟成员就会把对方的得失作为自己的得失,从而能够体现出联盟共同的认识和共同利益,而不是单一国家的期望。集体利益意味着行为体把群体的利益作为共同目标,从而遵循"集体行动的逻辑",帮助行为体克服或减少利己性的动机。共同利益并不意味着分歧消失,但认知联盟与传统联盟相比,能够有效地抑制无政府状态,共同利益具有的相互牵动能力使成员国能够自我约束和彼此约束,从而延长联盟的生命周期,甚至促进其自然生长,吸收新的具有共同身份的成员加入(王帆,2003,第54页)。

应当说,所谓的"认知联盟"存在时间尚短,理论的解释无法代替现实的检验——如果世界各国均建立了西方民主体制,这个单一的"认知联盟"是否仍会存在?另外,国际政治现实也并不完全支持"威胁消失、联盟存续"的论述。事实上,俄罗斯竭力反对北约东扩,美国在东亚的联盟体系明显指向朝鲜、中国都说明,认知联盟仍有可能仅是披着"共同民主国家身份"外衣的传统联盟的现代翻版。事实上,正如上文所述,早在2400多年前的伯罗奔尼撒战争时期,"民主国家"组成的提洛同盟就出现过。

### 三、联盟战略的利弊分析

联盟战略的收益并非是绝对的,对一个国家来说,它犹如一柄"双刃剑",利弊得失取决于国家对该项战略的理解和当时的客观环境,而且只能通过结果进行判定。从这个意义上说,联盟战略是外交艺术中的一项以国家命运为赌注的博弈。

（一）安全困境

从联盟的安全保障方面来看，联盟受到同盟国家的保护，能够增强本国的军事力量。但由于联盟必然有共同针对的敌人，因此也构成了一种挑衅行为，迫使对手提高警惕，加强军力，结成敌对联盟。这样，联盟固然增加了盟友，却也刺激了敌人。随着双方军备竞赛的步步升级，任何一方的安全都无法获得绝对保证，从而陷入一种"安全困境"状态。就此而言，联盟的结局往往是均势，而非任何一方的压倒性胜利，脆弱的"恐怖平衡"往往就已经是最好的结局。

（二）自我限制

联盟虽能强化本国的防卫力量，但同时也限制了自己行动的自由。大国与小国结盟能扩大军事、政治、经济等方面的影响，获得联盟成员的翼助，但也要为整个联盟承担较大份额的责任和义务。小国与大国结盟能得到军事上的保护，经济、政治方面的援助，但却要因此牺牲自己的独立自主性。自古以来，外交的目的无外乎增加朋友，减少敌人，但只要选择结盟政策，就无法鱼与熊掌兼得（李广民，1997，第 34 页）。

（三）无可回避

联盟战略利弊互见，但采取不结盟政策也非万无一失。特别是在充满激烈生存竞争的国际政治环境中，马基雅维利对中立政策的批评不乏洞见，他说："如果你不公开表态，你将来总要成为胜利者的战利品，而使那个战败者因排解了心中的积怨而心情愉快。这时你也提不出任何理由和任何事情来为自己辩护，也无法使任何人庇护你，因为胜利者不需要在处于逆境时不援助自己的可疑的朋友；那个失败者也不会庇护你，因为你过去不愿意拿起武器同他共命运。"（马基雅维里，1985，第 69 页）

## 第三节　中国联盟战略的选择

### 一、中国不结盟战略

你死我活的生存竞争并非是无政府国际社会的常态——只有在这种状态下，结成同盟才是"无可回避"——在其他阶段，国家仍然可以在中立和联盟之间做出自己的选择。国际环境对国家是否选择联盟战略的影响体现在主客观两种因素中，既取决于国际政治的客观现实，在某种情况下也取决于国家对该种现实的解读和理解。20 世纪 80 年代初期，中国逐步退出"一条线"的联美抗苏同盟，就不是基于国际政治的客观现实发生了什么重大变化——当时美苏冷战正酣,而是基于中国对当时国际政治客观现实出现了不同的解读:与此前的认识截然不同,新的领导层认为,世界正在进入和平与发展的时代,"世界大战打不起来",在这种环境下,中国可以推行改革开放政策。

1984年,邓小平曾在接见外宾时指出:"中国的对外政策是独立自主的,是真正的不结盟。中国不打美国牌,也不打苏联牌,中国也不允许别人打中国牌。"(邓小平,1993,第57页)这说明实际上中国在当时主动选择了退出大国间的权力政治游戏,转而奉行旨在为国内经济发展构建和平国际环境的不结盟战略。[①] 这种战略的核心特征类似于美国第三任总统杰斐逊在其第一次就职演说中所解释的美国承袭于以华盛顿为首的建国之父们确立的不结盟外交政策:"与世界各国和平相处、通商往来和友诚相待,但不与任何一国结成同盟。"(李剑鸣,1996,第23页)此后中国不但和苏联实现了关系正常化,而且全面改善了同周边国家之间的关系;与此同时,中国还致力于在经济上全面融入国际社会,深化与外部世界的经济贸易往来。其标志就是在历经15年的艰苦谈判后,中国于2001年正式加入了世界贸易组织(WTO)。

## 二、不结盟战略分析

在和平崛起、和平发展,最终实现中华民族伟大复兴的过程中,中国的对外战略仍可以从美国自建国至二战期间奉行的不结盟对外政策中得到某些借鉴,同时应尽力避免像英国推行"光荣孤立"政策那样,在倡导"多极化"的过程中,为维护大国力量均势,卷入国际权力之争。

首先,当代中国并不面临迫在眉睫的安全威胁,与任何国家结成常规型联盟的必要并不存在;其次,鉴于美国等西方国家仍对中国国内的政治制度怀有意识形态的偏见和敌意,中国难以与其中任何国家结成所谓的"认知同盟"。再次,中国拥有包括核武器在内的强大军事力量,无须依赖他国的安全庇护,而如果从构筑均势的角度,中国即使能够与特定国家、特定区域结成同盟,仍然不足以颠覆当前乃至相当长一段时期内与西方发达国家集团国际力量的对比态势。2011年"金砖五国"的GDP之和占全球GDP的18%,而美国一家就占21.5%。在军事开支方面,美国国防支出比其后十国的总和还要大。

最后也是最为关键的是,今天的中国拥有古老的文明,但实质上是一个

---

[①] 本部分根据作者于2008年发表的论文《孤立主义的三种历史类型及其启示》改写。参见郭宇立、王青(2008,第30页)。

年轻的国家,主权独立只是意味着国家建设的开始。在新中国成立以来效仿苏联建立的中央集权式计划经济体制失败之后,以邓小平为核心的第二代领导集体于1978年十一届三中全会后决定推动渐进式的经济、政治体制改革。但直至今日,中国的改革仍在进行之中,并正在进入攻坚阶段。社会主义市场经济制度、社会主义民主政治体制以及包括社会保障、环境保护等在内的各项基本社会制度仍有待完善。如何将社会主义文化与中国传统文化及人类社会共有的精神文明成果有效整合以形成当代社会的主流文化,更是一个亟待解决的问题。

国家的本质并不在人口、领土、自然资源等物质的堆积,而是文化、制度和心理的凝聚,即政治体制、经济制度和社会文化等制度性因素的融合。而中国几乎在以上每个方面都处于一个生成阶段。因此,今天的中国同18世纪的美国一样,仍是一个年轻的国家。在这样一个"初级"阶段,国内纷繁复杂的矛盾和问题要求中国在相当长的一段时间内必须集中精力加以解决,故而中国需要一个和平稳定的国际环境、需要将主要精力专注于国内事务。

今天的世界是一个相互依赖的世界,经济全球化的浪潮几乎已席卷地球的每一个角落。在这种大的时代背景下,紧闭国门,"躲进小楼成一统",自绝于国际社会,无疑是不可取的;相反,中国需要继续奉行开放政策,并以此推动国内的改革进程。但在政治和外交上,中国却需要与外部世界适当拉开距离,抵制住国际权力政治的诱惑,避免卷入合纵连横的权力政治游戏。其原因在于,从历史上看,积极介入国际政治,甚至搞权力制衡意味着对世界事务的干预,中国曾为此付出过高昂的代价。

从现实角度,今天的中国面临着比美国当初更为有利的国际环境:大国间的战略关系基本缓和,以WTO为代表的国际经贸体制较为健全和完善。在这样一种国际环境下,中国在政治、外交上适度收缩,对国际政治事务采取超然姿态,一方面可以继续保持国内议程的优先位置,可以在经济上继续融入全球化进程;另一方面,同样鉴于美国等西方国家仍对中国国内的政治制度怀有意识形态的偏见和敌意,中国积极介入国际政治事务很容易招致这些国家的警惕甚至抵制,在彼此之间发生摩擦和冲突,并且消耗本可以用来解决国内问题的资源。[1]

总之,如果中国采取审慎务实的孤立主义政策,而非对抗性的联盟战略,则可以缓解国际社会,特别是美国对中国崛起所施加的战略压力,有利于消

---

[1] 本部分根据作者于2008年发表的论文《孤立主义的三种历史类型及其启示》改写。参见郭宇立、王青(2008,第30页)。

除"中国威胁论"的影响。于具体政策方面,中国在倡导以互信、互利、平等和协作为核心的新安全观时,应着重致力于同包括美国、日本、俄罗斯、印度等在内的世界主要国家和周边大国发展军事互信关系,但在有可能朝军事同盟方向发展的军事合作领域持慎重态度。

在政治上,中国要对美国要求中国做负责任的"利益相关者"这一角色保持清醒头脑。实际上美国无意让中国分享它的全球领导力,只不过希望向中国转嫁责任和义务而已。因此,中国可以在经济、环保、人道主义救援等政治领域积极参与、推动国际合作,但对一些敏感的国际政治问题——如伊核、朝核、反恐等问题——不必介入过深,因为那不是我们的核心国家利益之所在。

需要特别指出的是,随着中国国力的日益增强,国内始终有舆论认为中国应当更深地介入国际事务,发挥大国影响力。如2006年芝加哥国际事务委员会和亚洲社会组织所做的一项调查显示,87%的中国人认为中国应该在全世界发挥更大的作用。① 面对这种舆论压力,中国决策者应当拒绝大国光环、国际威望的诱惑,韬光养晦地走内涵式发展的大国之路。美国、日本、德国等国的经历表明:真正的强国地位不是在纵横捭阖的国际斗争中取得的——相反却可能在这种斗争中夭折——而是国内政治、经济、文化持续发展的自然结果。

## 本篇总结

在长达约两千年的历史进程中,东亚区域内的中外朝贡关系构成了一种历史上独具特色的国际体系模式。这一体系能够持续存在的根源在于中国传统文化中的"重农抑商"思想及其所建构的国家利益观:粮食是国家财富本身,农业是国家财富的唯一来源,商业必须加以抑制。这种利益认知使得东亚朝贡体系内那些农业生产条件不利的半岛、群岛国家对中央王朝统治者缺乏吸引力:"得其地不足供给。"②随着全球经济的发展,农业早已不是国家财富的唯一来源,相反新兴产业成为一国经济的重要增长点,建立海外密切经济区符合国家的长远利益,而非延续古代朝贡体系中的故步自封。改革开放以来中国经济的长足进步就是最好的例证。

我们将国际关系中的联盟战略划分为四种基本历史类型:传统的常规型联盟战略、近代英国的"光荣孤立"政策、日本的"事大外交"传统及美国的"认

---

① 美国《时代》杂志封面文章:中国将和平崛起—美国外交—中国美国史研究会—厦门大学—《网络(http://ahrac.com/mgj)》。
② 王青:《中国传统对外关系的两种模式》,清华大学博士论文,2007年10月,第I页。

知联盟体系"。联盟战略是特定历史时期国家间主客观因素交织作用的产物,它的目标是在对抗的格局中构筑均势,在"自助性的"国际体系中提升国家安全保障。改革开放以来,中国实际上奉行的是一种和平开放、融入世界的不结盟战略。当代中国尽管仍然在意识形态方面遭到西方国家的偏见,但并不面临迫在眉睫的外部安全威胁,且无法联合任何国家构筑起新的国际均势。更为重要的是,目前中国仍需集中精力处理内部事务,为此需要拒绝通过联盟战略建立国际权势的诱惑,韬光养晦地走内涵式发展的大国之路。

## 参考文献

[1] Barry Rubin and Thomas Keaney, US Allies in A Changing World, London: FRANK CASS, 2001, pp.29—48.转引自王帆:《认知联盟理论评析》,《欧洲研究》,2003年第1期,第81页。

[2] John King Fairbank and Ssu-yu Teng, "On the Ch'ing's Tributary System", Harvard Journal's Asiatic Studies, June 1941, pp.135—264.

[3] 〔美〕保罗·肯尼迪,《大国的兴衰社》,陈景彪等译,中国经济出版社,1992年第3版,第314页。

[4] 〔美〕布鲁斯·拉西特、哈维·斯塔尔著,《世界政治》,王玉珍译,华夏出版社,2001年第5版,第83页。

[5] 〔法〕布罗代尔:《15至18世纪的物质文明、经济和资本主义》,顾良、施康强译,北京:读书·生活·新知三联书店1992年版。

[6] 晁中辰:《明代海禁与海外贸易》,北京:人民出版社,第1—206页。

[7] 陈尚胜:《怀夷与抑商——明代海洋力量兴衰研究》,济南:山东人民出版社1997年版,第29页。

[8] 辞海编辑委员会:《辞海》(历史分册),上海辞书出版社1984年版,第142页。

[9]《邓小平文选》第3卷,人民出版社1993年版,第57页。

[10] 〔美〕费正清:《中国的世界秩序:一种初步的构想》,陶文钊选编,林海等译,《费正清集》,天津:天津人民出版社1992年版。

[11] 冯承钧:《中国南洋交通史》,北京:商务印书馆1998年版,第6页。

[12] 顾颉刚:《战国秦汉间重农轻商之理论与实践》,《中国社会经济史集刊》,1994年6月。

[13] 何芳川:《"华夷秩序"论》,《北京大学学报》,1998年第6期。

[14] 何芳川:《"华夷秩序"论》,《北京大学学报》,1998年第6期,第30—32页。

[15] 黄枝连:《亚洲的华夏秩序:中国与亚洲国家关系形态论》,北京:中国人民大学出版社2002年版。

[16] 李广民:《国际同盟浅论》,《外国问题研究》,1997年第2期,第36页。

[17] 李剑鸣:《美利坚合众国总统就职演说全集》,天津人民出版社1996年版,第23页。

[18] 李云泉:《朝贡制度史论》,北京:新华出版社,第 14 页。

[19] 梁志明主编:《殖民主义史·东南亚卷》,北京:北京大学出版社,第 40—41 页。

[20] 尼科洛·马基雅维里:《上洛伦佐·梅迪奇殿下书》(《君主论》),潘汉典译,商务印书馆 1985 年版,第 69 页。

[21] 日本自民党政策丛书:《综合安全保障》,1978 年出版。转引自武心波:《"结盟外交":日本国家发展的重要战略资源》,《国际观察》,2002 年第 2 期,第 43 页。

[22]〔美〕威廉·奥尔森、戴维·麦克莱伦、弗雷德·桑德曼编,《国际关系的理论与实践》王沿等译,北京:中国社会科学出版社 1987 年版,第 303 页。

[23] 熊义民:《略论先秦服制与华夷秩序的形成》,《东南亚纵横》,2002 年 3/4 月号,第 121—122 页。

[24] 亚历山大·温特:《国际政治的社会理论》,秦亚青译,上海人民出版社 2002 年版。

[25] 杨军、张乃和主编:《东亚史》,长春:长春出版社 2005 年版,第 263—264 页。

[26] 杨扬:《日美同盟与东亚区域合作》,《国际关系学院学报》,2009 年第 3 期,第 13、14 页。

[27] 余英时:《汉代贸易与扩张·自序》,邬文玲等译,上海古籍出版社 2005 年版,第 5 页。

[28]〔美〕约瑟夫·奈:《理解国际冲突:理论与历史》,张小明译,上海:上海人民出版社 2002 年版,第 15—23 页。

[29] 张存武:《〈清代韩中朝贡关系综考〉评介》,《思与言》,1967 年第 6 期。

[30] 张丽东、潘一禾:《国际组织建设的中国传统思想资源》,王逸舟主编:《磨合中的建构:中国与国际组织的多视角透视》,北京:中国发展出版社 2003 年版,第 296 页。

[31] 张守军:《中国历史上的重抑末思想》,北京:商业出版社 1988 年版。

[32]《竹书纪年》卷上。转引自李云泉:《朝贡制度史论》,北京:新华出版社,第 1 页。

# 第 四 篇

## 亚非拉的发展：中国未来长期稳定发展的前提与基础

**本篇概要**

本篇主要研究在全球竞争体系下，加强与亚非拉广大发展中国家广泛合作的问题，阐述民营企业在发展亚非拉业务中的重要性，提出改善民营企业与国有企业金融地位不对等现象，通过政府和国家金融机构扶持，促进民营企业"走出去"发展亚非拉业务，带动当地社会经济发展，实现中非经济双赢。同时，本篇深入探讨了中国企业对非洲投资中存在的问题，并提出了策略建议。

本篇目的在于了解金融不对等现象、对外投资理论等相关概念，将民营企业发展亚非拉业务的优势、破除国有企业与民营企业金融地位不对等的办法以及对非直接投资的方向研究清楚，进而明了"为什么选择与亚非拉地区大力发展合作""如何对非直接投资"等问题。

**本篇将要讨论的问题：**

- 什么是金融不对等现象？金融不对等的表现有哪些？
- 如何推进民营企业发展亚非拉业务？
- 中非发展基金的投资方式有哪些？
- 中国对非投资的问题是什么？有什么建议？

# 第七章　鼓励民营企业发展亚非拉业务

近年来,我国广泛开展了与亚非拉的合作,而鼓励民营企业"走出去"发展亚非拉业务既是我国宏观经济环境的现实要求,也是民营企业自身成长的要求。但长期以来,我国国有企业和民营企业的金融地位存在不对等的情况,主要表现为民营企业难以在金融市场上获得融资。在此背景下,本章指出了民营企业发展亚非拉业务的必要性,呈现了国有企业和民营企业的金融地位不对等的现状,分析了金融地位的不对等对民营企业发展亚非拉业务产生的负面影响,说明了打破这种金融地位不对等格局的必要性,并就此给出了政策建议。同时,国家开发银行作为政策性银行,在扶持民营企业"走出去"方面有许多成功的案例,通过学习这些案例可以为解决民营企业"走出去"过程中遇到的资金困难提供有益经验。

## 第一节　民营企业发展亚非拉业务的必要性

### 一、参与亚非拉发展的原因

据中国社会科学院统计,中国2010年人均GDP已经达到了4 000美元,这就说明我国已经在某种程度上实现了阶段性跨越。制定成熟、宏大且具有深度的全球发展战略,寻求国际影响力,实现国家的稳定发展应当提上中国的议事日程。这就要求中国不仅要通过自身发展带动周边乃至世界经济的复苏与发展,还应当将"中国案例"提升为"中国模式",为广大发展中国家展示一条不同于"美国模式"的全新而有效的发展道路,从经济和制度两方面提升中国的影响力。同时,中国仍处在社会矛盾凸显期,两极分化较为严重,大部分省份的人均GDP仍处于3 000美元左右,各地群情事件频发。此外,中国的快速发展,一方面威胁美国的国际领先地位。另一方面造成周边国家的心理落差和利益冲突,导致了中国地缘关系的复杂化。面对国内外矛盾,中国既要通过科学发展来解决社会矛盾,又要寻求合作伙伴,获取战略空间。目前普遍认为与亚非拉国家的经济合作,将是中国扩张战略空间的关键。

中国经济的成长彻底改变了亚非拉国家经济发展的贸易环境。战后的非殖民化运动以来，不少亚非拉国家由于殖民时代经济体系崩溃，加上初级产品价格持续低迷，国家政治和社会生态严重恶化，从而陷入长期内乱。进入21世纪后，国际初级产品价格出现长期上升趋势，这些国家的国际贸易条件大为改善，很多国家走出内乱，开始了国家重建与经济发展的进程。相似的起始条件和世界政治地位，使中国与亚非拉国家的经济社会发展具有内在互补性和一致性。主要表现在：一是中国拥有西方国家现已不具备的工业化初期增长和乡村社会重建发展的经验和技术，可以为亚非拉国家提供适用有效的帮助；二是中国对初级产品的旺盛需求保守估计还将持续30年以上，可以为亚非拉国家创造长期发展的外部条件，亚非拉国家通过为中国提供资源和初级产品，逐渐发展成出口导向型国家，借鉴中国发展初期的经验，在参与中国的城市化、工业化过程中获取红利，从而为其自身的进一步城市化、工业化提供新动力；三是与欧美国家一些企业试图独享中国城市化的红利相比，亚非拉国家的企业由于实力较弱，需要充分与中国企业合作，才能够较合理地分享中国城市化的红利，最终形成与中国企业平等互利的产业分工格局。可以说，中国未来的长期增长也包含了亚非拉国家的发展，并以此为前提和基础。

近年来，我国与亚非拉广大发展中国家的经济合作日益活跃和广泛，这是我国"走出去"战略进一步明确化的结果。长期以来，我国倚仗低廉的劳动力成本，也即"人口红利"，广泛地发展制造业等低附加值的产业，并以此拉动就业和国民收入。但随着我国劳动力结构的变化、人口受教育程度的不断提升，劳动力成本显著上升，产业结构升级的要求越发迫切。近年来原材料价格的上涨使得传统加工制造业的利润更加稀薄，寻求外部突破口的任务更加紧迫。然而我国经济的快速发展在一定程度上威胁到了欧美发达国家的经济地位，中国的战略扩张空间受到限制。亚非拉广大的发展中国家拥有许多丰富的能源和矿产资源，在可预见的未来里，与亚非拉开展广泛的经济合作将对我国的经济发展起到不可小觑的作用。

**二、民营企业发展亚非拉业务的必要性**

参考来自国际上欧美发达国家的经验，"走出去"的主体应当是民营企业。由于历史不同，欧美发达国家参与国际市场竞争中首先参与的、发展壮大的、成为行业领头羊的都是民营企业，直到社会主义阵营形成，并以国有企业作为国家利益的代表参与国际竞争，才打破这一局面。但在国际投资和国际贸易中，始终是私营企业占据主导地位。普遍而言，民营企业在"走出去"

发展亚非拉业务的过程中具有制度优势,而且在许多关键性的问题上,民营企业之间更容易取得共识,民营企业经营运作的灵活性也更容易融入全球市场。

从我国宏观经济环境来看,我国有必要鼓励民营企业"走出去"进一步拓展亚非拉业务。首先,一国的国际竞争力是由若干产业的竞争力体现出来,而一国产业竞争力的提升则体现在若干企业的发展上。在我国国民经济中,民营企业的产业覆盖面更加广泛,在发展与亚非拉的经济合作关系中,民营企业在相关产业中的优势更加突出、更有用武之地。其次,随着经济全球化影响的不断加深,我国除了"引进来"之外,还应鼓励企业"走出去",更加主动地面对全球市场。最后,随着劳动力成本的攀升和劳动力受教育程度的提高,加工制造业等低附加值的产业已经不适合我国的经济发展,主动"走出去"发展亚非拉业务,有助于实现经济结构的调整转型和相关产业的升级。

从民营企业自身的角度来看,发展亚非拉业务是企业国际化发展的重要途径。根据小岛清的比较优势理论,企业的对外直接投资需要选择与本国存在一定产业梯度的区位进行投资,这些区位应处于本国产业的下游梯度,而亚非拉发展中国家正好满足该条件。在可预见的未来,由于亚非拉发展中国家的劳动力成本、原材料成本均低于国内,民营企业在亚非拉投资或与亚非拉开展贸易往来是其实现自身发展不可多得的机会。

### 三、民营企业发展亚非拉业务的优势

民营企业"走出去"发展亚非拉业务,归根结底在于民营企业的优势。

与亚非拉企业相比,民营企业有如下优势:首先是技术优势。尽管相对欧美发达国家而言,我国民营企业的技术优势并不明显,但考虑到亚非拉发展中国家的现实情况,我国民营企业在发展亚非拉业务上的优势突出。改革开放以来,我国大量的民营企业从事的都是低附加值、低技术含量的产业,这方面的技术恰好适用于当今的亚非拉国家。其次是营销优势。通常认为,我国民营企业的营销优势表现在对无差异产品的价格竞争上。特别是对于中间产品,质量和价格才是营销的主导因素。而在保证质量、控制成本以控制价格上,我国民营企业有更多的经验。再次是管理优势。一般而言,欧美发达国家的企业管理体制更加精细健全。但在员工受教育程度不高的情况下,欧美发达国家的管理体系明显不适用。在这一方面,由于我国刚刚走过这一阶段,我国的民营企业在发展亚非拉业务上具有明显的管理优势。

在以往实施"走出去"战略的进程中,国有企业一直处于主导地位,与亚非拉的合作也不例外。出现这一现象的原因在于,相对而言,国有企业的资

产更加雄厚,经验较为丰富,且更容易获得国家在政策上的扶持。但长远来看,民营企业必将也应当成为"走出去"的主力。与国有经济相比,民营企业有如下优势:首先,民营经济涉足行业更广。近年来,民营经济在我国的经济总体中占的比例越来越大,影响越来越深远。我国与亚非拉发展经济的合作关系,不仅在涉及我国经济命脉的垄断行业(即国有经济所涵盖的行业)进行合作,在竞争性的行业(即民营经济所覆盖的行业)也会有广泛、深入的合作。这就需要民营经济大力发展海外业务。其次,民营经济有更强的主动性和灵活性。民营企业自主经营和发展,更有自主性、创造性,更加愿意承担风险,也更善于进行风险决策,能适应发展亚非拉业务时所面临的风险环境,在价格谈判等方面也更有经验。鼓励民营企业发展亚非拉业务,有助于我国更积极主动、更灵活地处理国家间的合作关系。再次,民营企业的产权制度更加符合信息经济学的要求,组织效率、生产效率更高。民营企业有更加强烈的技术创新的动机,创造的新技术、新成果以及新的技术开发和转化机制,将为跨国经营提供技术优势。最后,民营经济发展海外业务不易被解读为"国家行为"。由于社会体制原因,许多国家对我国的国有经济怀有质疑,发展海外业务时,如果国有经济占的比例过高,会导致不必要的争议与争端(如"新殖民主义"等)。鼓励民营企业发展亚非拉业务,可以巧妙地规避这些质疑和争端,避免不必要的麻烦。

## 第二节　金融不对等为推进民营企业发展亚非拉业务带来困境

### 一、金融不对等现象

国有企业与民营企业的金融地位不对等主要是指尽管民营企业的生产和组织效率更高,但在银行信贷、债券融资、股票融资等方面,民营企业面临与其经济地位明显不对等的困难。

由于历史原因,我国现有的民营企业都是在改革开放之后成立的,并且是随着改革深度的加深和开放程度的加强发展起来的。相对而言,国有企业发展历史较长、规模较大。Chen和Feng(2000)的研究中指出,民营企业对我国GDP增长的作用明显大于国有企业。但是,不少学者如Song et al.(2011)都指出我国现行金融体制对国有企业和民营企业没有做到一视同仁。相对于民营企业,国有企业的生产效率普遍较低,但在金融市场上的地位却显著高于民营企业,在获得银行贷款、发行企业债券和上市等方面更为便利。

这种在金融市场上的地位不对等在金融危机爆发以来体现得尤为明显,其影响也更加显著。刘伟认为,2008 年的 4 万亿投资,本是中国政府为应对金融危机而出台,却都投向了大国企、基建、地产等,中小民营企业实际并未受惠;随着 2010 年的货币政策从宽松逐渐向稳健过渡,银行的流动性进一步紧张,最先被挤压的仍是中小企业。政府出台了刺激政策,但由于金融资源分配不均匀,使得政策效果事与愿违,可见这种金融地位的不对等对经济的微观和宏观层面都有较为严峻的影响。

2000 年年初,"走出去"战略被提升到了国家战略的高度,此后中国加入 WTO,更加快了国内企业"走出去"的进程。在这个"走出去"的过程中,国有企业一直处于主导地位,充当着主力军的作用。而生产效率更高、更具自主性和创新性的民营企业一直处于从属地位,这与其在我国经济中的作用严重不对等。

国有企业在发展对外业务,特别是对亚非拉业务上具有很大的优势。从图 7.1 中可以看出 2010 年年末中国非金融类对外直接投资的分布情况。在中国对外直接投资存量中,国有企业占 66.2%,有限责任公司占 23.6%,而其他公司的比例均较低,如股份有限公司的比例为 6.1%,股份合作企业为 1.1%,私营企业为 1.5%,外商投资企业仅有 0.7% 等。这表明了国有企业在对外投资领域中处于主导地位。

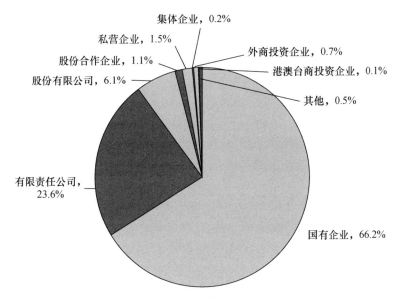

**图 7.1　2010 年年末中国非金融类对外直接投资存量分布情况**
资料来源:2010 年度中国对外直接投资统计公报。

根据国家统计局和商务部的统计公报,在2010年年末,我国对外直接投资的企业达到13 000多家,其中国企占到了10.2%。而图7.1表明国企在对外直接投资金额总量上占66.2%,这说明了我国的国企用较少的数量控制了大部分的投资金额。进一步的统计数据表明,在2010年年末对外直接投资金额总量前五十家的公司中,国有企业有47家,占总数的94%。相比之下,民营企业(不含港澳台商和外商)的对外直接投资只占到32.3%。而在2010年,民营经济在我国经济产出中所占的比例超过60%。民营企业在对外投资上所占的比例与其在国内产出中的重要性相比,显然是处于不对等的地位。

民营企业在国内与国有企业的金融地位不对等,并且在国外,民营企业在发展业务上与国有企业的天然以及后天已形成的优势相比,也逊色不少。正如前文所说,民营企业在整体对外投资规模上并不如国有企业,虽然也有了一定程度的发展,积累了一些优势,但仍然不及国有企业积累的优势,还未能成为对外直接投资的主体。当前,民营企业在对外投资上最大的劣势在于规模经济效益差,风险抵御能力弱。这决定了民营企业"走出去"发展的道路将会十分艰辛。

**二、金融不对等为民营企业带来了困境**

我国企业走出去所面临的主要困难有三种:技术障碍、资金障碍和人才障碍。由于在亚非拉开展的业务科技含量不是很高,这种金融地位的不对等在发展亚非拉业务上的反映主要是民营企业面临严重的资金障碍。这种资金障碍不仅表现在民营企业发展亚非拉业务所需启动和流转的资金上,还反映在民营企业在进行跨国贸易或跨国投资时所面临的外汇交易之间的困难上。中国企业在亚非拉发展中国家的并购以资源类并购为主,而资源类并购所需资金数额往往较大,民营企业靠自身利润留存很难达到如此巨大的数额。同时,由于我国的外汇市场开放程度不高,国际资本流动受到政府的严格控制,外汇管制比较严格,而外汇买卖的端口由国有银行把持,民营企业在需要使用外汇的时候往往面临困境。这一系列的困难往往使有发展亚非拉业务需要的民营企业望而却步。

在1999年,国际金融公司,也即世界银行专管民营事务的分支机构,在中国的4个城市——北京、成都、广东顺德、浙江温州对民营经济进行了调查。相关的结果表明,中国民营企业的融资严重依赖自我,无论是初创时期还是发展时期。其中,约有80%的民营企业认为,融资困难已经成为它们发展的严重阻碍。调查还进一步显示,资金持有者、当初的合伙人以及他们的家庭约提供了中国民营经济初创时启动资金的90%以上;而在初创后的后继融资中,内源性融资渠道依然是样本企业的首选,其中,业主自有资金或者企业的前期利润继续为企业提供至少62%的资金。而在外源性的融资渠道中,商业银行与信用合作社的份额基本持平。此外,公共股市和国债市场在民营企业的融资中所起的作用微乎其微(格雷戈里和特尼武,2001)。

全国工商联曾有统计数据表明,约有95%的微小企业未从银行渠道取得任何贷款,而对于规模以下小企业而言,这个比例是90%(何流,2012)。从民营企业资金来源构成来看,自源融资所占比重过大。美国中小企业自筹资金一般在60%左右,欧洲国家(如法国、意大利)的自筹资金在50%左右。不论规模大小、经营年限长短,我国民营企业均以自我融资为主。而从表7.1中可看出,我国民营企业这一数据竟达90%以上。

表7.1　中国民营企业的融资方式分布　　　　单位:%

| 经营年限 | 自我融资 | 银行贷款 | 非金融机构 | 其他渠道 |
| --- | --- | --- | --- | --- |
| 短于3年 | 92.4 | 2.7 | 2.7 | 2.7 |
| 3—5年 | 92.2 | 3.5 | 4.4 | 4.4 |
| 6—10年 | 89.0 | 6.3 | 3.2 | 3.2 |
| 长于10年 | 83.1 | 5.7 | 1.3 | 1.3 |
| 总计 | 90.5 | 4.0 | 2.9 | 2.9 |

资料来源:格雷戈里和特尼武(2001)。

除银行信贷面临困境之外,民营企业在上市发行股票和发行企业债券上所面临的困难和限制也明显超出国有企业。这一系列的金融地位不对等给民营企业带来了最直接也是最致命的结果:难以获得融资并发展相关业务。

民营企业很难在金融市场上通过信贷渠道获得贷款,也很难通过上市发行股票的方式获得资金,绝大多数民营企业的绝大部分起步资金和后续资金都来自于企业主个人储蓄、亲友借款和企业自身盈余积累。中国经济目前的关键瓶颈在于金融资源的分配。相比而言,民营企业的组织效率和生产效率高于国有企业,在这个问题上产权理论的推导和现实的观察是一致的。据Hsieh和Klenow(2007)的估计,民营企业的全要素生产率比国有企业高出42%。然而民营企业很难进入现行金融体制下的金融市场,相比而言,国有企业获得贷款更为便利。Song等(2011)认为原因在于是国有银行控制着金融市场。

从经营自身的角度出发,商业银行天然就有向大型国有企业放贷的冲动,因为它们由政府担保。尽管中小企业向银行贷款的利率一般会上浮

20%—30%,但由于我国商业银行的贷款风险定价机制还没有形成,所以对中小企业放贷依然缺乏足够的动力(何流,2012)。张杰(2000)认为国有商业银行之所以更愿意向国有企业提供贷款,原因在于国有银行与国有企业之间的金融沟通依赖于国家自上而下建立的纵向的信用联系。这种纵向的金融联系在中国的渐进式改革的背景下,必然使得国有银行向国有企业的贷款蜕变成一种注资行为。与这种纵向的信用联系不同,国有商业银行与民营企业的信用联系是横向的,这种横向的信用联系会提高获取信息的成本和代理成本,致使国有商业银行宁肯把资金放在央行的超额准备金账户上,也不愿贷给民营企业。张杰的研究将国有企业与民营企业在获取银行信贷方面的差异放在了中国的渐进式改革的历史背景下,给出了令人信服的解释。

另一方面,相对而言,民营企业通过公开发行股票进行融资受到明显的约束。李国平(2010)的推理和数据实证分析了民营企业在发行股票和上市方面面临的制约。首先,中国股票的发行与上市对民营企业存在普遍的制度性歧视。这种制度性歧视首先体现在对公司发行股票与上市的财务指标规定上:财务指标以绝对值表示而不是以百分比表示,而即使民营企业经营效率很高、财务状况良好,也会因规模小而难以达到绝对值的要求。其次,由于股票发行与上市的审核程序中存在极强的主观性,整个审核过程对民营企业十分不利。根据李国平(2010)的研究,就经营业绩而言,实际上民营企业更符合上市条件,但民营企业通过发行股票和上市审核的比例明显偏低。

从发达国家的资本市场看,债券融资是企业融资的一个重要手段。在发行总量上,企业通过债券融资的金额往往是股票融资金额的3—10倍;在发行规模上,一般情况下新债券的发行量是新股票的3倍。而在我国,由于资本市场受经济环境、经济制度等诸多因素的影响,企业融资主要还是通过银行信贷,发债融资在企业融资比例中所占的份额偏小,严重制约了企业规模的扩大和资本市场的良性发展。尽管2009年之后企业债券发行节奏明显加快,但我们仍应注意到,我国企业债券的规模还很小,其中民营企业发行的债券总额比例又远低于民营经济在我国经济总量中的比例。李宁(2010)认为,除民营企业自身的原因(如内部治理结构不完善等)之外,我国对企业债券利率有诸多限制、金融基础设施建设落后、信用评级可信度偏低等因素,也对我国企业,尤其是民营企业通过发行债券进行融资产生了严重制约。

金融不对等导致中国在发展亚非拉业务上有如下困难:第一,民营企业难以获得融资,就难以在亚非拉地区投资建厂、设立分支机构,开发亚非拉的资源等就更无从谈起;第二,资金上的限制除体现在启动资金上,还体现在机动资金(即应急资金)上,而这方面的限制使得民营企业即使有足够的资金用于启动项目,也不敢开展亚非拉业务,因为海外业务所需应急资金数额更大;第三,这种限制会使得民营企业更倾向于发展国际商品贸易,这会使得我国与全球其他地区的交流不充分、贸易结构失衡,如海外投资偏少等问题;第四,由于长期以来这种金融地位不对等一直存在,这种不对等作为一种信号会使得民营企业不愿意去相对不熟悉的亚非拉地区发展业务。

## 第三节 推进民营企业发展亚非拉业务的策略建议

前文的推理和论证指出,鼓励民营企业"走出去"发展亚非拉业务,于国家宏观经济有必要性,于企业自身有可行性和动力。但在现行的金融体制下,尽管民营企业的组织效率和生产效率高于国有企业,但是它却难以获得国有银行的贷款,难以通过发行股票、债券等方式获得投资。这种在金融市场的地位不对等并没有正确地反映这两类企业在生产效率上的差异,相反,生产效率较高的民营企业在获得贷款或投资方面困难重重。这种地位不对等扭曲了包括金融资源在内的多种资源的有效配置,给民营企业造成了严重的融资障碍,阻碍了民营企业"走出去"发展亚非拉业务,甚至消除了很多民营企业"走出去"发展亚非拉业务的动机。这进一步使得我国难以高效率地处理与亚非拉广大发展中国家的经济合作关系,致使我国本可以通过鼓励民营企业"走出去"发展亚非拉业务来解决的问题——更好地完成经济转型、实现产业升级等——难以得到解决。由此可见,国有企业与民营企业的金融地位不对等对民营企业发展亚非拉业务造成了严重的阻碍。为了消除这种影响,政府及国家开发银行要为之付出努力。

针对金融地位不对等对民营企业"走出去"发展亚非拉业务的影响,我国政府和相关政策性机构应致力于破除国有企业与民营企业的金融地位不对等的现象,使国有企业与民营企业在金融市场的地位与其对我国经济发展所做出的贡献相匹配,使其在融资上所面临的困难如实地反映其生产效率和行业风险。

(一)建立完善的信用机制

政府应建立完善的信用机制,或者应允许市场自发地建立完善的信用机制,使得民营企业在获得国有银行的贷款方面所遇到的困难,能如实地反映贷款给国有银行带来的风险。相对于贷款给国有企业,贷款给民营企业给国有银行带来的风险相对较高。这是由于我国的民企还不具备完善的信用担保体系,缺乏为民企提供贷款担保的机构,而且担保基金的种类和数量相对市场需要而言仍然严重不足。为所有制所歧视的民营担保机构,无力与协作银行共担风险,而只能单独承担担保贷款风险。还未形成的担保风险分散与损失分担及补偿制度,极大地制约了担保机构的信用能力与担保资金的放大功能。

由于信用保证能够有效解决民营企业贷款担保抵押难的问题,因此我国要加快建立民营企业信用担保机构的步伐,从组织形式上进一步落实信用制度,建立信用担保基金和信用评级制度,从而更好地为民营企业提供信用登记、信用征集、信用评估和信用公布服务,使民营企业的信用体系向跨地区、全国性方向发展,为民营企业提供信用担保的全面服务。此外,还要制定相关的法律法规,使信用担保的程序规范化,创造良好的外部环境,为担保体系的正常运作奠定基础。

(二)降低民营企业上市门槛

证监会应降低民营企业上市的门槛,废除 IPO 审批制,开放民营企业债券的发行。尽管出发点是保护投资者利益,但过去 20 年的实践表明,IPO 审批制不仅没有发挥保护投资者的作用,而且导致了供求关系扭曲、寻租盛行、上市公司行为短期化等一系列问题,可谓证券市场乱象之源。吴敬琏先生批评中国股市还处在强盗贵族时代,这是很深刻的。上市本应是企业的基本融资权利,现在却演化成了特权,扭曲了资源配置。

虽然目前有创业板等新的交易板块,但并没有很好地解决民营企业的融资问题;相对而言,民营企业上市的门槛仍然过高,完全有降低的空间。要想让创业板成为中国的纳斯达克,唯有废除 IPO 审批制,还选择权于市场,同时证监会必须回归监管主业。同时,在建立完善的信用机制的基础上开放企业债券的发行,不仅可以解决民营企业的融资问题,还可以激活民间的投资热情,活跃民间投资市场,扩展民间资本的投资途径,这都有助于加快我国经济市场化的进程,提升经济整体的效率。

(三)同等对待民营企业和国有企业

政府应同等对待民营企业和国有企业,加大对民营企业的扶持力度。政府对国有企业的重视程度取决于中国的社会性质。新中国成立以来,国家一直实行着向大企业倾斜的扶持政策,但是对于民营企业而言,扶持的力度明显不够。政府要认清民营企业在我国经济中所占的重要地位,要认识到这两类企业都在经济整体中发挥着极其重要的作用,都为经济的发展和社会的进步做出了巨大贡献。

(四)建立完善民营企业扶持体系

政府要建立和完善民营企业扶持政策体系。

首先,政府需要完善民营企业的政策法律体系。将扶持民营企业发展的政策措施进一步落实,清除那些对民营企业发展不利的法律法规与规章制度。深化垄断行业改革,扩大市场准入范围,降低准入门槛,进一步营造公开、公平、公正的市场环境。

其次,政府需要完善支持民营企业的政府采购相关制度。具体化政府采购支持民营企业发展的办法,加大采购民营企业物资的比例,如货物、工程和服务等。大力提升政府采购信息发布的透明度,进一步完善政府公共服务外包制度,使民营企业能够有更多机会参与其中。

最后,政府要加快全面落实支持小企业发展的金融政策的步伐。提升小企业贷款的呆账核销效率,进一步完善小企业信贷考核体系,建立并完善针对信贷人员的尽职免责机制。尤其需要认清的是,向民营企业提供贷款有着非常重要的作用,因此必须采取措施来解决民营企业融资难的问题。例如,我国可以出台一系列减免民营企业税收的优惠政策,试图减轻企业的税收负担;或者以直接补贴民营企业的方式,鼓励它们出口和实现技术创新,来提高其市场竞争能力;也可以以贷款援助的方式,帮助解决民营企业在创立初期、技术变革期和出口时期对资金的大量需求。

## 第四节　国家开发银行支持民营企业"走出去"的成功案例

一般来说,在中国企业"走出去"的实例中,首先发现并参与项目开发的多为民营企业。不同的企业适应不同的环境,民营企业由于机制灵活,在海外开展业务具有一定的优势,但民企也存在资金和技术能力较弱的劣势。国家开发银行在发挥民营企业先导性优势、弥补民营企业资金不足劣势方面有许多成功的案例。

### 一、国家开发银行支持华为、中兴"走出去"

截至 2013 年,国家开发银行已经支持华为、中兴在 76 个国家开展了业务,合同签约额达到 300 多亿美元,发放贷款 245 亿美元,余额 133 亿美元。从 2004 年起,国开行与华为创建了风险共担机制,支持华为拓展海外市场,对中兴也有类似的风险补偿机制。目前,华为、中兴向下的贷款余额截至 2013 年年末是 133 亿美元,同时一直保持零不良贷款率。

国家开发银行选择华为和中兴的原因在于,它们与国开行国际合作的重点领域和方向契合,都是围绕服务国家经济外交、保障能源资源战略、支持中国企业"走出去"这三个方面。具体来看:第一,华为、中兴是民营企业,没有政府背景和前期的资源,运作和经营累计上处于中国民营企业领军地位;第二,它们是自我创新型、自我开拓型企业。一开始它们通过在产品和研发上复制发达国家电信技术,利用自身低成本的优势,加上国家开发银行的资金支持,得以利用资金换取市场份额,逐步把市场拓宽、做大。与此同时,两家企业通过对先进技术复制过程中的借鉴学习,主动创新,自主研发出适用于本国的技术,逐步摆脱对于西方的技术跟随。如今,中国每年的专利申请量在全球已经位居第二,其中很大一部分来自于华为、中兴,这与它们在技术研发方面的巨大投入有重要关系。第三,华为、中兴所处通信行业,处于中国对外投资中价值链高端的高科技行业。第四,以发展中国家为"走出去"的切入点,在这些地区投入最多的资源。因为这些国家大多缺少基础的通信设施和价格低廉的通信产品,而我国这两家企业的一大优势正是在传统通信产品上技术成熟,且价格优廉,通信行业发展经验丰富。

在商业项目上,华为与中兴逐步把欧美在非洲的电信企业挤出是必然结果。这两家企业在非洲开展业务不仅仅是"卖一单就走",而是立足于帮助当地提高自身发展能力,从而实现双赢。相对欧美把最落后的设备和技术以高价卖给非洲,而之后的维护服务又非常滞后、昂贵的情况,华为和中兴在积极进行与非洲消费者的设备调试、技术问题解决和高水准的施工,以高效率做到对技术问题时反馈。两家公司不仅探路于非洲手机消费市场,更着眼于有利于非洲国家通信基础设施建设的大型基站和网络工程项目。例如,华为公司在南部非洲的销售已经超过了10亿美元;在毛里求斯华为承建了非洲第一个3G商用局;在尼日利亚承建了南部非洲2005年建设的最长的国内传输网,覆盖了尼全境的所有主要城市。现在华为已经是南部非洲第二大综合设备供应商。为确保商业份额,华为与当地运营成熟的电信商 MTN 合作,扩大在非洲的市场。中兴通讯不仅向非洲提供设备,更重要的是带去了与西方公司不同的经营理念,秉承中国企业对亚非拉国家一贯的投资方针,注重长期效益。中兴公司在南非、安哥拉、埃塞俄比亚、尼日利亚、阿尔及利亚等国建立了15个培训基地,每年为当地培训约4500名专业人才,做到适当的技术转让和本地化生产;力助为多个非洲本土电信运营商建立自身的通信网络,打破了欧美跨国运营商长期的垄断,并不断将数据网络向3G甚至4G提速;同时,中兴还与其他中资企业合作,在其投资建造的油田、铁路、公路和工业园区配套最新的通信设备和服务,加快非洲国家信息化和现代化的转型。在南非,中兴协助规划建设覆盖南非全境的光纤网络,传输距离达1900千米,提供了超过2300个就业机会,促进南非通信市场竞争,并有效降低通信资费。①

在政治基础上,中国与非洲、拉美国家是朋友,坚持平等合作。作为中国重点高新技术企业以及中国政府重点扶持企业,中兴在非洲的很多项目都得到了政府部门和金融机构的大力支持,有针对性地为非洲客户提供更完善的服务,促进非洲地区通信行业的发展。国家开发银行支持华为和中兴,是支持中国高科技民营企业和促进与非洲拉美国家双赢的选择。

在国家开发银行的支持下,华为已成为全球第一大电信设备供应商;中兴原来主要在非洲、印度、印尼等市场发展,通过国家开发银行的风险共担机制,也把市场延伸到了西班牙、法国这种高端市场,增加了与大型电信运营商的合作。华为、中兴可以说是国家开发银行支持民营企业"走出去"的典型案例。

**二、中非发展基金对民营企业的扶持**

在本书第六章详细介绍的中非发展基金也对民营企业"走出去"提供了大力支持。

(一)马拉维、桑比克、赞比亚等国的棉花种植和加工项目

马拉维与中国之间的外交关系曲折,2008年1月才正式宣布复交。非洲很多国家是民选政治,不同的党派和势力之间观点不一,复交之后需要让复交国家在经贸领域,尤其是投资领域体会与中国合作的实惠,从而稳固政治外交关系。马拉维的主导产业为农业,尤其是以棉花的种植为主,但当地的种植工艺和产量水平均不高。当时,正好有一家中国民营企业在当地考察棉花种植产业,但这家企业在国内主要做纺纱和棉花贸易,实力不强,棉花种植经验也不丰富。最初中非发展基金联系了一家技术和资金实力较强的龙头国企参与合作,但实践中发现民企和国企很难融合在一起,而该项目的推进本身又要依赖于民企早期在当地建立的团队和市场基础,最终中非发展基金与该民企合作完成项目。项目最初在马拉维开发了5万公顷的棉花种植面积,同时建立了压花、纺纱以及榨油厂。项目一方面在于提高马拉维的棉花种植工艺,另一方面服务于马拉维经济,增加出口,减少食用油的进口等。合作采取"公司+农户"的模式,即合同种植,公司提供种子、化肥、生产资料以及技术指导,农民种植的棉花出售给公司。目前项目已经扩展到莫桑比克以及赞比亚,三个国家共计有十一二万的农户参与项目,覆盖了五六十万非洲人口,取得了较大的社会效益以及政治外交效应。

---

① 案例来源于中非基金"交流与对话"发布的资料。

位于非洲南部的赞比亚土地肥沃,约 4 300 万公顷可耕地适合多种农作物生长,农业为 70% 的劳动力提供了就业机会。近年来,不少来自中国的农业企业家正在这里落地生根,辛勤耕耘,收获硕果。

鞠文斌从十多年前来到赞比亚打理中赞里程碑式的合作项目——穆隆谷希纺织厂,到在中非基金的支持下成立涵盖非洲五个国家的区域性农业企业——中非棉业发展公司,他的生意越做越大。几年前,中非发展基金为中非棉业公司注资 3 700 万美元,让鞠文斌的事业登上了新台阶。现在公司规模越来越大,不仅为中国市场每年提供 4 万吨原棉,还可帮助马拉维、莫桑比克、赞比亚、津巴布韦等非洲国家的二十多万农户通过订单农业的方式脱贫致富。像中非棉业这样的优秀中资企业不仅可给非洲带来资金和技术支持,还向当地企业和合作伙伴传授了管理经验和经营模式,对非洲国家经济社会的发展和民生改善发挥了积极作用。①

(二)民企开路模式——邦矿项目

非洲被称为世界原料仓库。但非洲不论是土地还是矿产资源,经过上百年的殖民社会,已经物有其主,大部分好的资源均掌握在西方跨国公司手里。非洲市场真正的主导者是西方国家,中国进入以后,是新手和搅局者,也没有很好的资源。因此,中国在非洲开发资源难度很大,条件艰苦。中国企业拿到的多是没有基础工作的资源,比如基础的地质资料均没有,需要中国从头做,另外就是从西方高价购买。

利比里亚邦州铁矿,是中非基金(占股 25%)与一家民营企业(15%),以及武钢集团(60%)合作开发的项目。20 世纪七八十年代,利比里亚首都蒙罗维亚被称为西非小巴黎,非常繁华。但因为内战,整个国家没有成形的电网,居民与企业用电均是自己发电。矿产资源是利比里亚经济发展的支柱,德国在邦州建有完整的铁矿生产基地,后来因为内战和铁矿石价格下降,生产基地废弃。内战结束后,恢复邦矿生产成为利比里亚最重要的国家战略。

2008 年开始,利比里亚就邦矿生产进行国际招标,一家名为中利联国际控股公司的中国民营企业在当地做了很长时间的工作,顺利拿下运营权,获得邦矿项目 100% 股权,并于 2009 年与利比里亚政府签订 MDA 矿山开发协议。中利联公司是由国内四家民营企业为了运作洽购利比里亚邦矿项目专门成立的。2007 年以来,正是铁矿石价格开始飞涨的阶段,这个时候的铁矿石资源正在被众多的企业关注。但由于正好遇到金融危机,民营企业能力有限,项目无法实施,无力支付矿权费,而利比里亚政府已经将矿权费纳入了政

---

① 该项目详细报道参见新华网 2013 年 9 月 18 日新闻"十年非洲梦,棉花开银田"。

府财政预算。最终利比里亚通过外交手段将问题反映到中国政府,商务部协调国内大型钢企。尽管德国企业进行过开采,该矿产项目有一定的开发基础,包括配套的铁路与港口等;但由于民营企业国际开发经验不足,与利比里亚签订的协议里有很多不利于中方的瑕疵和风险点,大型国企均不愿参与项目。国有企业愿意服务于国家战略,但如果没有国家兜底,国企也不愿意做亏本的生意。最后由国开行协调,中非基金介入项目(控股85%),并组建工作团队赴利比里亚与政府重新谈判,历时两个月,修订了对中方不合理的条款和风险点,将60多条协议做了修订,重新签署补充协议,这才解决了企业不愿参与项目的问题。2010年3月,中非发展基金引入武钢集团(转让60%股权)作为项目的后续开发人。

邦矿一期项目已经竣工投产,年产铁精粉100万吨,二期项目正在建设,最终目标产量1000万吨。目前,这一项目是中国在非洲唯一一个100%控股的大型铁矿,长期经济效益看好。整个项目在利比里亚的经济发展中具有重要地位,该项目也让利比里亚看到了中国企业的专业化能力和国际商务能力,在当地也履行社会责任,带动就业与工人培训,在获得经济效益的同时,对中国和利比里亚的外交关系起到了很好的促进作用。

(三)国有企业与民营企业协作投资模式——江苏家电行业成功案例

江苏汇鸿集团下属外经公司是一家"以对境外实业投资带动国内劳务输出、产品出口及国外原材料进口"的专业公司,省属国有企业。其在尼日利亚设立汇鸿国际(尼日利亚)工业园,业务范围涉及家电、轻工、纺织、机械、建材等行业,以优良的国际运作经验和能力,带领有潜质的民营企业走出国门。2005年,成功在尼日利亚卡巴拉工业园建立了空调生产厂并投产运营,取得了较好的经济效益和社会效益。第一期成立冰箱冰柜全散件生产工厂,新建一条生产线,这是尼日利亚乃至西非地区目前唯一的一条真正意义上的冰箱冰柜全散件生产线,实现家电行业的本地化生产,在尼日利亚销售市场前三甲获得一席之地。汇鸿外经公司进一步发展国内家电企业对西非洲散件出口和制造,该公司2014年在尼日利亚建立家电公司,发展成为中国企业在西部非洲"走出去"的典范和在非洲拓展业务的基地。从2006年到2016年,十年扎根尼日利亚等国,以国有企业自身优势,国家开发银行以及其他商业银行授信资金辅助总计2.2亿元,其中国开行2952万元,完成建设了在尼日利亚的工业园区。并以公司为载体,先后与新科空调、美的电器、康佳电视、韩电、奥克斯等国内知名的家电生产商合作,以汇鸿尼日利亚工业园作为基地帮助进入尼日利亚家电消费市场,通过直营店的建立逐步掌握西非家电消费市场的管理和运作程序。汇鸿外经公司在尼日利亚稳固的家电市场投资连续获得国家开发银行的项目贷款,从早期的1 800万元人民币到2016年的450万美元,同时扩大了在周边非洲国家喀麦隆、贝宁、多哥、加纳等国设点投资。海外实体投资建设当地工厂等,需要大量的前期成本投入,对民营企业而言,具有很大风险。借助国有企业已经搭建好的平台和国有企业信用等级高、融资相对容易的优势,可以节约投资成本,弥补民营企业资金不足的劣势,依赖于公司雄厚财力,解决了以自身力量获得大额投资的困难。该公司在尼首创免费安装服务,营销网络遍布全尼日利亚36个州,以优质的产品和服务打开市场。国内家电产能的过剩,大宗原材料价格下跌,而非洲市场对家电业的需求旺盛,将江苏省家电企业带入非洲市场,解决国内家电滞销的问题,也为国内企业打开了投资新契机。

汇鸿集团抓住西非由模拟信号转换到数字信号的机遇,进入机顶盒业务,此类投资订单批量大、有知识产权、需要解密技术、客户集中(一般为政府采购)几个方面的特点决定了普通民营公司单枪匹马难以进入。机顶盒生产线与家电业务互补性强,公司利用在工业园区内可进行当地组装的成本优势,使民营企业可以在未来加入到当地生产线,间接进入数字市场。

由于大部分非洲国家文化经济水平落后,政局变动,企业到非洲投资时,权益难以得到保障。汇鸿外经利用其在自有贸易区管理以及与当地政府、公共关系协调方面的优势,累积了广泛的社会资源,基本掌握了当地的政治、经济、法律和文化,确保了与其合作的民营企业在非洲的法律保障。同时,利用其掌控的销售渠道,积极协助相关企业做好在当地的产品生产和市场销售,促进民营企业在非洲经营的主动性和灵活性。

国企与民营企业协作投资,长期看来,将逐步弱化以往中国对非洲投资的政府和国企主导观念,变成将国企作为一个投资平台通道,整合带动更多有实力的企业走出去,共同发展,提升整体效益。国企涉足产业较为广阔,对适应民营企业经营范围的多样化起到保障作用。我国与非洲的经济投资往来起始于国有企业,国有企业累积了大量对非洲市场的调研与考量资料,民营企业与国企合作进入市场,能有效地做好前期的市场调查工作,得到经验指导,避免海外投资准备不充分的风险。由此,像汇鸿外经公司这样的国企与民企合作共赢的理念,将成为民营企业"走出去",尤其是开拓非洲市场的重要模式。而国家开发银行对此类携手民营企业共同发展的国企的支持,在很大意义上不但鼓励了国企保持一贯的投资热情,也间接扶持了民营企业,为其"走出去"搭桥铺路。

# 第八章　中国对非洲直接投资的发展方向研究

非洲充满着投资机遇,从"走出去"战略的实施开始,中国政府就不断地鼓励企业走出去发展,同时也成立了中非发展基金,积极投资非洲的基础设施建设及其他实体经济项目。本章在此背景之下,梳理了中国对非直接投资现状、当前的产业选择和投资环境等方面的研究成果,通过对外直接投资的两个理论,即产品生命周期理论和边际产业扩张理论,阐释了中国对非直接投资的正确方向,为我国对非直接投资提供了发展方向。在深入介绍中非发展基金及其投资理念之后,本章提出了当前中国企业对非投资存在的问题,并给出了政策建议。

## 第一节　中国对非直接投资的研究现状和理论基础

### 一、研究现状

(一)关于中国投资非洲现状和特点的研究

陈大文、刘静和邓竞成(2007)从投资的总量、结构、方式和主体四个方面,分别阐释了中国企业对非直接投资的发展情况,揭示了其中的原因,并深入说明了中国企业对非洲的直接投资有什么影响。马强(2007)分析了我国对非投资的战略地位及现状,存在的主要问题,最后提出了相关的政策建议。潘宏、陈天香(2008)通过阐明非洲各主要区域和行业的特征,为中国企业对非投资提出了相应的策略和建议。刘鸿武、王涛(2008)则分析了中国的私企投资非洲的现状及问题,并得出结论,私企对非洲的投资不但能够给中国企业带来实际的利益,对增加非洲当地的就业、平衡中非贸易结构、改善非洲民生与加快非洲经济发展也大有裨益。杨莹(2007)的硕士论文《中国对非洲直接投资研究》主要阐述了中国对非洲直接投资的现状,论文主要从5个部分展开论述:第1部分描述了中国对非投资的现状和特点;第2部分阐述了对外直接投资的产业选择理论;第3部分阐释了中国对非直接投资的环境影响因素和目标市场；第 4 部分则通过对种植及加工业、养殖业及加工业、矿业、建筑业和工业等直接投资的选择的描述，阐释了中国对非直接投资的产业选择问题；而第 5 部分则对中国的对非直接投资提出了相关建议。书雨（2006）从我国中小企业投资非洲的现状出发，阐述了非洲各国对外商直接投资的优惠政策，和我国中小企业扎根于非洲的可行性。张艳茹（2008）介绍了浙商投资非洲的现状，从内因和外因两个角度，分别阐释了浙商投资非洲的原因，最后以实例分析的方式描述了浙商投资非洲存在的问题，并提出了对策。

（二）关于中国投资非洲产业选择方面的研究

唐正平（2002）通过对中非农业合作所取得的优异成果的描述，与非洲辽阔的地域、丰富的农业资源、粗放型的农业生产方式的阐释，认为非洲实际上需要获得大量的资金。又由于中非之间有着超过 40 年的农业合作经验，所以企业应加大与非洲的多层次、多渠道、大范围的农业投资与合作。徐玲（2008）则对中国跨国公司对非投资的产业选择进行了相应的研究，同时指出，中国跨国公司的对非投资，需从非洲国家产业发展的需求出发，并与自身的战略优势领域相结合，从而实现在基础设施、制造业和电子信息产业等方面的有效对接；中国企业要仔细研究相关的产业政策，积极实施本土化战略；中国政府则需起到科学引导、积极扶持和有效协调的作用。杨红梅 2007 的硕士论文《中国石油企业投资非洲的动因分析》从国际直接投资的相关理论、中国石油行业的自身特点和非洲各大产油国的投资环境三个方面对中国石油企业对非投资的动机和地理方向等问题进行了阐释。接着，该论文从我国的宏观政策、石油行业发展战略、石油企业自身的比较优势及石油东道国的区位优势这四个因素，揭示了中国石油企业对非投资的原因，从而为中国石油企业加快在非洲的石油产业投资，和制定企业自身的发展战略提供了理论和政策依据。

（三）关于非洲投资环境和机会的研究

李俊（2002）通过对非洲的投资环境与机会的分析，认为作为新兴市场的非洲，有着大量的商业机会。随着国际社会日益关注和重视非洲，非洲市场上竞争的激烈程度有增无减。尽管非洲的投资环境依然变化无常，但投资的软硬件环境都呈现出逐步转好的迹象。中国企业对非投资机会众多，也符合发展中国家对外直接投资的发展规律。陈宗德（2004）通过进一步分析非洲的投资市场，和我国未来的对非投资前景后提出，非洲经济的振兴必然伴随着对大量外资的需求，而非洲经济的持续增长，加上其投资环境的不断改善，将为我国企业提供越来越多的投资机会。辛育（2007）从中非经贸合作的机会及其可能遇到的问题出发，认为当前中国已经和 28 个非洲国家签署了《双边促进和保护投资协定》,和 8 个非洲国家签订了《避免双重征税和防止偷漏税协定》,这些协定的签署都为中国企业的对非投资创造了良好的经济政策环境。张梦(2008)分析了国际经济的发展趋势和非洲自然资源的储备,阐释了目前是中国企业对非投资的大好机会,并且认为,中国政府提供的种种政策支持措施,包括金融信贷方面等,均为企业的对非投资搭建了平台。徐刚(2006)分析认为,以中非合作论坛北京峰会为标志的对非投资启动,不仅掀起了一波中国对非投资、合作的狂澜,也将成为世界各国竞相考虑的对非投资的一个起点。对非合作是中国企业、投资者不可多得的黄金机遇。进而,在分析投资与贸易的关系中,他认为,对非洲投资、援助、项目承揽,可产生对相关行业产品和服务出口的即期强势拉动,表现抢眼的将以投资品行业为主,长远来看,对消费品行业、服务行业的拉动也将十分引人注目。而以往被看成典型周期行业的钢铁、机械等,产能的海外释放已经走在前面,其周期性将会逐渐削弱。

莫莎、刘芳(2008)从理论的角度探讨了我国对外直接投资的贸易效应,结合 2002—2006 年的数据建立了中国对非直接投资和贸易之间关系的计量模型,并且进行了相应的实证分析。研究结果表明,我国的对非直接投资和贸易之间有着互补关系;我国的对非直接投资仍在起步阶段,因此,在更大程度上拓展非洲市场有利于实现中非合作的双赢。

**二、对外直接投资理论及适应性分析**

(一)产品生命周期理论

美国哈佛大学教授雷蒙德·香农(1966)提出了"产品生命周期理论"。它结合了企业的垄断优势、产品生命周期和区位因素,将跨国公司的对外投资行为进行了动态调整。① 产品的创新阶段:创新国企业率先进行新产品的开发与生产,由于新产品的特异性而具有较低的需求价格弹性和较高的收入弹性,企业能获得垄断优势,产品倾向于在国内生产。② 产品成熟阶段:由于产品需求价格弹性的日益增大、技术的扩散以及贸易壁垒的影响,创新国企业开始到欠发达国家进行对外直接投资,在当地进行生产与销售。③ 产品标准化阶段:当非技术型熟练劳动成为产品成本的主要部分,企业的竞争将主要表现为价格竞争,这时企业倾向于通过对外直接投资将生产转移到劳动成本较低的发展中国家。① 产品生命周期理论动态解释了对外直接投资的动机、时机与区位选择之间的关系,一定程度上体现出世界经济的一

---

① 《中国企业对外直接投资动因的新认识》。

体化进程,也从一个侧面阐述了企业国际化经营的动机,并且从内外因两个方面论证了企业进行对外直接投资的必要性。

我国企业的对外直接投资可以从产品生命周期理论中得到启示:无论是投资主体的选择,还是投资产业和投资区位的选择,都应首先考虑是否具有比较优势,哪些企业相对于东道国企业更有优势;即使在企业整体能力不占优势的情况下,是否具备某一优势以补偿其他劣势;在选择的行业内,是否具有竞争优势或在该行业的经营上见长;等等。实践证明,我国对外直接投资比较成功的企业也总是那些具有比较优势并能有效地发挥其优势的企业。此外,企业在进行对外直接投资之前,应首先对产品所在的生命周期阶段进行判断。第一,分析产品的生产技术的性质、类型及其扩散性和转移性。第二,分析产品本身,用 SWOT 分析法确定它的竞争优势、劣势、机会与威胁。第三,分析产品的国内销售、出口情况及国内外市场情况,并根据上述分析,确定该产品所处的生命周期,直到企业的对外直接投资的市场进入决策为止。第四,将进入成熟期的产品的生产地点转移至生产要素价格低且靠近市场的地区。我国的家电、轻纺、电子等行业由于生产能力过剩,产品的供给已经严重大于需求,进入了产品成熟期,又由于国际上存在的反倾销和贸易保护主义,因此,企业只能改变销售策略,从以往的单纯依靠出口到向合适的地区转移这些产业的生产设备和能力,从而在国外进行生产制造。

产品生命周期理论还告诉我们,技术进步对于经济发展和出口贸易而言,有着越来越重要的作用。技术进步能够从根本上提高产品的国际竞争力。随着现代社会产品更新的速度越来越快,产品的生命周期也越来越短,一个国家想在出口上保住优势,在激烈的国际市场上占有一席之位,就必须保持技术的先进性,不断地进行技术创新。现今我国的技术发展面临着诸多问题,如技术水平不高,生产、设计、工艺技术较为落后,信息技术也不发达,决策技术差,资金实力有限,研究开发经费不但低于发达国家,也低于不少发展中国家,如图 8.1 所示。促进技术进步的方法主要有以下三种:一是研究和开发。这是获取新技术和新产品的最主要途径。但是它需要的投入较大,对国家的研究和开发实力有很高的要求。在这方面,发达国家目前仍占据着世界的领先地位。发展中国家的技术水平落后于发达国家一大截,而且资金也短缺,对研究和开发的投入不够多。二是进口和引进。通过对国外成熟的技术进行进口和引进,能够大大节省研究和开发的支出,加快推动技术进步与创新。但是,光凭进口和引进难以获得国际上最先进的技术。三是学习和改进。从引进技术出发,再进行学习、模仿和改进,最后实现技术的自主开发和自立。通过这种途径来促进技术进步,成本小,成功的概率高。因此,这种途径才是促进技术进步和实现技术追赶的一条捷径。

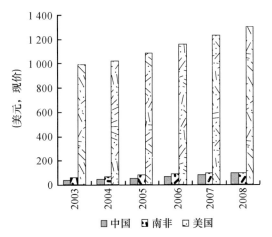

图 8.1 中国、南非和美国人均国内研发支出
资料来源：世界银行整理，按购买力平价计算。

（二）边际产业扩张理论

根据小岛清(1978)的边际产业扩张理论，我国的对外投资应先从我国的"边际产业"开始。李荣(2005)在对外直接投资的研究中指出，我国的对外投资现状基本类似于日本20世纪50—70年代的对外投资情况，因此正确利用动态的比较优势可以在很大程度上促进对外直接投资，这完全符合"边际扩张论"的分析。欧文彪(2008)通过对小岛清边际产业扩张理论进行深度分析，认为我国对外直接投资的主体应为中小企业，因此在对外投资的过程中，我国应以转移边际产业为起点，一步步优化国内产业结构。

那么，如何界定我国的边际产业呢？

一般来说，产值占比趋势可以从一定程度上说明一个产业的发展趋势，而且从直接的经营数据，即销售收入占比、利润总额占比和成本费用利用率等，也能够反映一个产业的发展状况。研究中可以把产值占比、销售收入占比和利润总额占比显著下降，同时伴随着成本费用利润缓慢增长的产业界定为正在衰退的产业。因此，根据这种标准，纺织业，纺织服装、鞋、帽制造业，文体用品制造业，饮料制造业，石油加工、炼焦及核燃料加工业，化学纤维制造业，橡胶制品业，石油和天然气开采业，通信设备、计算机及其他电子设备制造业，电力、热力的生产和供应业，农副产品加工业，非金属矿物制品业，造纸及纸制品业，食品制造业等，均属于正在衰退的产业，可以将它们定义为我国现阶段的边际产业。①

按照上文对边际产业的定义,根据《中国统计年鉴》数据,可以整理出中国边际产业在1988—2009年的对外贸易情况。从图8.2可以看出,中国边际产业对外投资保持着稳步上升的趋势,而2009年的下降主要是受国际金融危机影响。

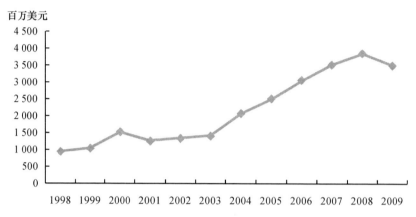

图 8.2　中国边际产业的对外贸易情况(进出口总额)

资料来源:根据《中国统计年鉴》整理所得。

实际上,我国边际产业的对外直接投资经历的阶段大致可以划分为以下三个:一是新中国成立后不久。这个时期我国政府已经在非洲投资建立了一些援外项目,主要为纺织业。二是20世纪90年代至21世纪初。随着国内的生产成本迅速提高,不少边际企业为了开拓国际市场,纷纷到非洲、南美洲投资建厂,这是由于这些地区的原材料和劳动力比较廉价。三是从2000年年底开始,国家政策鼓励对外投资,也逐渐放宽了对企业贷款的限制,边际企业在发展对外投资上更易于获得资金,这些现象都大大推动了我国边际产业的对外投资。

在全球化的背景下,由于国内市场日渐饱和,寻求和占有更广阔的国际市场已经成为边际产业企业对外投资的主要目的。在这种国际形势下,我国应当积极发展国内边际产业对亚非拉国家的对外直接投资,利用日益崛起的亚非拉市场提升我国在全球产业链中的地位,把中国制造变为中国海外制造。

从小岛清的互补模型我们可以得知,对外直接投资能够创造贸易。这

---

①　《中国边际产业对外直接投资贸易效应分析》将边际产业定义为已经衰退或正在衰退的产业。

是因为对外直接投资在取代我国出口的同时，还引起我国更大规模的出口。国外投资的公司出于生产需要的考虑，会从国内进口一些中间产品和资本品，此外，随着全球服务市场的开放程度越来越高，国外子公司对国内劳务的需要还会增加，从而能进一步扩大我国的对外贸易规模。边际产业中的资源寻求型产业，如石油和天然气开采业、石油加工业等，这些行业的企业以对外直接投资的方式，不仅能获取各种经营资源，也能扩大我国的出口规模。

除了能够影响出口规模，边际产业对外直接投资的贸易效应还将有利于优化我国出口商品的结构。通过边际产业的对外直接投资，我国的对外贸易可以在一定程度上绕开贸易壁垒，降低贸易成本，同时寻求原材料供应。随着边际产业对外直接投资的发展，它能够进一步促进我国产业结构的不断调整升级，这种产业结构的调整升级会对出口商品结构起到优化作用。

亚非拉等发展中国家和地区是我国边际产业对外直接投资的主要地区，对这些地区进行投资，一方面可以充分利用当地的廉价劳动力，另一方面也能有效规避贸易壁垒，获取自由贸易政策的好处，这些条件对扩大边际产业对外直接投资贸易的顺差转移效应[①]有着重要的意义。

自 2000 年在北京召开的第一届"中非合作论坛"以来，我国对非洲各国的投资规模在不断扩大。从表 8.1 中可以看出我国在 1998—2006 年对非洲的直接投资额。我国对非洲投资项目分布在 49 个国家，主要集中在南非和北非，投资项目正在向生产型企业转变，涉及贸易、加工制造、资源开发、交通运输、农业及农产品综合开发等多个领域，大部分属于边际产业范畴。

表 8.1　1998—2006 年中国对非洲直接投资额　　单位：百万美元

| 年份 | 1998 | 1999 | 2000 | 2001 | 2002 | 2003 | 2004 | 2005 | 2006 |
| --- | --- | --- | --- | --- | --- | --- | --- | --- | --- |
| 中国投资额 | 88 | 65 | 216 | 67 | 63 | 107 | 135 | 210 | 370 |

资料来源：根据《中国统计年鉴》整理所得。

关于对非投资的边际产业的选择，我国应重点投资种植及加工业、养殖业及加工业、建筑业、矿产能源业、IT 业等。表 8.2 列出了中国进出口银行与中非发展基金在非洲国家的主要投资项目及投资数额和资金类型。

---

① 贸易顺差转移效应是指，通过将边际产业转移到劳动力价格低廉、所需原材料丰富、经济发展水平较低的发展中国家，由于规避了贸易壁垒、享受自由贸易政策，这种在东道国加工生产并按原来的销售渠道出口到欧美等传统市场的方式，就能将本国的贸易顺差由原销售市场所在地转移到这些东道国。

表 8.2　中国进出口银行与中非发展基金在非主要投资项目

单位:百万美元

| 年份 | 国家 | 主要投资项目 | 投资数额 | 资金类型 | 投资方 |
| --- | --- | --- | --- | --- | --- |
| 2007 | 安哥拉 | 饮水安全工程 | 230 | 对外优惠贷款 | 中国进出口银行 |
| 2007 | 刚果民主共和国 | 基础设施和采矿 | 8 500 | 贷款 | 中国进出口银行 |
| 2007 | 厄立特里亚 | 采矿 | 60 | 贷款 | 中国进出口银行 |
| 2007 | 厄立特里亚 | 水泥 | 45.28 | 对外优惠贷款 | 中国进出口银行 |
| 2007 | 厄立特里亚 | 水力资源 | 208 | 对外优惠贷款 | 中国进出口银行 |
| 2007 | 加纳 | 大坝基础设施 | 292 | 出口信贷 | 中国进出口银行 |
| 2007 | 加纳 | 能源 | 137.2 |  | 中非发展基金 |
| 2007 | 莫桑比克共和国 | 基础设施 | 40 | 优惠贷款 | 中国进出口银行 |
| 2007 | 纳米比亚共和国 | 电力设施 | 10 | 对外优惠贷款 | 中国进出口银行 |
| 2007 | 尼日利亚 | 教育交流项目 | 100 | 贷款 | 中国进出口银行 |
| 2007 | 乌干达 | 信息和通信技术骨干 | 106 | 贷款 | 中国进出口银行 |
| 2007 | 赞比亚 | 工厂基础设施 | 206.55 | 贷款 | 中国进出口银行 |
| 2007 | 津巴布韦共和国 | 农业 | 200 | 买方信贷 | 中国进出口银行 |
| 2008 | 刚果民主共和国 | 光纤 | 33.6 | 优惠贷款 | 中国进出口银行 |

　　非洲种植业得天独厚,但土地大半处于荒芜状态,粮食严重依赖外援,农业技术缺乏,这是加强农业领域合作的原因。非洲的养殖和牧业的条件也非常好,然而现代化牧业养殖业和屠宰加工方面的设备和技术不足,中资企业有理由进军非洲养殖畜牧业。非洲部分国家社会经济发展迅速,建筑业作为社会发展与经济增长的基础性产业,再加上我国在几年来社会建设的经验和技术积累,中国工程承包公司进入非洲大市场的前景十分广阔。而非洲矿产资源丰富又缺乏勘探开采技术,相关的合作能够达成共赢。同样,非洲的IT行业也处于发展时期,我国应该尽快抢占利润丰厚的非洲IT产业大市场。

　　总之,边际产业的对外直接投资,能够通过这种边际产业转移为国内产业结构升级创造条件,并充分利用东道国的比较优势重新发挥它对国内经济的积极作用,它既可以促进国际贸易,又能够有效地提升双方的产业结构,促进双方的经济发展。

　　需要注意的是,在非洲的众多国家中,各国国情互异,投资市场的潜力不同,因此在选择投资对象国时也需要采取不同的投资战略。按照几个指标(经济增长、国际贸易、国际资本移动、人力资源、信息化水平等),可以将非洲国家分为非边缘化国家、弱边缘化国家、强边缘化国家和极端边缘化国家这几种类型。① 对于这几种不同的国家分类,我国在对其直接投资上也应该采取不同的策略。例如,非边缘化国家是相对较理想的投资场所,它们往往在非洲国家经贸之间起到较重要的作用,一般来说,当地的投资环境较安全,经济发展较发达,运输系统效率较高,这是我国对非投资需要重点考虑的对象。

## 第二节　中非发展基金的探索

### 一、中非发展基金的背景

非洲大陆是一片充满发展机遇的沃土。非洲国家为实现新的发展目标,把基础设施建设作为经济发展的重点,道路、港口、能源、电信等基础设施项目成为投资热点。半个世纪以来,中国一直致力于巩固和发展与非洲国家的友好合作关系,为实施"走出去"战略的中国企业带来更多商机。截至2007年年底,中国对非的累计投资达到了66亿多美元,这些投资涉及农业、电信和能源加工制造等多个领域。而在2008年,中国的对非直接投资已经达到了3.7亿美元。海信、华为、中兴等中国企业在当地的投资都获得了很好的经济和社会效益。图8.3显示了1990—2006年间中国对非洲的进口和出口额。

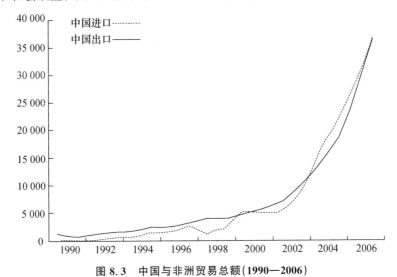

**图8.3　中国与非洲贸易总额(1990—2006)**

资料来源:Calculated from Direction of Trade Statistics (IMF) database, accessed via ESDS, March 2009。

---

① 越接近非边缘化国家,经济就相对发达,政局稳定,参与世界经济体系的程度和社会发展水平较高;而越接近强边缘化国家,经济就相对薄弱,缺乏参与国际分工的能力,往往被世界经济体系所忽略。

2006年11月4日,胡锦涛主席在中非论坛的北京峰会上宣布,为推动中非新型战略伙伴关系的发展,促进中国与非洲国家实现在更大范围、更广领域、更高层次上的合作,中国政府将就8个方面采取措施,其中第3方面就是"为鼓励和支持中国企业到非洲投资,设立中非发展基金,基金总额逐步达到50亿美元"。中非发展基金的设立,体现了中非发展相互关系中"真诚友好、平等相待、相互支持、共同发展"的原则,符合中国和非洲国家政府、企业和人民的利益。

2007年3月14日,中国政府正式批准中非发展基金成立,首期由国家开发银行出资承办。为此,国开行在京成立中非发展基金有限公司(China Africa Development Fund)。基金全数由国开行出资,首期规模为10亿美元,总额将逐步达到50亿美元,存续期为50年。

中非发展基金从2007年6月成立以来,一直积极与中国和非洲各国的政府、企业及国际组织密切合作,已在非洲投资了三十多个项目,已基本完成一期10亿美元的投资额,并可带动基金合作伙伴对非投资逾40亿美元,涉及能源、交通基础设施、农业、制造业、矿业等多个领域,项目总投资逾50亿美元。

中国企业通过投资和建设上述项目,不仅从资金和技术上支持了非洲,还把管理经验和经营模式也传授给了当地的企业和合作伙伴,在非洲国家经济社会的发展和民生改善等方面发挥了积极的作用。今后,中非发展基金将继续同其他中国企业加大对非洲基础设施、农业等领域的投资,为促进基金扶持企业扎根非洲,实现可持续发展的道路奠定坚实的基础。

## 二、中非发展基金的意义

中非发展基金填补了传统模式下无偿援助和贷款间的空白,而且在不增加非洲国家债务负担的同时,以市场化运作的手段实现自身的持续健康发展。

中非发展基金将国际股权投资基金的操作模式与非洲国家的经济发展方向相结合,以基金投资和咨询服务等方式,将伙伴式推进器的作用充分发挥,引导并支持更多中国企业开展对非直接投资,以市场化的方式促进非洲地区的经济发展和民生改善。

中非基金是我国政府全面推动中非新型战略伙伴关系的新举措、新方法,在资金性质、业务范围以及运作模式上都有着鲜明的特色,并秉承以下方面的投资理念:致力于搭建中非经贸合作的桥梁与纽带;致力于增强非洲发展的"造血"机能;积极履行投资的环境与社会责任;以市场化运作促进中非互利共赢。

### 三、中非发展基金的特点

中非发展基金是一只专注于支持非洲发展的投资基金。它以推动中非经济合作和促进非洲发展为目标,以在非洲开展业务和拟投资非洲的中国企业为桥梁,以直接投资推动中国企业与非洲国家企业的合作,来促进非洲国家的基础设施建设和社会经济的发展,体现了中国政府对非洲的外交和经济政策,从而有力地推动中非国家新型战略伙伴关系的发展与深化。

第一,作为中非合作论坛北京峰会的产物,中非发展基金的业务开展得到了中国政府和非洲国家政府的大力支持。中非基金的成立和运营得到了非洲各国政府的密切关注,这些国家都非常期待中非发展基金去他们国家投资。中国企业与中非发展基金合作,可以有效提升层次,加快项目投资的进程,从而分散投资风险。

第二,中非发展基金一期全部由国家开发银行投资。国开行除了拥有较为丰富的产业投资基金管理经验和项目评审经验外,还有着极为丰富的工程技术专家和金融专家。国开行可以与中非发展基金实现资源共享,也能为中非发展基金的投资项目提供融资支持。

中非发展基金的独到之处是专业化管理。依托着规范的公司治理结构,中非发展基金专门选聘了一支专业化的团队来管理基金。国开行作为股东,拥有丰富的项目评审和管理经验以及较为完善的专家资源库;国开行投资的5只基金及3家专门基金管理公司,已建立了较为成熟的基金运行管理和风控机制。此外,国开行"走出去"的业务也为中非基金储备了必要项目,积累了对非投资经验。总之,国开行所具备的方方面面的整体资源和优势为中非基金提供了专业化支持。

第三,中非发展基金选择合作伙伴和投资项目的标准是投资的长期回报能力。中非发展基金能为那些发现了投资机会却资金不足的企业提供资金帮助,为那些资金实力强大却不愿独担风险的企业分担风险,为那些缺乏投资非洲经验的企业寻找投资机会,也为那些希望吸引外国投资的非洲国家政府和企业寻找中国投资伙伴。

第四,中非发展基金在业务开展过程中积累了较多对非投资经验,也培养了许多既有着丰富的投资经验、对当地语言掌握良好又熟悉非洲情况的对非投资专业人才,能为中国企业的对非业务提供经验。

第五,中非发展基金通过与国内大型专业化公司建立战略合作关系,已成功搭建多个对非投资行业平台,如建材平台等。这些平台的运作,可以统筹某个领域的资源、实现长期规划与合理布局,并且提高抵御风险的能力,最终实现较为稳定的投资回报。

**四、中非发展基金的投资对象和投资方式**

(一)投资对象

中非发展基金的投资对象主要是那些到非洲开展经贸活动的中国企业以及中国企业对非投资的企业和项目。由于促进中非关系发展是中非发展基金的宗旨,因此投资对象自身及它的投资行为都必须遵守、符合中国和投资所在国的法律法规,以及环境保护与社会发展政策等。

中非发展基金重点关注和投资支持的行业,首先是对非洲国家经济的恢复和发展具有重要作用,能够帮助其提高自身"造血"机能的农业和制造业;其次是基础设施和基础产业,如电力及其他能源设施、交通、电信和城市给排水等;再次是资源领域合作,包括油气和固体矿产等资源合作;最后是中国企业在非洲开办的工业园区等。

例如,埃塞俄比亚玻璃厂,由中非发展基金与中地海外建设有限公司合作投资,目前已建设完工,并将于近期点火生产。由于这个项目的投产使埃塞俄比亚从不能生产玻璃的困境中解救出来,因此,它得到了埃塞俄比亚政府的大力重视。此外,该投资项目也将大大促进埃塞俄比亚的经济建设和推动劳动就业。

又比如,加纳电厂是中非发展基金与深圳能源投资股份有限公司合作投资的一家企业,已于2008年4月开工建设。它的第一台机组计划于2008年年底并网发电,它建成后的运营将大为改善加纳的电力供应,有效提高该国的生产用电和生活用电水平。

(二)投资方式

中非基金的投资方式主要包括以下三种:

一是股权投资。需要特别强调的是,尽管中非基金对到非洲开展经贸活动的中国企业、中国企业对非投资的企业和项目进行投资参股,但它原则上不控股、不做第一大股东。

二是准股权投资。基金投资还会选择中国政策许可的、符合东道国法律法规的方式进行投资,如优先股、混合资本工具、可转换债等准股权方式。

三是基金投资。也即"基金的基金",将适当比例的资金投资于其他在非洲投资的基金中。

此外,中非基金还为各类企业提供管理、咨询和财务顾问等服务,这些服务不限于被基金投资的企业,能够更好地发挥中非合作的桥梁作用,更有利于基金投资的顺利退出和保值增值。

**五、中非发展基金的风险控制**

中非发展基金制定的风险应对策略有以下四个：一是审慎决策。坚持严谨审慎的风险管理原则，对项目全面有效的尽职调查应在投资决策前进行。二是风险规避策略。严格遵循现有的投资评估标准和风险边界要求，将风险较大、超出公司承受能力的项目规避掉。三是风险转移策略。对于风险较大的特定项目，在交易结构中需明确风险转移的条款，如采取海外投资保险等措施。四是风险减缓策略。对于损失已经发生，并且难以采取其他措施挽回的项目，采取止损措施。

中非发展基金会的投资期限，取决于项目的行业特性、投资回报水平、风险状况以及退出时机和方式等因素。一般说来，中非发展基金对单个项目的持有期主要为5—8年，原则上不超过10年。对投资规模的规定有三点：第一，中非发展基金依据项目风险管理和控制的要求，对投资单一企业、项目、行业等设立投资限额，并根据投资战略的变化对投资规模进行调整。第二，基金的投资比例原则上不控股、不做第一大股东。第三，单一项目投资规模主要为500万—5 000万美元。

## 第三节 中国企业对非洲投资存在的问题

**一、投资环境状况并不十分理想**

广义的国际投资环境，是指世界范围内某一国家或地区为接受或吸引外资所具有的基本条件，是国际政治经济格局与某一国（或某一地区）政治制度、法律制度、经济制度、传统文化、地理位置、自然条件等多种因素的综合反映，是一个动态的、全方位的、多层次的、多因素的综合体系。在中国对非洲的投资问题上，可以按社会科学传统分类来分析中国对非洲的投资环境。

（一）政治环境

政治环境主要包括了东道国的政治制度、政权稳定性、政策连续性以及是否存在战争风险等方面的基本条件。

对于非洲而言，政治制度复杂多样，包括了总统制、君主立宪制和君主制等。非洲大陆的政局大体稳定，局部动荡，如撒哈拉以南非洲国家，这些国家政治局势动荡多变，政府由于成立时间短，缺乏执政经验，执政能力和效率低下。此外，非洲局部地区的民族、宗教矛盾错综复杂，发生内乱的可能性非常大。比如发生于1994年4月6日至1994年6月期间的卢旺达种族大屠杀、

1997年6月至1999年12月期间发生的刚果内战、2011年1月26日发生的叙利亚内战和2011年2月17日发生的利比亚内战,这些战争不仅给当地的百姓带来了极大的痛苦,也给国外投资者带来了巨大的战争风险。

(二)社会与文化环境

社会与文化环境主要包括了社会秩序、教育水平和国民情绪等因素:

良好的社会秩序是投资正常运行所必须具备的前提条件。然而,撒哈拉以南非洲国家普遍存在社会治安不稳定的现象。该地区是全球社会治安最为动荡的地区之一,其犯罪率长期居高不下,抢劫、杀人等恶性治安事件时有发生,严重地威胁到了我国投资者的人身安全和财产安全。而在教育方面,在进入20世纪80年代以后,非洲国家经济持续衰退,教育的外部条件恶化;人口的高速增长和无限膨胀也给非洲新兴独立国家带来了巨大压力——学龄儿童增长率极度增加,劳动人口的社会抚养系数也随之增大,大大消耗了这些国家原本就有限的人力、物力和财力;在多年来非洲持续不断的政治动荡、战乱以及难民潮的环境下,教育每次都首当其冲成为牺牲品。教育设施缺口大、教育经费不足、教育机会不平等的问题成为困扰非洲教育发展的巨大障碍。在长期战乱和贫困的生活压迫下,很多非洲人民都怀有强烈的敌对不满情绪,这也为中国的对非投资制造了相当大的障碍。

(三)经济环境

经济环境是影响国际投资活动最直接和最基本的因素,它主要包括经济体制、市场和产业环境以及经济发展水平等。

非洲的经济体制虽说是市场经济,但是由于帝国主义和殖民主义的长期统治,西方国家的不平等贸易关系,非洲国家社会、政治、文化、部族的复杂性,以及经济政策的失误等因素的综合作用,形成非洲不发达的市场经济,导致非洲市场要素残缺,市场体系发育不全,市场机制被严重扭曲和对外依赖。非洲市场的特点主要有:非洲居民的商品经济观念较差,市场意识不强;产品商品化程度较低,交换也采取以货易货的方式,不经货币媒介;市场结构具有现代部门与传统部门共存的二元结构,及发达的商品货币市场与不发达、残缺的原始市场并存;由于传统经济发展水平较低,市场交换产品种类不丰富,政府为满足社会需要,对价格进行控制,使价格发生扭曲,因此自由价格形成极为困难;非洲的金融机构中有许多是国际金融机构的分支,但是非洲国家对这些金融机构的控制力不强;非洲市场行动普遍欠缺规范;等等。此外,由于非洲国家的经济发展较为落后,通货膨胀率较高且汇率波动频繁,部分中国投资者时常损失严重。部分非洲国家存在着税收政策不稳定、税率制度不健全的问题,也常导致当地中国企业面临着较高的税收风险。

### (四) 法律环境

法律环境是指一国法律体系的完备性、法律仲裁的公正性和法制的稳定性等基本条件。

法语非洲国家独立后继承了法国的法律体制。但是,并不是整个法国的法律体制都适用于殖民地,因此它们的法律体制经常处于变化之中。这些国家除了继承法国法律,为了补充和(或)采纳殖民地的法律,新独立的非洲国家根据当地的实际情况在某些领域进行了相关立法。从整体来看,在非洲大部分新独立的国家里,法律并没有得到编纂。由此可知,在这些国家里经常发生的问题是,新的法律文本在得到采纳通过后,原来的法律文本又没有予以废止,这就造成了法律体系的不完备。同时,也给法律专家带来了诸多难以克服的困难,比如不知道什么样的法律仍可以适用。因此,在整个非洲大陆,法制的不稳定和法律与司法的不安全是不可避免的。

## 二、部分西方国家的无端阻挠

随着中非经贸关系不断加深,一些西方国家的既得利益在一定程度上被触及。随之而来的便是一些西方舆论利用中非贸易的争端,片面放大经济问题,并进一步政治化,意在阻挠中国与欧美等国家在非洲市场的企业竞争。

## 三、盲目投资带来的风险

20世纪以来,随着中国企业对非直接投资的数量日益增长,投资领域不断扩大,投资的回报率普遍较高,如30%,许多中小型民营企业在高回报率的驱使下贸然进军非洲市场。但是,这些企业中的绝大部分是首次涉足海外市场,缺乏海外投资经验。由于非洲大多数国家文化教育落后,造成了语言沟通困难;一些中小型企业都集中在简单生产的轻工业或家庭式生产,由于不需要复杂的加工生产技术,对当地就业贡献率低,造成当地政府与民众的不满;不少企业尚未对市场进行详细的调查和研究,对当地法律法规了解不透彻,就盲目投资非洲,因此遭受巨额损失。造成这些投资风险的根本原因就是投资前准备不够充分。

## 四、中国企业之间的恶性竞争

近年来,随着越来越多的中国企业进入非洲市场,截止到2011年,在非洲的中国企业已经有大约2 000家,而中国企业之间有着越来越明显的过度竞争趋势。这些企业中不仅包括大型的国有企业,也有中小型民营企业,其中民营企业占据较大比例。这些企业恶性竞争、竞相压价的行为,在一定程度上扰乱了市场秩序。这对于投资方和东道国而言都是损失。此外,随着国内的市场化改革引进竞争因素,对外援助项目的承包领域也会引起一定程度的混乱。尤其是个别援助项目迟迟不能兑现,对国家的信用有着严重的影响。这也会给在非洲投资经营的中国企业带来负面影响,破坏中国企业的形象。

**五、东道国的引资目标和就业政策引起的问题**

在非洲,相当多的国家对我国的发展经验寄予厚望,非常重视和欢迎我国企业的投资。由于非洲国家普遍存在着资金、人才和技术的短缺,因此他们希望我国增加对非基础设施、能源矿产、制造业和农业等各领域投资,大力转让技术,加强人员合作,以投资带动非洲的出口和就业,提高当地产业的竞争力。因此,不少非洲国家不可避免地对我国的援助规模、投资产业类型、就业带动和企业社会责任承担等方面存在着过高期望。而当我国企业难以满足对方的要求时,项目的正常推进就会遇到障碍。

## 第四节 中国企业对非洲直接投资的策略建议

### 一、政府的政策措施

**(一)加大我国政府政策扶持、投资引导和服务促进的力度**

政府应对参与和发展中非经济合作采取积极的态度,一是多多签署互惠互利的双边或多边协议,为中国企业的对非投资提供政策支持。二是对财税和金融等方面提供政策支持,如逐步放宽对非洲投资的外汇管制,建立和完善金融服务体系,对企业返回的产品给予进口配额、税收或者外汇的优惠,努力解决制约企业投资非洲的资金瓶颈,充分发挥各商业银行融资主渠道的作用。三是设立非洲投资保险机构,为企业投资非洲提供政策性保险。四是建立非洲地区投资的风险补偿机制,进一步改善我国对非投资的金融服务,为企业融资创造宽松、便利和灵活的环境,倡导投资企业将政策性资金、商业贷款与国际金融机构资金结合起来。五是加大政府对企业的引导力度,鼓励和引导国内具有比较优势的产业,尤其是民营企业,去非洲国家投资,完善公共商务信息制度,全面宣传非洲投资信息,积极帮助企业解决对非洲国家投资环境不熟悉等问题。

**(二)积极宣传我国外交政策,反对抨击不实之言**

"中国威胁论"和"新殖民主义"曾一度甚嚣尘上,这是因为一些有着"冷战"思维的国家及人士对我国有着非常强的戒备心理。现今,非洲版"中国威胁论"也开始蔓延。因此,在我国对国外石油、天然气及重要矿产资源的需求不断增加的当前形势下,我们尤其要注意避免他国大肆炒作我国的资源紧张问题。此外,我们也需以主流媒体的手段,客观真实地宣传我国对非政策、中非合作的双赢成果与实例。

**二、行业协会的功能作用**

(一)进一步发挥中介机构的职能,避免我国企业之间的恶性竞争

建立健全各类行业协会和相关的机构,充分发挥行业协会等中介组织在行业自律和联合国内企业共同对外等方面的积极作用。一是在对非投资方面,鼓励企业形成投资联盟,增强竞争力和谈判力度;二是在政府的指导下联合本行业企业,在国际贸易谈判中一致对外,防止多头对外,减少内斗和不必要的内部竞争;三是充分发挥境外中资企业商会和投资贸易中心的作用,利用已经成立的中非民间商会、中非联合工商会等,鼓励中介机构在促进中非贸易和投资领域等方面发挥作用。

(二)积极发挥政府和企业之间的桥梁作用

一方面,行业协会能为政府服务。例如,向政府提供本行业的发展趋势报告,提出行业经济政策、制定行业标准;负责贸易保护、市场损害调查、贸易纠纷协调;陪同领导人出访,与被访问国家达成大宗交易等。

另一方面,行业协会要能为企业服务。比如,规范行业内竞争,规划行业发展,提升行业竞争力,维护本行业的企业利益,办好行业信息简报,维护好行业网站,做好信息服务工作等。为使这项工作更好地开展,可设立一个投资信息咨询中心,专门从事信息的收集和研究,向希望去非洲投资的我国企业提供有偿咨询服务。

**三、企业的对策措施**

(一)做好市场调研,对投资风险要有充分的认识

非洲地区地广人多,民族也多,各国的国情因此也千差万别,经济发展非常不平衡,市场机会和发展前景也不全相同。因此,在实际投资前,务必加强对这一地区的调查和研究,这些研究应包括以下内容:非洲市场的基本状况及行情,从而做到全面、准确地认识市场的具体状况,包括人口结构、就业状况、收入分配、消费水平、市场容量,以及民俗习惯等;与市场相关的各种因素及其发展趋势;非洲各国的相关政策、法律和法规;等等。对这些内容做好了调查之后,方可以做出适合企业的选择策略,切忌盲目投资。

例如,非洲的几个主要产油国之所以政局不稳,大多是由宗教和种族纷

争、政府腐败、贫困和争斗等因素导致,再加上技术及专业人才的匮乏,较高的开采风险和成本,实际勘探的成果很可能会显著低于预期,所以,我国除了要特别加强对可行性研究和风险项目的预测和监控以外,还得提供雄厚的资金和政治上的保证。

简而言之,中国企业在进军非洲市场之前一定要深思熟虑,在应对市场风险方面,决不可打"无准备之战",特别需要不断完善对企业投资非洲的金融支持和保障体系。

(二)加强多方沟通,推进社会营销,实现互利共赢

一方面,我国企业在加强与非洲国家政府和企业的交流的同时,也要注意多和东道国居民沟通,尤其是要与当地的雇佣员工保持良好的关系,且在遇到困难和问题时多多听取他们的意见,这样双方才能实现更顺利的合作,尽可能地最小化困难和矛盾。

另一方面,我国企业的对非投资策略要针对各国的国情和需要差别化处理。在推进社会营销的同时,有针对性地制定具体政策:一是加强矿产资源类投资和互利合作,扩大社会公益类项目投资;二是充分考虑东道国的引资目标,在实现我国企业投资目标的前提下,为当地经济和社会发展做出贡献;三是增加高附加值、高质量产品出口,将低端商品市场部分让利于非洲国家,扩大从非洲国家的进口。只有这些政策得到了确切的实施,双方的合作才能持久和实现互利共赢。

(三)对非洲投资的思想意识转变

我国初期与非洲的经济合作多建立在贸易往来之上,很多企业仍然以出口导向为主,惯性地用传统贸易公司的思维和指标来考虑公司的经营和发展,对企业转型升级的意义和复杂性认识不够。在"一带一路"倡议指导下,中国企业尤其是民营企业对非洲的投资,应从传统贸易型思维方式转变为项目实体经济型思维方式,强调融入当地市场,对生产环节要多考虑当地实际情况,才能适应当地的生产经营活动,发挥民营企业特有的灵活性。

综上所述,中国的对非投资希望和挑战并存,想要进一步揭开非洲的神秘面纱,中国企业还需更多地认识和了解非洲市场。非洲这个大市场拥有53个国家,8亿多人口,而且随着非洲各国经济改革的进度日益加快,保持了连续多年增长势头的非洲经济,正日渐表现出其巨大的市场潜力。因此,中国应加强与非洲的合作,以投资促进当地经济和社会发展,以先进的技术和管理经验增强非洲国家的自主建设能力,进而实现中国和非洲的经济效益双赢。

## 本篇总结

综上,我们已经达成了这样的共识,中国应加强与非洲的合作,以投资促进当地经济和社会发展,以先进适用的技术和管理经验增强非洲国家自主建设能力,进而实现中国和非洲经济效益双赢的目的。我国与亚非拉广大发展中国家的经济合作日益活跃和广泛,这是我国"走出去"战略进一步明确化的结果。

然而在具体的安排中,由于资源禀赋的差异,企业面临着各种各样的问题。其中,金融地位不对等使得民营企业难以发展亚非拉业务。我国政府和相关政策性机构应致力于破除国有企业与民营企业的金融地位不对等,使国有企业与民营企业在金融市场的境遇与其对我国经济发展所做出的贡献相匹配,使其在融资上所面临的困难如实地反映其生产效率和行业风险。完善的信用机制和加大对民营企业的扶持力度是需要被纳入考虑的主要问题。通过直接向民营企业提供融资,或扶持民营企业融资机构,或引导民营企业与国有企业合作互补,国家开发银行在促进民营企业"走出去"发展亚非拉业务方面已经有许多成功的案例,国开行可以以此为良好基础,进一步加大扶持力度,创新扶持方式。

同样,要促进中国企业对非洲直接投资,也需要政府承担相应角色。其一是加大我国政府政策扶持、投资引导和服务促进力度,其二是积极宣传我国外交政策,回应抨击不实之言。更重要的是,要发挥行业协会的功能,避免企业之间的恶性竞争;同时积极发挥政府和企业之间的桥梁作用。

当然,在政府部分做好相关工作的同时,企业自身也应该有所准备,完备的市场调研和对投资风险的充分认识是必备条件,同时企业也应加强多方沟通,推进社会营销,实现互利共赢。

## 参考文献

[1] Baizhu Chen, Yi Feng, 2000, "Determinants of economic growth in China: Private enterprise, education, and openness". China Economic Review No. 11. pp. 1—15.

[2] Banister J., 2007, "Manufacturing in China Today: Employment and LaborCompensation", Economics Program Working Paper Series EPWP 0701, The Conference Board.

[3] Gregory N, 2001, "The Financing of Private Enterprise in China", Financing & Development.

[4] Hsieh, C.-T. P., 2007, "Misallocation and Manufacturing TFP in China and India." NBER Working Paper. No. 1. pp. 1—15.

[5] Zheng Song, Storesletten Kjetil, Zilibotti Fabrizio, 2011, "Growing Like China", The American Economic Review. No.101. pp.196—233.

[6] 陈建南:《发展中国家对外直接投资理论述评》,经济学动态,2001(2):65。

[7] 陈宗德:《非洲投资市场及我国对非洲投资概析》,西亚非洲,2004(1):46—50。

[8] 董毅,2004,《中国民营企业债券融资分析》。

[9] 杜玲:《发展中国家/地区对外直接投资:理论、经验与趋势》,中国社会科学院博士论文,2002。

[10] 何流,2012,《解冻民企》,《中国报道》第1期。

[11] 胡盛霞、董有德:《中国对非洲直接投资特点及其原因分析》,对外经贸实务,2008(12):76—79。

[12] 李国平,2010:《中国股市对民营企业的制度性歧视及其影响》,《中国管理科学》。

[13] 李宁,2010:《我国企业债券融资研究》。

[14] 莫莎、刘芳:《中国对非洲直接投资与贸易的关系研究》,国际经贸探索,2008(8):46—50。

[15] 尼尔·格雷戈里、斯托廷·特尼武,2001:《中国民营企业的融资问题》,《调研世界》。

[16] 潘宏、陈天香:《中国企业对非洲投资的策略选择》,商场现代化,2008(2):187—188。

[17] 沙尔瓦托·曼库索洪、永红:《中国对非投资法律环境研究》(非洲法研究丛书),湘潭大学出版社,2009。

[18] 书雨:《中小企业"非洲攻略"》,中国中小企业,2006(12):18—22。

[19] 邢建国:《对外直接投资:战略选择》,经济科学出版社,2003。

[20] 徐刚:《全球化背景下我国对外直接投资模式探索》,江西社会科学,2003(1):23—25。

[21] 薛荣久、张玮、唐宜红:《国际贸易》,北京,对外经济贸易大学出版社,2003。

[22] 严明,2006,《海外投资金融支持》,社会科学文献出版社。

[23] 杨林燕:《中国企业对非洲投资研究:动因、模式及其效应》,厦门大学硕士学位论文,2009。

[24] 杨莹:《中国对非洲直接投资研究》,东北财经大学硕士论文,2007。

[25] 余婧,2011:《中国货币政策传导机制研究:理论与证据》。

[26] 张杰,2000:《民营经济的金融困境和融资次序》,《经济研究》第4期。

[27] 张燕明:《中国企业对外直接投资模式研究》,理论学刊,2005(6):38—39。

[28] 张卓:《外商在华直接投资区位决定因素的阶段性研究》,西北大学硕士论文,2008。

[29] 周英,2003:《论我国民营企业实施"走出去"战略》。

# 第五篇

## 撒哈拉以南非洲：现阶段较适于发展成为中国的"密切合作区域"

### 本篇概要

本篇在总结全球地缘政治的基础上，选取撒哈拉以南非洲为中国海外密切合作区，深入探讨了"海外密切合作区域"模式以及该模式的性质、结构、开放性和具体的施展方式——通过寻求战略合作区域，并与之展开积极的经济政治合作，逐步形成一批在政治上、经济上都与中国有密切利益关系的国家，弱化"二元化"的倾向，拓展"一元化"区域。本篇选取纺织产业和能源产业作为中国与非洲地区展开密切合作的战略切入点，从项目层面探讨具体的合作模式，提出多种对策并举的总体性、系统性战略方案，为我国的全球发展战略提供基础理论借鉴和参考。

本篇目的在于了解我国"非洲战略"的由来，以及"非洲战略"是如何定义及实施的，清楚我国纺织行业"非洲战略"的可行性，并能通过对中法合作现状的分析，把握对非能源投资中的中法新型合作模式。

**本篇将要讨论的问题：**

- 我国提出"非洲战略"的依据是什么？如何分析其可行性？
- 基于当前国际形势下，"非洲战略"应如何继续进行？
- 为什么中法需要合作拓展非洲市场？
- 分析中法新型合作模式的利弊端，并给出改进的建议。

# 第九章　我国纺织产业转型的"非洲战略"

当下,我国支柱产业之一的纺织产业正受到巨大冲击。一方面,随着国内劳动力成本上升,我国纺织产业外贸产品的价格优势逐渐减弱;另一方面,经济危机的深化使得欧美消费市场不断萎缩,国际贸易保护主义重新抬头。在这样的情况下,我国纺织产业开始将目光投向拥有丰富资源和劳动力的非洲大陆。结合我国企业"走出去"战略的提出,纺织产业应该有明确的"非洲战略"。

## 第一节　中国纺织产业的发展

### 一、我国纺织产业发展现状

我国是纺织生产和贸易大国,已经形成门类齐全、规模巨大、多种经济并存的纺织工业体系。纺织业包括棉纺织、化纤、麻纺织、毛纺织、丝绸、纺织品针织行业、印染业等。从20世纪90年代起,我国纺织行业在世界市场上便开始占据着举足轻重的地位,生产能力和产量均排在前三位,成为最大的纺织品贸易出口国之一。纺织业作为国民经济的重要产业部门,在满足国内消费需求,解决国内农民、农村、农业问题,积累建设资金等方面起到了不可替代的作用。

从我国纺织业的产出来看,近几年来,纺织行业在较好的产业经济环境中,一直维持着较快的增长速度。我国纺织行业规模以上企业[①]的年产量呈现出连年递增的趋势。从2006年到2011年,纱的年产量从1 740万吨增长至2 900万吨,布的年产量从550亿米增长至837亿米,化学纤维的产量从

---

[①] 统计术语,一般以年产量作为企业规模的标准,国家对不同行业的企业都制定了一个规模要求,达到规模要求的企业就称为规模以上企业,规模以上企业也分若干类,如特大型企业、大型企业、中型企业、小型企业等。国家统计时,一般只对规模以上企业做出统计,达不到规模的企业就没有统计。

2 025.5万吨增至3 390万吨(具体数据参见表9.1)。纺织行业工业生产总值由2006年的15 315.5亿元增长至2010年的28 507.92亿元,行业生产总值增长了近两倍。

表9.1 2006—2011年我国纱、布、化学纤维产量

| 年份 | 纱(万吨) | 增长率(%) | 布(亿米) | 增长率(%) | 化纤(万吨) | 增长率(%) |
| --- | --- | --- | --- | --- | --- | --- |
| 2006 | 1 740.0 | 20.0 | 550 | 13.5 | 2 026 | 21.7 |
| 2007 | 2 000.0 | 14.7 | 660 | 10.3 | 2 390 | 15.3 |
| 2008 | 2 148.9 | 3.9 | 710 | 5.1 | 2 415 | 0.1 |
| 2009 | 2 393.5 | 12.7 | 740 | 4.2 | 2 370 | 13.0 |
| 2010 | 2 717.0 | 13.5 | 800 | 6.2 | 3 090 | 12.5 |
| 2011 | 2 900.0 | 6.7 | 837 | 4.6 | 3 390 | 9.7 |

资料来源:根据国家统计局网站2006—2011年统计公报整理。

从纺织产品出口情况来看,由于受到全球经济疲软的影响,我国近几年的纺织品出口缓慢增长(见图9.1)。2011年我国纺织业产值、利润、投资增速全面放缓,出口增速甚至接近于零,折射出纺织企业面临的原料价格波动、生产成本增加、国际需求减少等严峻问题。而到了2012年,我国纺织业出口则遭遇了近三年来最困难的局面。2012年1至7月份纺织服装行业出口与上年同期相比几乎是零增长,在近几年中较为罕见,8月份甚至出现了负增长。可见,我国纺织品行业出口的发展遇到了瓶颈。

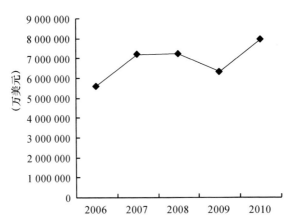

图9.1 2006—2010年我国针织品出口总额
资料来源:根据国家统计局网站2007—2011年统计公报整理。

### 二、我国纺织产业发展问题

我国纺织业存在的问题主要归结为两方面,一方面是纺织企业自身的发展问题,另一方面是纺织产业所面临的国内外环境问题。具体来说,目前我国纺织业的发展主要面临以下几点难题。

第一,对市场需求的制约难以迅速化解。由于纺织工业对市场(特别是出口市场)的依存度较大,属于典型的需求拉动型产业;而受全球经济疲软、欧债危机等因素的影响,我国纺织工业面临的突出问题是市场需求萎缩。虽然国家已经出台了《纺织工业调整和振兴规划》,用于缓解全球经济的负面影响,帮助有竞争力的企业渡过困难,但是,它难以创造短期需求,难以抵消因市场需求下降而带来的影响。

第二,外贸转内销陷入困境。国际市场需求萎缩后,纺织行业中原来主要从事外销的企业转向了国内市场,但国内市场容量难以迅速扩大,造成产能过剩。此外,主营出口加工的企业进入国内市场时面临转型困境。外贸出口产品定价相对较高,转向国内市场后消费者可能难以接受。

第三,比较优势减弱,国际竞争力下降。我国劳动力成本低于发达国家但是已经高于巴基斯坦、印度、印尼等国家,纺织产品价格已经高于国际价格,比较优势逐渐减弱。由于纺织品是许多新兴经济体最先进行生产的工业品(Yong,1998),随着更多的发展中国家进入国际纺织品市场,国际竞争愈演愈烈。再加上人民币持续升值给纺织业出口带来了更大的压力,使得我国纺织工业竞争力系数[①]下降。

第四,贸易保护主义抬头,贸易壁垒增多。21世纪以来,我国纺织品服装出口面临的贸易保护措施越来越多样化,从最初的配额限制、反倾销、特别保障措施,到目前的反补贴、技术壁垒、企业社会责任,再到如今面临的屡遭召回的窘境。特别是金融危机爆发以来,各国增加的失业人口和减少的居民消费,都使得市场需求进一步萎缩。有些国家从本国纺织服装企业的经济利益出发,采取不同形式的贸易保护措施限制中国纺织品服装的出口,严重影响了我国纺织产业安全。

### 三、关于我国纺织业发展的研究

目前,对于我国纺织业发展的研究主要集中于以下几个方面。

第一,对我国纺织业发展的现状进行分析,指出发展面临的问题,并给出

---

① 竞争力系数=(出口−进口)/(出口+进口)。

一些解决问题的对策。这方面的研究是最多的。比如,严斌、赵银德(2006)认为,自2005年纺织品配额取消之后,我国纺织业发展主要面临国际形势不容乐观、纺织业内部生产力恶性膨胀、贸易壁垒妨碍我国纺织业出口等问题,并分析了这些问题的成因和对策。再如,王亚平(2009)认为,目前我国纺织工业主要面临着市场需求制约难以化解、企业创新能力难以迅速提高、企业组织结构影响产业升级、外贸转内销困难重重等问题,并提出了针对需求确定发展方向、积极开发高新产品、提升纵向价值链分工地位等解决对策。

第二,对我国纺织业国际竞争力的研究,李创等(2005)通过分析主要得出以下两点结论。一是认为我国纺织外贸企业的竞争优势来自于"市场因素"和"技术因素",因此,纺织外贸企业必须从提高外贸人员素质入手,培养出既懂管理又懂技术和外贸业务的准用人员。二是通过分析技术改造对纺织企业竞争力的影响,提出技术改造对纺织企业竞争力影响的评价体系。该评价体系主要包括投入性指标、外显性指标、效益性指标以及内在性指标。

第三,研究我国纺织业"走出去"战略的可行性。研究的"走出去"战略主要分为两类。第一类通过分析中国对非洲的宏观政策来探讨我国"非洲战略"的可行性。如 Eisenman and Kurlantzick(2006)指出,由于中国在经济发展上需要新能源、原材料和市场,在外交上需要国际组织的支持,因此在过去的十年里,中国与非洲的许多国家建立起了政治和经济上的友好关系,与非洲的四十多个国家签订了贸易协定。第二类从微观层面研究我国纺织企业在非洲投资的可行性。如杨光等(2006)分析了我国企业在西亚非洲国家投资的经验教训,认为部分企业在这些地区投资成功的经验主要归结于:① 充分运用政府搭建的合作平台进行运作;② 以质量和服务赢取市场,关注服务对象国的利益;③ 注重与当地政府、运营商和教育单位展开全方位的合作。陈亚楠、赵宏(2007)认为中非经济互补性很强,非洲是中国开拓市场多元化的重点区域之一,中非纺织业的合作将会进一步加强。

借鉴已有的研究思路和方法,本章主要通过分析目前我国纺织行业的发展现状以及存在的问题,并且主要针对我国目前纺织业生产成本上升、贸易壁垒增多的问题,提出我国纺织业的发展需要将目光转向国外、开辟新市场的意见。借鉴已有的研究分析,我国与非洲经济的互补性很强,非洲大陆上存在大量的廉价劳动力,并且有国际市场准入政策的扶持,本章决定将眼光转向非洲,提出纺织业发展的"非洲战略"。

## 第二节 "非洲战略"可行性分析

### 一、我国纺织产业应该具有明确的"非洲战略"

通过前面的论述,可以发现,我国纺织产业正处于一个上升的瓶颈期,面临着国内和国外的双重压力。这迫使我国纺织产业不得不开始寻找新的贸易合作伙伴,开辟新的市场。在这样的环境下,我国的纺织企业不妨把战略的目光投向非洲大陆。

就国家层面而言,中国与非洲国家的经济战略合作其实在20世纪90年代的中期就已经提出了。20世纪末,由于受到经济全球化的影响,我国企业开始纷纷走出国门。但是这种"走出去"不仅仅是一个简单的企业行为,它也受到国家相关政策的支持。1999年,在纪念中国非洲问题研究会成立20周年的学术研讨会上,时任外交部非洲司司长刘贵今在发言中提出,中国应与非洲建立形式多样的对话磋商机制,扩大双方在国际事务上的交流与沟通,并第一次提出我国准备于2000年举办中非合作论坛。2000年10月,中非合作论坛顺利举办,从此拉开了中非经济密切合作的序幕(李安山,2012)。在此后12年的时间里,中非论坛基于互相尊重、平等互利的原则,取得了丰硕的成果。可以说,在这12年的时间里,三年举办一次的中非论坛,成为中非两大地区经贸合作最主要的对话平台。

中非长期友好的合作关系,为中非论坛的经济合作奠定了基础。而中非论坛,则为中非长久的经济合作提供了灵活的机制和多方对话的平台。在这种情形下,纺织产业"非洲战略"的提出具备了现实上的可能性。

中非关系学者李安山(2011)曾经说过:"中国在非洲什么都不缺,就是缺战略。"这体现了战略思想对我国同非洲合作的未来的重要性。战略思想的核心就在于对趋势的前瞻性,而纺织产业"非洲战略"的核心,就在于对国内外市场和今后经济发展的把握。

从狭义上而言,纺织产业的"非洲战略"指的是,将我国纺织产业过剩的资本和生产能力向非洲国家转移,以此在非洲国家和地区建立纺织产业从原料供给到产品销售的完整产业链。并且凭借着非洲地区的地域优势和我国本身的技术和规模优势,将生产的产品重新推向国际市场。而从广义上来说,纺织产业的"非洲战略"是我国企业"走出去"总体战略的一部分。就是依托中非良好的经济合作关系,将纺织产业上中非的合作,从原本产品市场上的合作,延伸到要素市场,让中国的技术和资金同非洲的劳务和自然资源相结合,做到技术和资本的真正"走出去",从而使得我国的纺织产业在世界范围内的优势重新建立起来。

简单地说,纺织产业所谓的"非洲战略"指的就是鼓励国内的纺织企业走出国门,将工厂和仓库建设到非洲的土地上,以此完成产业链的优化。

## 二、可行性研究

纺织产业的"非洲战略"作为一种全新的发展模式,是否能够帮助我国纺织产业重新建立国际贸易中的优势,仍需要实践的检验。而在实践之前,需要理论上详尽的分析。就总体而言,纺织产业"非洲战略"的基础是我国和非洲国家技术和资源上的互补,即我国纺织产业有先进的技术而非洲地区的产业技术相对落后,以及我国纺织产业现在急需廉价的生产要素而非洲国家恰好拥有相对我国而言低廉的资源和劳动力。这种不同方面的互补,是双方战略合作的基础。在进行战略的可行性分析时,应当对战略涉及的这两个不同主体进行详尽的分析和论述。

(一)以非洲为研究对象的可行性研究

根据上文的分析,产品成本的上升和国际贸易保护主义的影响使得我国纺织产业的外贸产品原本所具有的优势正在逐步瓦解,我国纺织品在国际市场上的竞争力正在减弱。但是,将非洲地区的生产要素市场,同我们原有的产业链进行结合,则会从多个角度优化我国纺织产业的产业链,重新形成多方位的优势。

1. 自然资源优势

非洲大陆的面积大约为3 000万平方千米(不包括附近岛屿),约占世界陆地总面积的20.2%,是世界的第二大洲。这片广袤的大陆蕴含着丰富的石油、矿产、水利、农业和林业资源,这为现代企业在当地的发展提供了大量资源。对于我国的纺织产业而言,最重要的一点在于非洲大陆是一个盛产棉花的大陆,而棉花则是纺织产业最基本的生产要素之一。

如表9.2所示,非洲大陆的棉产量在过去的30年间,稳步上升。非洲大陆拥有丰富的棉产量,是世界重要的产棉区。其中,法语区非洲国家的棉花产量最为巨大。虽然法语非洲国家棉花产量从2001年的100万吨跌到2010年的49.5万吨,但从2011年开始,这种趋势开始回转。以法语区国家马里为例,棉花产量从2010—2011年的10.3万吨升至了2011—2012年的17.1万吨(李红梅,2005)。鉴于这种回暖的趋势,国际上的棉花企业,如法国的Geocoton集团,开始同非洲国家进行合作。

表9.2 全球棉花产量地域分布　　　　　　　　　　单位:万吨

| 年份 | 全球 | 亚、澳洲 | 北美 | 南美 | 西欧 | 东欧 | 非洲 |
|---|---|---|---|---|---|---|---|
| 1980 | 1 425.4 | 579.1 | 303.2 | 103.8 | 17.9 | 267.8 | 113.5 |
| 1990 | 1 901.0 | 965.9 | 364.3 | 153.1 | 28.9 | 264.8 | 124.9 |
| 1995 | 2 024.8 | 1 122.5 | 412.6 | 113.6 | 47.8 | 181.2 | 147.9 |
| 2000 | 1 917.0 | 1 079.5 | 381.7 | 121.4 | 51.9 | 139.2 | 143.3 |
| 2001 | 2 070.5 | 1 148.9 | 444.7 | 102.1 | 47.8 | 146.6 | 180.5 |
| 2002 | 1 931.9 | 1 070.8 | 398.9 | 103.4 | 45.3 | 147.1 | 166.5 |
| 2003 | 2 060.6 | 1 138.4 | 397.4 | 166.3 | 41.8 | 146.3 | 170.4 |
| 2004 | 2 620.0 | 1 504.8 | 520.2 | 166.3 | 50.0 | 174.6 | 204.1 |
| 2005 | 2 439.4 | 1 372.3 | 494.4 | 166.0 | 45.8 | 172.3 | 189.0 |
| 2006 | 2 485.3 | 1 470.1 | 477.6 | 153.3 | 36.5 | 169.3 | 178.5 |

资料来源:2007年中国纺织工业发展报告。

因此,非洲地区盛产的棉花,能够为在当地建设工厂的我国纺织企业解决困扰已久的廉价原料问题,与此同时,交通运输成本也能够因为工厂建在原料产地上而大大缩减。

2. 劳动力成本优势

据联合国在2011年的预测,到2011年年底,世界人口将会突破70亿大关;至2050年,将达90亿;其中,非洲大陆2011年的人口为10亿,而到2050年非洲人口将翻一番,达20亿。由此可以发现,今后近40年的全球人口增长中,有一半来自非洲。根据联合国统计,1950年非洲青年人占全球青年人总数的9%,一个世纪后的2050年,这个数字将上升到29%,达到3.49亿人(舒运国,2012)。可见,在今后的近40年时间里,非洲将会成为世界重要的劳动力供给地区,非洲的劳动力不会像我国那样,因为人口老龄化而出现劳动力的断层等问题。同时,非洲的劳动力不但资源丰富,而且成本低廉,这就非常适合我国在当地发展劳动密集型产业。而纺织产业就是需要大量劳动力的产业。我国纺织企业如果将工厂建设到人口较为密集的非洲国家,那么劳动力的供给问题将会得到很好的解决。低廉的劳动力成本能够帮助我国产品的出口重新取得价格优势。

3. 市场需求优势

我国纺织企业如果在非洲当地建设工厂,则非洲国家和地区将会是在地理上距离工厂最近的消费市场。而非洲地区的人均纤维消费量平均为3.2千克,远低于8.7千克的世界平均水平(华珊等,2005)。随着非洲地区国家的发展和人均收入水平的提高,新的需求会随之不断产生,非洲国家对于纺织品的需求量会日益增大。需求增长的消费市场对于产业的发展具有拉动作用。由此可以发现,非洲纺织产品的消费市场具有相当的潜力待发掘,在今后的一段时间里,非洲消费市场本身对供给的拉动作用会日益明显。这无疑对我国纺织产业前往非洲当地开设工厂是有利的。

4. 当地政府政策优势

非洲政府对于中国企业到非洲的直接和间接投资,大体上持欢迎态度。这主要是出于两方面的原因:一方面,欧洲国家对非洲的长期殖民历史,使得非洲国家的政府普遍对欧美发达国家对其的投资有着很强的戒备心。欧洲最早的一批殖民者可以追溯到19世纪70年代,那个时候的欧洲殖民者霸占了非洲大陆约10%的土地。而到1912年,在短短不到30年的时间里,欧洲殖民者的殖民区域占整个非洲大陆面积的96%,这一数字相当惊人。这种殖民统治一直持续到20世纪六七十年代,才开始逐渐瓦解,非洲国家才开始走向独立。最后一个独立的国家纳米比亚于1990年才摆脱殖民(刘鸿武,2002)。这段超过百年的殖民统治历史,对非洲大陆的居民造成了难以磨灭的伤害。因此,非洲国家的政府,对于中国在非投资者的友好程度要高于欧美地区的投资者,因为它们害怕再次被打上"殖民地"的烙印。另一方面,中国长期基于平等交往的外交政策,使得非洲国家对于同为发展中国家的中国的发展模式有着高度的认同感。中国改革开放三十多年来取得的成功经验,是非洲国家所向往和愿意借鉴的。而引入中国企业的投资,不单单能够促进当地经济的增长,更重要的是能够借鉴和学习我国企业的发展模式,这对于非洲国家的长期发展是有利的。所以,非洲国家的政府,更愿意为中国的企业到当地的建设和投资进行支持和鼓励,纺织产业也不例外。我国纺织企业如果在非洲国家开设工厂,那么当地政府一定会有政策上的支持。

5. 国际市场准入优势

随着全球经济的发展,发达国家已经把战略目光投向了非洲,对非洲国家有着优惠的贸易政策。以美国为例,早在2000年5月就通过了《非洲增长与机遇法案》(African Growth and Opportunity Act,AGOA),并把它作为美国特惠贸易待遇体制的重要组成部分。该法案由美国和13个非洲受惠国共同签订,让受惠国享受免税地向非洲出口纺织品和服装的待遇。该法案原本应于2015年9月到期,但是美国为了响应南非等国延长该法案的呼吁,于2012年8月国务卿希拉里·克林顿访问非洲期间,宣布将延长AGOA的期限(刘勇,2009)。而欧盟方面则通过《科托努协定》①,允许非洲地区最不发达的国家免除关税,免配额出口除了武器之外的产品到欧盟。

通过上述内容可以发现,国际市场上对于非洲国家和地区贸易的准入有着优惠政策,这点对于非洲企业的出口是有利的,而对于在非洲开办工厂进行投资的纺织企业而言同样也是有利的。一旦我国的纺织企业进入非洲地区,那么可以依托其准入的优势进一步拓宽国际市场,为纺织产业在国际市场上的扩张提供有利条件。

通过本节的分析可以发现,非洲地区特有的上述特征,能够让进入非洲实施"非洲战略"的中国纺织产业具备非洲地区的优势,从而优化我国纺织产业的产业链结构,并重新建立起产品的核心竞争力。

(二)以中国为研究对象的可行性研究

中国的纺织产业能够在非洲地区实施所谓的"非洲战略",同我国纺织产业本身发展的程度也密切相关。

1. 成熟的技术

中国纺织产业之所以能够在非洲立足,非洲当地的政府之所以愿意让我们到非洲大陆开设工厂,其根本原因在于我国的纺织企业拥有非洲地区最缺乏的技术。如埃塞俄比亚、坦桑尼亚和赞比亚等非洲国家,虽然有着适合棉花生长的良好土地资源和气候条件,但是其本身并不具备发展纺织产业的技术条件。当地的政府虽然大力支持当地棉花产业,但是依然把棉花当作一种初级的贸易产品出口到国外来换取外汇(其中大部分出口到亚洲国家)。所以,成熟而且先进的纺织技术,是非洲国家欢迎我国企业来非建设的首要原因。

中国的纺织产业从1949年新中国成立后,就一直是我国大力发展的产业。国家分别从纺织工业布局改善、天然纤维品种的改良、纺织机械的制造和纺织技术的革新等方面积累了一系列发展纺织工业的技术经验,形成了一整套科学高效的纺织技术。这套技术是我国纺织产业立足非洲的核心所在。中国纺织产业在非洲国家和地区进行"非洲战略",很大程度上需要我们的技术条件和对方资源、环境优势的结合。

---

① 《科托努协定》的有效期为20年,每5年修订一次。内容包括政治对话、贸易与投资、为促进发展而进行的合作三个方面。主要内容是欧盟向非加太国家(非洲和太平洋国家)提供经济援助,双方进行全面政治对话,及时解决在消除贫困和防止地区冲突方面的问题,扩大经贸合作以及进行财政援助改革等。2005年6月25日,欧洲联盟和非加太集团按规定对协定进行了修订,签署了《科托努修改协定》。协定经过修订的《科托努协定》在加强政治对话、实现新千年目标、消除贫困、加强经济和贸易联系等方面增加了新的内容。

### 2. 运营的经验

中国是世界上最早拥有纺织产业的国家之一。可以说,纺织产业的发展伴随着我国历史的发展。欧洲在经历了工业革命的洗礼后,开始向我国输出资本。近代历史上开办的"洋纺织厂"第一次将近现代企业管理的模式和理念带到了中国。虽然过程是痛苦的,但是中国依然通过这种方式,将纺织产业的运营模式学习了过来。经过了改革开放后,纺织产业的运营和管理模式日益成熟,技术也大幅度提升,使得我国的纺织产业成为对外贸易的支柱产业之一。纺织产业这种劳动密集型的产业在中国本土的开展,到如今已经积累了丰富的运营经验,而这种运营的经验,恰恰是非洲当地的纺织企业所缺乏的。因此,中国的纺织产业的运营经验,是非洲地区支持我国纺织业走出国门的另一个原因。

### 3. 政策的支持

前文当中提到了我国政府大力支持我国企业"走出去",因此,政策层面上的支持和优惠也是我国纺织产业现在采取"非洲战略"的优势所在。2009年3月,中国商务部发布了《境外投资管理办法》,对境外投资管理体制进行了深入改革,推进境外投资便利化,大力支持中国企业"走出去"参与国际经济合作与竞争(商务部对外经济合作司,2004)。由此可见,境外投资所需要的程序正在逐渐简化,这就方便了我国包括纺织企业在内的大中小企业走出国门,走向非洲。从政策层面上而言,我国纺织产业在当前的经济环境下实施上文提到的"非洲战略",能够得到来自我国政府的大力支持。

通过以上两方面的可行性分析可以发现,不论是基于非洲的角度还是中国的角度,在当前环境下施行中国纺织产业的"非洲战略"都能够在非洲国家和中国找到比较优势,根据经济学原理,比较优势是贸易合作产生的基础。因此,施行中国纺织产业的"非洲战略"能够找到双方利益的结合点,从而实现"中非双赢"的局面。所以,从理论上而言,"非洲战略"是完全可行的。

## 三、现状和已有模式

商务部的统计显示,截至2011年年底,中国的对非直接投资存量已超过147亿美元。按照国家统计局和商务部联合发布的《中国对外投资统计公报》,在2010年,我国的对非投资流量已达到21.1亿美元,较上年增长46.8%,占流量总额的3.1%,涵盖了自然资源、基础设施、制造业等诸多领域。截止到2010年年末,中国在非洲地区的投资存量为130.4亿美元,占中国全部对外直接投资存量的4.1%,是2005年年末的8.2倍。对非投资项目分布在50多个非洲国家,投资覆盖率高达85%,主要分布在南非、尼日利亚、阿尔及利亚、苏丹、几内亚、埃及、马达加斯加等国家。中国在非洲地区设立的境外企业数量近 2 000 家,占到中国全部境外企业的 12.1%,主要分布在尼日利亚、南非、赞比亚、埃塞俄比亚、埃及、苏丹、阿尔及利亚等。① 根据卡内基国际和平基金会披露的研究成果,从 1979 年到 2000 年之间,46% 的中国对外直接投资来自制造业,其中 15% 是纺织业(李星,周骁毅,2012)。

20 世纪八九十年代,投资非洲的中国企业大多是大型国企,近年来也有不少的民营企业进入非洲市场。商务部统计数据显示,截至 2005 年年底,在中国投资非洲的企业中,占据主导地位的是中小型企业,而在投资非洲的 800 多家中国企业中,100 多家是国有大中型企业,其余大部分是中小型企业或民营企业。随着中国政府进一步建立对外投资支持政策体系以及完善人民币汇率风险承担和转移机制等,民营企业"走出去"的步伐将不断加快,国有和民营企业的"走出去"投资都有扩大的趋势,无论是在投资金额还是在项目的数量或地域等方面。

中国企业在非洲的发展,可以归结为以下两种典型模式:

第一,以合作的模式发展。通过合资的模式建立工厂,可以为非洲提供技术支持,从而获得低成本、高质量的生产要素,提高自己产品的竞争力。中国的纺织企业通过与非洲合作来筹办纺织厂,优化上下游配套设施及企业,形成一条完整的产业链,有效地降低成本,改变纺织业"低、小、散"的状况。同时可以带动当地众多产业的经济增长,解决当地大量就业问题,从而有效避免非洲当地政府的不合作态度。

第二,以投资的模式发展。中国纺织企业在非洲投资建立工厂,通过自主经营的模式,可以利用自己的产业优势,以及非洲的要素优势。进入非洲纺织市场,不仅能够规避贸易壁垒,并且可以规避金融危机以及由于人民币升值带来的风险。同时,可以享受当地政府对企业的优惠政策,并顺利进入欧美市场。通过与境内企业合作,规避汇率风险,还可以为国内企业及时反馈行业信息数据等。

### 四、案例分析

从 90 年代后期开始,许多中国纺织企业选择在非洲开办工厂。

到目前为止,我国花费了大量的人力、物力和财力在非洲多国建立纺织工厂。这些工厂虽然经历了很多坎坷,但经过不断的完善、总结和经验积累,

---

① 资料来源:中华人民共和国商务部、中华人民共和国国家统计局、国家外汇管理局,《2011 年度中国对外直接投资统计公报》。

我国大部分纺织企业在非洲合资或投资建立的工厂均取得成功,既为企业带来了利润,又为我国纺织企业"非洲战略"开辟了先河,带动了非洲当地的经济发展,促进了我国与非洲进一步合作的发展。

由山东青岛纺织总公司与赞比亚合资建立的穆隆古希纺织有限公司(以下简称"穆纺公司")在赞比亚投资与经营的过程中,为获取纺织用的棉花,并降低风险与成本,与赞比亚农场主签约,公司方派专人监管并为农民提供种棉花用的化肥、种子,待到收获时再付清棉花款项,从而与农户建立起密切的合作关系。这种方法得到推广之后,穆纺公司接连实现了对1万多公顷棉田的控制,成为赞比亚最具实力的棉花开发商之一。这不仅为穆纺公司降低了40％的原料成本,增强了产品竞争力,更有助于平抑赞比亚当地棉花市场的价格,为当地经济的平稳发展做出贡献。公司在从1996年成立到2006年的十年间,已经发展成赞比亚最成功的纺织厂,而且利用非洲产品出口欧美无配额限制的规定,将具有浓郁非洲风情的服装产品成功出口到美国(刘鸿武,王涛,2008)。

穆纺公司在非洲主要采取与非洲当地工厂以及农民合作的方式,降低了生产要素成本,提高了原料质量,增强了产品竞争力,并与当地建立了密切的合作关系。同时带动了当地的经济发展,并成功规避了美国对中国的配额限制。

2004年,第一家境外加工贸易生产企业——金美(尼日利亚)纺织品有限公司成功由越美集团在尼日利亚卡拉巴保税区设立,总共投资100万美元。它的建立将种种国际贸易壁垒和汇率波动风险成功规避,从而将源源不断的订单带给了当地中小企业。越美集团在当地兴建厂房多达7000多平方米,招聘的当地工人也有130多人,并从国内投入设备和聘用技术人员。近年来,越美集团仍在持续追加投资,累计1088万美元。在2000年,越美集团的年销售收入不足4000万元,但到2008年的时候,这一收入变为21亿元,平均年增长率高达65％以上。境外办厂的举措让越美集团在顺利规避掉尼日利亚本国针对纺织品进口的限制之外,还享受到了当地政府的免税优惠政策,此外它还利用欧美国家与非洲各国签订的国际贸易条约,使产品得以畅通无阻地进入欧美市场。越美集团以与境内外企业合作的方式,减少了汇率风险,并依靠汇率调节,实现年年创收,与此同时,国内企业通过远期结汇等金融工具来合理调节汇率,实现年收入增长2000余万元。

越美集团通过在非洲建立境外工厂,成功规避了贸易壁垒和汇率风险,同时引进了中国纺织产业技术,增大了纺织产品的销售额。

通过以上两个案例的分析,可以得出结论:中国的纺织企业在实行"非洲战略"前,应当先对企业自身的规模进行考量,根据企业自身的规模大小选择进入非洲的方式。

穆纺公司属于中小纺织企业,企业在纺织品生产方面虽然比较成熟,但企业本身并不具备一条完整的产业链,在产品要素购入以及纺织品营销等方面的制度并不完善,因此需要结合当地的棉花生产商以及其下游企业,在非洲重新组建一条完整的产业链。所以,类似穆纺公司这样的中小纺织企业适合在非洲以合资的方式进行"非洲战略"。

越美集团则属于大规模的纺织企业,在中国纺织行业发展成熟,企业流动资金较多,且本身产业链较穆纺公司更为完善,原有的营销渠道多样化,因此,在非洲直接投资建立纺织工厂后,通过引进其原有的技术及经验,结合非洲当地产品生产要素价格低的优势,与其境内公司在信息、资金、技术等多方面都进行了有效沟通与互相支持,为集团带来了低成本、高利润。所以,像越美集团这种企业规模较大、资金充裕、企业本身产业链较健全的大型纺织企业,适合在非洲通过直接投资的方式建立纺织工厂。

## 第三节 现存的问题与解决建议

### 一、"非洲战略"现存问题

(一) 对投资地了解不足

非洲国家多达几十个,各个国家的政治、文化差异很大,同时,市场与发展前景也各有特色。例如,有的国家投资环境不够完善,有的国家设立公司花费的时间和费用较高,并且,许多非洲国家的基础设施落后,在语言交流方面存在问题。我国大部分中小规模的纺织企业,由于规模较小,企业本身的管理、技术水平不够高,对非洲的政治、经济、文化环境以及投资、市场环境的了解不多,对于企业走进非洲市场面临的政治风险以及经济风险认识不足并缺乏经验,盲目走进非洲有可能造成产品滞销,使企业蒙受损失。因此,中小企业由于信息不充分,很难真正走进非洲。

(二) 企业融资困难

我国纺织企业在国内发展初期,由于大部分企业规模小、产品不成熟,且投资风险较大,因此基本上都是靠内源性融资发展创立的。我国在非洲的纺织企业虽然数量多,但是一些中小企业由于规模小,企业制度不完善、产权单一、科技含量低,其经营行为呈现出短期化、负债多和积累少等特点,投资规模与市场竞争力明显不足,因此面临着较大的贷款风险。部分中小企业存在逃避银行债务的情况,导致银行对中小企业缺乏足够的信心,不愿意冒险向中小企业放贷。此外,部分中小企业财务管理不规范,向银行提供财务信息的能力和意愿较低,银行向中小企业贷款的监督成本上升,造成了银行向中小企业放贷比例降低。最后,由于存在着国家现行外汇储备制度对资金项目下外汇的严格管制,国内资金难以按时按量到达境外(王峰,2012)。因此,我国纺织企业由于融资渠道较少,资金融通不畅,在非洲投资存在融资的困难。

(三)劳资纠纷问题

目前在非洲的中小企业大多数不具备充足的人力资源,且劳资纠纷问题在非洲尤其突出。在非洲的许多国家,工会的组织非常自由,少至几个人也可以成立工会。但是,工会具有很大的力量,工会介入的同时政府也将参与其中。由于我国一些在非投资的民营企业社会诚信意识、社会责任意识不足,劳资纠纷接连不断地发生。

(四)国际国内的竞争

近几年,随着世界各国经济的发展,对能源、原材料等的需求也在日渐扩大。欧美国家对非洲日益关注,对非洲的控制随之加强。这就造成了越来越激烈的国际竞争。同时,中国企业之间也出现了无序竞争问题,许多企业在非洲投资的过程中不负责任、不守信用,在非洲当地造成了不好的口碑,这对我国企业进驻非洲造成了很大的阻碍。

## 二、对"非洲战略"的建议

尽管近些年来,中非合作在持续高速发展,但我们不可忽视其中潜藏的不少问题,如东道国以及西方国家对中国企业走向非洲进行投资持有负面看法。因此,政府和企业都应该采取相应的措施,来解决存在的问题,维护中国投资者的利益,拉动当地经济社会的发展,展示中国对非投资的正面形象。

(一)对政府部门的建议

一是要加强对中小纺织企业提供的资金支持。为了中小纺织企业能够在非洲国家建设工厂,我国政府应对纺织产业对外投资项目的贷款提供优惠政策,如增加资金投入、下调贷款利率等。积极鼓励产权清晰、管理规范、信誉好、有实力的民营企业在非洲开拓纺织产业市场,提高我国纺织产业在国际市场上的占有率。

二是要为中国纺织企业提供信息交流平台。应组织纺织产业内的企业组成投资联盟,增强投资竞争力,并减少行业内部的无序竞争。同时应建立信息平台,为纺织产业提供信息支持,为国内外的纺织企业建立高效的信息渠道,为新的在非投资的纺织企业提供投资过程中的帮助与支持。目前,中国大使馆和商务部在很大程度上为企业提供了非洲纺织产业的信息,但难以形成与企业直接沟通的渠道。因此,为纺织企业建立可以进行信息交流的平台是非常必要的。

三是要完善相关政策法规。为了给纺织企业进入非洲创建良好的投资环境,政府应该加强制定和完善有关的政策和法规(王海峰等,2007),通过签订多边协议,与非洲国家建立境外经济贸易合作区,减少我国中小纺织企业在非洲发展的障碍。同时,政府还应扩大对非洲的援助规模,帮助非洲改善其落后的基础设施,同时为我国纺织产业在非洲的发展提供便利。

(二) 对企业的建议

一是应该加大对市场的调研力度。这是因为,非洲的纺织品市场和我国市场之间存在着各种差异。两国之间的政治、经济、文化等方面也存在许多不同。纺织企业在对非洲进行投资之前应先对当地进行考察以及研究,在加强对非洲各国的政治、经济、社会综合调查研究的基础上,对非洲国家的发展水平、资源状况、相关政策法规等方面进行系统、详尽的分析。根据调研结果,采取最合适的投资方式,降低投资风险。目前大多数非洲国家正处于经济转型的过程中,相关的经济政策、市场情况、法律法规等都有待完善,因此,开拓非洲市场,需要中国企业对非洲市场的情况进行调研之后再进行投资。

二是应该积极推进产品革新,加强技术创新。企业应和当地的企业合资建立工厂,或直接改造并升级企业落后的设备,加快研发产品的速度,提高产品的附加值,实现产品的创新,以满足非洲的消费需求。正如上文所提到的,我国纺织产业的技术优势是非洲当地政府愿意同我国纺织企业进行全方位合作的关键和基础,因此,不断地推进技术创新是我国纺织产业在非洲发展的重中之重。

三是要避免恶性竞争。由于具备灵活的经营机制、多样的经营方式等特点,民营企业常采用低价竞销的方式来抢占市场。但是,仅仅使用价格竞争,难以占领非洲市场和培养良好的企业商誉。因此,在走进非洲的过程中,我国纺织企业应该意识到恶性的价格战确立的优势是无法长期维持的。想要在非洲获得长期的发展,企业应该努力提高服务质量,完善服务体系,努力建立并完善销售与售后服务网络,用服务来促进销售,提高我国民营企业的声誉,为我国企业在非洲市场或是国际市场树立良好的信誉,且增强市场竞争能力。

四是要选择适当的合作伙伴。由于我国大部分纺织企业大多只有较小的规模,但是其合资形式是对非洲直接投资的主流模式,因此能否选择到一个合适的非洲合作者对我国企业而言具有非常重要的意义。通过考察合作伙伴的运营情况,了解当地的政策以及经济环境,选择对当地更加了解、市场占有率较高的企业,可以让中国纺织投资者更好地融入非洲,更快地适应当地情况,更有效地促进纺织企业在非洲的发展。

中国与非洲的经济合作,不仅能缓解非洲紧缺的资金问题,也能给予中国其所需要的资源及投资经验。从中国纺织产业"非洲战略"的现状与特点来看,中国对非的战略是符合经济学原理的。但目前我国纺织产业在非洲的发展仍因为资金不足、信息不充分等问题在投资与合作的过程中遇到许多挫折。在今后"非洲战略"的实施过程当中,政府通过完善相应的法律法规,提供资金以及政策支持,企业通过选择更好的融资方式,从长期来看,一定可以实现中国和非洲国家的"双赢"。

# 第十章 中国对非洲能源投资的最优模式研究
—— 基于中法合作的视角

能源问题愈来愈成为制约世界各国经济发展的重要问题。中国作为新兴发展中国家,在国内有旺盛的能源需求,已经超过美国成为第一大原油净进口国。但随着能源供需矛盾的日趋尖锐,中国的能源安全问题越来越严重。非洲具有丰富的能源储量,但是由于当地的技术和资金问题,一直没有得到充分的开发。法国作为进入非洲石油市场最早的国家之一,在非洲占有大量的石油市场,拥有先进的开采技术,但是欧债危机导致法国国内石油需求萎靡,法国石油产业面临困境。本章通过对中、法、非三方能源市场的供求研究,结合现有能源投资模式的经验教训以及各自的特点,提出了一种利于三方的中法合作投资非洲能源市场的新型模式。

## 第一节 中国的对非投资

新中国成立之后,为了更好地参与到国际社会中,中国从20世纪50年代开始进行海外投资。对非洲的投资也开始于这一时期,如图10.1所示,从最开始的中非双边贸易额仅有1200万美元,到1977年年底,中国向36个非洲国家提供了24亿美元的经济援助,再到2007年,中国对非新增直接投资额为15.7亿美元,2008年迅速提高到54.9亿美元。2009年金融危机以来,在全球对非直接投资持续下滑的背景下,中国对非投资也降至14.4亿美元,但2010年逆势增至21.1亿美元。

投资政策方面,中国的对非投资坚持政府积极推动,投资与贸易、援助相辅相成,重点关注能源开采、纺织品、经济作物等领域。通过一系列的对非投资,中国已经逐步形成了很多成熟的对非投资模式,其中利用石油换贷款的

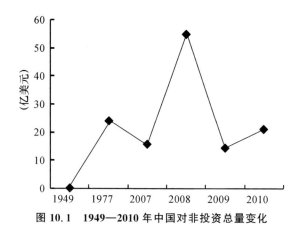

图 10.1　1949—2010 年中国对非投资总量变化

项目最为成功,因其起源于安哥拉,所以又叫"安哥拉模式"①。

但是中国并没有成为非洲的主要投资国家。根据数据资料,2010 年世界对非投资的存量为 5 539.7 亿美元,中国仅占 2.4%。② 通过以上数据,我们不难看出,中国在非洲的投资并不顺利。造成这一问题的原因主要有:第一,越来越多在非洲有殖民历史的发达国家,如美国、法国、德国,开始参加到非洲资源的开采中,它们具有地域传统优势和当地强大的基础设施资源,有能力承受更大的风险,使得传统的"安哥拉模式"逐渐失去优势,中非合作模式急需改进。例如,法国道达尔(Total)公司,世界第三大石油公司,在过去的殖民地刚果和几内亚开展投资以来,已经占据了 55.3% 的石油合资企业股份,截至 2011 年年底,营业额收入已经占公司所有业务收入的 31% 左右。③ 第二,由于海外投资会造成非洲当地外国人口增加,本土企业竞争压力增加等问题,越来越多的非洲国家开始慎重考虑"安哥拉模式",同时,一些国家在经济合作中附带了政治条件。例如,苏丹在与中国进行类似"安哥拉模式"的石油换贷款的合作中,因为苏丹达富尔问题意见不同,最终中国企业没有完成对当地石油企业的股份增持计划。第三,美国、欧盟等大国通过政治施压、经济制裁恐吓等一系列手段,阻挠中国在非洲的投资,尤其是能源行业的投资开采。因此,我们必须改进投资模式,尝试以多种方式和方法解决目前中国对非投资的困境。

---

① "安哥拉模式"是指中国在安哥拉没有抵押品和偿还能力的情况下,约定用未来开采出来的石油偿付,以此启动了安哥拉战后重建,此模式被称为中国援助非洲的"安哥拉模式"。
② 资料来源:根据联合国贸发组织 2003—2011 年《世界投资报告》和 2003—2010 年《中国对外直接投资公报》汇总。
③ 资料来源:整理自法国道达尔公司 2011 年《道达尔公司年报》。

纵观非洲的发展和开发史,法国是历史上西非主要的殖民国之一,也是最先开始在非洲投资能源行业的国家之一,有着丰富的当地开采经验和强大的基础设施资源。虽然自 2004 年之后,中国已经超过法国,成为继美国之后的第二大非洲贸易国,但是在非洲的投资比重却一直低迷。所以,本章通过分析,尝试提出一种解决目前非洲对投资困境的新型方案,即寻求和发达国家(以法国为例)的合作,共同开发非洲资源。

## 第二节 中法合作拓展非洲市场

根据上面的论述,中国目前对非洲投资的模式有待改变,而探索与法国在非洲能源市场上的合作是中国未来非洲能源战略可能的方向之一。为此,我们必须分别分析非洲、中国和法国在当前的能源供求状况,并以此寻求三方共赢的潜力所在。在这一节,我们将分别探讨非洲、中国和法国的能源供求现状,并依次对中法在非洲的能源合作进行可行性分析。

**一、中、法、非能源供求现状**

(一)非洲的能源供求现状

非洲的能源资源条件得天独厚。根据最新资料,非洲已探明石油储量占全球已探明总储量的 9.5%(见表 10.1)。马达加斯加、赞比亚和乌干达已开始了新一轮的石油勘探,埃塞俄比亚、肯尼亚和坦桑尼亚也已开始了大规模的开采。2010 年,几内亚湾为全球石油市场提供了超过 20% 来自安哥拉、尼日利亚等国家新开采的石油。此外,非洲也拥有十分丰富的天然气储备。非洲这种得天独厚的能源资源条件,使得中国及世界其他地区争相邀请非洲做它们的重要战略目标和合作伙伴。

由表 10.1 可以看出,非洲的石油探明储量虽然不如中东地区和中南美地区丰富,占世界石油探明储量的比重也只在 10% 左右,但是自 20 世纪 90 年代以来其增长速度很快,这说明其开发潜力巨大。随着非洲石油勘探技术的进步,其探明储量也会快速上升,从这个意义上说,就世界石油资源而言,非洲是最具潜力的地区之一。由表 10.2 可知,非洲的石油产量在世界上也占据了 10% 以上的比重,并且在过去的几年里,其日均产量呈缓慢上升的趋势,将来随着非洲本土石油企业的发展以及国外石油企业的进入,其生产量会进一步提高,非洲将在世界能源市场上占有重要的地位。

表 10.1　世界各地区已探明石油储量　　　　单位:10亿/桶

|  | 1990年年底 | 1999年年底 | 2009年年底 | 2010年年底 | 2010年占全世界比重 |
|---|---|---|---|---|---|
| 中东 | 659.6 | 696.7 | 752.6 | 752.5 | 54.4% |
| 中南美洲 | 71.5 | 97.9 | 237.6 | 239.4 | 17.3% |
| 欧亚大陆 | 80.8 | 107.9 | 139.2 | 139.7 | 10.1% |
| 非洲 | 58.7 | 93.4 | 130.3 | 132.1 | 9.5% |
| 北美 | 96.3 | 68.9 | 74.6 | 74.3 | 5.4% |
| 亚太 | 36.3 | 40.1 | 42.2 | 45.2 | 3.3% |
| 全世界 | 1003.2 | 1104.9 | 1376.6 | 1383.2 | 100.0% |

资料来源:BP世界能源统计年鉴2011年。

表 10.2　世界各地区石油产量　　　　单位:千桶/天

|  | 2004年 | 2005年 | 2006年 | 2007年 | 2008年 | 2009年 | 2010年 | 2010年占世界比重 |
|---|---|---|---|---|---|---|---|---|
| 中东 | 24 981 | 25 488 | 25 675 | 25 309 | 26 338 | 24 629 | 25 188 | 30.30% |
| 中南美洲 | 6 680 | 6 898 | 6 865 | 6 635 | 6 676 | 6 753 | 6 989 | 8.90% |
| 欧亚大陆 | 17 580 | 17 542 | 17 599 | 17 815 | 17 590 | 17 745 | 17 661 | 21.80% |
| 非洲 | 9 336 | 9 902 | 9 918 | 10 218 | 10 204 | 9 698 | 10 098 | 12.20% |
| 北美 | 14 137 | 13 696 | 13 732 | 13 616 | 13 152 | 13 474 | 13 808 | 16.60% |
| 亚太 | 7 854 | 7 959 | 7 940 | 7 951 | 8 054 | 7 978 | 8 350 | 10.20% |
| 全世界 | 80 568 | 81 485 | 81 729 | 81 544 | 82 015 | 80 278 | 82 095 | 100.00% |

资料来源:BP世界能源统计年鉴2011年。

虽然非洲的石油资源十分丰富,但是其自身的消耗量并不大,这与非洲的经济发展程度是相关的。非洲,尤其是广大的撒哈拉以南非洲,是世界上最贫穷的地区之一,经济发展速度缓慢,所以对石油等能源资源的需求量也并不大。绝大多数非洲国家的石油均用于出口,这也是很多非洲国家外汇收入的主要来源之一。

表10.3很明确地显示,非洲(尤其是西非和北非)的石油出口量显著地超出了其进口量,这代表着非洲石油出口国的典型状况。而非洲石油出口国也很乐意以自身丰富的石油资源换取发展所需的资本积累。

表 10.3　世界各主要地区 2010 年石油进出口状况　　单位：千桶/天

| | 原油进口 | 成品油进口 | 原油出口 | 成品油出口 |
|---|---|---|---|---|
| 美国 | 9 159 | 2 530 | 28 | 2 126 |
| 加拿大 | 580 | 266 | 1 990 | 609 |
| 墨西哥 | 7 | 629 | 1 362 | 177 |
| 中南美洲 | 419 | 1 186 | 2 635 | 933 |
| 欧洲 | 9 341 | 2 753 | 387 | 1 501 |
| 前苏联国家 | 1 | 101 | 6 386 | 2 158 |
| 中东 | 226 | 212 | 16 642 | 2 241 |
| 北非 | 247 | 250 | 2 260 | 610 |
| 西非 | 1 | 144 | 4 443 | 159 |
| 东非和南非 | 101 | 152 | 326 | 9 |
| 中国 | 4 710 | 1 253 | 41 | 615 |
| 印度 | 3 254 | 344 | 0.0 | 1 196 |
| 日本 | 3 711 | 856 | 6.4 | 295 |
| 新加坡 | 800 | 2 092 | 42 | 1 376 |
| 亚太其他地区 | 4 528 | 2 753 | 796 | 1 676 |
| 全世界 | 37 670 | 15 840 | 37 670 | 15 840 |

资料来源：BP 世界能源统计年鉴 2011 年。

（二）中国的能源供求状况

改革开放三十多年以来，中国经济迅速发展，对各种资源（尤其是石油等能源资源）的需求量也越来越大，特别是在中国近些年一直以资源消耗来换取 GDP 的高增长之后，中国面临的资源短缺现象越来越严重。据综合测算，到 2010 年年底，中国石油可开采资源量约为 140 亿吨，仅占世界石油资源可开采总量的 1.4%，相比世界的平均水平，中国的石油资源储备极为贫乏。若按照年产量 16 000 万吨来计算，中国的剩余石油储量仅能支持开采 13.2 年。然而，随着中国经济的快速发展以及人民物质生活水平的日渐提高，我国国内对于石油的需求也迅速增加。自 1993 年起，中国从一个石油净出口国变成了石油净进口国，2003 年中国超过日本成为世界第二大石油消费国，第三大石油进口国。从上面的表 10.3 中，我们可以更直观地看出，2010 年中国的石油进口量仅次于美国，是世界上第二大石油进口国。今后几年，国内原油产量虽然将继续呈上升趋势，但增幅有限，预计 2020 年我国石油产量将达到 2 亿吨。业内的保守预测认为，石油供需缺口 2020 年为 2.1 亿吨左右。同时,对国外石油的依存度①将达到76.9%,对外依存度越高,国际石油市场对我国的石油安全影响越大(惠庆春,2006)。能源资源的供应情况直接关系到中国经济增长的持续性和安全性。

从表10.4可以看出,自2001年以来,中国能源的生产量与需求量之间的缺口呈现出越来越大的趋势,尤其是原油。2008年的人均原油消费量约是人均生产量的两倍,原油供需的缺口非常大。2010年1—11月,中国原油的进口量达到2.18亿吨,首次突破2亿吨,对外依存度达到55%,这暴露出我国原油供需缺口进一步扩大、对外依存度不断提高等一系列问题。同时由于70%的石油来自于中东地区,供给渠道较为单一,油源面临较大的风险。尽管石油目前仅占中国一次能源消费的25%,但我们仍要重视其对中国能源安全的重要性。现今的中国石油安全必须面对的基本问题是石油潜在的供需缺口。

表10.4  中国人均能源生产量与消费量

| 年份 | 人均能源生产量 | | | 人均能源消费量 | | |
| --- | --- | --- | --- | --- | --- | --- |
| | 能源总量(千克标准煤) | 原煤(千克) | 原油(千克) | 能源总量(千克标准煤) | 煤炭(千克) | 石油(千克) |
| 2001 | 1 131 | 1 157 | 129 | 1 183 | 1 136 | 180 |
| 2002 | 1 177 | 1 211 | 130 | 1 245 | 1 189 | 194 |
| 2003 | 1 334 | 1 424 | 132 | 1 427 | 1 402 | 211 |
| 2004 | 1 517 | 1 638 | 136 | 1 647 | 1 601 | 245 |
| 2005 | 1 658 | 1 802 | 139 | 1 810 | 1 778 | 250 |
| 2006 | 1 771 | 1 929 | 141 | 1 973 | 1 946 | 266 |
| 2007 | 1 876 | 2 043 | 141 | 2 128 | 2 070 | 278 |
| 2008 | 1 972 | 2 115 | 147 | 2 200 | 2 122 | 282 |

资料来源:中国能源统计年鉴2009年。

尽管增加海外石油进口是解决中国石油需求缺口的一种有效途径,但是接下来如何甄别海外石油的来源成为一个新的问题。目前看来,中国石油进口的供应来源主要是中东、北非、南美、中亚和俄罗斯等。根据国家海关总署的统计资料,2007年中国原油进口来源地区及份额分别为:中东地区50.19%,非洲地区24.13%,亚太地区15.12%,俄罗斯中亚地区7.12%,欧洲和美洲共2%。我们可以看到,中国进口石油的主要地区大多是政治不稳定的地区,例如,中东地区,这显然会影响中国石油进口来源的稳定性。此

---

① 对外依存度是各国广泛采用的一个衡量一国经济对国外依赖程度的指标,是用一国进出口总额除以该国的GDP。我们将石油进口依存度定义为石油年净进口量在石油年消费量中所占的比重,即:一国石油年进口依存度=一国石油年净进口量/一国石油年消费量。

外,长期以来,中国在石油进口方面面临着来自美国、欧盟、日本、印度等国家的争夺,尤其是美国,对中国的石油进口遏制比较明显。2003年伊拉克战争结束后,美国曾一度控制了海湾地区,从而也控制了中东地区的石油资源,这对中国的石油进口造成了非常不利的影响。从一定程度上说,中国的石油需求缺口与美国的石油遏制是联系在一起的(黄仁伟,2004)。为了减轻石油进口来源不稳定给中国经济发展造成的不良影响,中国需要寻找替代性的石油来源地。

### (三)法国的能源供求状况

法国的常规资源并不充裕。它既没有英国的石油,也没有荷兰的天然气,更没有德国的煤矿,与欧洲邻国相比,法国的资源供应较为紧张。20世纪70年代的中东石油危机增强了包括法国在内的世界各国的能源安全意识,使它们纷纷实行能源储备计划,增强能源的自主性。于是自80年代开始,随着核能开发计划的实行,法国购买了美国压水核反应堆技术专利并对其进行了改进和创新,成功实现了国产化。现今,法国拥有世界上最先进的核电技术,同时它的核电占本国电力供应的比例在世界上位列第一。法国的能源自主率也从1973年的22.7%提高到了50%以上。也正是由于大力发展核能,法国总的能源消费中石油所占的比例,已经由1973年的71%降至2002年的37%[①]。

本身石油消耗量并不大的法国,在2008年国际金融危机以及随后的欧债危机的影响下,石油资源的消耗量出现了下降的趋势(见表10.5和图10.2)。

表10.5 欧盟地区石油消耗量　　　　　　　　　　　　单位:千桶/天

| | 2004年 | 2005年 | 2006年 | 2007年 | 2008年 | 2009年 | 2010年 | 2011年 |
|---|---|---|---|---|---|---|---|---|
| 欧盟 | 14 891 | 15 030 | 15 044 | 14 755 | 14 685 | 13 949 | 13 860 | 13 478 |
| OECD成员 | 49 535 | 49 946 | 49 804 | 49 632 | 48 023 | 46 009 | 46 523 | 45 924 |
| 非OECD成员 | 33 211 | 33 979 | 35 069 | 36 689 | 37 745 | 38 623 | 40 917 | 42 111 |

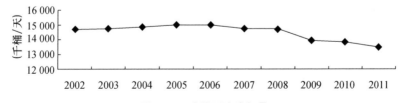

图10.2 欧盟石油消耗量

资料来源:BP世界能源统计年鉴2012年。

---

① 法国"贫油"但不"缺油",《中国石化报》2005年4月28日。

石油的需求量与经济增长高度相关(杜伟、郭一凡,2012)。由表10.5和图10.2可以看出,在遭遇2008年金融危机和2010年以来的欧债危机之后,欧盟的石油消耗量呈现明显下滑的趋势。在经济低迷的影响下,发达国家的石油需求被抑制,2012年北美和欧洲石油需求都将出现不同程度的下降。费氏能源的预测显示,2012年OECD国家石油需求将会减少20万桶/日,而到了2013年将减少30万桶/日。法国是欧元区遭受债务危机最严重的几个国家之一,此次债务危机会直接影响其对石油的需求量。

与此同时,法国的石油供给又是稳定的,甚至是富余的。法国拥有比较稳定的石油进口来源,例如俄罗斯、英国等。而且,法国自身的石油开采和炼油能力突出,道达尔石油公司是世界上最大的几家石油公司之一,能够满足法国一半以上的石油需求。

**二、中法合作拓展非洲市场的必要性和可行性分析**

(一) 中法合作拓展非洲市场的必要性研究

如前所述,可以看到非洲的石油勘探潜力是巨大的,而其自身对石油的需求却很低。其当前的宏观政策目标,依然是迫切改变当地的贫困以加速经济增长。而西非——非洲法语区国家之一,被誉为世界上第二个"海湾地区",是近年来非洲乃至世界石油勘探和开采的新热点。此外,根据最新的勘探结果,东非地区也蕴藏着巨大的石油资源,而且储量丰富,极有可能超过西非地区的几内亚湾。

目前中非能源合作面临着一些严峻的挑战。一方面,中国虽然与大多数非洲国家保持着政治友好的关系,但是中国进入非洲石油领域的时间较晚,在非洲的基础远不如欧美跨国石油公司,不论是在规模、资金、跨国管理还是在运营等方面。面对欧洲和美国的竞争,中国石油公司的应变能力较差,在竞争中占据的优势较弱。另一方面,中国与非洲已有的石油合作项目的地理位置和石油品质不佳,给中国石油公司带来了不少困难和风险。这些石油合作项目绝大多数位于非洲大陆东部,油气品质和地缘优势也远不如西非和几内亚湾沿岸的国家,而且所在国的政治情形相对较为复杂。因此,中国与非洲进行石油合作的需要变得愈加迫切。

一直以来,美国、欧盟等大国通过政治施压、经济制裁等一系列手段,阻挠中国在非洲的投资,尤其是能源行业的投资开采。另外,中俄两国的石油合作已经走过了将近二十年的历程,而俄罗斯国内对于中俄石油合作的态度一直以来也是摇摆不定。虽然两国政府已经签署了一系列的法律文件,但是两国的石油合作一直未能按照计划进行,石油管道的建设也是一波三折。面对全球性挑战,中法之间没有根本的利害冲突。相反,中法双方有许多共同利益,维护中法全面战略伙伴关系,进一步加强和发展中法关系,不仅符合双方利益,而且对世界多极化趋势有利。

无论是在历史渊源、社会制度还是地缘政治等方面,法国与非洲都保持着较为密切的联系。法国作为非洲的前宗主国,与非洲有着千丝万缕的关系,并以此积极拓展在非洲的石油利益。特别是长期以来,非洲法语区国家通过各种纽带与法国紧密联系在一起,致使这些国家到现在对法国仍有很强的依赖。因此,中国要与非洲开展合作,首先需要考虑到的第三方发达国家即是法国。

(二) 中法合作拓展非洲市场的可行性研究

1. 中法合作的可行性

一方面,中法两国各自对非的政策,虽然在历史上有着完全不同的轨迹,但随着中国"和谐世界"的推动以及国际地位的提升,两个国家在对待非洲的态度上出现了内在一致性。从1996年7月法国总统希拉克提出"新型合作伙伴"关系开始,法国与非洲之间即以"兄弟关系"代替过去的"父子关系",并采取"援助"和"合作"相结合的政策。这与我国对非洲从过去的单一政府援助走向"互惠互利、共同发展"[①]的原则相似。

另一方面,面对美非贸易的大幅增长和美国公司咄咄逼人的进攻态势,法国在非洲长期享有的垄断地位受到了巨大的威胁。而这时中国以与其合作的态度进入非洲市场,必然会引起法国的高度关注。尤其是欧债危机爆发后,法国资金上的匮乏导致法国不可能独霸非洲,借助"外力"已成必然。因此,以上两方面就决定了两个国家在外交层面上存在着合作的可能性。

2. 中非合作的可行性

其一,非洲地区是传统意义上欧美等国家地缘政治的边缘地区。受历史因素影响,自独立时起,非洲国家与欧美等国之间一直存在隔阂。相反,相互扶持的中非关系一直以来呈健康稳定发展之势。中非合作论坛长期以来一直为两个区域经济政治上的交往提供了十分便利的平台。从政治外交角度上看,非洲地区也适合作为我们值得信任的政治伙伴。

其二,非洲从区域经济的角度上说并不发达,但发展潜力巨大,丰富的自然资源将为该地区今后的发展提供助力。中国和非洲在经济合作上有很强的互补性,通过深度交流与合作可以促进双方经济的快速增长。

其三,相对其他的资源输出型地区而言,撒哈拉以南非洲地区政治环境

---

① 中非合作论坛2006年中国对非洲政策文件。

较为稳定,既有利于本地区经济的持续性发展,也有利于吸引中国国内民间资本进行投资,扩大双方合作的层次。

此外,中国具有良好的大国形象。自新中国成立以来,中国与非洲的经贸合作已由以往种类单一的政府间官方援助向现今多种多样、互利共赢的方向转变,可谓成绩斐然,硕果累累。中国还提前兑现了减免非洲 100 亿元债务的承诺,于 2002 年 6 月底前,对 31 个非洲重债穷国和最不发达国家的 105 亿元债务进行了减免。自 2005 年 1 月 1 日起,中国又减免了 25 个最不发达的非洲国家的关税。中国政府的以上行动赢得了非洲国家的热烈赞誉。而法国在非洲一直有着特殊而重要的国家利益。二战结束之前,法国在非洲拥有大片的殖民地;非洲国家独立后,法国和非洲仍然保持着特殊关系。所以在当今的非洲国家里,最大的矛盾仍然是非洲的经济自立与西方大国尤其是法国在非洲的利益之间的矛盾。非洲人在处理这一矛盾时不能仅仅依靠自己的力量,还要吸引第三方势力的介入,这也是最好的出路,而中国则是最佳选择。因此,从历史溯源上看,非洲也会更加接纳中国的投资策略。这为赢得东道国的信任打下了良好的基础。

3. 中法非合作的可行性

中法双方具有在非洲合作的基础并具有很强的互补性。

对于中国而言,尤其是对国有及国有相关的企业而言,政府和金融机构提供的最根本的支持,构成了中国对外投资最主要和最特殊的竞争优势之一。在 2012 年中国 500 强排行榜中,中石化、中石油蝉联榜首,中海油列第 20 位。以价值计算,中短期内中国的能源公司将占据中国国际投资的大部分。而对于处于欧债危机中的法国,其国内石油市场需求不断萎缩,资金匮乏,纵然有独占非洲之野心,却回天乏术。

对于法国而言,其得天独厚的地理位置、在当地强大的基础设施资源以及先进的石油开采技术,是其发展非洲市场最强有力的保证。而中国石油企业经营战略不成熟,资产结构不合理,导致其缺乏国际竞争力。以占有石油资源为基础,外国的跨国石油公司不断发展,所控制的石油资源及总处理容量比例往往超过 50%,甚至达到 100%。近年来,中国石油公司在海外石油的勘探和工程项目开发上投入了大笔资金,而这些勘探和项目多为该地区储备较小的油田或是产量正在下降的油田,其回报率往往偏低。

对非洲来说,其石油产业的发展与我国相比更为滞后,无论是在开采能力还是在满足市场需求的能力方面都十分落后,仅仅依靠非洲自身开发石油,还不能做到对非洲石油能源的有效利用。通过中法两国合力投资非洲,非洲的石油企业不仅得到了中国石油市场的一部分利益,同时还能分享到法国的采油技术,对于非洲石油产业的发展有着深远的影响。

中、法、非三方的比较优势如图 10.3 所示。鉴于非洲拥有丰富的能源资源以及非洲国家想脱离贫困进而提高整体经济实力的意愿,中、法两国面对各自的能源需求应该充分发挥各自的比较优势,联合起来共同拓展非洲具有广阔前景的能源市场,以实现中、法、非在经济上的三方共赢,和在政治上的良性互动。

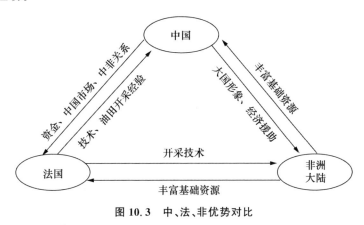

图 10.3　中、法、非优势对比

## 第三节　合作模式探究

中国针对自身存在的石油短缺问题,已经进行了一些对非洲石油进行投资的探索。目前,传统的投资模式主要有"安哥拉模式"以及"绿地模式"等。在本部分,我们将首先分析现存传统模式的优缺点,然后针对其缺点及上述的中、法、非三方供求的分析,提出一种新型的石油投资合作模式。

### 一、传统合作模式的优劣分析

(一)"安哥拉模式"

"安哥拉模式"最初是指中国在安哥拉没有抵押品和偿还能力的情况下,约定用未来开采出来的石油作为偿付,以此进行对安哥拉的援助,帮助其进行战后重建。这种"以资源换取基础设施"的做法后来也被推广到非洲其他国家。具体的投资模式如下:

首先由中石油化工集团公司(以下简称"中石化")购买安哥拉的石油,中石化将购油款项汇至中国进出口银行开立的安哥拉财政部的托管账户,中石化无须到国际市场购买二手石油,即可获取产地石油的直接供应;中国的公司向安哥拉出口商品或者是去安哥拉承包工程,由中国进出口银行提供出口买方信贷予以支持,解决安哥拉缺乏建设资金的问题;安哥拉就中国进出口银行提供的出口买方信贷,向中国进出口银行提供主权担保,并以安哥拉财政部在托管账户的资金作为偿还贷款的保证措施。

"安哥拉模式"使中国政府、中国公司以及安哥拉政府实现了共赢。但是其在运用过程中存在以下一些潜在的问题:第一,政治风险。非洲国家的政治相比其他国家和地区来说,存在更大的不稳定性。政府间的更迭比较频繁,以政府名义进行的买方信贷主权担保也就缺乏稳固和持续的基础。因此,通过"安哥拉模式"进行的对非援助贷款能否收回就是一个值得关注的问题。第二,市场风险。随着"安哥拉模式"的大力推行,越来越多的中国企业以这种方式进入非洲进行投资,加剧了竞争,缩小了利润空间,最后受损的可能还是中国企业自身。并且,很多进入非洲的中国中小企业良莠不齐,存在层层转包或者不负责任的现象,最终影响了中国在非洲的国际形象。

(二)"绿地模式"

"绿地投资"又称"新创建投资",是指跨国公司等投资主体在东道国境内依照东道国的法律设置的部分或全部资产的所有权归外国投资者所有的企业。

"绿地模式"的优点是明显的。首先,从东道国来看,跨国公司在当地创建新企业,能够增加当地的就业和税收,并且带去先进的技术和管理经验。其次,从投资国来看,投资者能够根据自身的情况进行区位选择和战略调整,并且能够在较大程度上把握投资项目的风险,因此在投资上占据着一定的主动性。

但是,"绿地模式"也存在着一些问题:第一,投资建设周期偏长。由于要在东道国创建新企业,"绿地投资"模式需要耗费较长的筹建期,除了要整合必要的资源外,还要进行工厂选址、建造厂房以及安排技术管理人员和工人等。第二,企业面临的风险较大。由于筹建的周期较长,投资者需要承担筹建期间市场变化的风险。此外,建立新企业也需要承担东道国政策变化的风险、投资收汇的风险以及文化冲突的风险等。

## 二、新型合作模式的构建

通过上述对传统合作模式的分析,我们可以看出,传统的"安哥拉模式"和"绿地模式"在运用上存在一些固有的问题,并且它们并不适用于三方合作的案例。根据 Charles. F. Dorna 的"消费国—生产国—国际石油公司"的模型,我们针对中、法、非三方各自的能源需求特点,结合传统合作模式的缺点,构建了一种新型的合作模式。

在对外投资模式上,投资方从目标、优势、类型、区位等四个方面来选择对外直接投资的投资对象。一般而言,发达国家对发达国家的直接投资是为了构建品牌并获取竞争优势,而对发展中国家的投资是基于其在市场份额、高额利润以及大量基础性资源上的优势。相较而言,发展中国家对发达国家进行投资,一般是看中了对方的高端科技、管理经验、品牌等战略性资产,而对其他发展中国家进行投资的目的与发达国家相同。从投资优势上看,发达国家的相对比较优势为高级资源,而发展中国家的相对比较优势则集中在基本资源上。从区位选择上来看,发达国家的对外投资的选择顺序一般依次为发达国家、新型发展中国家和落后国家;而发展中国家的对外投资顺序依次是发达国家、落后国家和新型发展中国家。总之,无论是发达国家还是发展中国家,投资的首选都不是发展中国家,发展中国家低层次的市场需求难以被发达国家的先进技术所适应和满足,使其难以占据市场;而发展中国家之间不存在高级比较资源优势,学习型对外投资更能够满足发展中国家在目前阶段的发展需求。

正是由于发达国家与发展中国家对外投资方面的不同需求,才产生了我们下文将提出的新型的合作模式。

如图10.4所示,这种新型合作模式从中、法、非三国的相对优势出发,在中非、法非两种合作模式效率不高的前提下,做到了将三方的优势最大化发挥。在这种新型的合作模式中,法国企业对于非洲企业具有技术等高级资源优势,可以对非洲企业进行高级资源优势型FDI,中国对于非洲企业具有基础资源优势,可以对非洲企业进行基础资源优势型FDI。而在中国企业与法国企业之间,法国企业对于中国企业同样具有高级资源优势,而中国企业可

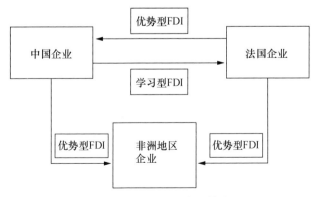

图10.4 中法能源合作模式

以运用其资金优势,对法国企业进行学习型FDI,弥补自身在高级资源上的劣势。中法两国以现有的企业为平台,共同协作,充分发挥各国与各企业的比较优势,直接对非洲地区进行对外投资,以实现各自的投资目的,并达到互利共赢的目标。

在具体的操作模式上,以石油产业为例,中法两国的优秀石油企业可以通过合资的方式,共同在我国境内成立合资有限公司,合资双方可以通过协商确定出资比例,双方可以以资金形式投资参股,也可以经过协商,以技术或者先进仪器出资,出资额为出资物所折合的价款。以合资有限公司的法人名义,通过并购非洲地区的石油企业或者通过与非洲地区的石油企业合作的形式,进入非洲石油市场。这种对非洲进行投资的模式与我国以往的石油企业独自走出去进行投资不同,而是由我国的石油企业与"洋专家"共同进入非洲石油市场。

### 三、新型合作模式的特点

从总体上看,这种新型合作模式具有如下几个特点:

一是降低了两国企业单独的投资风险。对外直接投资在带来十分巨大的收益的同时,也给投资者带来了风险。非洲地区近年来由于其丰富的资源和低廉的劳动力逐渐成为大国角逐的焦点。不同势力的交错导致该地区的政治环境不稳定,给对非投资留下了很大的政治风险。以利比亚为例,中国在利比亚承包的大型项目一共有50个,其中不乏石油开采等能源项目,相关的合同金额高达188亿美元(约1 200亿元人民币)。随着利比亚政变的发生,大部分中资企业人员开始陆续撤出利比亚,商务部与相关部门着手评估中资企业在利比亚的损失,并妥善处理相关的后续事宜。相关专家的估计显示,中资企业在利比亚的损失主要包括固定资产、原材料,难以追回的工程垫付款,撤离人员的安置费用,预计总共有200亿美元的资金在利比亚无法收回。在这种模式下,合资公司由于拥有中、法两国的政治背景,政治风险在一定程度上被分散,其在非资产可以得到良好的保证。近年来,我国的石油企业虽然进行了多笔海外并购业务,但是由于并购经验和经营方法的局限性,无论是从并购的规模,还是从并购之后的运行效果来看,都没有达到预期的效果。海外并购的不成功会导致国有资产的流失,公司经受很大的损失,更可能会影响我国的经济建设。通过这种模式进行的并购,可以弥补并购公司管理经验不足的劣势,降低并购风险。此外,由于合资公司的法国背景,可以在一定程度上缓解由于非经济风险导致的投资失败。这种新型的投资模式对于我国石油企业进一步走出国门、投资海外具有积极的意义。

二是能够为投资双方开拓市场。在这种新型的投资模式下,投资双方可以在充分发挥其自身优势的基础上,借助投资伙伴的比较优势,来弥补自身的不足。法国是最早与非洲合作进行石油开采的国家之一,法国的石油企业与中国的石油企业相比,对于非洲地区的地质结构和地理环境有较多的经验。但是由于欧债危机的影响,法国国内的石油需求萎靡,导致法国的石油企业陷入困境,现金流长期紧张,并没有过多的资金来拓展北美地区以外的业务。特别是在安哥拉这一非洲的产油大国,由于中国与安政府著名的"安哥拉模式"的作用,法国石油企业在安哥拉占据很少的市场份额,与中国石油企业的合作,可以使法国石油企业在投入很少资金的情况之下成功进入安哥拉市场。此外,在这次金融危机中,亚太地区在国际市场中的作用被进一步提升,通过此次合作,法国的石油企业可以借助中国企业与非洲政府的良好关系,帮助其拓展非洲市场,同时也能实现对中国市场一定程度上的占领,进一步拓宽业务范围。另一方面,中国的石油企业由于种种原因迟迟未能在海外取得较大的成功,在这种新型的合作模式下,中国的石油企业可以借助法国石油企业在海外石油市场的良好基础,以较低的成本成功地进入海外石油市场,进一步提升我国石油企业的影响力。

三是提升中国企业的国际竞争力。从中国企业的角度来说,近年来,随着中国企业控制成本,制造、经营与质量管理能力方面都取得了较大的进步,已经初步具备了跨国经营布局的能力和基础。但是在非洲地区,中国企业主要是单项成本优势和与非洲政府的政治优势,缺乏技术、品牌、人才、信息等对外直接投资的核心能力。由于石油能源的特殊地位,中国政府对于外国石油公司在中国市场上的控制十分严格,造成了在中国石油市场上的寡头垄断。寡头垄断通过对上游市场收取垄断低价和对下游市场收取垄断高价而获得差额垄断利润,我国的石油巨头中国石油化工集团公司虽然在世界500强企业中排名第5,但是由于其利润来源为垄断利润,国内石油市场缺少竞争,企业缺乏创新的动力,在一些核心技术上面与世界上的石油巨头相比仍有较大差距。石油行业对于开采技术的要求十分严格,核心技术的缺乏严重制约了我国石油企业在非洲的前进脚步。例如,2006年5月,中石化参与竞标安哥拉7个石油区块中3个油田的开发特许权,但由于它被安哥拉评标委员会认为缺乏相关技术来领导深水油田开发,导致它尽管获得了3个油田的开发权,权益份额却均少于初始目标。从总体上看,中国缺少在国际上具有影响力和控制力的跨国公司和全球企业。与法国石油企业的合作投资,可以满足我国国内的石油需求,与此同时,在我国石油企业与法国石油企业的合作进程中,我们可以学习到法国石油企业一部分先进的开采技术和管理技术,与我国石油企业的自身特点结合后,形成我国石油企业自己独特的竞争优势,使我国石油企业在国际市场中占据有利位置。

四是具有一定的示范效应。在本合作投资模式中,法国拥有丰富的非洲石油开采经验和当地资源,而通过合作投资,中国的能源企业,如中国石油、中国石化等,可以在合作过程中学习法国先进的能源开采模式和企业管理经验,为以后我国在非洲独立开发能源项目提供丰富的实战经验。同时,通过与法国合作开发非洲能源的契机,中国可以与更多西非法语国家建立更深层次的交流与合作,为我国在国际能源和政治舞台的扩展和合作中起到积极作用。另外,通过尝试新型的投资模式,中国将积累更多两国合作开发第三国资源模式的经验,包括资金、技术和经验的积累。利用这种新型模式,中国可以在亚非拉具有相似情况的国家展开与发达国家的合作,借鉴本模式积累的资金、技术和经验,更好更快更深入地开展合作,为中国的海外能源战略打开新的格局。

**四、新型合作模式的实施**

新型合作模式在实施过程中需要中国政府的大力扶持,需要政府在政策上一定程度的倾斜。第一,减少外汇在资本项目上的管制。政府在外汇管制上应该对非洲投资有区别性的对待,给我国对非洲的资本流动创造便利。第二,在目前的情况下,结算后美元须汇兑成人民币,由于汇率变化风险,增加了交易成本。因此,在本项目中,如政府可以进行政策放宽,采取统一美元结算将减少经营风险,使企业受益。第三,政府应该加大对非洲国家以及法国的外交力度,使得三方的企业谈判细节有政策性的支撑。第四,这种新型的合作模式应该立足于长远利益,在获得利益的同时要增加对非洲的援助,尤其是在教育、医疗、基础设施建设等层面,从而扩大中国的国际影响力,为中、法、非三国在今后的合作奠定良好的基础。第五,中国企业应加强自身建设,防止进入非洲后滋生腐败现象,杜绝侵蚀中、法、非三方财产事件的发生。

在21世纪,大国之间的竞争是经济实力的较量。随着能源的逐渐枯竭,能源安全问题将逐渐成为制约经济发展的重要因素。根据我国经济结构的现状,在很长一段时间内我国对能源的需求都将维持在一个较高水平,仅仅依靠国内的能源供应将远远不能满足我国国内巨大的能源需求。因此,通过中法合作模式对于非洲的能源市场进行投资,可以满足各方的需求,也为中国的经济发展找到一个稳定、持久的能源供给源,对于中国经济的稳定发展有着重大的意义。

## 本篇总结

当前全球地缘政治力量格局正处于调整期,很多国家在"二元化"程度上存在明显差异。第一类是一些传统的原材料输出国,在经济上日益依赖于中国需求,而在政治上陷入"战略恐慌",基本向美国倾斜,"二元化"非常明显,如澳大利亚和新西兰就是这种典型。第二类是呈现隐性"二元化"倾向的地区,政治上态度倾向于美国,而经济上或借助西方力量,或为西方所操纵,不断抬升中国的发展成本,或在与中国的贸易关系上不断制造摩擦和进行一定程度的阻挠,典型的如南美的巴西以及不少东南亚国家。第三类是西亚、北非等资源丰富或在传统上划入地中海沿岸商业繁荣地区的一些国家,这些国家或者由于极其敏感的大国力量在此角逐,或者由于长期属于欧洲战略利益的战略敏感地区,在政治上"三心二意",难以与中国建立起稳定的区域关系。以上三类区域,虽然在资源开发上对我国开放,但均难以在短期内与之结成经济政治上更紧密稳定的合作关系。比较而言,撒哈拉以南非洲地区,现阶段较适合发展成为中国的"密切合作区域",能够为中国经济持续发展提供新的资源和市场。

撒哈拉以南非洲是指除北非、非洲之角以外的撒哈拉沙漠以南广阔地区。在地缘政治上,这个地区尚未显现出美欧政治势力的强大影响,呈现出"空心化"的基本态势,这为中国进入该区域,开展政治、经济等方面的合作创造了有利条件。在历史上,撒哈拉以南非洲国家对欧美国家怀有戒心,但与中国在政治上长期友好。在经济上,撒哈拉以南非洲潜在资源极为丰富。从目前政治格局来看,撒哈拉以南非洲一些国家经过多年内乱,各方势力精疲力竭,战争潜能基本耗尽,对重启大规模战争都丧失了太大兴趣,近年来仅余零星部族之争。因此,中国最终的目标是,寻求有效的政治、经济和外交政策,将撒哈拉以南非洲地区的大部分国家转化为政治和经济都同我国友好的"一元化区域",使之成为支撑中国下一个30年发展的"海外密切合作区域"。其实质是以中国为中心的国际经济合作体系当中的"一元化区域",在本质上体现了中国与撒哈拉以南非洲国家发展的内在一致性,是相互滋养的平台,是发展中国家深化务实合作的有效途径。

不仅仅是纺织行业,在全球新一轮的产业转移中,我国的其他支柱产业也面临着国内劳动力成本上升,外贸产品的优势逐渐减弱的问题。加之欧美经济不景气导致的贸易保护主义抬头,这些行业的发展也面临着巨大的压力。纺织产业的非洲战略只是一个切入点,其目的在于探寻产业"走出去"过程中的企业模式,总结应该要注意的问题,并根据研究结果提出相应建议。

从中国纺织产业"非洲战略"的现状与特点来看,中国对非的战略是符合经济学原理的。但具体操作中,由于资金不足、信息不足等问题,中国在非洲的投资与合作遇到许多挫折。在今后的"非洲战略"中,如果我国政府能够完善相应的法律法规,提供资金以及政策支持,双方企业能够找到更好的融资方式,我国纺织企业的"非洲战略"从长期看一定可以实现中国和非洲国家的"双赢"。

我国的支柱产业,比如前面研究的纺织业在西方国家例如美国早已空心化,产业"走出去"的命题本身并不会与美国等国存在利益冲突。然而与产业"走出去"的命题不同,日益增长的能源需求是世界各国包括中国与美国面临的共同问题。在中国对北非的能源投资中,由于会分割西方各国的利益,其处理方式自然也有所区别。考虑到在能源行业方面,我国的投资与基础设施均落后于欧洲国家,本章节提出的设想是联合与中国没有根本利益冲突的法国共同拓展非洲市场,并在研究传统合作模式的基础上,进一步构建中法非三方合作的框架,新的合作框架降低了各方单独投资的风险,同时又能发挥各方自身的比较优势。

在中国与非洲的经济合作当中,不仅非洲能够获得紧缺的资金,中国也将获得其所需要的资源以及投资经验,对于国家战略意义明显。然而在某些领域,投资的收益可能也无法立即实现,同时纺织行业和能源领域的合作新思路均需要中国政府的大力扶持。我们应以长远的历史眼光、开阔的战略思维、扎实有效的实力手段,在全球经贸谈判和金融治理规则制定上占据主动。

## 参考文献

[1] Charles F. Dorna. Myth, Oil and Policy: Introduction to the Political Economy of Petroleum[M]. New York: the Free Press, 1977.

[2] Joseph S. Szyliowicz, BardE. O'Neill. Energy Crisis and U.S. Foreign Policy[M]. New York: Prager Publisher Inc., 1975.

[3] Joshua Eisenman, Joshua Kurlantzick. China's Africa Strategy[J]. Current History, 2006(2): 219.

[4] Kumar V, V Subramaniam. A Contingency Framework for the Mode of entry Decision[J]. Journal of International Business Studies, 1997, 32(1):53—72.

[5] Padmanabhan Prasad, Kang Rae Cho. Methodological Issues in International BusinessStudies: the Case of Foreign Establishment Mode Decision by Multinational Firms[J]. International Business Review, 1995, 4(1):55—72.

[6] Yong zheng Yang. China's Textile And Clothing Exports in a Changing World Economy[J]. The Developing Economies, XXXVI-1, 1998(3): 3—23.

[7] 查道炯.中国在非洲的石油利益:国际政治课题[J].国际政治研究,2006(4):53—67.

[8] 陈亚楠,赵宏.中非纺织合作:前景无限[J].WTO经济导刊,2007(3):41—42

[9] 陈亚楠,赵宏.中非纺织合作:前景无限[J].WTO经济导刊,2007(3):41—42

[10] 邓向辉.非洲能源国际竞争与中非能源合作[D].中共中央党校,2010.

[11] 杜伟,郭一凡.欧债危机发展趋势及其对油气行业的影响[J].世界石油经济,2012(1):11—20.

[12] 华珊,郭宏钧,袁慧丰.中国纺织工业实施"走出去"战略的思考[J].纺织导报,2005(5):25—28.

[13] 黄梅波,任培强.中国对非投资的现状和战略选择[J].国际经济合作,2012(2):44—46.

[14] 黄仁伟.美国全球战略的经济因素及对我国经济安全的影响[J].世界经济研究,2004(2):4—9.

[15] 惠庆春.国际能源新格局与中国能源安全[J].理论前沿,2006(12):33—34.

[16] 吉佩定.中非友好合作50年[M].北京:世界知识出版社,2000.

[17] 李安山.论中非合作论坛的起源——兼谈对中国非洲战略的思考[J].外交评论,2012(3):15—32.

[18] 李创,任荣明,王丽萍.中国纺织业国际贸易竞争力研究综述[J].丝绸,2005(1):41—43.

[19] 李红梅.棉花产业在非洲经济中的地位和作用[J].世界农业,2005(9):9—11.

[20] 刘畅.企业对外投资新模式:合作投资第三方国家模式探究[J].内蒙古农业大学学报,2011(4).

[21] 刘鸿武.撒哈拉以南非洲民族国家统一构建进程[J].西亚非洲.2002(2):16—21.

[22] 刘鸿武,王涛.中国私营企业投资非洲现状与趋势分析[J].浙江师范大学学报,2008(5):36—42.

[23] 刘勇.美国《非洲增长与机遇法案》述评[J].武大国际法评述,2009(1):168—190.

[24] 卢徽.冷战后美国和法国对非洲政策及其比较[D].湘潭大学,2002.

[25] 〔美〕于子桥著,沈浦娜译.坦桑尼亚—赞比亚铁路:中国对非经济援助个案研究[M].北京:北京大学出版社,2000.

[26] 商务部对外经济合作司.商务部推荐投资东南非洲纺织服装业[J].WTO导刊,2004(2):122—123.

[27] 舒运国.非洲人口增长:挑战与机遇[J].当代世界,2012(6):41—43.

[28] 王峰.中国企业对非洲投资存在的问题与风险分析[J].对外经贸,2012(4):34—35.

[29] 王海峰,曲凤杰,郝洁.2007年后中国纺织服装贸易面临的风险和对策分析[J].国际贸易,2007(7):19—26.

[30] 王亚平.纺织工业当前面临的问题及对策措施[J].宏观经济管理,2009(9):

46—48.

[31] 幸理. 企业合作创新模式的经济学分析[J]. 武汉理工大学学报,2007(10).

[32] 严斌,赵银德. 后配额时代我国纺织业发展中面临的问题、成因及对策[J]. 商场现代化,2006(03):6—7.

[33] 杨光等. 中国企业在西亚非洲直接投资状况考察[J]. 西亚非洲,2007(9):64—71.

[34] 杨丽娜. 冷战后从法国与非洲法语区国家的关系看法国的大国外交[D]. 华东师范大学,2008.

[35] 杨林燕. 中国企业对非洲投资研究:动因、模式及其效应[D]. 厦门大学,2009.

[36] 叶凡. 中法两国在法语非洲国家共赢的可能性——以刚果共和国为例[D]. 外交学院,2010.

[37] 叶护平,高练,卢武强. 非洲石油生产与贸易的地理特征[J]. 世界地理研究,2007年(13):16—22.

[38] 叶纂纂. 国际能源合作模式与中国的战略选择[D]. 外交学院,2005.

[39] 游涛. 论中法在非洲的利益冲突与合作共赢[J]. 法国研究,2009(1):72—74.

[40] 赵慧杰. 法国对非洲政策的调整及其战略构想[J]. 西亚非洲,1999(1):31—36.

[41] 郑传贵. 世界石油地缘政治格局新态势与中国石油进口安全[J]. 北京石油管理干部学院学报,2007(6):11—17.

# 第 六 篇

# 国际经济体系转型：中国发展模式转换的国际条件

**本篇概要**

本篇主要研究如何促进中国、亚非拉等发展中国家和地区的一体化进程，加快国际政治经济格局的再构，促使国际经济体系的顺利转型，从而为中国发展模式的转换和实现经济新常态提供条件。本章重点考察了以下两个问题，中国经济模式转换和实现新常态的国际经济条件以及中国与南非的贸易模式问题。前者从全球宏观经济角度分析了国际经济秩序与工具的转变对中国实现经济新常态发展的主要意义；后者则从国际贸易角度出发，以中国对南非贸易模式为切入点，为构建新的国际政治经济格局提供参考。

本篇目的在于掌握全球经济发展格局及其对中国经济发展的影响，以及如何通过国际经济秩序改革促进中国新常态的实现，同时分析如何促进中国、亚非拉等世界非主流地区的一体化进程，并对中国与南非贸易的总量分析与跨时分析有所了解。

**本篇将要讨论的问题：**

• 如何理解中国经济传统发展模式与世界经济根据的世界经济体系内在一致性？

• 如何理解中国经济新常态的外部经济条件？如何促进这些条件的实现？

• 现今中国与南非的贸易结构是怎样的？

• 如何比较中国与南非的贸易结构？二者的主要联系是什么？

# 第十一章 中国经济转型与新常态的国际经济条件[①]

## 第一节 问题的提出

2014年夏,习近平总书记第一次正式提出了中国经济"新常态"的概念,并把它作为未来相当长时间内我国经济发展的总方针。2014年年底召开的中央经济工作会议进一步对新常态的内涵做出了系统、完整地阐释,提出了中国经济新常态的九大特征。适应新常态,在新常态下实现中国经济的稳定健康发展已成为当前中国经济发展和经济政策的焦点所在。

按照我们的理解,中国经济新常态是相对于过去几十年中国经济超高速粗放型外延式发展这一旧常态而言的,是对旧的已经不适应今天中国经济现实的发展模式的一种调整和修正。然而,应该认识到,在当今的经济全球化时代,作为世界经济大循环中的重要一环,中国经济发展模式是在既有世界经济结构下形成和发展的,是"内生性嵌入"世界经济结构的。中国经济旧有的发展模式,恰恰是中国利用当时经济全球化带来的机遇,以中国的比较优势为基础,通过改革开放加入世界经济循环所形成的。也就是说,过去几十年中国经济发展模式的形成,既与中国自身的经济条件、比较优势密切相关,也与中国所处的世界经济环境和外部条件紧密相连。无论是20世纪80年代引进外资开始新中国的第二次工业化进程,还是90年代和21世纪以后大规模地接受国际产业转移逐渐成为世界工厂,实现外延式高速增长,都是在全球化空前发展背景下利用世界经济发展所提供的特殊机遇的结果。

从这样的视角来看,中国经济新常态战略的提出,我们所追求的在新常态下中国经济高质量的内涵式平稳增长,一定也与我们所处的外部经济环境密切相连,一定也需要与当前的世界经济结构和发展特征相适应。如果世界经济现有结构和发展状况与我国新常态战略的需要不适应,就应当努力推进

---

[①] 本节内容参见王跃生"中国经济新常态的国际经济条件",《中国高校社会科学》,2015年第3期。

世界经济结构的调整与改革,为新常态发展创造适宜的国际条件。否则,新常态战略就会困难重重,甚至会成为空谈。中国经济也就难以实现我们所期待的以结构调整为手段、以高科技战略性新兴产业为载体、以资源节约环境友好为条件、以经济社会协调发展为结果的新常态目标。

然而,尽管当前对中国经济新常态的研究和讨论很多,对国际经济环境的分析和评论也不少,但把中国经济发展新常态与世界经济结构调整结合起来,从中国经济新常态的国际经济条件的角度加以分析和研究仍很不足。有鉴于此,我们拟从中国经济与世界经济密切关联、互为条件的角度,对这一问题做一些初步的粗浅分析。

## 第二节 中国经济发展模式与世界经济结构相互依存

要理解未来中国经济发展新常态所需要的国际经济条件与环境,首先应认清中国经济模式与国际经济结构的密切关联性。中国经济传统发展模式的特点非常突出,诸如经济高速增长、投资出口主导、增长方式粗放、经济效率较低、内外失衡交错。这些特征的形成和长期持续,莫不与国际经济环境和外部条件息息相关,毋宁说是内外环境共同促成的。

首先看经济高速增长。在过去三十多年,得益于改革开放,中国经济维持了长期高增长状态,平均增长率达到 9.5% 以上,创造了中国奇迹。中国经济能够实现如此长期的高速增长,需要多方面因素的配合,其中许多因素与国际经济环境有关,包括稳定的国际经济秩序、开放的市场、资本等生产要素的自由流动、技术创新与产业转移的加快,以及美元一家独大的国际货币体系,等等。这种环境是通过战后建立的国际经济秩序得以实现的,诸如布雷顿森林体系确立的以美元为中心的体系,以关贸总协定和 WTO 为架构的自由贸易体系,以发达国家为中心、发展中国家为外围的国际分工和产业转移体系,通过联合国、国际货币基金组织、世界银行等机制实现的国际经济治理与危机救助体系,等等。

国际经济环境成为中国改革开放以后经济高增长的起点。中国开始加入世界经济体系始于 20 世纪 70 年代末 80 年代初的改革开放初期。其时,正赶上战后第三、第四次大规模国际产业转移交错并发的时代,一般加工业从亚洲"四小龙"等新兴工业化国家转移出来,移向成本更低的发展中国家。中国凭借自身的资源、劳动力以及对外开放的制度环境优势吸引大量外资进入,成为新中国再次工业化进程的起点(第一次是新中国成立之初依靠苏联援助和自力更生开始的工业化)。外资的大规模进入和产业转移潮流,弥补了中国的资金和技术缺口,调动了中国巨大的劳动力和资源储备,使各种生产要素形成聚合效应。中国改革开放初期的经济增长过程是发展经济学两缺口模式理论的典型例证。虽然中国经济改革调动了民众的积极性,但如果没有与对外开放相配合,中国经济发展绝不会取得如此巨大的成就。

国际经济环境成为中国经济高增长得以长期持续的保障。按照经济学的供给与需求均衡原理,一国经济持续发展的条件是总供求均衡。从供给侧来说,中国是一个资源相对贫乏的国家,仅凭自身资源,不足以支持中国经济如此长时期的产能扩张和高速增长。恰恰是来自外部的能源、资源和资金、技术等生产要素的流入,构成产业发展和经济规模扩张的基本因素。从需求侧看,以中国的国内需求不足状况,特别是最终消费需求压抑的状况,不足以提供产出扩张所需要的市场,经济增长难以长期维持,正是来自发达国家的巨大外部需求解决了中国制造的市场问题。出口主导战略使中国的经济增长得以长期持续,并形成了远远超过本国需求的巨大制造业产能。而近年来外部市场需求的萎缩使中国经济增长难以维持,也从反面说明国际经济环境是中国经济持续发展的必要条件。

中国经济模式的结构和效率问题同样与国际经济环境密切相关。战后形成的中心外围体系和全球统一市场,使技术创新与产业转移不仅是一种自发过程,而且成为一种人为的制度安排与自觉过程。发达国家作为世界经济中心和技术创新产业升级中心,客观上需要将自身不再具有优势的产业转移出去,需要消除产业转移的人为制度障碍,需要开放的市场和要素的自由转移。这些通过战后形成的国际经济秩序得以保障。发展中国家虽然从理论上说可以通过自力更生实现技术创新与产业发展,但实际上,其经济发展基础、资金状况,加上发达国家人为设置的技术转移障碍、专利制度、保密制度、人才逆向流动等,使发展中国家很难实现系统性的自主创新,而只能被动接受发达国家转移出来的传统产业。人为保持技术与产业发展的国际差距与梯次转移是传统世界经济结构的一个固有特征。

在这样的背景下,中国的经济发展也只能纳入这一轨道。工业化初期中国所接受的产业进入,大多是劳动力密集、资源密集、附加值比较低、环境污染比较严重的中低端加工制造业。前期以轻工业和消费品工业为主,后期则更多为重化工业和装备制造业。这一过程是自然的,包括亚洲"四小龙"在内的很多发展中经济体都经历过这一过程。不过,由于中国的人口、市场、经济规模,这一过程在中国持续的时间更长、程度更深,影响也更大。中国的巨大市场规模、低成本的熟练劳动力大军、一国范围之内形成完整的产业链与产业梯度分布结构的可能性等条件,大大提高了可转移的产业与规模的上限,使发达国家的产业转移一发而不可收,不仅必须转移的转移出去了,连做为一国经济基础的整个制造业也大都转移出去了。许多发达国家出现了严重的产业空心化现象,也才会有现在的再工业化与产业回流问题。而中国依靠简单的加工制造和低层次的模仿即可获得稳定收益,这种惯性和依赖性又使得技术创新和产业升级动力不足。于是,中国成为最大的世界工厂,规模不断扩张,结构进步缓慢,外延式粗放发展,全要素生产率水平持续低下,资源环境问题突出。

这也就引发了中国传统经济模式下的内外结构失衡特征。依靠外需特别是发达国家市场的巨大需求,中国在内需不足特别是消费需求不足的情况下通过工业制造业扩张实现了长期的高增长,也形成了长期消费与投资失衡、制造业与服务业失衡、进口与出口失衡的不平衡结构。上述失衡,无论是从失衡程度上还是从持续时间上看,在战后以来的世界经济发展史上都是比较极端的。比如,在中国传统发展模式比较典型的1995—2008年间,投资占GDP比重平均为39.8%,其中2008年达到54.2%;工业在GDP中占比平均为46.1%。再比如,自从1990年以后,中国除1993年出现的对外贸易逆差达到122亿美元之外,其余均为顺差,而且顺差额不断扩大,2008年达到2 981亿美元的高点,以后有所减少,但2013年仍然达到2 590亿美元。而在中国贸易顺差中,美国一直是最大的顺差来源国,多年维持在1 000亿美元以上,2006年、2007年、2008年几年均超过2 000亿美元,占中国贸易顺差的绝大部分。[①] 正是依靠长期的中美巨额贸易顺差以及由此产生的中美经济失衡结构,中国经济发展旧常态才得以长期持续。

进入21世纪以后,随着中国加入WTO,进一步全方位开放,又带动了全球第五次产业转移潮。主要发达国家的制造业,包括重化工业和装备制造业,大规模转入中国,使中国逐渐成为世界加工制造业的中心和世界工厂。中国加入WTO后的全方位开放格局,又使中国获得了更广阔的全球市场,带动中国经济经历了一个新的高增长期。不过,这一波增长主要是在数量上进一步扩张,质量提升不明显。这一时期中国的经济结构虽然随着外资重化工业的进入有所提升,但基本上仍然是发达国家淘汰什么我们发展什么,仍然以外延式粗放发展和一般制造业为主,如钢铁、汽车、建筑、造船、机械制造、化工、石油等,形成了工业经济时代的典型特征。

中国经济发展与世界经济结构的密切依赖和相互依存,不仅体现在经济

---

① 以上数据均来源于国家统计局网站(www.stats.gov.cn)数据或根据该网站数据计算。

增长、产业结构和发展方式上,也体现在对世界经济制度体系与治理结构的适应与逐渐融合上。

国际经济制度体系与治理结构对中国经济发展的影响最集中地表现在对中美失衡结构的维持上。众所周知,全球经济失衡起初主要体现在美国与德国以及日本、韩国等东亚制造业出口国之间。随着中国逐渐成为世界工厂,中国也逐渐取代日本、德国等国家,成为中美经济失衡以及全球经济失衡的最重要的当事方之一。中国利用自身的低成本优势加上汇率政策,大规模对美出口,以此带动本国经济的高增长。长期顺差结余的外汇储备,又通过国际间接资本流动渠道大量回流美国金融市场,通过购买美债等方式对美国融资,维持美国的低融资成本和持续进口能力。由此形成中国对美巨额贸易顺差、外储不断累积、购买美国政府和机构债券连创新高、成为美国最大债主的局面。中美都被这种失衡的格局锁定,为了自身利益不得不维持这种失衡的经济结构,形成了"失衡性平衡"的"恐怖平衡"。这种状态的形成,显然与布雷顿森林体系下美元的特殊地位有关,更与牙买加体系下美元享有世界货币地位却不必承担相应义务的国际货币制度安排有关。这种安排维持了美国的低储蓄高消费和高负债下的币值稳定,也成为中国低成本出口模式得以持续的国际货币金融制度基础。

除了国际货币体系之外,关贸总协定和 WTO 则是中国经济模式得以持续发展的国际贸易制度基础。关贸总协定和 WTO 反对贸易保护,主张自由贸易,降低关税,取消非关税壁垒,倡导贸易投资自由化,特别是主张资本流动自由和一般工业制成品的市场开放。这些主张对于以工业制成品出口为主导的中国最为有利,构成中国经济发展"全球化红利"的主要来源。近年来,随着 WTO 多哈回合的展开,自由贸易谈判所涉及的领域主要变为农产品、服务业和知识产权,各国间的争议和分歧巨大,多哈回合久拖不决,多边贸易体制困难重重,WTO 成了低水平贸易自由化的代表,有被日益边缘化的趋势。美国提出 TPP、TTIP、TISA 等高水平的贸易投资自由化制度安排,并竭力排斥中国参与这些安排的规则制定过程。WTO 的边缘化在某种程度上削弱了中国对 WTO 这一最适合自身的低水平多边机制的利用。这又从反面证明了 WTO 等制度对于中国发展模式的重要性。

以上分析表明,中国经济传统发展模式的形成和长期维持,在很大程度上是与当时的国际经济环境和世界经济结构特点密切关联的,是内外因素共同作用的结果。问题是,且不说中国内部自身的原因使这一模式难以为继,即使从国际经济环境角度看,美国次贷危机和欧债危机以来,世界经济结构和国际经济环境发生了重大变化,这些变化大大改变了中国经济发展的国际经济环境,也使中国的既有发展模式不可持续。

归纳以上论述,中国经济的发展模式是密切依赖于世界经济结构的,需要一定的国际经济条件。这些条件主要表现为:市场条件(开放性国际市场为中国制造提供外部需求以弥补内需不足,容纳巨量产能的存在);产业条件(来自发达国家的产业转移持续进行且不断更新,弥补自身创新不足,使中国的产业结构得以提升);货币金融条件(美元体系得以维系,中美"恐怖平衡"可以长期持续);国际经济治理结构条件(中心外围结构继续维持,发展中国家继续作为国际经济中的配角接受既定的国际经济秩序)。现在看来,正是这些条件开始变化,构成中国经济模式转换的国际因素。

## 第三节 世界经济结构大调整是新常态战略的外部原因

前面分析表明,中国经济发展的传统模式是中国经济自身条件与国际经济环境内双重因素共同作用的结果。这一发展道路促成了中国经济几十年的持续高速发展,也带动了世界经济的相对平稳的发展特别是国际分工发展、全球资源合理配置和产业创新的飞速发展,强化了世界经济的中心外围结构。

然而,这一结构有其固有的矛盾和问题,核心就是全球失衡,恐怖平衡危如累卵,随时可能爆发危机。1997—1998年发生的东亚金融危机,实际上就是这些外围国家产业竞争力下降、贸易与国际收支恶化情况下产业升级进展缓慢、汇率制度僵化以及金融市场不当开放等因素共同作用的结果。也就是说,由于中国的强势竞争,这些国家已经被淘汰出主要对美出口国行列,而其又没有适时进行产业结构调整升级,反而不当开放金融市场,羸弱的经济基础最终酿成危机。至于2007年发生的美国次贷危机以及此后接连发生的欧债危机和全球经济危机,都与世界经济结构失衡、产业过度外移造成的经济空心化、财务杠杆率高企使风险不断累积、低储蓄高消费结构的脆弱性等因素密不可分。

金融危机以后,以美国为代表的发达经济体,着手对本国乃至整个世界的经济结构进行调整和改造,以解决经济空心化问题,矫正世界经济结构失衡,消除金融经济危机发生的基础,保持在世界经济结构的中心地位和主导权。新兴经济体也受到全球危机和发达国家结构调整的影响与冲击,主动或被动地进行结构改革。经过几年的反危机和结构调整,世界经济结构已经开始发生渐进但深刻的变革。这种变革已经并将继续影响和改变中国所处的国际经济环境,成为中国进行结构调整,实施新常态战略的外部原因。

美国以及其他主要发达国家所采取的包括制造业回归在内的"再工业化战略"是后危机时代中国国际经济环境变化的一个重要因素,也是新常态战略的主要外部原因。金融危机的发生让各国政府和有识之士认识到仅仅依靠服务业和金融业等虚拟经济支撑经济发展的战略是片面的,即使对于美、英这样居于世界经济结构中心地位、具有发展金融业和服务业强大优势的国家来讲也是如此。长期的产业空心化不可避免地将导致经济结构多方面失衡,如实体经济与虚拟经济失衡、消费与投资失衡、进口与出口失衡,潜在增长率和实际增长率下降,以及劳动力从全要素生产率较高的第二产业流向较低的第三产业导致整个经济效率降低等一系列后果。(中国进出口银行,2014)长期失衡只能依靠赤字和借债维持,最终必然引发债务危机(美国的私人债务危机和欧洲的公共债务危机)。

正是基于经济空心化的教训,危机后许多发达国家转而实施以推动先进制造业发展、海外制造业回归为主要内容的再工业化战略。美国从2009年至2012年先后推出了多项实施再工业化的举措,包括2009年12月颁布的《制造业振兴框架报告》、2010年出台的《制造业促进法案》《五年出口倍增计划》,2011年制定的《美国创新战略:确保国内经济增长与繁荣》,2012年提出的《先进制造业国家战略》,等等。欧洲也在这两年出台了一系列总体和国别的再工业化战略,如《欧洲2020战略》、德国的《工业4.0》、法国的《新产业政策》《新工业法国》、英国的《制造业新战略》《制造业的未来》等。

以上战略的提出只是近两三年的事,时间很短,而产业结构调整见到成效需要一定时间。然而,时间虽短,成效已经开始显现。从美国的制造业投资与就业增长率来看,剔除2007—2008年次贷危机期间的特殊情况,危机前的2000—2006年,美国制造业投资年均增长率是−0.1%,而实施再工业化战略以后的2009—2013年则达到年均3.5%;制造业就业人数增长率则从危机前的−3.3%上升到1.4%,变化显著。而从美国制造业增加值占GDP的比重来看也已经有所回升。2013年与2009年相比,不仅摆脱了连年下降的局面,还从12%上升到12.1%。[①] 同时,依靠能源技术革命等因素的推动,依靠页岩气的开发、新能源发展和石油开采,美国的能源需求从严重依赖进口变为自给有余部分出口。这样,美国变成了半个制造业和能源国家。

主要发达国家特别是美国的结构性调整,对我国已经并将持续带来重要

---

[①] 以上数据来自 World Bank, Bureau of Economic Analysis,以及中国进出口银行经济研究部。

影响,将在很多方面改变我国经济发展的国际环境,并成为我国实施新常态战略的重要外部原因。

发达国家再工业化新战略导致的一个变化是,在战略新兴产业、高新技术产业,以及其他处于价值链高端的产业或生产环节,中国不可能指望如同过去那样从发达国家那里源源不断地转移这些产业,以此来带动我国的产业升级和经济增长。战略性新兴产业和其他高新技术产业事关各国的核心竞争力和在世界经济中的地位,重新对制造业发展寄予厚望的发达国家不大可能再大量转移给其他国家,即使不是最先进的二流技术。不仅如此,它们将通过政府投资、税收优惠、政府采购等方式支持本国新兴产业的发展,保持和进一步扩大与新兴国家的技术差距和产业差距。这决定了在战略新兴产业和高新技术产业上,比如 IT 产业、移动互联网、物联网、新能源、光伏产业、大飞机等,中国将主要依靠自主创新,与美国和其他发达国家并行发展。甚至我们会遇到来自发达国家的更多技术壁垒、转让限制,既有双边的限制,也有通过多边国际协定、技术标准等的限制。未来的竞争结构可能是,中国与美国等发达国家在这些领域既竞争又合作,产品互有进出,结构互补,同时,可能在第三国新兴市场形成竞争,成为直接竞争对手。无论如何,在新兴产业上,中国生产美国消费的结构不会复制重演。这改变了中国发展国际环境中的产业条件。

后危机时代中国国际经济环境的另一个变化是 WTO 框架下的自由贸易体系式微,新型贸易保护主义出笼,区域化、集团化贸易结构呼之欲出,这将大大改变中国发展国际环境中的市场条件。在过去的几十年特别是中国加入 WTO 以后的十几年,中国出口导向型经济发展的一个主要国际环境支撑就是 WTO 框架主导下的日渐开放的自由贸易体系。虽然贸易保护主义不时沉渣泛起,贸易战时起时伏,但总体上降低关税和消除各种非关税壁垒是一个大的趋势,贸易自由化特别是商品贸易的自由化进展明显。这对于以产品出口为经济增长主要支撑的中国来说,显得尤为重要。然而,随着 21 世纪以来国际经济危机和经济衰退,特别是各国都把发展制造业重新当作经济发展的重心之一,保护本国市场和本国就业便成为经济政策的主要诉求,贸易保护主义也重新活跃。对于中美、中欧这样一些贸易显著失衡的国家(集团)来说尤其明显。据统计,金融危机以后 20 国集团国家陆续出台了一系列贸易保护主义措施,这些措施 80% 以上在 2014 年仍在执行。2014 年的前三个季度,共有 21 个国家或地区对中国商品发起了 75 起贸易救济调查,同比增长 17%,其中许多涉及战略新兴产业,数额巨大(中国商务部,2014)。

在多边自由贸易体系受阻的背景下,经济贸易区域化、集团化的潮流异军突起,不可阻挡。相对于 WTO 的多边体制,区域化、集团化对于伙伴成员来说具有选择性,对域外国家具有排他性,更方便有关国家执行自己的经济政策和战略。于是,各国各地区便根据自身需要,各取所需,搞起了各种各样的区域贸易与经济合作组织和各种版本的自由贸易安排。这其中,以美国所主导的 TPP、TTIP、TISA 为代表。其他区域一体化安排也遍地开花。我国先后完成了与东盟、新西兰、智利、澳大利亚、瑞士、韩国等国家和地区的自由贸易谈判,并提出了 RCEP、亚太自贸区等设想。从现实性与影响来说,美国所主导的 TPP、TTIP 无疑是近期最重要的区域贸易投资安排,而这两个安排有意排斥了中国参与,设置了很高的门槛。中国未来即使加入也只能以后来者的身份接受相关规则。而从 TPP、TTIP、TISA 等安排的指向来看,其规则很多与中国的现实利益和竞争力有直接冲突,诸如服务业的开放、农产品、知识产权、社会责任、环境与人权标准等。当这些规则成为国际经济普遍规则之时,中国经济的竞争优势便消耗殆尽。也就是说,外部市场已经不能容纳中国大规模生产、海外销售的发展模式,国际市场条件改变了。

以美元为核心的国际货币体系与中美失衡结构的改变也构成中国国际经济环境的重要变化。中美失衡以及整个国际经济失衡的成因之一是美元中心体制。金融危机后一方面美国在实施再工业化和出口战略,其贸易赤字及整个国际收支赤字的状况有所改善,过度依赖外部资金弥补赤字的情况会有所好转;另一方面,对美国通过美元攫取财富、转嫁危机的批评也很多,有许多研究和建议尝试改变美元一家独大、权责不等的体制。虽然未来国际货币体系如何改革尚不清晰,但即使以美元作为主要国际货币的格局不变,美国依靠美元地位滥发货币、过度举债的局面也很难重演。

这一状况,加上美国通过再工业化对经济结构与模式的调整,中美失衡的格局和程度肯定会得到不断缓解。未来的中美经济关系新格局会是一个逐渐走向平衡的正常经济关系格局,而这亦将改变中国经济发展的重要外部条件。图 11.1 及图 11.2 清晰地表明了中美经济关系从失衡走向均衡的前景。

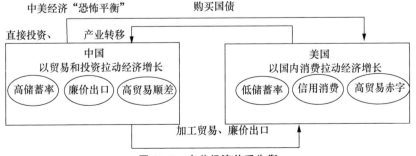

图 11.1 中美经济关系失衡

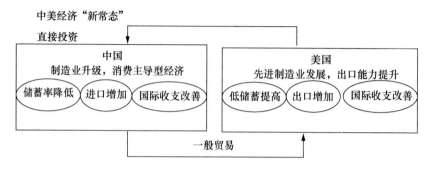

**图 11.2 中美经济关系均衡**

资料来源:上海社会科学院世界经济研究所宏观经济分析课题组:"砥砺前行中的世界经济:新常态、新动力、新趋势",《世界经济研究》,2015(1)。

国际经济治理结构条件也发生了重大变化,它将改变各国在世界经济体系中的地位和行为能力,并改变各国的国际经济环境。如前所述,二战以后直到新世纪之初,世界经济的中心外围体系没有发生大的变化。虽然一些中小国家和地区的经济崛起,但不足以改变世界经济结构。全球经济的规则制定、制度框架、政策取向、权力机构等都控制在了主要发达国家手中。21世纪以来,世界经济中的力量对比发生了重大变化,以中国和其他金砖国家为代表的新兴经济体和后发大国经济迅速发展,力量不断增强,要求改变国际经济治理结构的呼声越来越强。金融危机的发生提供了一个契机,国际经济治理结构发生了明显变化,例如 G20 的兴起,中国等新兴经济体在国际货币基金组织、世界银行、WTO 等国际经济组织中地位的上升。与此同时,在区域化的大背景下,中国等新兴大国还建立了一系列独立于主要发达国家的国际经济组织和机制,如金砖国家合作银行、亚投行、上海合作组织银行,以及中国与非洲、东盟等国家和地区的双边论坛与合作机制,等等。国际经济治理格局的改变,特别是我国在国际上的力量和影响力的上升,为我国推进自己的国际经济战略提供了可能性。如果说以往我们只能被动接受发达国家确定的规则和地位的话(无论这种规则和地位对我们是否有利),那么现在,我们完全可以根据我国经济社会发展的需要,提出和执行自己的国际经济战略,为国内的经济发展创造适宜的国际环境与条件。

## 第四节　中国经济新常态有助于世界
经济结构走向平衡

中国的经济发展模式与世界经济结构和国际经济环境互为因果,新常态战略的提出,具有深刻的国际经济背景。实际上,由于中国经济模式与世界经济结构的内在一致性,中国经济的新常态战略,既是由于世界经济结构正在从失衡走向平衡,也有助于这种平衡结构的形成,从而有利于整个世界经济的发展,特别是广大发展中国家经济的发展。

中国经济的新常态战略有助于全球经济失衡问题的解决。众所周知,全球经济失衡是世界经济多年以来难解的一个怪圈,其中中美两国的贸易与金融失衡又是全球失衡的核心。这种失衡结构虽然使中美两国获得了某些利益,使中国经济的"三高"模式(高储蓄、高投资、高增长)和美国的"低储蓄、高消费、高赤字"模式得以维持,但积累的矛盾也使中美两国各自的内部结构畸形程度日益加深,并对世界经济长期发展造成巨大威胁。过去很多年,虽然世界各国的经济学家对这种失衡结构议论很多,也一直在寻找解决办法,但中美两国的经济模式不变,全球失衡的问题便无法解决。金融危机后,美国奥巴马政府提出"再工业化"战略,美国的经济结构正在发生改变。此时,中国推出新常态战略,改变了过去实行的高储蓄、高投资、高出口、高增长、低消费、低效率的模式,强调以内需特别是消费需求为基础,维持出口的合理增长,不追求贸易顺差,同时降低经济增长指标,实现适度增长。这些措施将明显改善中美以及中国与其他国家的贸易状况,使中国从世界工厂变为世界市场,从而从根本上改变中美之间以及中国整体的对外经济失衡状况,推动世界经济摆脱过去的失衡结构,走上一条更为均衡的发展道路。近两年来,我国的进出口结构趋于合理,进口增速快于出口增速,顺差减少,就是这种逐渐走向均衡的表现。

中国经济的新常态有助于亚非拉发展中国家经济的发展,为世界经济可持续增长注入新活力。广大发展中国家特别是亚非拉发展中国家的经济发展严重滞后,与发达国家和世界经济整体差距越来越大,这是在世界经济中心外围结构下长期存在的一个重要问题。它既使世界经济发展过程有失公正、公平,更使世界经济的持续发展缺乏新的动力。按照战后经济发展和国际产业转移的一般规律,当中国等东亚国家进入工业化后期,经济发展水平和条件已经不适应一般制造业发展的时候,应当开启新一轮大规模产业国际转移的过程。但是,亚非拉国家,特别是广袤的非洲大陆,由于长期被世界经济边缘化,缺乏相应的基础设施、制度环境、人才储备和产业基础,使得国际产业向这些地区转移困难重重。中国经济新常态战略的主要内容之一是通过企业的走出去转移相关成熟产业,实现经济转型升级和产业结构大调整,其产业转移的目的地只能是处于工业化初期的亚非拉发展中国家。这一产业转移过程无疑将带动有关发展中国家的工业化进程和相关产业的发展,促进其经济起飞。特别是,中国的对外投资和产业转移有政府的广泛参与和支持,有国有企业的积极实施,有中国国内开发区、试验区、经济特区等产业发展的成功经验,更加适合于亚非拉国家的需要。譬如,国有企业和国家主导战略可以在一定程度上超越私人资本只追求短期利益的局限,创造发展环境,谋求长期发展。诸如私人资本不愿意进行的大量基础设施投资问题,亚非拉国家的融资能力和偿债能力不足问题等,可以通过国有企业的开发性投资、直接投资与对外援助的结合、政府主导的开发性投资基金等形式得到解决。中国与亚非拉国家在制度和意识形态方面的相似性,也为双方的产业转移与经济合作创造了较好的氛围和条件。发展中国家对中国发展道路的学习和模仿更为中国海外投资和产业转移创造了条件。所以,中国从经济发展状况、产业结构、发展经验、制度基础、意识形态等方面看,都是最适合向亚非拉国家进行投资和产业转移的主角。一旦这种投资和产业转移大规模地展开,将会极大地促进相关国家的工业化和经济发展,而广大亚非拉国家的经济发展和人民收入水平的提升,也将为世界经济的可持续发展创造巨大的新需求,注入新的活力。

中国经济新常态有助于形成新的国际经济治理结构和国际经济的良性循环。传统的世界经济格局是中心外围格局,中国作为世界经济的外围国家之一,虽然经济体量位居世界第二,但由于位处全球价值链低端,接受发达国家产业转移、为世界加工生产廉价商品,在国际经济治理和循环中扮演着规则接受者、产业配套者角色,对全球经济治理影响不大。这也成为国际经济治理结构矛盾的原因之一。中国经济新常态战略下企业大规模走出去、国际产业的大规模转移、在全球产业价值链地位的上升、从世界工厂变为世界市场、与发展中国家经济合作日益紧密,这些为我国主张的建立国际经济新秩序、全球治理民主化、重构国际经济治理结构创造了重要机遇。伴随新常态战略提出的"一带一路"倡议,通过互联互通更将相关国家结合为一体,形成巨大的国际经济力量。作为具体措施,我国与其他发展中国家已经和正在建立一系列国际合作机构与机制,如金砖国家银行、上海合作组织银行、亚洲基础设施投资银行;丝路基金、中非基金;中非论坛、中国—中亚国家论坛、中阿论坛、中国东盟论坛;中澳、中新、中韩、中国东盟、中智、中瑞自贸协定,

RCEP、WTAAP 等多边自由贸易投资安排,中国与周边国家的金融合作、货币互换协议;等等。通过这些机构与机制,将以中国和其他新兴大国为核心,形成代表新兴经济体和发展中国家利益的新的国际经济力量,与美欧日等发达国家主导的,以 IMF、世行、亚行为代表的,缺乏民主因素的传统经济势力和权力结构相平衡、互补,以此推进世界经济治理结构的改革。同时,以中国等新兴大国为核心的世界经济新循环的建立,将有助于改变过去一家独大的"中心—外围循环",建立权利更加平衡、更能反映世界经济发展状况的"双循环结构",推动世界经济双轮驱动格局的形成。①

## 第五节　中国经济新常态需要适宜的国际经济条件

前文已经表明,中国经济新常态既是中国经济发展面临的战略任务,也是事关世界经济平衡、可持续发展的重大问题。既然中国经济模式与世界经济结构密不可分,那么中国经济发展新常态的确立必定也需要与之相协调的国际经济环境。

中国经济新常态的确立和发展,首先需要一个稳定、开放的国际经济环境。新常态下的中国经济,是一个更加开放的经济,融入世界经济更深的经济,也是一个对世界及各国都产生重要影响的经济。这就首先需要一个和平、稳定的国际经济环境,与全球所有国家特别是主要经济体都保持密切、友好、开放、合作的关系。即使与不同国家存在着这样或那样的矛盾和竞争,也应让这种竞争服从于经济发展大局。譬如,在与美国的经济关系上,虽然一般认为中美两国存在着掌握世界经济特别是亚太经济控制权与话语权的竞争关系,美国主导的 TPP 与中国提出的 RCEP 和 FTAAP 就是这种竞争关系的体现。但是,两国在经济方面的共同利益与合作关系大大多于竞争,完全可以让这些安排共存并互相补充。再比如中日经济关系,虽然两国在政治方面存在严重的矛盾,但两国在经济上的联系和互相依赖以及互惠互利同样明显,在亚太产业链上的合作密不可分。应当使政治与经济有所分离,管控政治上的分歧,继续发展经济合作。至于中国与东盟、印度等国家的某些矛盾,也应当这样看待。必须看到,如果没有一个稳定、开放的国际经济环境,世界的贸易和投资将失去增长动力,中国的对外经济合作就会遇到很大的障碍,无论是产业转移、对外投资、吸引外资、还是经济增长,都不可能顺利,新

---

① 关于世界经济双循环结构的论述,可参阅王跃生、马相东:"全球经济'双循环'与'新南南合作'",《国际经济评论》,2014(2)。

常态失去外部条件也就无从谈起。

中国经济新常态需要全方位加强对外经济合作,特别是与发展中国家的经济合作。改革开放以来,我国的对外经济关系获得长足发展,但主要的经济联系与合作对象是发达国家,与发展中国家的经济关系仍处于补充和从属地位。这是由我国在传统世界经济结构中的地位与对外经济合作目标所决定的。新常态下,无论是对外投资、产业转移、获得新的外部市场、改善贸易过于依赖发达国家市场的结构,还是形成代表新兴经济体利益的国际经济力量,都需要加强与发展中国家的经济联系与合作。"一带一路"所涉及的大多数国家,无论是中亚、西亚、东欧,还是东南亚、南亚、阿拉伯地区直到非洲,都是发展中国家;我国以传统工业制造业为主的产业转移,特别适合于处于工业化初期的其他发展中国家;我国的对外投资与经济合作具有国有企业和政府主导的特点与优势,这一优势在投资环境相对较差、基础设施建设存在巨大差距的亚非拉国家显得特别重要,更能得到发挥;我国的经济发展经验也更适合于与其他发展中国家分享;我国要在未来的国际经济治理结构中占据主导地位也只能依靠其他发展中国家的支持。所以,要达到新常态所确定的目标,国际经济条件之一就是大大加强与发展中国家的合作。这方面,近年来已经卓有成就,但仍需进一步加强,要从新常态的国际经济条件高度认识与发展中国家经济合作的重大意义。

中国经济新常态需要全球市场的开放、要素自由流动和贸易、投资自由化。作为全球最大的贸易体和最大的直接投资流入国与流出国之一,如今的中国已经是一个全面融入世界经济的开放型国家。中国经济新常态,实际上就是根据自身比较优势和竞争力的变化重构在世界经济中的角色,把不再适合自己特点的剥离,把更需要的引入。这一过程当然离不开外部市场、外部资源、外部要素,需要全球市场的开放和贸易投资自由化。比如,我国的新常态发展需要加快发展战略性新兴产业、服务业、高端制造业,除了加强自主研发,引进和购买发达国家的技术、专利、品牌和管理经验之外,通过跨国并购的方式收购发达国家的相关企业和资产等也是其重要途径之一。这无疑需要打破相关领域的限制和壁垒,推动技术转让以及跨国并购市场的开放。另一方面,金融危机以后,主要经济体都有通过贸易壁垒保护本国市场和企业的趋势,为货物贸易设置壁垒。与此同时,却全力推动服务贸易自由化,以充分发挥主要发达国家制造业弱而服务业强的优势。这种趋势如果延续下去,对于我国相对弱小的服务业发展极为不利,服务业大发展的经济新常态也会受到影响。由此,新常态所需要的一定是一个开放、自由、公平的国际贸易投资环境,这也是新常态的国际经济条件之一。

中国经济新常态需要我国在全球经济治理中具有相应的话语权和影响力，为此需要新的全球经济治理结构。全球经济治理结构决定了一国在全球经济决策中的地位、影响力、话语权和规则制定权，拥有这一权力的国家总会尽可能制定对自己有利的规则，尽量避免不利于自身利益的规则。在旧的国际经济格局下，全球经济治理权和规则制定权基本上为美欧发达国家所控制，诸如国际货币基金组织、世界银行、WTO、各大洲的开发银行等的股权、投票权、领导权均掌握在发达国家手中。此次全球金融危机以后，随着全球经济版图的变化，这一结构有所改变，中国等新兴国家的话语权和决策权有所提升。但是，权力结构的基本格局未变，具体措施并未落到实处。譬如，国际货币基金组织和世界银行增加中国投票权的决议已经通过好几年，迄今仍未得到美国国会的批准，也未能付诸实施。中国自己尝试建立一些国际经济机构的努力也始终受到美国的阻碍，如中国发起设立的亚投行，不仅美国不响应，而且也竭力阻止其盟友国家参与，诸如此类，不一而足。但是，我们的新常态战略，以及与此密切关联的"一带一路"倡议、"走出去"战略等等，除了需要中国有足够的资金，还需要中国在相关地区具有一定的影响力和规则制定权，否则有关国家不愿、不敢，也不能参与到中国的规划中来。在改善世界经济的治理结构过程中，除了力争对现有结构进行改变使其更加民主、公正之外，根据我们的需要建立起一套适合中国新常态以及国际经济战略需要的新的国际经济机制、规则和组织，也是必要的和现实可行的。我国作为主要成员的金砖国家合作组织、上海合作组织，围绕这些组织的首脑会议、金融机构、多边论坛，都是这一结构的重要组成部分。这些机制建立并完善起来后，会形成一个我国具有重要影响力的重要制度安排，并形成与发展中国家之间的经济循环。它将大大有助于我国对外经济战略的实施，并最终有助于中国经济的转型发展和新常态的确立。

# 第十二章　中国与南非贸易的模式与理论[①]

21世纪以来,中南双边贸易发展迅猛。但与此同时,中南贸易失衡也引发了南非部分人士对其"殖民贸易模式复制"的担忧与对华贸易保护主义的抬头。基于贸易竞争优势指数对中南贸易总量的分析表明,南中贸易逆差是双方货物贸易竞争力差异的必然结果,而且从发展趋势看,呈不断缩小的趋势,因此更不应成为问题。基于全球贸易视角与要素禀赋贸易理论对中南贸易结构的分析表明,中南贸易近年来的快速发展及其结构特征,是符合双方要素禀赋优势的,是一种自然发展的互利关系。因此,中南贸易绝非殖民贸易模式的复制,而是互利合作的双赢模式。

## 第一节　中国与南非贸易的发展

贸易模式一直是经济学领域所争论的关键问题之一,迄今为止,国际贸易研究仅有的两位诺贝尔经济学奖得主俄林和克鲁格曼获奖的主要原因都是与其对贸易模式的开创性研究有关。贸易结构的分析实际上就是对贸易模式的分析,这是国际贸易理论和经验研究中延续最久的重要领域之一(杨丽花、马相东,2009)。

中国和南非,分别作为全球和非洲最大的发展中国家,又同为新兴经济体中最耀眼的金砖国家和气候变化的"基础四国",其经济及双边经贸关系的发展,在全球受到了前所未有的关注,其中,其双边贸易结构与模式尤其成为近年来国内外学者研究的一个新的热点。21世纪以来,随着双边关系的全面、迅速发展,中国与南非双边贸易发展迅速。根据南非统计数据,南中贸易总额从2001年的15.3亿美元跃升至2011年的266.2亿美元,年均增长34.6%。2001年,中国为南非的第十二大出口目的地和第六大进口来源地;到2009年,中国跃居南非第一大出口目的地和第一大进口来源地;此后,连续四年保持这一地位。根据中国统计数据,中南贸易总额从2001年的22.2

---

[①]　本章部分内容可参阅王跃生、杨丽花.中国与南非贸易模式及理论解释[J].新视野,2012(6)。

亿美元跃升至 2011 年的 454.6 亿美元,年均增长 37.4%。对南贸易在中国对外贸易整体中的比重,由 2001 年的 0.44% 上升至 2011 年的 1.25%。截至 2012 年 9 月,中国为南非的第一大贸易伙伴,南非为中国在非洲的第一大贸易伙伴。

然而,在中南贸易高速发展的过程中,也存在一些问题和异议。譬如,中国对南非的制造业出口是否会抑制当地的制造业发展和工业化进程?中南贸易中中国是否为自然资源的攫取者?中国是否在复制当年西方殖民者的路径?这些在国际上都引起了一些争议,一些研究者也常常以此为论题(le Pere,2007)。例如,南非前总统姆贝基胞弟、南非国际事务研究所副所长穆莱齐·姆贝基也曾就中南贸易失衡情况表示担心:"南非对中国出口矿产品、从中国进口制造品,必然导致中南贸易逆差,从而使得南非处于不利地位。"(Mooney,2005)他甚至认为:"中南贸易是欧洲老牌殖民主义贸易故事的重演。"(Navarro,2007)与此同时,在南非国内的一些工会和行业协会等社会组织,也出现了一些对华贸易保护主义。如,2006 年 6 月,温家宝总理访问南非时,南非工会抗议中国涌进南非的纺织品打击了当地的纺织业。2012 年 8 月,南非矿业公司代表南非铬铁行业再次与南非政府进行协商,要求政府于 2013 年 2 月起采取措施,对出口中国的铬矿石每吨征收 100 美元的出口税,以限制对华出口。

那么,如何看待上述问题与挑战呢?正确分析这些问题,不仅有利于中南经贸关系的健康发展,也有助于中、南两国经济乃至世界经济的可持续发展,因此具有较大的现实意义。

## 第二节　中国与南非贸易分析

### 一、中南贸易总量分析

#### (一)南中贸易失衡的跨时分析

南中贸易逆差一直困扰着南中贸易的健康发展。南非统计数据显示,21 世纪以来,在南非与中国的双边贸易中,南非一直处于逆差地位。如表 12.1 所示,南中贸易逆差从 2001 年的 6.0 亿美元持续增加到 2006 年的 47.7 亿美元,年均增长 52.4%,尽管 2007 年略有减少,但 2008 年再次增加到 56.0 亿美元,同比增长 27.5%。从这个角度来看,南非的担忧也并非是完全没有道理。国际经济理论表明,一般而言,贸易逆差意味着就业岗位的海外转移,贸易顺差则意味着就业岗位的国内增加,即南中贸易逆差"抢走了南非人的饭碗"。

不过,如果我们通过贸易竞争优势指数分析,就会发现,南中贸易逆差是

表 12.1 南中贸易总量的跨时变化（2001—2011 年）

| | 2001 年 | 2002 年 | 2003 年 | 2004 年 | 2005 年 | 2006 年 | 2007 年 | 2008 年 | 2009 年 | 2010 年 | 2011 年 |
|---|---|---|---|---|---|---|---|---|---|---|---|
| 南对中出口（亿美元） | 4.6 | 4.5 | 8.9 | 10.6 | 13.7 | 21.1 | 41.7 | 43.1 | 56.7 | 81.3 | 124.3 |
| 南从中进口（亿美元） | 10.6 | 13.6 | 22.2 | 35.7 | 49.5 | 68.8 | 85.6 | 99.1 | 83.3 | 115.0 | 142.0 |
| 南中贸易总额（亿美元） | 15.3 | 18.1 | 31.1 | 46.3 | 63.1 | 89.9 | 127.3 | 142.2 | 140.0 | 196.3 | 266.2 |
| 南中贸易差额（亿美元） | −6.0 | −9.1 | −13.3 | −25.2 | −35.8 | −47.7 | −43.9 | −56.0 | −26.6 | −33.7 | −17.7 |
| 贸易差额增速（%） | — | 50.7 | 46.3 | 89.5 | 42.0 | 33.4 | −7.9 | 27.5 | −52.6 | 26.8 | −47.3 |
| 贸易差额/总额 | −39.5 | −50.2 | −42.8 | −54.4 | −56.6 | −53.1 | −34.5 | −39.4 | −19.0 | −17.2 | −6.7 |

资料来源：基于 International Trade Center 贸易统计数据计算得到。

两国货物贸易竞争力差异的必然结果,而且呈不断缩小趋势。

(二) 南非与中国货物贸易竞争优势比较分析

贸易竞争优势指数 $TC_{ij}$ 是指 $i$ 国 $j$ 产业或产品的进出口差额与其进出口总额的比值,其计算公式为: $TC_{ij}=(X_{ij}-M_{ij})/(X_{ij}+M_{ij})$ ,其中, $X_{ij}$ 表示 $i$ 国 $j$ 产业(产品)的出口额, $M_{ij}$ 表示 $i$ 国 $j$ 产业(产品)的进口额,将其运用到货物贸易,则指一国货物贸易进出口差额与其进出口总额的比值。该指标的优点是,作为一个贸易总额的相对值,剔除了通货膨胀等宏观总量方面波动的影响,即无论进出口的绝对量是多少,该指数值均介于 $-1$ 和 $+1$ 之间,因此,在不同时期、不同国家之间是可比的,成为分析货物贸易出口国际竞争力的常用工具。一般来讲,如果该指数介于 $-1$ 和 $-0.6$ 之间,说明一国货物贸易出口竞争劣势非常明显;介于 $-0.6$ 和 $-0.3$ 之间,说明其竞争劣势较为明显;$(-0.3,0)$ 则说明竞争劣势较弱;相应地,如果介于 $0$ 和 $0.3$ 之间,说明竞争优势较弱;$(0.3,0.6)$ 说明竞争优势较强;$(0.6,1)$ 说明竞争优势非常显著(马相东、王跃生,2010)。

表12.2表明,2001—2011年期间,除2001年之外,南非货物出口的贸易竞争优势指数一直为负,年均为 $-0.07$ ,介于 $-0.3$ 和 $0$ 之间,相对更接近于 $0$ ,因此,南非的货物出口相对有些偏弱;与之相反,中国货物出口的贸易竞争优势指数则一直为正,年均为 $0.07$ ,介于 $0.03$ 和 $0$ 之间,相对更接近于 $0$ ,因此,中国的货物出口具有一定优势。因此,南中贸易逆差是两国贸易竞争力差异的必然结果。

表12.2 南非与中国货物贸易竞争优势指数比较(2001—2011年)

| | 2001年 | 2002年 | 2003年 | 2004年 | 2005年 | 2006年 | 2007年 | 2008年 | 2009年 | 2010年 | 2011年 | 平均 |
| --- | --- | --- | --- | --- | --- | --- | --- | --- | --- | --- | --- | --- |
| 南非 | 0.01 | -0.06 | -0.04 | -0.08 | -0.08 | -0.13 | -0.11 | -0.08 | -0.08 | -0.06 | -0.04 | -0.07 |
| 中国 | 0.04 | 0.05 | 0.03 | 0.03 | 0.07 | 0.10 | 0.12 | 0.12 | 0.09 | 0.06 | 0.04 | 0.07 |

资料来源:基于International Trade Center贸易统计数据计算得到。

(三) 南中贸易失衡的发展趋势

此外,从发展趋势看,南中贸易失衡并不像南非所担忧的那么严重,正朝着日趋缩小的方向发展。一方面,表12.1的数据表明,自2009年起,南中贸易逆差呈现出不断减少的新趋势。2009年南中贸易逆差为26.6亿美元,同比减少52.6%;尽管2010年略有增加,但2011年再次大幅度降低,由33.7亿美元减少到17.7亿美元,同比减少47.3%。另一方面,从贸易逆差占贸易总额比重指标看,南中贸易失衡程度缓和趋势更加明显。如表12.1所示,这一指标在2005年达到峰值,此后不断减少,由2005年的56.6%分别降低到2007年的34.5%和2009年的19.0%,2011年则进一步降低到6.7%。

## 二、中南贸易结构的跨时分析

### (一) 中国对南非出口结构的跨时变化

据中国方统计数据,中国对南非出口的前十位商品主要为机电产品(HS 84—85)和纺织品(HS 50—63),此外,还包括鞋靴伞(HS 64—67)、家具玩具制品(HS 94—96)、贱金属及制品(HS 72—83)和运输设备(HS 86—89)等。如表12.2所示,2001—2011年期间,中国出口到南非的前四位商品均为机电产品和纺织品,其出口所占中国对南非出口总额的比重基本在45%左右;前十位商品合计所占比重大体在68%左右。总体上,前十位商品所占比重越来越高,如前四位商品相对份额由2001年的35.6%提高到2011年的45.1%,前十位商品份额则相应地由57.4%提高到68.0%。但是,不难发现,机电产品和运输设备等商品的出口增长更快,其出口份额在2001年分别为23.7%和2.8%,2011年分别上升到31.7%和3.6%。与此相反,鞋靴伞和服装等劳动密集型产品的出口份额却下降了,如鞋靴类由2001年的8.8%降低到2011年的5.3%。这说明,中国对南非的出口结构在不断改善,正逐步向中、高科技或资本密集型产品转变。对南非的劳动密集型产品而言,其互补性大于竞争性,这种趋势的出现和持续意义重大。

### (二) 南非对中国出口结构的跨时变化

据南非方统计数据,南非对中国出口的前十位商品主要为矿产品(HS 25—27)和贱金属及制品(HS 72—83),此外,还包括贵金属及制品(HS 71)、纤维素浆和纸张(HS 47—49)、化工产品(HS 28—38)和纺织品(HS 50—63)等。如表12.4所示,2001—2011年期间,总体上,前十位商品所占份额越来越高,如矿产品和贱金属及制品的出口份额由2001年的61.0%提高到2011年的90.6%,前十位商品的出口份额则相应地由73.2%提高到96.4%。但是,不难发现,矿产品的出口增长更快,其出口份额在2001年为37.0%,2011年上升到78.1%。与此相反,贱金属及制品和化工产品等资本或技术密集型产品的出口份额却下降了,如贱金属及制品由2001年的24.0%降低到2011年的12.5%。这说明,南非对中国的出口结构正在进一步向资源密集型集中。这对中国的技术密集型或资本密集型产品而言,也是互补性大于竞争性。

## 三、中南贸易结构的国际比较

对中南双边出口与两国对全球出口的商品结构进行比较会发现,中国与南非之间的产品出口都是基于各自要素禀赋优势的体现。南非以大宗资源出口为主导的出口模式是全球性的,并非只面向中国;而中国以机电产品和

表12.3 中国对南非的出口结构：前十位商品（2001—2011年）

单位：%

| 序号 | HS | 商品类别 | 2001 | 2003 | 2005 | 2007 | 2008 | 2009 | 2010 | 2011 |
|---|---|---|---|---|---|---|---|---|---|---|
| 1 | 85 | 电机、电气、音像设备及其零附件 | 14.2 | 14.6 | 14.0 | 16.4 | 19.6 | 17.8 | 18.4 | 16.6 |
| 2 | 84 | 核反应堆、锅炉、机械器具及零件 | 9.5 | 11.1 | 14.2 | 14.3 | 14.7 | 15.2 | 15.3 | 15.1 |
| 3 | 61 | 针织或钩编的服装及衣着附件 | 5.0 | 6.5 | 7.3 | 11.3 | 5.7 | 7.0 | 8.0 | 7.2 |
| 4 | 62 | 非针织或非钩编的服装及衣着附件 | 6.9 | 8.4 | 10.2 | 5.5 | 5.5 | 6.8 | 6.3 | 6.2 |
| 5 | 64 | 鞋靴、护腿和类似品及其零件 | 8.8 | 8.3 | 6.5 | 4.6 | 4.8 | 6.0 | 5.3 | 5.3 |
| 6 | 94 | 家具；寝具、灯具；活动房 | 2.2 | 1.9 | 2.9 | 3.2 | 3.2 | 3.7 | 3.8 | 4.1 |
| 7 | 73 | 钢铁制品 | 2.6 | 2.5 | 3.7 | 3.4 | 4.2 | 3.1 | 3.1 | 3.7 |
| 8 | 87 | 车辆及其零附件，但铁道车辆除外 | 2.8 | 1.8 | 3.9 | 7.0 | 5.4 | 2.8 | 3.6 | 3.6 |
| 9 | 42 | 皮革制品；旅行箱包；动物肠线制品 | 3.3 | 2.1 | 1.8 | 1.6 | 1.6 | 2.1 | 2.4 | 3.1 |
| 10 | 39 | 塑料及其制品 | 2.2 | 1.6 | 2.4 | 2.2 | 2.2 | 2.7 | 2.7 | 2.9 |
| | | 前四小计 | 35.6 | 40.6 | 45.7 | 47.5 | 45.5 | 46.8 | 48.0 | 45.1 |
| | | 前十合计 | 57.4 | 58.9 | 67.0 | 69.7 | 66.9 | 67.3 | 68.8 | 68.0 |

资料来源：作者基于International Trade Center贸易统计数据计算得到。

表 12.4　南非对中国的出口结构：前十位商品（2001—2011 年）

单位：%

| 序号 | HS | 商品类别 | 2001 | 2003 | 2005 | 2007 | 2008 | 2009 | 2010 | 2011 |
|---|---|---|---|---|---|---|---|---|---|---|
| 1 | 26 | 矿砂,矿渣及矿灰 | 35.8 | 24.5 | 41.4 | 33.1 | 57.6 | 60.4 | 64.7 | 67.5 |
| 2 | 27 | 矿物燃料,矿物油及其产品;沥青等 | 1.2 | 0.9 | 0.7 | 29.6 | 2.6 | 3.5 | 6.4 | 10.6 |
| 3 | 72 | 钢铁 | 19.4 | 31.1 | 18.2 | 20.8 | 14.1 | 17.4 | 11.4 | 9.6 |
| 4 | 71 | 珠宝,贵金属及制品;仿首饰;硬币 | 0.0 | 1.2 | 0.8 | 0.7 | 5.8 | 4.3 | 3.1 | 1.9 |
| 5 | 74 | 铜及其制品 | 4.2 | 4.7 | 2.7 | 2.5 | 2.8 | 1.9 | 2.3 | 1.8 |
| 6 | 47 | 木浆等纤维状纤维素浆;废纸及纸板 | 3.0 | 4.4 | 0.5 | 0.8 | 1.6 | 1.4 | 1.2 | 1.4 |
| 7 | 75 | 镍及其制品 | 0.4 | 2.3 | 4.9 | 0.8 | 1.5 | 1.4 | 1.9 | 1.1 |
| 8 | 51 | 羊毛等动物毛;马毛纱线及其机织物 | 3.8 | 1.1 | 1.5 | 1.6 | 1.9 | 2.2 | 1.1 | 1.1 |
| 9 | 39 | 塑料及其制品 | 0.6 | 0.3 | 0.9 | 1.0 | 1.9 | 1.7 | 1.1 | 0.8 |
| 10 | 29 | 有机化学品 | 4.6 | 4.2 | 4.9 | 1.6 | 1.7 | 0.8 | 1.5 | 0.6 |
|  |  | 矿产品（HS 26,27）小计 | 37.0 | 25.4 | 42.1 | 62.7 | 60.2 | 63.9 | 71.1 | 78.1 |
|  |  | 贱金属及制品（HS 72,74,75）小计 | 24.0 | 38.1 | 25.8 | 24.1 | 18.4 | 20.7 | 15.6 | 12.5 |
|  |  | 矿产品和贱金属及制品合计 | 61.0 | 63.5 | 67.9 | 86.8 | 78.6 | 84.6 | 86.7 | 90.6 |
|  |  | 前十合计 | 73.2 | 74.8 | 76.5 | 92.5 | 91.6 | 95.0 | 94.5 | 96.4 |

资料来源：基于 International Trade Center 贸易统计数据计算得到。

纺织品出口为主导的出口结构也是全球性的,并没有对南非实行特殊的贸易战略。中南双边贸易结构符合赫克歇尔-俄林理论的主要思想。

(一)中南贸易结构的全球比较

一方面,从南非出口的角度来看,南非对中国出口的商品结构与其对世界出口的商品结构基本相同,都主要集中在矿产品(HS 25—27)、贵金属及制品(HS 71)和贱金属及制品(HS 72—83)等资源性产品上。如表12.5所示,2011年,南非出口世界的矿产品、贵金属及制品、贱金属及制品占南非对世界出口总额的59.2%;南非对中国该类产品的出口占其对中国出口总额的比重则更高,达92.5%。此外,从HS编码大类看,资源性产品分别占南非对世界出口前十位商品中的五种与对中国出口前十位商品中的六种。由此可见,以南非大宗资源出口为主导的出口模式是全球性的,是南非基于其资源禀赋优势的体现,并不是仅对中国倾斜。当然,需要指出的是,相对而言,

表12.5 南非对中国出口 VS 对全球出口:前十位商品(2011年)　　单位:%

| 序号 | 南非对中国出口前十位 | | | 南非对世界出口前十位 | | |
|---|---|---|---|---|---|---|
| | HS | 商品类别 | 占比 | HS | 商品类别 | 占比 |
| 1 | 26 | 矿砂、矿渣及矿灰 | 67.5 | 71 | 珠宝、贵金属及制品;仿首饰;硬币 | 22.3 |
| 2 | 27 | 矿物燃料、矿物油及其产品;沥青等 | 10.6 | 26 | 矿砂、矿渣及矿灰 | 15.4 |
| 3 | 72 | 钢铁 | 9.6 | 27 | 矿物燃料、矿物油及其产品;沥青等 | 10.5 |
| 4 | 71 | 珠宝、贵金属及制品;仿首饰;硬币 | 1.9 | 72 | 钢铁 | 8.6 |
| 5 | 74 | 铜及其制品 | 1.8 | 87 | 车辆及其零附件,但铁道车辆除外 | 7.7 |
| 6 | 47 | 木浆等纤维状纤维素浆;废纸及纸板 | 1.4 | 84 | 核反应堆、锅炉、机械器具及零件 | 6.7 |
| 7 | 75 | 镍及其制品 | 1.1 | 76 | 铝及其制品 | 2.4 |
| 8 | 51 | 羊毛及动物毛;马毛纱线及其机织物 | 1.1 | 08 | 食用水果及坚果;甜瓜等水果的果皮 | 2.4 |
| 9 | 39 | 塑料及其制品 | 0.8 | 85 | 电机、电气、音像设备及其零附件 | 1.8 |
| 10 | 29 | 有机化学品 | 0.6 | 28 | 无机化学品;贵金属等的化合物 | 1.7 |
| | 矿产品(HS 26、27)小计 | | 78.1 | 矿产品(HS 26、27)小计 | | 25.9 |
| | 贱金属及制品(HS 72、74、75)小计 | | 12.5 | 贱金属及制品(HS 72、76)小计 | | 11.0 |
| | 矿产品、贱金属及制品、贵金属及制品合计 | | 92.5 | 矿产品、贵金属及制品、贱金属及制品合计 | | 59.2 |

资料来源:基于International Trade Center贸易统计数据计算得到。

南非对中国出口的资源性模式更为突出一些,这也是引起南非方担忧的一个主要原因之一。

(二)中南贸易结构的全球比较

另一方面,从中国出口的角度来讲,中国对南非出口的商品结构与其对世界出口的商品结构的吻合度更高,都主要集中在机电产品(HS 84—85)、纺织品(HS 50—63)和家具玩具制品(HS 94—96)等劳动密集型产品上。如表12.6表明,2011年,中国对南非出口的前四位商品与对世界出口的前四位商品完全一致,均为机电产品和纺织品,而且其出口份额也大体相当,分别为45.1%和49.6%。此外,中国对南非出口的前十位商品与其对全球出口的前十位商品中有八大类是相吻合的,其出口份额也基本相同,分别为59.6%和60.5%。这说明,中国对南非的出口商品结构是其对其他国家出口商品结构的一般化,并没有什么特殊化。事实上,中国也并没有专门针对南非市场制定特殊的出口政策。

表12.6 中国对南非出口 VS 对全球出口:前十位商品(2011年) 单位:%

| 序号 | 中国对南非出口前十位 | | | 中国对世界出口前十位 | | |
|---|---|---|---|---|---|---|
| | HS | 商品类别 | 占比 | HS | 商品类别 | 占比 |
| 1 | 85 | 电机、电气、音像设备及其零附件 | 16.6 | 85 | 电机、电气、音像设备及其零附件 | 23.5 |
| 2 | 84 | 核反应堆、锅炉、机械器具及零件 | 15.1 | 84 | 核反应堆、锅炉、机械器具及零件 | 18.6 |
| 3 | 61 | 针织或钩编的服装及衣着附件 | 7.2 | 61 | 针织或钩编的服装及衣着附件 | 4.2 |
| 4 | 62 | 非针织或非钩编的服装及衣着附件 | 6.2 | 62 | 非针织或非钩编的服装及衣着附件 | 3.3 |
| 5 | 64 | 鞋靴、护腿和类似品及其零件 | 5.3 | 90 | 光学、照相、医疗等设备及零附件 | 3.2 |
| 6 | 94 | 家具;寝具等;灯具;活动房 | 4.1 | 94 | 家具;寝具等;灯具;活动房 | 3.1 |
| 7 | 73 | 钢铁制品 | 3.7 | 73 | 钢铁制品 | 2.7 |
| 8 | 87 | 车辆及其零附件,但铁道车辆除外 | 3.6 | 87 | 车辆及其零附件,但铁道车辆除外 | 2.6 |
| 9 | 42 | 皮革制品;旅行箱包;动物肠线制品 | 3.1 | 39 | 塑料及其制品 | 2.4 |
| 10 | 39 | 塑料及其制品 | 2.9 | 89 | 船舶及浮动结构体 | 2.3 |
| | 机电产品(HS 84—85)小计 | | 31.7 | 机电产品(HS 84—85)小计 | | 42.1 |
| | 纺织品(HS 50—63)小计 | | 13.4 | 纺织品(HS 50—63)小计 | | 7.5 |
| | 机电产品与纺织品合计 | | 45.1 | 机电产品与纺织品合计 | | 49.6 |

资料来源:基于 International Trade Center 贸易统计数据计算得到。

**四、中南贸易结构的理论解释**

用各国之间的资源差异来解释国际贸易原因的学说,是国际经济学中最具影响力的理论之一。这一理论由瑞典经济学家赫克歇尔和俄林(1977年诺贝尔经济学奖获得者)提出,通常称之为赫克歇尔-俄林理论或要素禀赋理论(Krugman and Obstfeld,2012)。该理论的主要思想是,一个国家在进行国际贸易时,一般出口密集使用其相对充裕和便宜的生产要素的商品,进口密集使用其相对缺乏和昂贵的生产要素的商品。虽然国际贸易理论经过克鲁格曼的新贸易理论、赫尔普曼-克鲁格曼的产业间与产业内贸易联合模型发展,进入21世纪以来梅里兹的异质性企业贸易理论时代(马相东,杨丽花,2010),但要素禀赋理论仍然具有强大的生命力与解释力,能够很好地解释当今世界的许多贸易现象。从整体上看,中南贸易结构也符合赫克歇尔-俄林原理的思想。

中国和南非虽然都属于发展中国家,但两国的要素禀赋差异明显、发展阶段差距较大。从要素禀赋角度看,中国是全球人口第一大国,21世纪以来充分享受人口红利对经济的正面影响,劳动力资源优势非常明显,因此,其出口以劳动力密集型产品为主;与此同时,中国尽管资源丰富,但人均拥有量却很低,而且低劣资源比例较高,资源缺口较大,尤其是矿产资源,难以满足社会发展的需要。资源的有限性与粗放型发展模式下经济高速增长引起的资源需求激增更造成了资源瓶颈,因此,中国需要进口资源密集型产品。

另一方面,南非自然资源十分丰富,尤其以丰富的矿产资源驰名世界,是世界五大矿产资源国之一,黄金、铂族金属、锰、钒、铬、硅铝酸盐的储量居世界第一,其中,黄金储量占全球储量的60%,因此,按照要素禀赋理论,其出口以资源密集型产品为主;与此同时,据《金砖国家联合统计手册(2012)》数据,按年中人口总数指标,2011年,南非5 059万人,中国134 413万人,前者仅为后者的3.8%;从经济活动人口数占总人口数的指标看,南非占35.3%,中国为56.7%,前者为后者的62.3%,因此,南非从中国进口劳动密集型产品也完全符合要素禀赋理论的思想。

由此可见,中国和南非的要素禀赋优势差异决定了其贸易结构差异较大,从而其双边贸易的互补性非常显著。当然,至少在理论上,中南贸易也存在竞争的一面。中国的制成品出口可能会与当地制造业发展形成竞争,同时,中南也有可能在第三方出口市场上形成竞争。不过,这些可能的竞争关系只是理论上的、潜在的。由于中国与南非在产业结构、资源禀赋、发展水平等方面都存在不小差异,这种竞争局面并未出现。国外的相关研究也表明中国制造产品出口并未对南非相关产品的出口带来持续威胁;中南的产业结构差异决定了中国的出口并不会对南非的产业发展带来不利影响(Brautigam,2011)。

## 第三节　中南发展贸易的重要性

在双边经贸发展中,南非需要中国,中国也需要南非。目前,中国是南非的第一大贸易伙伴、第一大出口目的地和第一大进口来源地,中国市场对南非经济发展的重要性不言而喻。尽管双边贸易流量在中国对外贸易总流量中的比重不是很高,但是,中南贸易在中国对外贸易发展中的作用却不可小觑。一方面,南非是非洲经济总量最大的经济体,市场潜力巨大;不仅如此,南非也是中国进入非洲市场的重要"门户",中国可以借助其特殊地位积极拓展与其他非洲国家的经贸关系,这对具有实施出口市场多元化具有重大的战略意义。另一方面,南非丰富的矿产资源对中国扩大其国内短缺的能源、资源和原材料的进口,保障市场供应,实施积极主动的进口战略的意义也非同小可。

21世纪以来,中南贸易发展迅猛。但其贸易模式却引致了南非对于"模仿殖民地贸易模式"的担忧,以及对其经济发展所产生不良后果的恐惧。我们的分析表明,中国和南非的贸易往来充分反映了赫克歇尔-俄林理论,即中国主要从资源丰富的南非购买资源密集型的矿产品,南非主要从劳动力丰富的中国进口劳动密集型制造产品。总体而言,我们认为,中国与南非的贸易是各自对外贸易总体格局中的一个有机组成部分,是符合各自的贸易特点的。南非与中国贸易中以资源、能源为主的出口结构与其他地区的贸易结构一致,而中国向南非出口的制成品也与中国的总体贸易结构差别不大。所以中南贸易的现状绝非一些人所认为的具有殖民贸易模式特点,而是自然和自发形成的过程。

### 本篇总结

在全球经济一体化的条件下,世界经济日益融合为一个统一整体,任何国家都是这个整体的一部分,在这个体系中扮演一定的角色,发挥特定作用,而且其自身的变化必然与整个体系的改变互为条件,相辅相成。从这样的视角看,中国经济新常态也需要相应的世界经济结构的调整,需要一定的国际经济条件。这些条件主要包括:稳定、开放的世界经济环境;市场开放、要素自由流动和贸易、投资自由化;对外经济关系全方位发展,特别是与发展中国家的经济关系与合作;全球经济失衡结构的调整,中美之间建立新的经济平衡;以及中国在全球经济治理中的话语权和新的全球经济治理结构。

在中国经济新常态转型以及整个世界经济转型过程中,促进整个亚非拉地区的一体化,开拓更广阔的市场与更便利的发展条件,加快国际政治经济格局的再构,促使国际经济体系顺利转型,从而为中国成长模式的转换提供条件,这是当前背景下中国发展模式转型的重要路径。然而综观撒哈拉沙漠以南非洲地区,许多国家与中国的贸易关系尚待开发,中国产业走出去的过程可能受到阻碍。因此如何处理与这些国家的贸易关系,采用何种贸易模式尤为重要。在这方面,主要通过对中国与南非贸易模式的解读,为中国在撒哈拉沙漠以南非洲的投资提供参考。在双边的经贸发展中,南非需要中国,中国也需要南非。更为重要的是,南非是中国进入非洲市场的重要"门户",中国可以借助其特殊地位积极拓展与其他非洲国家的经贸关系,这对中国出口市场的多元化,加强与密切合作区域国家的经济合作来讲,战略意义重大。

## 参考文献

[1] Brautigam, Deborah. The Dragon's Gift: The Real Story of China in Africa. New York: Oxford University Press. 2011.

[2] Garth le Pere. China in Africa: Mercantilist Predator, or Partner in Development? Institute for Global Dialogue. 2007.

[3] Louren A. Johnston, Stphen L. Morgan and Yuesheng Wang: "The Gravity of China's African Export Promise", The World Econmy, June 2015

[4] Mooney, Paul. China's African Safari, YaleGlobal Online, 3 January 2005.

[5] Navarro, Peter. The Coming China Wars: Where They Will Be Fought and How They Will Be Won. New York: Financial Times Press. 2007.

[6] PR. Krugman, M. Obstfeld, M. Melitz. International Economics: Theory and Policy, 9th Edition. New Jersey: Pearson Education Limited. 2012.

[7] 陈立成等,发展中国家的经济发展战略与国际经济新秩序,经济管理出版社,2006.

[8] 刘青建,发展中国家与国际制度,中国人民大学出版社2010.

[9] 马相东,王跃生. 中国对外贸易出口:问题、原因与对策[J].宏观经济研究,2010,(12).

[10] 马相东,杨丽花. 贸易模式、企业异质性与国际贸易:研究述评与展望[J].云南财经大学学报,2010,(4).

[11] 孙永福,王粤,2002,中国南南合作发展战略,中国对外经济贸易出版社.

[12] 王跃生、马相东. 全球经济'双循环'与'新南南合作',《国际经济评论》,2014(2).

[13] 王允贵. 贸易条件持续恶化——中国粗放型进出口贸易模式亟待改变[J]. 国际贸易,2004(6).

[14] 文暖根,2005,南南合作与中国:南方国家和平崛起之路,陕西人民出版社.

[15] 吴敬琏. 中国增长模式抉择[M]. 上海:上海远东出版社,2008.

[16] 吴敬琏. 中国中长期经济增长与转型[M]. 北京:中国经济出版社,2011.

[17] 吴兆契,1993,中国和非洲经济合作的理论与实践,经济科学出版社.

[18] 杨丽花,马相东. 中国出口贸易结构演进:1978~2009[J]. 新视野,2009,(6).

[19] 姚桂梅,中国与非洲的石油合作,《国际石油经济》,2006年第11期.

[20] 张晟南,中非能源矿产合作前景,《国土资源》,2006年11期.

[21] 张晟南,中非能源矿产合作前景,《国土资源》,2006年11期.

[22] 张昱,赵莹芳. 入世前后我国贸易条件变化趋势及波动性分析[J]. 商业时代,2009(11).

# 第 七 篇

# 中国议程格局的变化

> **本篇概要**

本篇围绕中国议程①的设定,结合对二战以来国际经济秩序议程的回顾与反思,通过对几个具有代表意义的国际经济秩序议程的案例进行研究,深入分析其中政治经济等各方面的利益关系,把握议程设定中真正掌握"话语权"和"主导权"的利益相关方的共同特征,从而为中国在议程设定中的角色提供借鉴。本篇目的主要选取两个主要问题为切入点,其一是在世界范围内受到普遍关注的环境问题,其二是现阶段我国发展尚显不足,颇受西方诟病的知识产权问题。

本篇目的在于了解议程的内涵概念、国际专利保护的发展历史以及 TRIPS 与 TRIPS-PLUS 的内涵概念,并分析中国资源环境议程建设的能力、现状及面临的总体形势,理解 TRIPS 与 TRIPS-PLUS 的内在逻辑以及二者形成过程中隐含的启示,进而掌握中国资源环境议程建设的政策建议以及 TRIPS 与 TRIPS-PLUS 下中国的应对方案。

**本篇将要讨论的问题:**

- 什么是议程?中国现阶段需要主动提出并推动议程设定的原因是什么?
- 中国在资源环境议程建设中面临的总体形势如何?主要着力点在哪里?
- 中国专利保护的演进与国际专利保护的发展史有什么异同?
- TRIPS 与 TRIPS-PLUS 的概念和内在逻辑是什么?二者在形成过程中有哪些启示?
- 在 TRIPS 与 TRIPS-PLUS 下,发展中国家的应对方案有哪些?

---

① 议程,简单来说,就是一个问题清单,可以定义为政府官员以及与这些官员有密切联系的政府外部人员在特定时期所特别关注的问题清单。议程设定就是"把一组问题缩小到那些真正成为关注焦点的问题上",议程设定是政策周期最初也可能是最重要的阶段,在这一早期阶段发生的事情对政策过程及其结果有决定性的影响。加入世贸组织后,国内学界对国际经贸法的研究多以世贸组织为研究范畴,鲜有对国际议程设定(Agenda-Setting)进行讨论,但随着中国参与全球治理的进程加快,我们有必要主动提出并推动国际社会设定议程。

# 第十三章　国际经济格局变化下的中国资源环境议程建设

自工业革命以来,一个国家经济的发展已经日益超越国家的地理界限,通过国际产业分工与贸易流通,与其他国家和地区发生更为频繁紧密的联系,资源环境问题已经成为全球性问题。改革开放以来,中国经济的快速发展与中国积极参与全球资源环境共享密不可分。可以说,中国经济的发展扩大了全球对初级产品的需求,扭转了长期以来全球初级产品对制成品相对价格不断下降的趋势,使得发展中国家的贸易条件得到改善,促进了国际贸易格局的变化。中国出口的大量廉价制成品提高了全球消费者的购买能力和福利水平,同时也为各国商品提供了潜力巨大的出口市场。中国的参与极大地提高了全球资源的配置效率,使得全球各国直接或间接地分享了中国经济增长的成果,客观上促进了世界经济的稳健可持续发展(可持续发展战略研究组,2009)。[①] 虽然中国在全球多种战略资源的生产、消费和贸易格局具有重要地位,但是由于现有国际经济与资源环境游戏规则壁垒的约束,我国并没有获得应有的资源环境议程能力,反而饱受"中国威胁论"指责。中国资源环境利用的实际影响力不仅存在着定价与产业链地位两大软肋,而且对推动塑造新的全球格局作用依然有限或缺位(李艺,汪寿阳,2007)。随着我国经济的快速发展,国内资源短缺矛盾不断加剧,一些大宗商品尤其是资源性商品的进口数量也有可能不断扩大,这些将使我国面临更大的价格风险。

可以肯定的是,未来中国将继续参与全球资源环境配置,以谋求国家进一步发展,中国将通过直接或间接的方式保持其资源进口大国与出口大国的国际地位。资源环境问题已经成为国家安全与风险的重要讨论议题。充分认识与评估国家资源环境影响力的大小及其被其他国家与地区正确解读与接受的程度,既是保障与提高国家资源环境安全的基本需要,也是确保国家发展安全的基本需要。在此背景下,解决"大国崛起的资源环境困境"的关键

---

[①] 中国21世纪议程管理中心,可持续发展战略研究组,2009. 发展的影响力——全球视野下的中国角色. 北京:社会科学文献出版社.

在于,将"中国因素"转化为"中国优势",加快建设中国的资源环境议程,积极参与并有效应对世界范围内资源环境议程的构建与发展。在此基础上,逐步加强我国在国际经济格局变动过程中的主动性,进而获取应有的议程话语权。

## 第一节 中国资源环境议程能力基础与现状

### 一、中国对世界的资源环境影响

1949—2010年的六十余年发展进程中,中国已演变成为全球资源的关键市场,在全球格局中资源利用的规模与地位总体上在不断提升。中国不仅从一个依靠原材料与能源生产、消费和贸易的小国转变成原材料与能源生产、消费和贸易的大国,还成为全球资源冶炼品的主要供应大国,以及全球多种战略性资源生产和消费格局演变的主要影响来源(可持续发展战略研究组,2009)。

(一)中国的石油进口需求一定程度上改变了全球石油贸易格局

由于中国石油储量与消费需求的不匹配,大规模地进口原油成为满足中国经济发展石油需求的主要来源。每年2亿吨以上规模的原油进口对国际原油市场产生重大影响。中国与印度的崛起推动了20世纪80年代中叶以来的全球石油"新增产量看中东"而"需求看亚太"格局的逐渐形成与深化,并成为未来石油生产朝"三三二二"格局(即中东的全球石油生产份额为30%,俄罗斯与非洲合计为30%,亚太地区与中南美洲合计为20%,而俄罗斯以外的欧洲与欧亚国家合计为20%)与消费朝"五五"格局(即美国占全球石油消费总量的1/5强,俄罗斯与欧盟国家合计占1/5,中国、印度与印尼合计占1/5强,中东、日本与韩国合计约占1/5,其他国家与地区占余下的1/5)演变的重要推动力。

(二)中国因素打破国际煤炭市场的原有格局

作为全球煤炭生产与消费第一大国,中国因素成为1980年以来全球煤炭生产重心逐渐由欧美地区向亚洲地区移动,和消费重心由欧洲及欧亚大陆向亚洲移动的主要推动力之一。中国曾经是世界上主要的焦炭贸易国,全球焦炭出口量一度半数出自中国。近年来,中国煤炭出口的减少与进口的增强打破了国际煤炭市场尤其是亚太地区煤炭市场原有的贸易格局。

(三)中国成为全球矿产资源的主要消费国和出口目的地

金属矿产品冶炼能力与供需规模持续扩大,使得中国已经发展成为全球矿石生产与消费大国以及贸易的目的地中心。近十年来,中国连续成为全球钢铁生产、消费与贸易的中心,铁矿石第一进口大国,在有色金属进口和消费方面,也已成为全球有色金属工业的重要基地。

(四) 中国是稀有金属资源大国和生产供应大国

当今世界,每6项新技术的发明,就有一项离不开稀土,因而稀土有现代工业"维生素"之称。中国稀土资源储量、产量和销售量均居世界第一位。在钨、锡、锑、稀土、钼、铟、钛等资源拥有量方面,中国具有绝对的资源优势。据统计,中国钨、锑储量分别占世界储量的60%和66%左右,钨、锑精矿产量分别占世界总产量的80%和70%左右,钨、锑产品出口量均占世界贸易总量的70%左右,中国是全球名副其实的稀有金属资源大国和生产供应大国。[①]

(五) 中国是粮食消费大国,更是粮食生产大国

中国在成功地保证全球1/5的人口丰衣足食的同时,也成了农产品主产地由欧洲向亚洲转移的第一推动力,为增强全球粮食安全做出了重要贡献。与此同时,大规模的粮食进出口贸易使得中国实质意义上成为国际粮食市场规模与品种的重要调节者,为维护世界粮食市场的稳定发挥了不可或缺的作用。

总体上,中国经济的快速发展扩大了对全球初级产品的需求,扭转了长期以来全球初级产品对制成品相对价格不断下降的趋势,使得发展中国家的贸易条件得到改善。中国出口的大量廉价制成品提高了全球消费者的购买能力和福利水平。可以说,中国经济发展在促进了国际贸易格局的变化的同时,也为各国商品提供了潜力巨大的出口市场,中国的参与极大地提高了全球资源的配置效率,使得全球各国直接或间接地分享了中国经济增长的成果,客观上促进了世界经济的稳健可持续发展。

**二、中国的资源环境议程能力**

从国家层面来看,资源环境议程能力,抑或是资源环境影响力,可以理解为国与国之间由于物质流与能量流互动而产生的相互联系的作用及其后果。国家资源环境影响力可分解为七大类组成要件:作用主体(国家与国家)、作用客体(资源及其产品、环境物质或能量、生态资本与服务)、作用方式(直接/间接、有意/无意、原地/异地、域内/域外、现时/跨时等)、作用强度(规模)、作用频率、作用效果(现在/未来、直接/间接、正向/负向、客观/主观等)与作用调控。对于一个国家来说,上述组件的内容越丰富,组合的方式越多,其资源环境影响力的内涵就越丰富。资源环境影响力的大小一方面依赖于资源环

---

① 中国统计年鉴,2011. 北京:中国统计出版社.

境流动现实的发生,另一方面又取决于人们的主观认识与解读。在同样的资源消耗数量与效率下,国内自给自足、全部从一国进口与全部从多国进口三种情况,会产生不同的国家资源环境影响力,甚至可能造成截然不同的影响力度。进口、出口、生产或消费相同规模的资源,大国与小国、发达国家与发展中国家、资源富裕国与资源贫乏国的资源环境影响力也往往存在明显分异。

随着更深入地参与到经济全球化的进程,我国对能源和原材料等初级产品的需求与日俱增,对全球商品市场的影响日渐加深,确立了中国需求在国际大宗商品市场上不可替代的地位。与此同时,其负面影响也日益彰显,突出表现在战略性资源(商品)国际定价中的话语权缺失问题,在高利润的资源制成品产业链中的地位与竞争力十分有限,中国未能将资源优势或市场优势转化为定价优势,转化为提高国家资源环境影响力的优势,不仅损失了可观的经济收入,而且在国际贸易中备受不公平对待甚至多种不合理制裁。虽然中国在全球多种战略资源生产、消费和贸易格局中具有重要地位,但是由于国际现有经济与资源环境规则游戏壁垒的约束,加上中国在政治、文化方面的影响力往往不足,甚至远低于经济影响力,因而中国资源环境利用的实际影响力不仅存在着定价与产业链地位两大软肋,无法掌握资源环境定价的话语权,而且对推动塑造新的全球格局作用依然有限或缺位。

以资源环境议程的主要表现形式——定价权为例,中国在资源环境定价方面的话语权还很微弱。随着我国经济的快速发展,中国已成为全球资源性商品如铁矿石、石油、铜、稀土等的进出口大国,需求也与日俱增,形成了影响世界商品市场供求格局和市场价格的"中国因素"。然而,与已经成为多种战略资源的全球格局推动力的重要作用相比,作为全球最大卖家或买家的中国,在这些战略资源产品的贸易中却没有定价话语权,从而也无法获得与其市场份额相匹配的利益。"中国因素"在为全球经济增长做出贡献的时候,却没有帮助我国从大市场、大买家中获益;相反,"中国因素"往往成为"中国劣势",令我国在国际市场上深陷被动,承受了价格波动的巨大风险。一方面,中国企业常常在大宗商品的国际市场价格波动中遭受巨大损失。另一方面,国际市场大宗商品的价格波动和对外贸易中的"高买低卖"给我国国民经济带来了严重的负面影响。由于粮食、能源、钢铁等基础性大宗商品涉及国民经济众多产业部门,其价格的剧烈波动和"高买低卖"给我国国民经济造成了重大损失,加大了经济增长的成本,也给我国经济的安全运行带来了隐患(吴冲锋,2010)。

在能源市场方面,中国在国际石油和煤炭定价方面均缺乏话语权。有关研究表明(BP,2011),中国对国际石油价格的影响系数不到0.1%。目前在世界石油格局和石油定价体系中,美国控制着60%以上的世界石油资源,并在冷战后牢牢控制着世界石油价格一半以上的话语权。紧随其后的是其他西方大国,甚至包括俄罗斯等资源大国。中国作为一个石油贸易大国,由于没有属于自己的国际石油期货市场,不能制定大宗石油贸易的游戏规则,没有能力将中国石油市场的变化以价格信号的形式反馈到国际市场,从而参与国际油价的形成过程,因此只能按照别人制定的规则购买石油。多年来,中国在国际石油定价体系中一直处于十分被动的地位,是国际石油价格波动的承受者。在国际煤炭市场上,世界上主要的四种指标性煤炭价格——西北欧煤价、美国蒸气发电用煤价格、日本焦煤价格和日本蒸气发电用煤价格——全部来自发达国家(IEA,2011)。作为煤炭的主要生产国与出口国的中国,没有形成自己的价格定价权,却成为煤炭价格国际市场变动的承受者。

改革开放以来中国经济的快速发展和工业化的快速推进,使得中国成为全球大宗商品及其原材料的贸易大国,但在大宗贸易的议价上则处于被动地位。中国目前是全球第一大钢生产国,也是世界第一大钢铁出口国,更是铁矿石的最大进口国。以铁矿石为例,2010年我国进口铁矿石6.18亿吨,占全球铁矿石海运贸易的70%,然而,我国钢铁企业在国际铁矿石市场上缺乏议价能力。贵买贱卖是我国在国际资源环境贸易中遭遇的突出问题。

## 第二节　中国资源环境议程建设面临的总体形势及主要着力点

**一、中国资源环境议程建设面临的总体形势**

(一)未来全球能源资源供需格局将决定于中国等新兴市场国家的需求状况

全球能源资源消费保持旺盛增长势头,未来20—30年以石油、天然气、煤炭为主,非化石能源为辅的全球能源消费格局不会有太大改变。亚太地区将持续成为超过欧洲地区和北美地区的世界能源消费第一位的地区,消费规模不断扩大。发达国家由于已经完成了工业化,经济增长的主要动力来源于能耗强度较低的第三产业,能源消费的增长相对缓慢,而发展中国家,特别是新兴市场国家经济增长速度快,正处于工业化的关键阶段,能源需求增长迅速,是世界能源消费增长的主要动因。中国对世界能源资源消费格局的影响将日益凸显。

（二）未来亚太地区和中国的资源供需矛盾日益突出，能源与战略性关键矿产资源供给安全形势不容乐观

亚太地区能源资源需求强劲，受经济增长影响明显。其中，中国石油进口持续增长，天然气供需稳定，且煤炭进口激增。从世界能源资源生产和消费结构来看，将继续存在着生产区构成与消费区构成的严重错位现象。世界上主要发达国家对全球资源的优先占用与消费已经成为定势。在资源环境稀缺性日渐突出的当下，发展中国家的崛起，必然打破这种定势，导致资源的再分配，从而影响发达国家的利益。发展中国家之间也存在资源与市场的相互竞争。在这样的情势下，中国的崛起和资源消费的增长必然也会引起不同国家的密切关注或忌惮，从而导致各利益攸关方的防范或打压，使中国经济发展和资源消费面临来自各方的约束与挑战。因此，受世界地缘政治新形势的影响，未来亚太地区和中国的资源供需矛盾有继续激化的可能，资源供给不能满足资源需求可能给本地区经济发展带来潜在的威胁。

（三）影响中国未来资源环境利用格局的宏观经济因素将有显著变化

未来20—30年，中国社会宏观经济形势将发生显著变化，在经济、社会、生态环境等各个层面都将展现出新的特点。总体上，我国经济增速将逐步放缓，第二产业比例逐步接近峰值，高资源消耗重化工产品消费强度越过峰值区，开始步入下降通道。以投资为拉动的经济将逐渐发生改变，固定资产投资高增长势头将有所回落。我国基础设施建设在未来20—30年将得到完备，社会财富积累平稳增长，城市化水平稳步提升。由于我国的广大中西部地区发展滞后于东部沿海地区，未来中西部地区的发展仍是拉动我国能源资源需求的强劲因素。节能减排、发展低碳经济将持续影响我国资源环境的利用格局。上述因素将对我国未来资源需求和环境变化造成显著影响。

（四）保障中国未来资源环境需求，仍需扩大传统能源和战略性矿产资源的供给

中国作为发展中国家正处在工业化与城市化进程的关键阶段，对能源需求量巨大是由当前社会经济发展阶段特征所决定的。虽然从长远来看，通过提高能源利用效率、大力发展新能源来满足能源需求是能源发展战略的必然选择，但目前仍需要通过扩大传统能源供给数量、增加传统能源供给来源来实现中国能源供应安全，从而保障国家经济安全。中国战略性矿产资源的进口量不断增大，一方面是国民经济快速发展的需要，另一方面是中国矿产资源短缺或者品种供不应求所致。近年来中国持续增加进口的铁、锰、铜、铬、氧化铝等金属矿产，大都属于国内中长期不能保证甚至是资源短缺的矿产。因此，仍需要将有效地获取一定规模的传统化石能源和战略性关键矿产资源

作为国家战略的重要组成部分。

（五）在需求侧调控经济结构和资源消费结构、减少能源资源需求总量将成为主要手段

中国作为发展中国家正处于工业化与城市化进程的关键阶段，不断增长的经济规模和庞大的人口基数带来的资源需求量增长对我国国家安全和国家经济安全造成巨大压力。当从资源供应安全角度出发不足以扭转国内战略性资源供给不足、进口量不断增加、资源供需失衡风险增大的局面时，就必须通过提高资源利用效率、节约使用能源资源、强化资源使用安全来保障经济社会的长期可持续发展。通过在需求侧调控经济结构和资源消费结构，提高资源的利用效率，推行节能减排政策措施，减少能源资源需求总量成为资源领域保障国家经济安全和资源供需平衡的主要手段。

**二、中国资源环境议程建设的主要着力点**

（一）正确认识国际定价权的议程范畴和议程能力，构建资源全球化、资源危机管控、资源与国家内政外交的一体化议程机制

制约我国发挥国际定价影响力的主要因素在于国内经贸领域和国际经贸领域两个方面。国内经贸领域存在的突出问题包括：(1) 部分行业发展中存在盲目投资、低水平扩张和产业集中度过低等问题，加大了资源消耗并增大了对国际市场的依赖，导致企业在国际竞争格局中处于劣势；(2) 许多大宗商品进出口中普遍存在着多头对外和无序竞争的弊端；(3) 国内期货市场的发展依然落后，在国际期货价格形成过程中不具有应该发挥的影响力；(4) 我国资源供应和储备体系不健全，也在一定程度上制约了定价影响力。国际经贸领域的制约因素体现在跨国公司在国际贸易中的垄断地位、发达国家的信息垄断和国际基金的投机行为等方面。研究认为，正确认识国际定价权的议程范畴和议程能力是构建新型国家资源环境议程的基础，构建资源全球化、资源危机管控、资源与国家内政外交一体化的议程机制时机已经成熟。科学分析国际议程范畴和议程能力是提升和获取大宗商品国际定价权的关键所在，应将资源因素视为处理国际关系的重要战略因素加以考量，在内政外交上进行统筹规划、综合协调，将资源存量约束、流量约束以及相应的危机管控纳入国家安全战略。

（二）多元化能源资源进口方式，确保中国资源进口的数量与价格安全

能源资源问题从来就是和政治、外交紧密相连的，中国在拓展其影响力的过程中不可避免地要受到国外的政治阻力。围绕中东、非洲、拉丁美洲等资源丰富且资源潜力巨大的地区及中国的邻国展开积极的能源资源外交，应

是中国未来外交的重点。通过积极的外交活动,中亚和俄罗斯的油气资源可能是我国今后除中东以外的重要进口来源(赵剑,2011)。非洲资源十分丰富,许多国家正处在经济转型区,开发资源、发展经济成为许多非洲国家的共识,与非洲的资源合作使得中国在帮助非洲开发资源、发展经济的同时,获取国外资源。对周边其他国家可以采取长期的双边贸易方式,如购买资源开采股权或买断矿山,或者在周边国家进行风险勘探、双边货币结算等多种方式,与周边国家建立长期稳定的资源贸易伙伴关系。要从根本上摆脱资源供应受制于人的局面,确保资源供应安全,中国必须坚定实施"走出去"战略,优化配置政府、大学以及民间的各自优势,采用定向贸易、购置开采权、投资风险勘探、贷款换资源、投资海外私募股权基金等多种途径,大力开发利用海外资源,以寻求获取资源份额为主规避风险,进而确保中国资源进口的数量与价格安全,保障国家的能源资源安全和经济安全。

(三)加强对优势矿产资源的全程管控,在绝对资源优势领域获取定价权突破

长期以来,由于经营分散、生产恶性扩展与贸易恶性竞争,中国未能将资源优势转化为定价优势,转化为提高国家资源环境影响力的优势,损失了可观的经济收入,而且在国际贸易中定价与出口规模双方面备受欧美指责。中国应汲取在石油、铁矿石等资源型产品话语权缺失的教训,充分发挥优势矿产资源的优势,对优势矿产资源进行全程管制,快速提升国家优势矿产在国际市场的话语权。中国在能源资源方面,主要突破点在煤炭,煤炭比石油更能取得国际定价权;在矿产资源方面,未来我国在废钢资源方面将比铁矿石更容易取得国际定价权。在生产上,实施总量控制管理;提高准入门槛,加大环保执法力度,控制生产企业数量,避免乱开乱采,减少生产企业的恶性竞争;实行定额生产、定额出口的政策;改变出口初级产品的现状,鼓励生产高附加值产品,提高资源利用效率。在外贸出口方面,合理运用关税杠杆,提高优势资源出口门槛。此外,国家应加大优势矿产资源的储备力度,加强对优势矿产资源的全程管制,利用稀有金属与煤炭等绝对资源优势获取资源定价话语权的突破,提升中国资源环境定价的正面影响力。

(四)建立健全市场交易机制、资源战略储备机制和全球资源共享机制,尽快建立以大宗战略物资为核心的资源交易体系

获得贸易主导权,既是中国发展的需要,是中国维持对世界经济稳定的重要贡献力的需要,是广大发展中国家在国际贸易中获得实惠的需要。具备强大的定价能力,是提供中国资源环境正面影响力的关键。要解决在国际基础资源市场上"中国人买什么,什么就涨价"和在国际制成品市场上"中国人

卖什么,什么就降价"的现象,中国必须尽快从现货市场与期货市场两方面同时着手,熟悉国际市场定价规则,尽快建立、健全强有力的市场交易机制,为国家资源与产品定价创造良好的环境。多元化进口与多元化出口是打破国家进出口受制于人局面的主要着力点。形形色色的中国资源环境威胁论实际上也是部分国家利用资源环境问题威胁中国的映射。对于大宗战略物资,中国应该选择适当的时机,积极建立物资储备制度,以避免国际资源炒家恶意抬价给国家经济与资源环境利用带来的严重影响。在建立健全市场交易机制、建立资源战略储备机制、优化国家全球资源共享机制的基础上,中国要加大强度,提高速度,尽快建立起对全球大宗战略物资贸易定价颇具影响力的资源交易体系,提升国家资源环境利用的正面影响力,逐步将"中国因素"转化为资源与产品定价优势,将"加工中心"转化为"定价中心",确保国家资源利用的安全。

(五)积极参与全球性和区域性资源安全合作体系,引导世界客观解读中国资源环境影响力

随着全球化的不断深入和国际社会的相互依存发展,中国必须面向全球进行资源博弈。通过资源与市场的结合、互补、加入国际性资源合作组织,与资源消费大国形成利益共同体,以有效地利用国际资源。中国在国际能源合作中的合作对象应该是多层次的:既包括各国政府,也包括超国家组织、政府间组织、非政府组织,还包括跨国公司。要与国际上的原油消费大国,如美国、日本、印度和韩国增加沟通和对话,在竞争的同时加强合作,减少或避免摩擦;要加强与世界性的石油输出和消费组织,特别是国际能源机构(IEA)和石油输出国组织(OPEC)的交流与合作;在国际能源市场上,对石油资源和有关渠道进行整合,利用大型跨国公司作为国际能源合作的中介,要加强与跨国公司的沟通与交流,深化石油能源合作,提高对资源的获取能力。在全球资源环境的合作与交流过程中,中国要进一步宣传自身基于全面、客观评估的国际资源环境影响力的定位,引导和促进世界客观解读与认识中国资源环境利用的影响力。"中国机遇论"的提出及良好的国际效应已经证明宣传力的巨大影响。

(六)综合改善能源资源消费绩效,构建资源环境协调的大国形象

虽然从短期来看,国际上对中国温室气体减排施加的压力可能会影响经济增长,但长期来看随着经济增长质量的提高,能源资源利用效率和环境的提高将使中国未来的经济发展后劲更足。气候变化问题的外部压力与中国转变经济增长方式、提高经济增长质量的内部需求是协调一致的。针对国际国内的新形势,满足未来资源环境需求的国家战略归根到底在于,在实现经

济又好又快发展、不断改善人民生活水平的前提下,依据目前我国经济发展的新要求,切实加快产业结构高级化的步伐。在改善和优化第二产业(特别是工业)结构、相应提高第三产业比重的同时,努力降低资源消耗强度,提高资源使用效率。把经济发展、产业结构调整、降低能源资源消耗结合起来,并考虑所有制的变动,把上述因素的综合效果作为改善消费绩效的重要举措。要充分认识到对外开放程度、经济发展水平、所有制结构等因素对能源资源消费绩效影响的复杂性及其对区域影响的差异性,坚持把调整产业结构、提高资源效率和改善生产技术作为维护中国能源资源安全的长期方向,坚决杜绝能源资源的低效甚至无效配置。

## 第三节 政策建议

(一)建立全国统一的资源性大宗产品的期货交易平台,完善优势战略资源性产品的价格联盟机制

建立全国统一的资源性产品交易市场平台,是统一国内市场主体、规范国内大宗资源贸易秩序、解决信息不对称和无序的恶性竞争的重要条件。先行先试,逐步推进,在我国部分地区建立现货交易所做试点,以点带面,并最终向全国推广,建立全国联网、统一运行的现货交易市场。

(二)加快建设重要大宗商品的信息服务体系,加强重点行业的调控与管理工作

应尽快加强重要大宗商品信息系统的建设,进行全球市场研究,定期发布相关的公共信息,为政府的宏观调控、政策制定和企业的风险管理提供参考。在此基础上,还应加强重要商品的价格监测预警工作,为政府有关管理部门和企业及时发现风险并采取应对措施提供依据。首先,主管部门应加强对重点行业运行情况的监控,及时发现问题并采取有效措施遏制行业盲目投资,避免由于产能过剩导致进口需求过度膨胀从而加大我国参与国际定价的难度;其次,调整和优化产业结构,通过产业政策和市场竞争,积极发展大型企业和企业集团,提高行业集中度和资源配置效率;最后,还要加快产业结构升级步伐,提高能源和原材料的使用效率,提升产业的抗风险能力和国际竞争力。在实施行业管理的过程中,还必须重视与各级政府部门、社会团体、企业等各微观利益主体之间的沟通,提升其对政府调控和产业政策的认同度,确保有关管理工作的有效性。

### （三）规范我国能源与关键矿产资源的贸易秩序，积极利用经贸政策维护国家资源环境利益

政府有关管理部门应加强风险意识和相互合作，在WTO规则下，通过调控和政策引导对重点产品的进出口管理。针对大宗商品进出口中的无序竞争现象，管理工作重点在于加强政策性指导、制度化管理和法律保障体系建设，遏制高价和低价竞销，规范进出口经营持续，改善贸易环境，提升我国企业在国际贸易中的议价能力。此外，在解决这些问题时，行业协商会的协调性管理和自律性管理较之政府的制度性管理往往更为有效。要重视发挥行业协商会在规范对外贸易秩序中的作用，防止不正当进出口行为的发生，破除大宗矿产资源国际卖家垄断，利用世贸框架争取定价权。

### （四）积极推行"走出去"战略缓解国内资源环境压力，构建能源资源危机管控机制

基于国内资源供应相对不足的现实，为保障重要资源的持续供应、防范价格风险和增强国际贸易地位，必须确保进口来源地的安全性和稳定性。为此，我国的多边外交要与国家能源资源战略相依而行，系统规划能源资源外交与政治外交和金融外交，并与官方和民间外交保持一致。要鼓励有条件的企业积极参与国际贸易，通过各种途径如合资、并购、建立战略联盟、参股甚至交叉持股等充分开发和利用海外资源，鼓励"走出去"争取能源和矿产资源份额，实现进口来源、渠道和进口方式等多元化，参与以能源、原材料等战略性商品为重点的全球市场竞争，进而增强我国在国际定价过程中的影响力，但应转变观念，从简单寻求收购或控股向寻求多种方式参与转变。有必要借鉴发达国家的经验，通过实施对外投资战略，加强境外资源的开发利用，政府需要进一步制定一系列优惠措施，促进企业境外投资到诸如原料、能源等资源领域，多渠道支持企业在海外维护资源权益。

### （五）建立和健全战略资源储备体系，推进再生资源回收体系建设

我国一些重要战略资源的进口依存度不断攀升，为避免受制于人的被动局面，迫切需要建立和健全相应的战略储备体系。此外，对中国需求的预期已经成为国际市场大宗商品期货价格持续上涨的重要影响因素，而我国战略资源储备不足，无法利用储备降低供求矛盾，平抑市场价格。在储备体系建设过程中，要重视多形态储备体系的建设。在自给不足、对国际市场依赖日益加深的情况下，促进再生资源的回收利用具有重要的现实意义，如发掘国内二次资源回收潜力，扩大境外废钢等金属资源进口规模。鉴于目前我国再生资源回收行业存在企业规模小、技术落后、市场秩序混乱等诸多问题，应尽快加强立法，制定鼓励政策，促进我国可再生资源回收的产业化发展。以废

钢为例,取消废钢进口限制,拓宽海外进口来源,以先期工业化钢铁消费大国为重点,有步骤地在海外建立废钢回收基地,扩大废钢进口规模,逐步建立起稳定的废钢国际贸易体系。

(六)借助于金融创新工具及金融平台,加强政府监管

资源性行业具有建设周期长、投资风险大等特点,通过利用金融创新工具不仅可以解决大宗贸易融资难问题和降低风险,而且,通过建立跨区域、规范运作的市场平台,政府主管部门借此可以适时把握相关信息,有利于政策支持和监督指导。

(七)主动争夺国际舆论话语权,破解"中国资源环境威胁论"

国家的资源环境形象决定着一个国家所处的国际舆论环境,进而影响着它在国际社会的生存和发展空间。目前中国缺乏资源与产品的定价权,各类"中国资源环境威胁论"对中国资源环境利用的国家形象与国家安全形成了严重的负面影响与发展风险。基于人均资源短缺、经济快速发展以及一系列来自国际社会的文化与价值观层面的约束,中国有必要成为世界上最珍惜自然资源和环境的国家。塑造我国良好的资源环境国际形象也是制定我国资源环境对外政策的出发点。在资源环境问题上,对于没有基于客观、全面评估中国资源环境影响力而得出的片面的甚至歪曲事实的论断,要积极有力地反驳与回击。要把消除国际社会对中国发展的担忧与恐惧作为重中之重,通过科学、客观、公正的分析判断把中国崛起可能给世界资源环境带来的影响进行公开宣传,同时开展多边国际合作与交流,彻底打破诋毁中国形象的舆论产生的根基,树立资源节约和环境友好的负责任大国形象,为中国的发展营造一个良好的国际氛围。

# 第十四章 TRIPS 与 TRIPS-PLUS 下的国际知识产权保护及后发国家应对

## 第一节 国际专利保护发展历史及中国专利保护演进

### 一、国际专利保护的发展历史

从整体上看,全球的专利保护经历了从无到有、从弱到强的发展历程,大体可以分为无专利时期、专利时代前期、国家专利时期、多国专利时期、全球专利时期及亲专利时期等六个阶段(Granstrand,2005)。

在无专利时期及专利时代前期(古代文明至中世纪文艺复兴时期),早期的文明古国,如中国、古希腊、罗马、巴比伦尼亚、埃及和雅典都没有旨在引进技术或鼓励本国发明的专利制度。专利制度的实践最早萌芽于时处封建社会的欧洲。如意大利佛罗伦萨对建筑师 Brunelleschi 发明的"装有吊机的驳船"授予了 3 年的垄断使用权;威尼斯于 1443 年为法国商人 Antonius Maini 提供了 20 年的风车磨坊专营权,1469 年为德国商人 John Speyer 提供了 5 年的印刷技术专营权等(黄海峰,2011)。

威尼斯于 1474 年颁布了世界上第一部专利法,构成国家专利时期(15 世纪晚期至 18 世纪晚期)的标志性事件。随着好望角被发现,威尼斯逐渐丧失贸易枢纽地位,威尼斯商人陆续转移到欧洲各地,也将专利制度及理念带到了其他国家。随后,英国于 1623 年颁布了《反垄断法》(实质为英国的专利法),美国于 1790 年颁布了《专利法》,并在美国宪法中规定国会必须对创新者的知识产权进行保护,以促进科技的发展。

到 18 世纪晚期与 19 世纪晚期的多国专利时期,专利法逐步带有财产法的特征。在此期间,欧洲掀起了第一次工业革命,专利制度与资本主义生产方式相结合,使人们对于专利权有了全新的认识,其中也不乏分歧,但这些分歧并没有阻止专利保护不断地向其他国家扩散的趋势(吴汉东,2009)。

在全球专利时期(19 世纪晚期至 20 世纪晚期),为了协调各国的专利保护水平,一些全球性或地域性的国际专利组织纷纷建立,如世界知识产权组织(World Intellectual Property Organization,WIPO)于 1967 年成立,并于 1974 年并入到联合国体系,增强了对发展中国家专利保护的约束力;专利合作协定(Patent Cooperation Treaty)组织于 1970 年成立,旨在便利合作成员国之间的专利申请;美欧日专利局(USPTO,EPO,JPO)的国际影响力日益增强;与此同时,各国签订了一系列的专利权保护国际公约,包括 1883 年的《巴黎公约》、1925 年的《海牙协定》、1968 年的《洛迦诺国际分类协定》、1971 年的《斯特拉斯堡协定》、1977 年的《布达佩斯条约》等,其中《巴黎公约》明确规定了专利保护的国民待遇原则、优先权原则、专利权独立保护原则及共同遵守的原则;在此基础上,1993 年的与贸易相关的知识产权协定(TRIPS)则将专利保护与国际贸易发展挂钩,标志着国际专利保护协调进入了一个新的发展阶段。

亲专利时期(pro-patent era,20 世纪晚期至今)专利保护的重要特征是保护强度全面加强。这种加强主要体现在以下几个方面:第一,专利权保护期限进一步延长。如大部分国家将发明专利保护期限延长至 20 年。第二,专利权客体不断扩大。发明专利权的客体由产品专利扩展到方法专利,由少数领域的产品拓展到动植物新品种、食品、饮料、化学物质等新领域。第三,专利权的禁止范围扩大。专利权人不仅有权控制未经其许可、以营利为目的的制造专利产品和使用专利方法的行为,而且有权控制未经许可而实施的销售、提供销售、进口等间接侵权行为。第四,专利权限制制度规范化。这些限制主要包括权利穷竭原则、先用权人制造和使用专利产品或方法的制度、临时过境制度、为科学研究和实验而使用专利的制度等。第五,专利权取得程序规范化、效率化。由早期的专利申请登记制、文献报告制逐步向审查制转换。后一程序要求对专利申请进行实质审查,有利于提高专利质量,减少后续专利商业化过程中的不确定性。第六,国际保护标准日趋统一。以 TRIPS 为基础[①],发达国家进一步通过缔结国际专利公约将发展中国家纳入专利权保护国际区,同时试图将较高的保护水平纳入国际保护公约,以此来约束发展中国家的专利保护(吴汉东,2009)。

发达国家尤其是美国在推动"亲专利时期"中发挥了重要作用,主要体现为对内加强专利制度改革,对外扩张强的专利保护政策(Hu and Jaffe,2007)。20 世纪最后 20 年间,美国的专利制度发生了深刻的变化,集中体现在联邦巡回上诉法院的成立、颁布 Bayh-Dole 法案及可专利主题的扩大三个

---

① 后文将对 TRIPS 进行详细介绍。

方面。其中,1982年成立的联邦巡回上诉法院旨在统一审理各地上诉的专利案件,从程序上统一美国专利案件的判决。其后的法律诉讼数据显示,专利权人的胜率不断上升,采取禁令的比例明显增加,且原告可以获得更高的经济赔偿(Landes and Posner,2003)。1980年颁布的Bayh-Dole法案给予由政府资助的科研机构为其发明申请专利的权利,并允许受到资助的机构拥有对专利的独占许可权,同时鼓励其向外转移专利技术。可专利范围的扩大一方面源于专利申请实用性条件的放宽,使得一些研究工具的可专利化成为可能,另一方面体现为可专利范围的扩张。专利立法的调整以及联邦巡回法院的司法实践,共同使得可专利标的扩展到诸如基因工程菌、转基因小鼠、手术方法、计算机软件、金融产品及网上拍卖方法等诸多发明①之中。

除了加强本国的专利保护外,美国还充分利用TRIPS等国际协定将强的专利保护扩展到其他国家,尤其是发展中国家。根据TRIPS的规定,发展中国家需要有步骤地实施与TRIPS相适应的专利保护,如在2005年为药品专利提供保护,同时设定以2000年为开始时段的专利申请箱(直到2005年才授予专利);规定不发达国家在2006年实施TRIPS②。TRIPS在推动全球专利保护中发挥了重要的作用。从相关的反映专利保护强度的数据可以明显地发现,1995年后,各个国家的专利条款趋同性明显加强,并陆续为制药业提供专利保护(Park,2008)。

**二、中国的专利保护演进**

(一)专利保护由被动转向主动

自1985年开始实施专利法以来,中国分别于1992年和2000年对专利法进行修订,基本实现了与贸易相关知识产权保护协定(TRIPS)的全面接轨,专利保护强度空前增强。然而,这些专利立法及其修订在很大程度上是被动而为的(Allison and Lin,1999;Maskus,2004)。如在1985实施专利法,在很大程度上是迫于美国等西方国家的强力施压;2000年对专利立法进行修订是为了满足加入世贸组织的要求。

但近些年来,中国的专利保护日益具有策略性与主动性。如2008年6月5日,国务院发布的《国家知识产权战略纲要》,将知识产权保护上升到国家战略高度。该纲要就知识产权战略的宏观问题、知识产权的主要类别、法

---

① 如1980年联邦巡回上诉法院对Diamond v. Chakrabarty案件的判罚首次为有生命实体(living entities)提供专利保护;1981年Diamond v. Diehr案件的判例则开启了为计算机程序与商业方法提供专利保护的先河;2010年的Bilski v. Kappos案件使得商业方法专利有可能获得专利保护。

② 《多哈宣言》将这一期限延至2016年。

制建设、知识产权保护的重要管理环节以及知识产权重点行业等五个方面做出了指导性的论述。特别是对于专利保护方面,中国于2008年修订了《中华人民共和国专利法》,于2010年修订了《中华人民共和国专利法实施细则》,与国际专利保护更趋于一致,且在很大程度上增强了专利保护的可执行性。

除了以上立法、执法方面的举措以外,我国专利保护由被动转向主动的发展趋势也为一些数据所证实,如韩玉雄、李怀祖(2005),宋河发(2007),沈国兵、刘佳(2009)及Shen(2010)从不同维度构建了中国的专利保护强度指数,这些指数显示中国在2000年后专利保护呈现不断增强的发展趋势。尽管保护的增强可能部分源自国际社会的压力,但其内在的驱动力也不容忽视。

(二)中国专利保护演进的驱动力量

中国的专利保护的动态演变,即专利保护不断增强,由被动保护逐步转向主动保护,与中国的经济转型需求、创新能力增强、经济开放程度的不断增大有着密不可分的关联。

首先,改革开放以来,中国在取得令世界瞩目的高速经济增长的同时,也面临着发展过程中的诸多问题,如资源环境约束、产品附加值过低、缺乏核心的知识产权、对于劳动密集型产品出口的高度依赖等。大力发展创新、充分开发和利用知识资源是破解这些发展难题的关键(国家知识产权战略纲要,2008)。鼓励创新、促进知识资源的开发与利用需要一系列的制度支持。其中最为重要的制度之一是专利制度(North,1990)。因此,中国政府期待通过加强对专利的保护来促进本国的创新发展。

其次,中国在近些年来在研发投入、创新产出方面的增长引人注目。以研发投入为例,研发投入占GDP的比重自1994年以来呈逐年上升趋势,到2011年达到1.83%。虽然该比例仍低于发达国家,但研发投入总量已经非常可观,如2011年的研发投入已经达到8610亿元。从以专利申请数来表示的创新产出方面来看,最近二十多年来中国专利申请高速增长。2010年在中国专利局申请的专利总量为1 109 428件(外国申请者不足10%),其中发明专利293 066件,实用新型专利407 238件,外观设计专利409 124件,分别是1993年专利申请量的16.3倍、24.3倍、8.6倍和46.4倍;获得中国专利局授权的专利总量为740 626件,其中发明专利79 767件,实用新型342 258件,外观设计专利318 601件,分别是1993年专利授权量的13.0倍、30.2倍、7.4倍和40.6倍(国家知识产权局,2012)。中国企业在国外的专利申请也明显增加。到2010年,中国已经跃居成为世界第二大专利数量拥有国。

最后,随着中国的对外开放程度不断提高,中国需要不断加强专利保护强度,以更好地融入国际市场。以 2010 年为例,中国的贸易量占到 GDP 的 50.28%;2010 年实际利用的外资总额达到 7 366.63 亿元,为 1985 年的 52 倍;大中型企业每年都有数量可观的技术进口,如 2010 年大中型工业企业技术引进经费支出达到 386.1 亿元,且呈不断上升的趋势。这些开放经济因素将会对中国的专利保护强度施加不可忽视的压力。

(三) 合意的专利保护水平

综合国内创新能力以及对外开放程度两方面的因素,中国似乎已经进入了 Maskus(2000)和 Chen and Puttitanun(2005)所阐释的专利保护上升通道。但我们需要警惕的是,专利保护强度有其内在基本权衡,即专利保护促进创新的动态高效及专利保护带来的垄断低效之间的权衡。过强的专利保护可能不会促进创新,反而可能会阻碍创新的发展。从西方国家近年来所兴起的专利制度改革之争可以看出,过强的专利保护可能不利于一国的创新发展。其原因包括:研发企业会策略性地使用专利,以此来抑制竞争对手,并抑制创新;专利的垄断低效在积累性的创新中,阻碍作用更加明显;研发企业可以通过专利制度以外的其他方式来回收研发成本,而这些方式可以避免基于专利权的垄断低效(Boldrin and Levine,2008)。

因此,对于中国而言,专利保护强度的增加是一种必然趋势,但专利保护强度并非越强越好。过强专利保护所带来的垄断低效甚至对于创新能力、开放程度最为强大的美国也是无法承受的;同时,专利保护强度的上升需要与创新能力的提高、开放程度的加深相适配,因此需要防止专利保护的超调。进一步,对于创新能力较弱、开放程度较低的其他发展中国家,提前选择过强的专利保护将不利于其创新发展及实现经济技术赶超。因此,这些国家更应该警惕专利保护强度所带来的垄断低效。

基于专利保护的外部性,发达国家会迫不及待地要求其他国家提供强的甚至与其齐平的专利保护强度,并通过 TRIPS 及其后进者——TRIPS-PLUS 系列条款来迫使发展中国家提高专利保护水平。我们接下来讨论 TRIPS 与 TRIPS-PLUS 条款以及发达国家的谈判策略。

## 第二节 TRIPS 与 TRIPS-PLUS 机制及其启示

### 一、TRIPS 与 TRIPS-PLUS 的争端解决机制

与贸易相关的知识产权保护协定(TRIPS)及基于 TRIPS 的后续协定(TRIPS-PLUS)分别是协调国际知识产权保护的多边协定与单边协定。前者要求协约国提供最低的专利保护程度,如规定最低的专利保护期限、必须

提供专利保护的发明范围,等等。具体而言,它规定专利的保护期限自申请之日起至少为20年;要求为任何技术领域的可专利产品与方法提供保护;规定方法专利的侵权行为采取举证责任倒置;将专利保护扩展到生物发明,要求保护植物繁殖权;对强制许可设定严格的条件,并给予充分的补偿;等等。

这些规定大大提高了发展中国家的专利保护标准,使得"一个国家已经不可能再采用美国、瑞士、韩国或中国台湾地区等在其自身发展中所采用的策略"[1]。考虑到发展中国家及不发达国家的现实情况,TRIPS为这些国家提供了过渡期,并规定在一些特殊情形下可以不对专利进行保护。因此,该条约为后发国家的专利保护预留了一定的活动空间。

从TRIPS的实际约束能力来看,相较于之前的一些国际协约,如《巴黎公约》,或之前的知识产权国际组织,如世界知识产权组织(WIPO),该合约将知识产权纠纷置于WTO框架下,具有更强的侵权问责及处罚机制。总体而言,TRIPS争端的解决机制是WTO争端解决机制在知识产权领域的运用与实践,其流程可以归纳为[2]:① 双方磋商以达成协议;② 磋商没有成功,在一方的要求下,WTO争端解决机构DSB将成立专家组对纠纷事件进行调查,并向WTO成员国散发裁定意见;③ 对裁定意见不服的一方可以上诉,上诉机构将做出最终裁定;④ 上诉机构要求侵权方在合理期限实施裁定。败诉方可以依实际情况申请延期执行,但需要经得投诉方的同意及上诉机构的批准;若败诉方拒绝执行裁定,则投诉方在征得DSB同意的前提下,可以对败诉方实施临时的报复性措施,如中止给予对方关税减让;提高某些产品或服务的关税;拒绝履行其他WTO协议所要求的义务等。[3]

TRIPS-PLUS是美国和欧洲国家在TRIPS协定所规定的最低专利保护基础上,通过将谈判重心由阻力较大的WTO转移至更易达成协定的区域场所,签订区域贸易协定(RTA)来提高协约国的专利保护水平,如美国与新加坡、智利的自由贸易协定。相较于多边约束机制,双边或区域的知识产权保护谈判更加灵活,可以在谈判中加入两方共同感兴趣的内容,其可以通过向对方缔约国要求对知识产权进行司法保护及行政保护,较多边条约对知识产权保护的水平更高。一个明显的例子是美国利用"特别301条款"来约束协约另一方的知识产权保护。尽管另一方遵从了TRIPS的相关规定,也履行了其中的义务,美国仍可以依据特别301条款的相关规定,将前者视为未对

---

[1] 英国知识产权委员会著,国家知识产权局物权法司编译:《知识产权与发展政策的整合》。
[2] 争端解决一般遵从《关于争端解决规则与程序的谅解》(DSU)。
[3] 张桂红(2007)对WTO与知识产权争端解决机制进行了详细的介绍。

知识产权进行充分的保护,并加以制裁。另外,TRIPS-PLUS 条款还包括禁止强制许可与平行进口、禁止在药品专利到期前为注册或储存而使用专利、禁止对于发明的储存保护以及不干预专利延期等(彭涛,2007)。另外一个影响日益增大的 TRIPS-PLUS 条款为始于 2008 年 6 月,由美国、日本及欧盟等发起并推动谈判的反假冒贸易协定(ACTA),该协定旨在从专利覆盖范围、专利权的民事、行政及刑事保护方面加大力度,尤其强调数字环境下的知识产权保护。其相关的规定均超出了 TRIPS 所要求的保护水平(陈福利,2010)。这些条款的出现使得发展中国家日益丧失根据具体国情制定和实施适当专利政策的自主空间(李晓玲、陈雨松,2011)。

TRIPS-PLUS 主要通过双边的或区域的贸易处罚来制止知识产权侵权行为。面对保护不利、违反双边协定的行为,缔约一方通常依合约规定进行单边的贸易制裁。这些制裁包括取消贸易协议规定的减让利益、对源自侵权国的进口产品征收关税或施加进口限制、取消对于侵权国家的普遍优惠待遇等。从争端解决程序上看,其与 TRIPS 的争端解决机程序基本一致,以美国的特别 301 条款为例,其一般包括确定知识产权保护不利的国家、发起调查、进行磋商、采取贸易制裁、监督相关制裁实施等流程。

以上分析表明,无论是 TRIPS 还是 TRIPS-PLUS 条款的争论解决机制,多边的或双边的贸易制裁是最后的处罚方式。而这种处罚方式是否有效,取决于发动制裁的国家内部市场的大小,以及受制裁国家对前者市场的依赖程度。这种制裁通常由美国、欧盟等经济体发起,且经常能够奏效,很大程度上源于受制裁国家对其市场的高度依赖性。由于涉及的知识产权保护领域极为广泛且对于侵权国家具有实质的约束力,TRIPS 及 TRIPS-PLUS 条款在国际知识产权保护的规范上占据非常重要的地位(古祖雪,2007)。

## 二、TRIPS 与 TRIPS-PLUS 产生的内在逻辑及其联动机制

### (一) TRIPS 与 TRIPS-PLUS 产生的内在逻辑

从本质上来看,TRIPS 及 TRIPS-PLUS 均属于专利保护的国际协调。这种协调源自专利保护的地域属性及不同发展程度的国家具有不同的专利保护强度诉求。

专利保护的地域性是指专利权只在授予其权利的国家或确认其权利的国家产生,其他国家没有义务为他国的专利提供保护。这种地域性自古就有,且将延续下去,其主要体现在:其一,从专利制度发展史可以看出,专利保护最初是由地域观念极强的封建君主授予,并在其权力所及的地域发挥作

用,因此,专利权保护的地域性成为专利制度最古老的基本特征之一[①];其二,从经济发展史来看,经济发展的主要推动力量经历了由(简单)劳动、资本再到技术知识的演进过程,随着知识经济的到来,对知识成果的保护将被各国的立法机构列上议事日程;其三,专利制度具有与生俱来的内在矛盾,即它在促进创新的同时,会不可避免地带来垄断低效。如果处理不当,这一制度可能会演化为"洪水猛兽"。因此,在决定最优的专利保护水平时,各个国家需要结合其具体国情来进行选择[②](张今,2007)。

不同发展水平的国家具有不同的专利保护强度诉求,源于专利保护标的具有非竞争性、非排他性,并与本国的市场规模、研发能力紧密相关。最优专利设计文献表明,由于专利保护会给国外的专利权人带来正的外部性,一国的基本特征,如市场的大小、创新效率及生产效率的高低在很大程度上决定了这种外部性的配置,进而决定了一国的专利保护强度。通常而言,一国的创新效率越高,拥有的专利权越多,选择的专利保护强度越大(Grossman and Lai,2004;Scotchmer,2004);由于发达国家具有较高的研发效率,且拥有占全球近90%的专利权,这些国家要求强的专利保护来获得垄断收益;而发展中国家则希望通过弱的专利权保护来低成本地获得国外技术。由此产生了专利权保护的国际冲突。

以上分析表明,专利权保护的地域性特征及具有不同发展水平的国家在专利保护强度上的不一致使得专利保护的国际协调成为必要。对于发达国家而言,为了获得垄断收益,对专利权保护进行国际协调是一种必然选择。

(二) TRIPS 与 TRIPS-PLUS 的联动机制

TRIPS 协议的达成为 TRIPS-PLUS 谈判奠定了坚实的基础,主要体现在以下几个方面:第一,TRIPS 所规定的最低的知识产权保护水平是 TRIPS-PLUS 谈判的既定前提;第二,TRIPS 给发展中国家遗留下来的灵活空间是 TRIPS-PLUS 谈判力图消除或限制的目标;第三,TRIPS 所要求的最惠国待遇原则使得 TRIPS 及 TRIPS-PLUS 的联动更为紧密。

TRIPS 及 TRIPS-PLUS 的联动机制主要体现为发达国家根据谈判形势,有选择地利用双边或区域谈判机制(TRIPS-PLUS)及 TRIPS 所规定的最惠国待遇原则,来巩固与加强既有的 TRIPS 保护水平。最惠国待遇原则与

---

① 蒋志培:《论知识产权的概念、历史发展及其法律保护的含义》,http://www.chinaiprlaw.cn/file/20000801959.html(2011 年 10 月访问)。

② 在 19 世纪 60 年代曾经掀起过声势浩大的专利存废之争,且最近在专利保护最为严格的美国也掀起了类似的争论(黄海峰,2011)。由此表明,专利制度如果没有运用得当,将不能起到促进经济发展的作用(Boldrin and Levine,2008)。

双边谈判相结合会促使全球知识产权保护轮番上升,其机理在于:一些先行订约国家,如美国通过双边谈判从某国获得的知识产权保护政策,将同时适用于 TRIPS 中的其他成员国家,如欧盟国家。同样,欧盟与某一 TRIPS 成员国订立的有关知识产权的优惠协定(TRIPS-PLUS)也将适应于美国。进一步,当众多发展中国家都在双边场合接受了更高水平的保护要求,就将很难阻止多边场合保护标准的整体提高,这就意味着下一个多边知识产权协定(比 TRIPS 更为严格)的形成。

### 三、TRIPS 与 TRIPS-PLUS 形成过程所隐含的启示

从 TRIPS 的形成过程来看,其是各国之间利益博弈的结果。在其形成过程中[①],我们可以发现如下几点:

第一,TRIPS 最初的谈判源于发展中国家试图对《巴黎公约》中过强的知识产权保护要求进行修改,这触犯了以美国为首的知识产权大国的核心利益。美国、欧盟及日本在反对这种修改的前提下,力图进一步加固《巴黎公约》所要求的知识产权保护水平,并提高知识产权的执行力度;这种发展中国家要求调整知识产权保护及发达国家的反扑,充分表明知识产权国际保护的内在冲突,其潜藏在各国的经济、政治关系中,并随时可能爆发。

第二,由于发达国家与发展中国家在知识产权保护上的冲突内生于身处不同发展阶段的冲突,对于这种不可调和的冲突,需要在知识产权以外进行调整,即发达国家在其他方面做出让步,如保障发展中国家农产品和纺织品的贸易利益,扩大发展中国家的市场准入。当这种贸易补偿不能弥补知识产权保护所带来的损失时,发展中国家有动力联合起来抑制 TRIPS 谈判。事实上,发展中国家最初在抑制 TRIPS 谈判中表现出一定的团结性,且出现了较为坚定的领导国,如印度、巴西。但以美国为首的知识产权受益国采取分而治之的方法,通过"301 协定"对巴西进行贸易制裁,并最终使其妥协,同时也在很大程度上瓦解了发展中国家联合抑制 TRIPS 谈判的努力。进而发展中国家的立场出现分化,转而寄希望于 TRIPS 来约束美国等发达国家的单边制裁。

第三,由于具有不同的产业格局,美国、欧盟及日本在知识产权保护结构上存在一定的分歧,如日本与美国在出租权制度上、美国与欧盟在地理标识的保护上,但这些知识产权强国在维持及推进 TRIPS 谈判过程中,体现了强于发展中国家的内部团结性,这种团结性不仅体现在政府层面,也体现在产

---

① Jayashree(2001)第二章对 TRIPS 的形成过程进行了较为细致的说明。

业层面;相比之下,发展中国家在 TRIPS 谈判的过程中,由于内部存在分歧,且对于 TRIPS 协定缺乏前期的系统研究,没有能够充分维护发展中国家的正当权益。

第四,谈判策略会极大地影响谈判进程及结果。如美国在 TRIPS 谈判的前期及谈判过程中频繁地采用双边贸易协定来迫使发展中国家,尤其那些持坚决反对知识产权谈判观点的国家改变立场,采用分而治之、逐一突破的方法,瓦解发展中国家联合反对谈判的努力;通过限制谈判对象及设定对谈判结果的全部接受或全部反对的决策方式,来促进 TRIPS 协议的通过。

第五,产业界的参与是推进谈判的一股重要力量。如 TRIPS 的最初推动者是欧洲工业和雇主联盟、日本联邦经济组织及美国的知识产权委员会,这三个组织与产业界存在紧密的关联,其在谈判文件起草、意见收集方面发挥了重要作用。

从美国及欧盟发起的 TRIPS-PLUS 协议及其形成过程中[①],我们可以发现:

第一,美国、欧盟等发达经济体主导并推动了 TRIPS-PLUS 谈判。这在很大程度上是因为知识产权谈判与这些国家的核心利益紧密相关。在这些谈判中,部分有国际协调的合理成分,如处于不同发展阶段、具有不同创新能力的国家在选择知识产权保护水平上存在较大的差异,为了减少知识产权保护所带来的不对等,进行一定的国际协调是可以理解的。但要求发展中国家提供与发达国家同样的知识产权保护水平则大大违背了前者的保护意愿。

第二,为了使发展中国家接受 TRIPS-PLUS 协定,发达国家要么在其他方面做出让步,如为发展中国家提供更多的市场准入及更多的贸易优惠政策,要么采用强硬的贸易制裁手段,迫使前者接受相关协定。通常这两种方法均会被混合使用,即胡萝卜加大棒的方法。而该方法是否奏效取决于其他国家对于发达国家市场的依赖程度。由此我们可以看出,TRIPS-PLUS 谈判取决于谈判各方的经济实力以及经济的相互依赖程度。

第三,美国与欧盟在知识产权方面的对外定约能力上存在差异。基于以下原因,美国更有动力与其他国家订立 TRIPS-PLUS 协定:其一,美国具有强大的创新能力及巨大的知识产权存量,其他国家加强对知识产权的保护有利于美国的创新者获得更高的收益;其二,美国既有的知识产权保护水平已经达到了较高水平,TRIPS-PLUS 协定不会对其国内的知识产权保护带来影

---

① 具体的形成过程请阅读李晓玲、陈雨松(2011)、韩立余等(2006)以及张旗坤(2006)的相关论述。

响,因此,美国的调整成本几乎可以忽略;其三,美国具有迫使其他国家接受TRIPS-PLUS协定的利器,即通过双边贸易制裁及市场准入诱饵来促成协议。相对而言,欧盟在推进TRIPS-PLUS协议的过程中,力量比较微弱。一方面在于欧盟成员国尚未在知识产权保护方面形成统一的标准,这导致其无法与外部缔约国制定一致的知识产权保护标准;另一方面在于欧盟在与外部缔约国达成与知识产权保护相关的协定时,需要经欧盟理事会一致通过,这使得协约的达成具有较大的不确定性。

尽管欧美国家在对外知识产权订约上存在差异,但从整体上看,TRIPS及TRIPS-PLUS自始至终均是由欧美国家推动的,他们采取的谈判策略可以归纳为:灵活地选择双边、区域或多边谈判场所(即谈判场所转换),以实现不断增强的知识产权保护标准。谈判的结果是全球的知识产权保护不断强化,甚至出现竞争性上升。

## 第三节 TRIPS 与 TRIPS-PLUS 下发展中国家（中国）的应对方案

尽管发展中国家在经济发展水平、创新能力达到一定程度后,也有加强知识产权保护的动力(Maskus,2000;Chen and Puttitanun,2005),如美国、日本及韩国均经历了这一过程,但现在的发达国家不再容许其他国家有类似的知识产权保护的自然过渡。TRIPS 及 TRIPS-PLUS 协议是发达国家基于自身利益向发展中国家的知识产权保护施压的产物。发达国家与发展中国家在经济、政治影响力和谈判能力上的不平衡决定了利益分配上的失衡(于金葵,2011)。这种失衡必然会导致下一轮的谈判、纷争。由此我们可以推断,基于 TRIPS 及 TRIPS-PLUS 的谈判还远未结束。

从整体上看,TRIPS 及 TRIPS-PLUS 给发展中国家预留的知识产权活动空间已经很狭小。在这样的背景下,发展中国家(包括中国)在知识产权谈判中至少需要注意三个问题：一是明确自己的定位与立场,在国际上争取合理的知识产权保护水平;二是努力挖掘 TRIPS 及 TRIPS-PLUS 的灵活空间;三是熟悉发达国家的谈判策略,制定好应对下一轮的知识产权轮番谈判的方案。以下几项措施有利于解决以上三个问题：

第一,发展中国家需要深入理解 TRIPS 规则,明确自己的权利和义务,结合本国经济与社会发展水平制定履行 TRIPS 义务的法律和政策。同时对依 TRIPS 规则进行知识产权保护的实施效果进行监测,建立 TRIPS 预警机制,以防止过强知识产权保护对本国经济带来严重的负面影响。

第二,发展中国家政府需要重视和参与 TRIPS 的完善和改革,充分利用 TRIPS 的复审机制。如 TRIPS 第 71 条第一款规定 TRIPS 理事会每两年根据执行情况及相关的新进展对 TRIPS 进行复查。在这一方面,发展中国家有过一些成功的探索,如经过四年多的呼吁及艰苦谈判,TRIPS 理事会于 2003 年 8 月通过《关于 TRIPS 和公共健康的多哈宣言第六段的执行决议》,对 TRIPS 第 31 章中的第 F 和 h 项条款进行修正,以解决专利权对发展中国家公共健康带来的负面影响。同时,由于 TRIPS 本身是一个多边约束协议,且发展中国家数量居多,如果运用得当,它有利于克服或约束过强的专利保护要求(李扬,2007)。

第三,从长期来看,为避免代价高昂的法律诉讼,发展中国家的知识产权立法需要尽快与 TRIPS 保持一致,以避免 DSB 授权的贸易报复,这种报复可能作用于同部门,也可能是交叉报复,其结果难以预料。当面临争端诉讼时,需要充分利用争端解决机制的灵活性,如利用磋商、上诉、仲裁、要求合理执行期限、对授权报复事项提请仲裁等方式来赢得主动或减少损失。为了做到这一点,一方面需要培养知晓国际争端解决程序的专业人员,另一方面需要对国际知识产权纠纷解决程序进行跟踪与研究。

第四,发展中国家需要在国际知识产权谈判中明确自己的谈判立场,确定自己的核心利益。TRIPS 及 TRIPS-PLUS 缔结过程表明,发展中国家缺乏体现本国利益的知识产权谈判立场。从欧美的实践经验来看,成熟的产业磋商和政策咨询体系,对于明确谈判立场、确定核心利益具有重要的作用。值得一提的是,一些研究表明,TRIPS 的形成与美国 12 个跨国企业的 CEO 密不可分(如 Susan K. Sell、Duncan Matthews,引自彭涛,2007),这些跨国企业从向美国政府报告国际的知识产权侵权损失、为政策制定者提供情报信息、为政府制定谈判策略、开展民间外交、促成国际的知识产权谈判联盟、帮助政策制定协议框架等方面影响甚至主导 TRIPS 条款及 TRIPS-PLUS 条款的谈判、签署及实际执行。因此,为了形成本国的谈判立场,发展中国家需要将商界人士纳入到谈判体系中,切实保护本国的产业利益。

第五,发展中国家可以借助于其他国际组织及智库来提高知识产权谈判能力。这些组织包括一些非国家参与者和次国家机构,其通常拥有很多颇有建树的专家作为智囊成员,旨在协调各发展中国家的立场,并在国际社会强力呼吁反对 TRIPS-PLUS 协定。这些组织当中影响较大的包括关注发展和环境问题的贸易与可持续发展国际中心、作为发展中国家智库的南方中心等。这些组织的主要活动包括研究发达国家的知识产权谈判策略,以观察员身份列席国际会议或谈判,通过举办研讨会来协调发展中国家的立场,发表支持发展中国家立场的言论并施加国际压力等。

第六,为了应对发达国家"分而治之"的谈判策略,发展中国家需要建立知识产权发展同盟,选择诸如WTO及WIPO等关注发展目标的多边谈判场所,并将谈判的主题引向关注发展中国家发展、具有广泛利益的公共健康、传统知识、遗传资源等方面,以期重塑符合全球经济可持续发展的知识产权国际制度。值得一提的是,针对TRIPS可能给发展中国家带来的不利影响,如进一步加大与发达国家的收入差距;跨国公司通过免费获取发展中国家的传统知识、文化遗产,形成所谓的反向盗版;限制发展中国家控制其境内的生物资源,从而与联合国的生物多样性公约相悖;药品专利可能导致的健康危机及对发展中国家的种子与食品供应的控制等,一些国际组织通过论坛转换来制定软法,来约束或缓解TRIPS可能导致的上述问题(彭涛,2007)。这些国际组织包括《生物多样性》公约成员大会、粮食和农业遗传资源委员会、世界卫生组织、联合国人权委员会等,发展中国家可以利用这些组织机构来维护本国利益。

第七,在面对TRIPS-PLUS双边谈判时,发展中国家需要提前制订谈判的应对方案。其前提是建立多元化的对外经济关系,以克服对美国等知识产权保护推动国家的经济依赖。从TRIPS及TRIPS-PLUS的形成过程可以发现,发达国家惯用的双边与多边谈判砝码主要为贸易制裁与市场准入,当一国面临过度的单边贸易和经济依赖时,其很难抵抗来自诸如美国的贸易威胁。在满足这一前提下,谈判时需要保留的底线为:首先,力求在双边知识产权谈判中以本国现有立法为基准,以避免修改立法带来的高昂成本。其次,尽量采取以合作协定为主的协议模式,采用以知识产权交流合作为主要内容,建立信息交换、对话、人员培训、技术援助、专家交流等合作模式,而避免对知识产权保护进行全面、详细规定的美国模式;再次,谈判中尽量将本国的知识产权优势,如增加保护生物多样性、传统知识和民间文学的规定纳入谈判议题,以分散知识产权的谈判重点;最后,利用合法的TRIPS-PLUS限制条款对其进行钳制。一方面可以利用其他双边或多边机制来约束TRIPS-PLUS协定条款,如可以利用WTO的区域贸易协定审议机制和争端解决机制来限制不合理的TRIPS-PLUS条款;另一方面利用国内的反垄断法对知识产权的权利行使进行一定的限制(李晓玲、陈雨松,2011)。

### 本篇总结

当前中国处于和平发展的关键时期,首先要跨越"大国崛起的资源环境困境",建设服务于国家利益的资源环境议程。一国资源环境议程能力的塑造与国际经济秩序的发展相互影响。国际经济秩序是在特定的历史时期和阶段,国际社会行为的主体为了实现某种经济利益的最大化,通过竞争与合作的互动关系所形成的相对稳定的力量对比均衡状态,是时代和历史进步的产物。随着中国与国际经济秩序的不断互动与磨合,中国对国际经济秩序的运行规则逐渐熟悉,并开始运用这些规则来保护自己的国家利益,并且积极维护相应国际机制的公平与正义。在此过程中,中国也需要不断地将自己的一些资源环境理念传输到国际经济秩序与国际经济组织中去,提出有建设性的资源环境议案和建议,与广大第三世界国家一起,对世界经济秩序中的资源环境规则形成新的建构。

而对于知识产权的问题,发展中国家在经济发展水平、创新能力达到一定程度后,也有加强知识产权保护的动力。尽管美国、日本及韩国均经历了这一过程,但现在的发达国家不再容许其他国家有类似的知识产权保护的自然过渡。从整体上看,TRIPS 与 TRIPS-PLUS 给发展中国家预留的知识产权活动的空间已经很狭小。在这样的背景下,发展中国家(包括中国)在知识产权谈判中至少需要注意三个问题:第一,明确自己的定位与立场,在国际上争取合理的知识产权保护水平;第二,努力挖掘 TRIPS 与 TRIPS-PLUS 的灵活空间;第三,熟悉发达国家的谈判策略,制订好应对下一轮的知识产权轮番谈判的方案。

## 参考文献

[1] Allison, J. R. and L. L. Lin, 1999, "The Evolution of Chinese Attitude toward Property Rights in Invention and Discovery", SSRN Electronic Paper Collections.

[2] Boldrin M. and D. K. Levine, 2008, "Against Intellectual Monopoly", Cambridge: Cambridge University Press.

[3] Chen, Y. and T. Puttitanun, 2005, "Intellectual Property Rights and Innovation in Developing Countries", Journal of Development Economics, 78:474—493.

[4] Clark, D, 2011, "Patent Litigation in China", Oxford University Press.

[5] Granstrand, Ove, 2005, "Innovation and Intellectual Property Rights", In: Jan Fagerberg, David C. Mowery and Richard R. Nelson, The Oxford Handbook of Innovation, chapter 10, Oxford University Press.

[6] Grossman, G. and E. Lai, 2004, "International Protection of Intellectual Property", American Economic Review, 94(5):1635—1653.

[7] Hu A. G. Z. and A. B. Jaffe, 2007, "International Harmonization of IPR Protection: Lessons From The Economics Literature", Working Paper.

[8] Landes, W. M. and R. A. Posner, 2003, "The Economic Structure of Intellectual Property Law", Belknap Press of Harvard University Press.

[9] Maskus, K. E., 2000, "Intellectual Property Rights in the Global Economy", Washington, DC: Institute for International Economics.

[10] Maskus K. E., 2004, "Intellectual Property Rights in the WTO Accession Package: Assessing China's Reform", In: Bhattasali, D., S. Li and W. Martin, China and the WTO, The World Bank and Oxford.

[11] North, D. C., 1990, "Institutions, Institutional Change, and Economic Performance", Cambridge University Press.

[12] Park, W. G, 2008, "International Patent Protection, 1960—2005", Research Policy, 37(4): 761—776.

[13] Scotchmer, S., 2004. "Innovation and Incentive", Cambridge, MA: MIT Press.

[14] Shen, G. B., 2010, "Nominal Level and Actual Strength of China's Intellectual Property Protection Under TRIPS Agreement", Journal of Chinese Economic and Foreign Trade Studies, 3(1): 71—88.

[15] 才汝骏,沙炜,李响. 中国煤炭进口形势及未来走势分析[J]. 煤炭经济研究,6:93—97.

[16] 陈福利.《反假冒贸易协定》述评[J]. 知识产权,2010:5.

[17] 崔君鸣,常毅军. 中国能源保障与煤炭新格局的形成[M]. 北京:煤炭工业出版社,2010.

[18] 崔民选. 中国能源发展报告2009[M]. 北京:社会科学文献出版社,2009.

[19] 范英. 温室气体减排的成本、路径与政策研究[M]. 北京:科学出版社,2011.

[20] 冯雨,李学刚,丁文芬. 煤炭进口对沿海地区煤炭市场的影响[J]. 中国煤炭,37(7):5—8.

[21] 古祖雪. 后TRIPs时代的国际知识产权制度变革与国际关系的演变——以WTO多哈回合谈判为中心[J]. 中国社会科学,2007:2.

[22] 韩玉雄,李怀祖. 关于中国专利保护水平的定量分析[J]. 科学研究,2005:3.

[23] 黄海峰. 知识产权的话语与现实——版权、专利与商标史论[M]. 湖北:华中科技大学出版社,2011.

[24] 李晓玲,陈雨松. 国际知识产权贸易谈判的新方略[J]. 环球法律评论,2011:1.

[25] 李艺,汪寿阳. 大宗商品国际定价权研究[M]. 北京:科学出版社,2007.

[26] 沈国兵,刘佳. TRIPs协定下中国专利保护水平和实际保护强度[J]. 财贸经济,2009:11.

[27] 宋河发. 专利保护程度评价体系与中美保护程度比较[J]. 科学研究,2007:4.

[28] 吴冲锋. 大宗商品与金融资产国际定价权研究[M]. 北京:科学出版社,2010.

[29] 吴汉东. 专利制度发展史[M]. 北京:中国人民大学出版社,2009.

[30] 叶卉. 经济全球化背景下的矿产资源开发利用与对外贸易研究[D]. 北京:中国地质大学,2008.

[31] 于金葵. 知识产权制度的本质[M]. 北京:知识产权出版社,2011.

[32] 张博. 中国甲烷排放时间序列清单及其系统体现分析[D]. 北京:北京大学,2011.

[33] 赵剑. 中国能源战略与能源外交[M]. 北京:知识产权出版社,2011.

[34] 中国科学技术协会. 2007—2008能源科学技术学科发展报告[M]. 北京:中国科学技术出版社,2008.

[35] 中国科学院能源领域战略研究组.中国至2050年能源科技发展路线图[M].北京:科学出版社,2010.

[26] 中国21世纪议程管理中心,可持续发展战略研究组. 发展的外部影响——全球化的中国经济与资源环境[M]. 北京:社会科学文献出版社,2009.

[37] 中国21世纪议程管理中心,可持续发展战略研究组. 发展的影响力——全球视野下的中国角色[M]. 北京:社会科学文献出版社,2009.

# 第 八 篇

# 中国经济"新常态"下的"一带一路"愿景

## 本篇概要

本篇回顾和反思了历史上大国在发展过程中拓展国际空间的范式,由最早的武力征服和殖民统治,到后来的商品输出与资本输出,为我国提出"一带一路"的国际合作愿景提供宝贵的经验。本篇最后阐述了"一带一路"的提出具有重要历史必然性,它将为中国在当前复杂的经济环境下构建出以中国为主导辐射欧亚非的区域治理平台。同时提出五个协同战略,体现了"一带一路"在全球治理中的合理性、开放性与包容性。

本篇目的在于了解西方发达国家在发展进程中的海外战略主要模式,以及对大国崛起阶段海外战略的反思和历史经验汲取,理解中国在全球治理平台上提出"一带一路"经济合作模式的原因、历史根源和目标,并掌握五个协同战略的实施方向。

**本篇将要讨论的问题:**

- 莫德尔斯基的长周期论中三个重要的命题是什么?如何阐述大国崛起中的合作与挑战?
- 什么是"全球价值双环流结构"?
- "一带一路"的基本思路是什么?是在怎样的背景下提出的?
- "一带一路"实施中应遵循怎样的战略?

# 第十五章 典型发达国家高速发展阶段海外区域战略的回顾与反思及对我国的启示[①]

在国际政治中,大国兴起与衰落现象持续性地受到政治家和学者们的广泛关注。如亨利·基辛格在《大外交》篇首即称:"仿佛是根据某种自然法则,每一个世纪总会出现一个有实力、有意志且有智识与道德动力的强国,依其价值观来塑造整个国际体系。"(Kissinger,1994,第17页)事实上,深入理解该领域重要学者如保罗·肯尼迪[②]、伊曼纽尔·沃伦斯坦[③]、乔治·莫德尔斯基[④]等的研究成果便不难发现,尽管他们对世界大国地位的认定、其兴起与衰落的动力机制等方面的解读存在显著差异,但普遍认为,自15世纪晚期大航海时代开始后,世界每隔100年到200年便会产生一个政治、经济、军事超强的世界领导国。世界领导国负责确立国际规则,提供国际公共产品,维持世界秩序,而同期的其他国家只能作为世界秩序的遵守者、地缘政治游戏的参与者以及国际公共产品的"免费搭车者"。根据不同时期世界领导国的崛起过程、全球影响力等维度,参照现有研究成果,可以认为16世纪的葡萄牙、17世纪的荷兰、18世纪与19世纪的英国、20世纪的美国等四个国家拥有相应时代的世界领导地位。本章将着重对这些国家崛起阶段的海外发展战略

---

[①] 本章内容是国家开发银行与北京大学合作课题"全球治理格局变动下的国际竞争与合作研究"成果的一部分,由苏剑、王青、苏莉、樊果、杜艺中合作完成。

[②] 参见〔美〕保罗·肯尼迪著,陈景彪译:《大国的兴衰——1500—2000年的经济变迁与军事冲突》[M],北京,中国经济出版社1989年版。

[③] 关于沃勒斯坦的理论参见:Immamuel Wallerstein(1974),"the Rise and Future Demise of the World Capitalist System: Concepts for ComparativeAnalysis,"Comparative Studies in Society andHistory, pp.387—415. Wallerstein(1980),The Capitalist World—Economy(Cambridge: CambridgeUniversity Press),pp.1—32.

[④] 关于莫德尔斯基的理论主要参见:George Modelski(1998),"The Long Cycle of Global Politics and the Nation-state,"Comparative Studies in Societyand History,pp.214—235. Modelski,ed.(1986), Long Cycles in World Politics(Seattle: University of Wellston Press. Modelski, ed.(1987),Exploring LongCycles(Boulder, colo: lynneienner,pp.1—15,218—248;RichardRosencrance(1987),"Long Cycle Theory and International Relations,"InternationalOrganization,pp.297—301.

进行回顾与反思。

## 第一节　近代史上四个世界领导者崛起阶段海外发展战略的基本特征

### 一、葡萄牙

公元 1500 年前后的地理大发现,启动了囊括全球主要文明的相互竞争与对话进程。由此,大国崛起摆脱了曾经的区域范畴——如地中海区域的古罗马、东亚范围内的古代中国,从而在人类历史上首次建立起真正意义上的世界领导者地位。出乎所有人意料,揭橥这一伟大历史进程的却是伊比利亚半岛南端一个此前默默无闻的小国——葡萄牙。公元 1297 年,葡萄牙国王迪尼什一世与西班牙签订奥卡尼塞许条约,确立国界,成为 14 世纪欧洲第一个独立国家,并在当时欧洲封建王国林立的背景下率先实行了君主集权体制。

直到 15 世纪,葡萄牙仍然国小地瘠、经济落后。但文艺复兴开启的重商主义的思潮——对黄金的渴求——已牢牢占据人们的思想。当时的葡萄牙本土缺乏黄金矿藏,而通过贸易手段获取黄金则受制于两大障碍:在地中海区域,传统的意大利城邦国家牢牢把持着地区贸易霸权,葡萄牙人无力插足;而通往东方的商路,即从地中海东岸抵达中国的"丝绸之路",又已为奥斯曼土耳其帝国控制,对过往商品征收重税,使运抵西欧的货物不仅量少,而且比原价高 8—10 倍。于是,葡萄牙商人、贵族们迫切希望另辟一条绕过地中海东岸直达中国和印度的海上新航路。随着葡萄牙民族统一国家的形成,王权得到进一步加强,开始具备了海外扩张的政治前提。值得注意的是,葡萄牙民族统一国家形成于新的社会经济条件下,即王权、贵族和新兴商人阶层三者之间有了相当程度的利益一致性,形成了一股推动海外扩张事业的合力,将王权的财政需求同对外贸易联系在了一起。发展国内外商业和进行海外拓殖成为王权开辟财源的重要途径。

因此,自 15 世纪以来,历代葡王都把发展海上势力作为传统政策。例如,与西欧的其他封建领主不同,他们放松对王家森林的绝对垄断,为造船业提供木材;招揽外国水手,以培养优秀海员;开办海运保险,以发展壮大海运业;鼓励贸易,以吸引外国人,等等(黄郑和等,1994,第 172 页)。这些都为海上扩张奠定了基础。在重商主义观念的引领下,大批中小贵族开始冒险远航,把海外征逐视为唯一的发财之道,新兴的商人阶层更是不甘落后,推波助澜。在14世纪后期,波尔图和里斯本的商人逐步垄断了从直布罗陀海峡至北海的香料贸易,他们对打通亚洲的香料贸易航线自然是非常积极的。于是,国家联合商人和贵族的力量在互惠互利的基础上,共同进行了有组织、有计划的远洋航海活动。

早在1415年,葡萄牙对休达这一连接西欧与北非的军事重镇的征服,及其后在整个15世纪进行的大西洋探险,标志着其成为海上强权的开始。期间,葡萄牙开始在君主制政府的支持下继续发展航海学校、加强地图学的知识,不断派出后来闻名世界的航海家如巴尔托洛梅乌·迪亚士、瓦斯科·达·伽马和斐迪南·麦哲伦等人统领的远洋探险船队。在一个世纪后,葡萄牙终于成为欧洲首个打通前往印度航线的国家、大航海时代的领航者。

在进行海外探险、从事贸易活动的同时,葡萄牙人在抵达的几乎每个海外区域都通过武力征服手段建立起近代意义上的殖民统治。其特征是葡萄牙对殖民地拥有完全主权,拒绝给予当地人本国臣民待遇,殖民地不能与其他国家独立地建立联系,其政治、经济、军事活动的全部出发点都在于维护葡萄牙的利益。当时葡萄牙创造的这种殖民统治的主要目标是垄断贸易,独享巨额利润。

在16世纪中叶的全盛时期,人口不到200万的葡萄牙在很大程度上垄断了世界上的香料、食糖和黑奴贸易,并统治着三个庞大的海外殖民帝国:西非的黑人奴隶和黄金帝国,印度洋的香料帝国,南大西洋的巴西黑人奴隶和蔗糖帝国。作为葡萄牙海外探险最先抵达的地区,非洲首先成为其黄金的货源地,并留下了"黄金海岸"①之类的地名;同时葡萄牙人也是非洲黑奴贸易的开创者,1550年至1850年,葡萄牙殖民者把从安哥拉掠夺奴隶总数的4/5运往巴西等地,卖给种植咖啡、烟草和甘蔗的种植园主从事苦役。当时,葡政府控制了非洲面积270多万平方公里,占非洲大陆面积的1/20,是其本国领土面积的30倍。为了控制当时最赚钱的香料贸易,葡萄牙人在印度东、西部海岸拥有果阿等大批贸易据点,并控制了印度洋岛屿锡兰(今斯里兰卡)、霍尔木兹、马六甲、香料群岛②和澳门,在日本也拥有一个据点。重要的是葡萄牙人成功地截断了阿拉伯人同印度和印度尼西亚的商业往来,打破了阿拉伯人和意大利商人对印度洋贸易的传统垄断。通过殖民统治的推进,葡萄牙人

---

① 新航路开辟后,葡萄牙人听说非洲盛产黄金,但不知道确切地点。他们到达非洲后,开始到处搜寻黄金。不久,葡萄牙人发现加纳沿海盛产金砂,就把它命名为"米那",意思是"矿藏"。后来,这里被称为"黄金海岸"。

② 香料群岛亦称东印度群岛,是公元15世纪前后欧洲国家对东南亚盛产香辣料的岛屿的泛名。它说明了当时欧洲人对东方香辣料的渴求,也是导致大航海时代展开的其中一个原因。

实际上垄断了整个东方的贸易——从15世纪末到16世纪上期,运走亚洲香料总产量的1/10(Postan,1967,p. 192)。葡萄牙人在印度和远东从事商业贸易的结果是,里斯本成为世界贸易的中心,中介欧洲、印度间的整个贸易,葡萄牙人成了全世界最重要的商人,葡萄牙语作为亚洲海上贸易通用语达两百多年。

17世纪初期,葡萄牙采取贸易垄断制度强化与巴西间的贸易联系。1638年,葡萄牙从巴西出口的糖超过180万阿罗巴;17世纪末,葡萄牙在巴西殖民地的贸易可以与葡萄牙在其他国家的整个贸易相匹敌;1761年,葡萄牙从巴伊亚、里约热内卢和伯南布哥共出口糖1 295 700阿罗巴,价值2 535 142 800里亚尔(联合国教科文组织,1984,第259页)。垄断贸易给葡萄牙带来了巨额收益,从16世纪初到19世纪的整个殖民时期,葡萄牙至少从巴西搜刮了价值6亿美元的黄金和3亿美元的金刚石,这还不到葡萄牙从巴西出口蔗糖所获商业利润的1/10(樊亢、宋则行,1965,第258页)。

葡萄牙通过海外殖民统治和贸易垄断,最终在整个16世纪成为首个全球意义上的世界性商业帝国,变得富庶强大,欧洲的权力中心也从意大利的城邦国家转移到了葡萄牙。尽管很多学者主张,同时期的西班牙也通过"教皇子午线"①与葡萄牙一起瓜分了整个世界,即葡萄牙拥有东方和巴西,西班牙统治富庶的美洲大陆,因此同样堪称当时的世界领导国。但这类主张必须考虑以下现实,即葡萄牙最先开创性地进行了海外探险,建立了现代殖民制度,并在整整一个世纪时间里牢牢抓住了当时业已存在的世界体系的核心,并因此极大地改变了该体系的基本结构,重新塑造了国家间互动的原则与框架。而事实证明,以海外探险和殖民制度为核心的海外区域发展战略,成为使葡萄牙从一个名不见经传的蕞尔小国崛起为世界领导者的基础性推动力量。

## 二、荷兰

荷兰独立之前,是西班牙属地尼德兰的一个省。16世纪末,因宗教和经济矛盾,尼德兰普遍兴起了反对西班牙统治的政治运动和武装起义。1581年尼德兰北方7省成立了"联省共和国",其中以荷兰省最大,所以又称荷

---

① 教皇子午线是1493年5月在罗马教皇亚历山大六世仲裁下,西班牙和葡萄牙瓜分殖民地的分界线。规定在亚速尔群岛和佛得角群岛以西100里格的子午线为分界线,并把该线以西的一切土地都划归西班牙,以东的一切土地归葡萄牙。1494年,西葡两国又缔结托德西拉斯条约,把这条线向东移动270里格。当时西班牙人认为自己在这个条约中占了便宜,相信到印度去的航路是在西方。但实际上这条分界线使得葡萄牙人取得了绕道非洲到印度去的航路上所有据点。

共和国。荷兰独立后,大力发展资本主义工商业,商业、海洋运输业和金融业非常发达。到了17世纪,荷兰经济呈现繁荣的局面,它的经济发展水平在当时代表着世界资本主义发展的水平和方向,所以被恩格斯称为"17世纪标准的资本主义国家",而且取代葡萄牙一跃成为当时的世界霸主。而成功的海外拓展战略则是荷兰在17世纪迅速崛起、称霸世界的根本动力。

需要指出的是,同葡萄牙一样,荷兰幅员狭小、土地贫瘠,其土质不适宜农作物的耕作,仅适于草地生长,因此牧草成为当地唯一富源。英国冒险家兼作家丹尼尔·笛福为此曾讥讽说,当地产的粮食"不够用以喂养公鸡和母鸡"(布罗代尔,1993,第118页)。正是基于国内资源的有限性,在当时弥漫的重商主义思潮影响下,荷兰人凭借自身造船技术的独特优势①,自然将目光转向了海外,并走上了以海外贸易——而不是以工业立国,亦以海外贸易称雄于世界的发展道路。

相比最早开始远洋冒险的葡萄牙和西班牙,16世纪的荷兰并不是主要依靠暴力去进行赤裸裸的殖民掠夺。由于缺少强大的王权支持和充足的人力资源,荷兰选择了依靠商业贸易走向全球。作为中间人、代理人、加工者和推销商,荷兰人从葡萄牙那里装载香料、丝绸和黄金,然后把它们运销到欧洲各地。返航时,他们又为这个最早海上霸权国家运去波罗的海产粮区的小麦、瑞典的铁器、芬兰的木材,以及自己生产的海军补给品,获取巨额利润。到了17世纪初期,荷兰殖民者开始大规模涌向世界,建立起属于自己的世界性殖民帝国。这时荷兰人拥有了最好的船舶和富有经验的水手,但真正推动荷兰在海外殖民活动中后来居上的则是其突破性的制度创新。

与葡萄牙、西班牙主要通过王室资助民间海外探险殖民,整个过程充满个人英雄主义色彩不同,荷兰人创立了一种更有活力的新型海外殖民实体——具有国家行政职能、实行贸易垄断的商业性公司。1602年荷兰东印度公司成立,被授予在亚洲进行殖民活动21年期限的特许权。重要的是,它是世界上第一家发行股票的公司。这首先使它能够聚集早期公司不曾有过的数额巨大的民间资本,并将投资长期化。荷兰东印度公司运用了近代股权筹资的方法,发行小面值股票,充分吸收社会各阶层的资金,需要退出的股东可进行股票转手交易——相应的,世界首家股票交易所1609年建立于阿姆

---

① 荷兰人的一个创举是发明了三桅商船,这种船造价低廉,但空间巨大。此前,典型的欧洲商船都建造有可以架设火炮的平台,这样做可以有效地防止海盗袭击,而三桅商船则充满了风险,极易遭受海盗攻击,但它的好处是造船的成本低,价格只有英国船只的一半,于是,货物的运费也低。而且这种船具有最大货舱空间,又节省建造成本,从而成为荷兰控制世界海洋贸易的主要依靠,荷兰因此有了"海上马车夫"之称。而且荷兰的造船厂机械化程度很高,造船速度很快,但费用却很低廉,在当时的欧洲首屈一指,英国人直到18世纪才能在商船运输方面与荷兰竞争。

斯特丹,公司的股金在结算期前保持不变。其次,它通过政府的特许状,拥有早期海外贸易公司不曾有的各种特权,成为具有极大自主性的政治、经济实体。荷兰政府多次颁布特许状,赋予东印度公司垄断东方贸易、组织军队、建筑堡垒要塞、建立和管理殖民地、铸币以及宣战、媾和甚至制定法令等一系列特权。

最后,荷兰东印度公司建立了一套早期公司前所未有的比较完整的组织管理机构,使贸易、殖民活动更有计划、有组织。公司按地区设立了6个分会,主要股东组成公司最高权力机构——董事会,董事会中再选举产生"十七人理事会",作为常设机构。为了加强对东方贸易的管理,公司设置了派驻亚洲的总督和印度委员会。由此,公司形成了国内外双重管理机制,有利于对东方贸易的集中管理和统一协调。这套管理机制后来为英国东印度公司所仿效。

拥有了广阔的贸易区域和相对其他殖民者独特的制度优势后,荷兰东印度公司进一步采取了成功的贸易和殖民政策。为获取对东方的贸易优势——最大限度的垄断和最低限度的购价,公司主要采取排挤外来商人、实行贸易垄断的政策。例如,为了独霸东印度群岛,以强大武力为后盾的荷兰东印度公司开始排挤葡萄牙和西班牙的势力;1603年公司在爪哇建立商站,1605年在摩路加群岛打败了葡萄牙舰队,安汶岛等地香料贸易的控制权逐渐落入荷兰之手;1619年公司营建巴达维亚城(今雅加达)、控制爪哇,其后又占领马六甲。到17世纪中期,荷兰在武力保护下排除了内外竞争者的威胁,同东印度国家签订了一系列不平等条约,最终完全垄断了该地的进出口贸易,得以以极低的价格从"香料群岛"这个天然仓库中取走货物。

此外,与葡萄牙、西班牙建立领土规模庞大的海外殖民帝国政策不同,荷兰人基于自身人口、军力的限制,在殖民活动中特别重视对核心贸易通道的控制,较少深入大陆腹地实施直接占领,这反而使其能够最大限度地扩张殖民范围,获取贸易利益。

整个17世纪,荷兰东印度公司完全垄断了欧洲的香料市场。17世纪欧洲市场年需香料约100万磅左右。而独占了"香料群岛"的荷兰东印度公司几乎毫无对手,17世纪初贸易量就达到了112万磅。可见,在香料贸易上,荷兰东印度公司占有绝对优势,处于操纵全局的支配地位,称得上真正的霸主。与此同时,该地区的纺织品、茶叶、咖啡贸易主导权也操纵在荷兰人手中。荷兰人依靠这种垄断地位从香料贸易中攫取了巨额贸易利润,它的殖民、贸易政策为它赢得了17世纪东方商业霸主的地位。

而成立于1621年的荷兰西印度公司则享有与非洲西海岸和美洲东海岸

及太平洋各岛屿进行贸易的垄断特权。1637年,攻克了葡萄牙在几内亚海岸苦心经营的圣乔治达米纳要塞,次年还从葡萄牙手中夺取圣保罗·德罗安达岛,随后又夺取了圣多美。1648年,荷兰人侵占好望角,并建立航海基地。在美洲,荷兰人在占领了北美的哈得逊河口之后,于1622年在那里建立了新阿姆斯特丹城,即今天纽约之前身。荷兰人还一度于1624年侵入巴西,夺取了其最富饶的一片土地,同时加紧争夺西印度群岛和中南美洲的西班牙殖民地,并几乎以和东印度公司类似的模式——武力排挤西班牙竞争者、控制大西洋贸易要道——开创了获利丰厚的"三角贸易":用非洲的奴隶换取美洲的糖、棉花、烟草等货物,再用这些货物换取欧洲的白银,而后返回非洲时用欧洲的一些廉价商品购买奴隶。就这方面而言,西印度公司为18世纪的资本主义贸易方式打下了基础。

17世纪中叶,荷兰在波罗的海、地中海和东方这三个世界的主要贸易区域中都已占据了主导地位,其中仅东印度公司就拥有一万多个分支机构,贸易额占到全世界总贸易额的一半。到1670年,荷兰拥有的货船吨位是英国的三倍,其数量相当于欧洲其他各国的总和,悬挂着三色旗的上万艘商船游弋在世界的五大洋之上,荷兰成为世界第一大贸易国家。在武力方面,支撑荷兰世界霸主地位的是它强大的海军,其舰只超过英法两国海军一倍,成为其海外殖民、贸易政策的武力后盾。

### 三、英国

（一）英国殖民扩张历程

在古罗马军队撤走之后,孤悬于欧洲大陆之外的大不列群岛长期陷入四分五裂的落后状态。当15世纪葡萄牙、西班牙等国忙于开辟新航路之际,这里还是英吉利与苏格兰两个独立的小王国:总面积不过22万平方公里,人口仅600万。但到了19世纪,英国已独掌全球海上霸权;到20世纪初英国的殖民扩张活动的顶峰时期,这个本土(包括爱尔兰在内)面积不过31万平方公里,人口约4 800万的国家,在全球各地掠夺的殖民地总面积达3 000多万平方公里,遍及五个大洲,是本土面积的137倍;总人口达3.9亿,是本土人口的八倍以上。英国成为当时帝国主义列强当中掠取殖民地面积最大、人口最多的国家。从地球北极附近的加拿大,到南极附近的阿根廷,从非洲的刚果河,到亚洲的东南亚,都有大小不等的英国殖民地,号称"日不落帝国"。

英国的殖民扩张最早也始于新航路发现之初。早在1497年,居住在英国的意大利人约翰·卡波特经英王授权,从英国出发远航,寻找通往印度的西北航线,结果到达纽芬兰,宣布那里为英国殖民地。但在整个16世纪,葡萄牙、西班牙是掌握海上霸权的殖民大国,英国不具备同它们抗衡的力量。因此这一时期的英国海外活动多伴随着劫掠等海盗行为特征,出现了德雷克、霍金斯等富于个人主义传奇色彩的冒险家。这些人参与了非洲黑奴贩运、截击西班牙人从美洲运回金银的船只、袭击其他国家的殖民港口等活动。当然,他们的海上抢劫活动得到当时英国女王伊丽莎白一世的支持和鼓励。

1588年,世界海权力量平衡迎来了决定性的转折点——英国打败西班牙的无敌舰队,启动了建立海上霸权的征程。17世纪开始,英国积极在海外进行殖民扩张。1600年,伦敦商人组成英国东印度公司,不久又组成伦敦公司和朴次茅斯公司,开始向亚洲和美洲殖民。一百余年间,英国在印度控制了许多殖民据点,站稳了脚跟。与此同时,英国的伦敦公司于1607年开始向北美移民,建立了第一块殖民地弗吉尼亚。1620年,由朴次茅斯公司组织的移民到达北美,奠定了另一块殖民地马萨诸塞的基础。到18世纪30年代,英国共在北美大西洋沿岸建立了13个殖民地。1763年欧洲大陆"七年战争"结束,依据《巴黎和约》,整个加拿大沦为英国殖民地,英国在魁北克派有总督。另外,英国还占有百慕大群岛和牙买加岛。

1820年以后,英国大规模向南非移民。英国移民的涌入给当地的布尔人①造成极大的威胁。1836年,布尔人被迫离开故乡,迁往他地,史称"布尔人大迁徙"。1843年,英国宣布纳塔尔为英移民区,并向这里移民,布尔人虽数年反抗,但无济于事,只好再次大迁徙。1848年,大部分布尔人在其领袖普莱托亚斯的率领下移向奥兰治自由邦。英驻开普敦总督哈利·斯密认为,这是打击布尔人的良机,因而下令进攻。英军打败了普莱托亚斯领导的布尔人。战败的布尔人被迫进行第三次大迁徙,越过瓦尔河,进入德兰士瓦,在那里定居下来,建立了德兰士瓦自由邦。英帝国为巩固开普敦和纳塔尔两殖民区和稳住布尔人,采取了缓和的政策。因而在19世纪50年代,南非出现了两个英属殖民区和两个布尔人自由邦的局面。英布在南非的角逐暂告一段落。其间,英国对其他非洲地区的征服依次展开,到19世纪末,英国在非洲侵占殖民地的面积达880万平方公里,占其殖民地总面积的26%以上。

17世纪初,英国开始集中力量在南亚次大陆拓展殖民地。1613年,英国在印度西海岸的苏拉特建立了贸易据点,其后相继在马德拉斯、加尔各答和孟买获得贸易特权。1757年,英国发动了普拉西战役,征服了孟加拉。1767—1799年,英国通过四次英迈战争征服了迈索尔,通过英马战争征服了

---

① 居住于南非的荷兰、法国和德国白人移民后裔形成的混合民族的称呼,来源于荷兰语"Boer"(农民)一词。现已基本不用该词,改称阿非利卡人。

马拉特,占领了现在印度的中部、南部和西部地区。17世纪的最后十年,英国的统治向整个次大陆扩展;通过历时达61年(1824—1885)之久的三次侵缅战争,英国征服了缅甸,并把它变成英属印度的一部分。

(二)英国殖民特征

1. 争夺

作为欧洲国家中拓展海外殖民的"后来者",英国获取殖民地的主要方式是和当时的世界殖民大国进行你死我活的斗争,争夺已被占领的殖民地。在17世纪初到18世纪中期,这主要发生在英荷和英法之间,其结果是:17世纪初,英荷在印度尼西亚群岛的斗争,荷兰占了上风。但是17世纪后半期,英荷屡经战争,荷兰在北美的殖民地新尼德兰被英国夺取。17世纪中期,英国资产阶级革命期间,荷兰想乘机排挤英国在海外的商业地位,英国一再通过《航海条例》加以反击。英国《航海条例》规定,一切输入英国的货物,必须由英国船载运或由实际产地的船只运到英国,其目的就是排斥被称为"海上马车夫"的荷兰。17世纪后半期,英荷进行了三次战争(1652—1654年、1665—1667年、1672—1674年)。结果,英国取得荷兰的北美殖民地,改名纽约。

从18世纪初开始,英国总是站在法国的对立面,乘机夺取战略要地和扩大殖民地。在"西班牙王位继承战争"(1703—1713年)中,英国夺取了直布罗陀和梅卡诺岛,巩固了它在地中海的地位;路易十四统治法国期间(1643—1715年),法国要在欧洲称霸。从路易十六统治后期到18世纪中期,在欧洲发生的多次战争中,英国都是法国的对手。双方既在欧洲争霸,又在北美和印度争夺殖民地。在北美,英国从法国手里夺取新斯科舍,又迫使法国承认纽芬兰和哈德逊湾为英国所有。1740年起,欧洲先后发生了"奥地利王位继承战争"(1740—1748年)和"七年战争"(1756—1763年)。英国只派少数军队到大陆牵制法军,却集中力量在北美和印度进行争夺殖民地的较量。七年战争期间,在印度半岛,孟加拉王公同法国联合抗击英国。1757年的普拉西战役中,英国殖民军击败孟加拉王公的军队,从此完全控制了孟加拉。到"七年战争"结束时,英国侵占了印度的大片领土,法国殖民势力仅在沿海保有几个据点,如本地治理、开利开尔等。最后,英国几乎从印度排除了法国殖民势力。在北美,英法的争夺同样是决定性的,法国最终丧失了加拿大以及密西西比河流域的广大地区。由此,英国取得了世界殖民大国的地位。

2. 移民

英帝国是个殖民帝国,到20世纪初其拥有的殖民地达3300万平方公里,比它本国大130多倍,其中主要靠移民建立的殖民地至少有2000万平方公里,占其殖民地总面积的70%以上。移民殖民地主要有加拿大、澳大利亚、新西兰和南非。从地理分布看,英国移民殖民地主要在北美和澳洲。这背后的根本原因在于,18世纪50年代,英国发生了工业革命。到19世纪中期,英国完成了工业革命,成为世界第一流的经济大国和"世界工厂",当时没有任何一国能与之匹敌,其间英国逐步由一个重商主义帝国转变为一个倡导自由贸易的工业帝国。工业帝国需要更多的原料和粮食,需要能够销售更多工业品的广大市场和容纳更多投资的投资场所,大规模海外移民应运而生。英国向美、澳移民,广占殖民地就是在这种历史背景下发生的。

18世纪,英国人(主要是英格兰人)大量出国定居,总数高达约100万,约占同期国内总人口的十分之一左右。移民中既有穷人也有富翁,初期他们乘船出海主要是去寻找美洲和加勒比地区的乐土。移民选择在哪儿定居取决于当地经济状况或对机遇的不同理解,移民的主要地区是加利福尼亚、宾夕法尼亚或是俄亥俄等地,也有成千上万的移民从中部殖民地和新英格兰地区迁到加拿大、新斯科舍省、新布伦斯威克以及圣约翰群岛,还有不计其数的佐治亚的移民去了东佛罗里达和西佛罗里达。在美洲大陆,移民的主要特点是它的流动性和易变性。随着18世纪全球经济复杂化的进程,为了寻求新的原料产地和商品倾销地,也就必须有能高度移动的人口,因而大量的城市居民和大贸易公司随着环境的改变而四处迁移。它的足迹开始深入非洲、澳洲大陆。这样,在东方和西方,大英帝国的雏形在迁移中形成。

3. 财富增值循环

依托本国强大的工业基础,将海外殖民地作为原料供应地和销售市场,在真正意义上实现了"供—产—销"的一条龙循环。而此前,无论是葡萄牙还是荷兰,殖民地的意义都只限于以物品交换为基础的商业贸易,或纯粹的武力掠夺,无法实现财富的增值循环。海外资源对英国的发展起到了无可替代的推动作用。1865年英国占据了欧洲工业总产量的2/3,世界商业贸易的20%。由此,英国古典经济学家威廉·斯坦利·杰文斯曾不无骄傲地说:"北美和俄国是我们的玉米田,加拿大和波罗的海沿岸是我们的木材森林,大洋洲是我们的牧场,秘鲁提供白银,南非提供黄金,印度和中国人为不列颠种茶,而地中海是我们的果园。我们的棉花长期以来栽培在北美的南部,现已扩展到地球每个温暖的地区(肯尼迪,1989,第189页)。"与此同时,海外殖民地对于英国工业品和资本亦形成庞大需求,仰赖英国对这些地区进行商品和资本输出。这标志着英国作为世界生产中心、贸易中心、金融中心和世界市场中心的地位。如果说葡萄牙、荷兰的世界霸主地位因历时短暂且历史久远已在很大程度上淡出了人们的视野,那么昔日大英帝国凭借其长达200年,直至20世纪中叶才恋恋不舍地退出世界舞台中心地位的显赫经历,至今仍是全球性大国的标准样板。

**四、美国**

美国崛起开始于19世纪后期,到第二次世界大战结束时,这个独立初期仅300万人口的"小国"业已成长为世界上无可争议的头号强国。在美国崛起过程中,除了本土空间辽阔、资源丰富、大量移民带来高素质的人口以及国内富于弹性的制度框架外,海外资源的滋养同样发挥了至关重要的作用。不过,美国采取了不同于老牌殖民国家的拓展国际空间战略。

美国崛起的两个阶段:

(1) 1865—1914年:蓄势阶段。内战结束后的三十多年间,美国充分利用和平环境,实现了对南部的重建,将工业革命由东北部推向南部和西部,并在第二次工业革命中占得先机,在钢铁、化工、机械生产等领域采用最新的科技成果,迅速实现了美国的工业化。到1894年,美国的工业生产已经跃居世界第一位,再加上美国在农业上的优势,使得美国已经成为世界上无可争议的头号经济强国。这一时期在美国历史上被称作是"镀金时代"。但在国际政治舞台上,美国的影响力还仅仅局限于美洲大陆,属于典型的区域大国。

(2) 1914—1945年:确立阶段。美国强大的综合国力在一战中初步在国际舞台展现后,强大的孤立主义传统再度将其注意力拉回本土。此后,美国经济在"自由主义"政策指导下继续高速发展,这一势头直到1929年全球性经济危机爆发才终止。第二次世界大战的爆发最终将美国拉出了经济衰退的泥潭。到二战结束时,美国决定摆脱孤立主义束缚,决心凭借其强大的政治、经济和军事实力,彻底颠覆传统的、以欧洲为中心的国际关系格局,杜鲁门主义和马歇尔计划的出台,标志着传统的欧洲大国在政治、经济上被纳入以美国为龙头的世界体系之中。

传统列强的扩张模式一般是以武力为手段,对具有政治、经济价值的地区实行直接的控制。欧洲列强大都曾经控制了广阔的殖民地,并为争夺殖民地进行了多次殖民战争。尤其是对于后起的强国而言,它们崛起的过程都不可避免地要通过扩充军备,对原有的强国在军事上发起挑战,通过战争手段奠定自己的霸主地位,并将对手的殖民地作为战利品据为己有。英荷战争、西班牙王位继承战争、七年战争均属于这类性质的战争。但美国则不同,它在对外扩张中走的是另外一条道路:美国的扩张不以占领殖民地为手段,而是注重商业扩张,通过在全球范围内的商业扩张,壮大和发展美国经济,逐步取得经济霸权,并在经济霸权的基础上去争夺世界霸权。美国"新左派"外交史学家沃尔特·拉菲伯将这种不是通过在政治、经济上控制殖民地,而是通过贸易手段进行扩张而建立起来的帝国称为"商业帝国"。

美国的这种扩张模式源于美国立国之初的商业精神。美国的前身北美十三个殖民地本身就是英国商业资本扩张的产物,在美国独立前形成了以新英格兰地区为中心的发达的商业体系。美国的独立战争,如果从经济角度来考虑,就是要维护商业资本的独立发展。众所周知,美国自独立后至二战爆发前,一直奉行坚定的孤立主义政策,本质在于避免外部纷争打扰其国内发展和安宁,为此美国不惜在一战后将大幅提升自己国际地位的"胜果"拱手让出——拒绝加入它自己当初极力倡议的国联。但即使在"孤立主义"时代,也仅仅是将孤立局限于政治领域,美国从未忘记海外的商业利益。任何一届政府都非常重视美国的商业扩展,维护商业的独立发展也成为独立初期美国外交的主要线索。《杰伊条约》即体现了美国保障海外商业联系的决心和效果。

从英帝国中独立出来就意味着美国不再享有英国所给予的商业贸易上的某些特惠。如由于英国的禁令,美国商品在西印度群岛的价格上升了300%,美国对外贸易方面平均每年损失50万美元,1786年马萨诸塞出口只有1774年的1/4(杨生茂,1991,第42页)。同时美国的经济发展与英国也是息息相关的,1790年美国全部出口的几乎一半输往英国,而90%的美国进口货物来自英国,美国对外贸易的3/4仍然是同英国进行的(帕特森,1999,第30页)。所以只要英国方面采取制裁措施,美国的对外贸易就可能处于崩溃的状态,从而影响到美国的经济发展。为此美国充分利用英国担心美国会放弃"孤立主义"政策,转向与法国结盟的结果,促成双方最终签订了《杰伊条约》。虽然这个条约遭到了许多人的非议,但是它仍然不失为美国外交政策上的一次胜利,因为一方面它使得英国同意英属东印度对美国商业开放,同意美国在最惠国基础上同英伦三岛进行贸易,这保证了美国经济现代化所需要的原料来源,同时也促进了美国对外贸易的发展;另一方面,它使得英国军队从西北部要塞撤走,从而使这个地区重新安定下来,恢复了美国的领土完整,有利于统一的国内市场的形成。

此后从内战结束到二战爆发,在海外寻找商品市场成为历届美国政府对外交往的中心内容。拉菲伯甚至将1865—1913年的美国外交称为"美国人对机会的寻求",即争夺海外市场,构成了这一时期美国对外政策的动因。第一个对美利坚商业帝国构想进行系统阐述的是林肯政府的国务卿威廉·西沃德。西沃德外交思想的核心是发展商业,在他看来,商业是一个国家的主要组成部分之一,是文明进步和帝国扩展的主要力量,美国要想成为世界上最强大的国家就必须控制世界的贸易,因为政治霸权随着商业优势而来。而发展商业又必须以控制海洋为前提,海上帝国才是"唯一真正的帝国"。西沃德被视为19世纪美国帝国主义的中心人物,奠定了19世纪后期美国对外扩张的基础和方向。通过商业扩张建立门户开放式的商业帝国,成为一战前美国海外扩张的主要模式,这一模式也决定了同一时期美国拓展国际发展空间的特点。

美国海外商业扩张遵循了由远及近、适应环境的原则,初期将重点放在拉丁美洲。为此美国继宣布门罗主义,防止欧洲列强再度殖民拉美各国后,相继宣布了在该地区的所谓"睦邻政策",核心有两个方面:第一,消除拉美国家对美国在领土和财政方面侵略和干涉的恐惧;第二,在西半球所有国家之间建立一种伙伴关系。尽管罗斯福政府在外交实践中并没有完全实现睦邻政策的初衷,但确实也减少了对拉丁美洲的军事干预,使得美国与拉丁美洲国家的关系在一定程度上得到了改善。睦邻政策不仅为美国外交在拉丁美洲赢得了好名声,也为美国赢得了实实在在的经济利益。到1935年年底,美国棉纺织品出口的54%,钢铁出口的55%,皮革、橡胶、电器和其他轻工业品出口的33%、汽车出口的22%都是输往拉美国家,1933—1938年美国对拉美的出口额从2亿美元增加到6.42亿美元(杨生茂,1991,第365页)。

进入20世纪,美国开始将商业触角更多地伸向亚太、非洲等地区。其间美国首次提出的对华政策——门户开放政策,即是这种商业拓展精神的体现之一。这一时期,美国经济继续保持高速增长,并彻底取代了英国的世界工厂地位,成为包括欧洲一些国家在内的重要商品供应商。最终美国强大的工业力量在一战、二战中得以充分展现,并顺理成章地成为今天的世界头号强国。

## 第二节 大国崛起阶段海外发展战略的反思

### 一、海外资源的滋养是近代大国崛起的重要条件之一

自近代以来,在经济全球化进程中,世界经济体系的形成与国际产业结构的联动是影响大国崛起最为关键的外部因素。从葡萄牙、荷兰、英国和美国崛起的历程来看,能否构筑起联结海外的资源输入格局,将国内产业结构与国际分工有机衔接,在广阔的国际市场空间优化配置资源,是决定大国能否成功崛起的重要条件。这背后的逻辑在于,在经济全球化背景下,一国资源有限性和经济发展需求无限性之间的矛盾决定了吸取海外资源的必然性,否则任何国家都不可能实现资源和经济体系的自我平衡,甚至大国也概莫能外。尤其在形成统一的世界市场后,国家之间的竞争主要在开放的国际舞台上展开,获取绝对收益和全球的相对收益成为竞争的主要目标。

对那些先天资源贫乏型的国家来说,利用海外资源实现本国发展是一种必然的选择。例如作为小国的荷兰之所以能够成就大业,与其积极开拓并参与世界市场,不断扩张海外贸易密不可分。15世纪的地理大发现,给欧洲带来前所未有的商业繁荣,也为荷兰提供了成就商业帝国的历史性机遇。作为享誉世界的"海上马车夫",荷兰一贯注重对海外市场的开发和拓展,在荷兰的对外贸易中,波罗的海贸易占据着重要地位。与地中海地区主要从事奢侈品贸易不同,波罗的海贸易主要以日用品和工业原料为主,具有广阔的市场潜力和发展前景。在从事贸易过程中,荷兰商人逐渐形成近代的贸易观念,通过薄利多销的方式,追求对外贸易的长期效益和整体效益,逐渐将自己的势力延伸到全球各个角落,从而为荷兰外向型经济的发展奠定了坚实的基础。到17世纪中叶,荷兰联省共和国在全球范围内已牢固建立起自己的商业霸权。其时,荷兰东印度公司已拥有15 000个分支机构,贸易额占到全世界总贸易额的一半,悬挂着荷兰三色旗的商船经常游弋在五大洋之上。对此,马克思这样评价道:"1648年的荷兰,已达到了商业繁荣的顶点,崛起并成为一个强大的商业帝国。"[1]

与一般国家相比,大国通常更需要利用世界市场和国际资源来解决发展与资源、发展与市场的矛盾。美国能够迅速崛起,其中重要的外部因素在于通过参与世界市场获得了来自西欧国家的资本、技术、人才等充足的生产要素,从而不断地增强了自身的经济实力和综合国力。这表明,国家实力的增强,不仅取决于自身的资源禀赋,更重要的还取决于在国际市场上获得更多战略资源的能力,凡是能够崛起的大国均通过符合时代特征的种种手段,充分利用国外的各种资源,从而使自己能够在全球范围内配置资源。

各国崛起的经验还表明,随着财富创造模式的发展,在世界市场上具有较强竞争力的国家所聚集的资源和财富通常多于领土扩张的所得,这已经突破了通过掠夺和征服别的国家来实现大国崛起的传统道路。美国的经验进一步证明,利用贸易合作博弈的方式,通过自由的贸易往来和平等的经济关系,在世界市场上追求全球范围内的经济收益成为近现代世界性大国崛起的必然选择。通过世界市场和自由贸易的发展,各国可以扩大资源配置的范围和深度,随着资源配置国际化程度的提高,大国的经济结构不断得到调整,经济增长速度明显加快。由此可见,贸易对大国经济发展的乘数效应相当显著,历史经验表明,贸易增长速度快的国家通常能够迅速崛起。

---

[1] 转引自CCTV纪录片:《大国崛起——荷兰》。

## 二、适应时代的特征和自身的国情,在海外合作模式上锐意创新

对葡萄牙来说,成为大航海时代的领航者,既是它对那个时代最伟大的贡献,也无意间率先揭开了利用海外资源实现国家崛起的序幕。而无论人们如何从今天的道德视角对殖民模式进行评价,它在当时都决定性地推动了无名小国葡萄牙夺得了近代史上第一个全球性强国的地位。继之而起的荷兰人口资源更为不足,因而它摒弃了对大陆腹地进行全面占领的传统殖民模式,转而采取控制贸易通道,从而最大限度地提升了殖民效率。荷兰在整体上继承了通过殖民开拓海外空间方式的同时,它也进行了一项重要的制度化创新,即通过"特许经营公司"的方式筹集民间资本,摆脱了单一依靠政府提供有限财源进行海外探险、征服的方式。同时,以荷兰东印度公司为代表的"特许经营公司"能够通过"理事会"等方式,对殖民地进行更有经济效率的管理,从而在管理方式上确立起对葡萄牙、西班牙等老牌殖民者的制度优势。

而英国海外殖民的最大创新在于,它在保持对海外殖民地行政控制、借鉴荷兰利用特许公司进行殖民地管理的同时,突破了既有的零和性质的"资源掠夺"模式,将本国强大的工业生产能力与殖民地提供的原材料、销售市场连接了起来,从而避免了竭泽而渔式的单向度掠夺,实现了财富增殖的再循环体系,并在某种程度上促进了殖民地本身的现代化进程。英国之所以能够实现这一点,与其国内在 18 世纪中叶掀起工业革命浪潮的独特国情息息相关,此外的关键还在于,它成功地将工业革命的成果运用到海外战略开发中去。例如刚开始时,英国征服者也曾毫不迟疑地对印度进行掠夺和征收贡物,就像西班牙人早先在墨西哥和秘鲁所做的那样。但是,经过这一最初的阶段之后,英国生机勃勃的经济开始以各种方式包围和改变殖民地的经济结构和社会结构,工业化的英国发现印度能够为它庞大的生产能力提供棉纺织原料和消费品市场。为此,英国开始用船把大量纺织品和机械设备运到印度,并开始在印度修筑铁路——这是在次大陆开启工业化进程的前提条件之一。到 1890 年,印度已铺筑了约 17 000 英里铁路,大致与英国的铁路网相等。但是,从 1890 年至 1911 年,印度的铁路网大约增加一倍,达 33 000 英里,而在同一时期中,英国的铁路仅增加了 300 英里多一点。这表明,对殖民地进行开发,而非简单的掠夺,成为英帝国在长达两百年的时间中屹立不倒的基石之一。

当美国开始睁开眼睛看世界的时候,全球基本已被分割殆尽,作为当时的典型"小国",美国显然无力像此前的英国那样从其他殖民大国手里通过战争开辟自己的殖民地。但美国却利用当时业已形成的全球性商业联系,为自

己开辟出一条借助海外资源、实现自身发展的贸易通道。这一方面源于当时美国就意识到自由贸易对国家利益的重要性——与此形成鲜明对比的是,直至20世纪80年代,大量拉美国家仍然将"进口替代"奉为治国圭臬,另一方面则在于美国充分利用了外部世界提供的基本条件:当时世界秩序的主导者英国开始逐步放弃重商主义原则,转而在全球推行自由贸易,于是美国"顺理成章"地抓住了机会。就性质而言,美国建立海外密切合作区域模式实现了从殖民模式到贸易模式的决定性跨越。根据比较优势理论,这种模式为贸易伙伴之间实现双赢创造了条件,因而它无须赤裸裸地进行军事占领,即达成了海外资源的大量输入。

### 三、五百年中大国崛起的合作者与挑战者模式

在20世纪70年代和80年代之交,美国出现了一批学者,他们着力探求历史上霸权兴衰与国际体系变迁的规律,其中莫德尔斯基的"世界政治长周期理论"(又称"领导权周期论")(Rosencrance,1987)引起了广泛的关注。莫氏对1494年以来的国际冲突和领导权(霸权)模式进行考察之后,发现了以大约一个世纪为间隔的长周期。每个周期里都存有一个领导者,它们是16世纪的葡萄牙,17世纪的荷兰,十八九世纪的英国和20世纪的美国。各个周期都含有四个阶段:① 世界领导者从全球性的争霸战争中崛起;② 世界领导国地位被承认;③ 世界领导者遭遇崛起强国挑战;④ 挑战者失败,原有体系瓦解,原有世界领导者的合作者上升成为新的领导者。体系瓦解导致新的争夺,又转入下一轮循环。莫氏认为15世纪以来这种循环已重复了五次,如表15.1所示。

表15.1　15—20世纪的世界政治长周期

| 全球战争 | 世界大国 | 遭遇挑战 | 体系瓦解(挑战者) | 合作者 |
| --- | --- | --- | --- | --- |
| 1494—1516 印度洋战争 | 1516—1539 葡萄牙 | 1540—1560 | 1560—1580 西班牙 | 1580—1609 荷兰 |
| 1580—1609 荷兰战争 | 1609—1639 荷兰 | 1640—1660 | 1660—1688 法国 | 1688—1713 英国 |
| 1688—1713 路易十四战争 | 1714—1739 英国 | 1740—1763 | 1764—1792 法国 | 1792—1815 反法同盟 |
| 1792—1815 拿破仑战争 | 1815—1849 英国 | 1850—1873 | 1874—1914 德国 | 1914—1945 美国 |
| 1914—1945 一战、二战 | 1945—1973 美国 | 1973—2000 | 1991—? | |

资料来源:Modelski and Modelski(1988,p.225)。

莫德尔斯基的长周期理论包括如下三个重要命题：首先，世界政治体系需要一个领导者，其背后的支撑是对"秩序"的诉求，创新是它们成长的原动力。事实上，"每个世界政治体系都会存在一个领导者"完全符合大航海时代以来的基本国际政治现实。上文仅就葡萄牙、荷兰、英国和美国四国崛起阶段的海外战略进行了梳理，着重分析了其战略创新内容。事实上，相关研究还表明，每个成为领导者的大国均在诸多领域进行了重大制度创新或开创性行动。葡萄牙的创新是，建立欧洲第一个君主集权体制，政府资助海外探险，率先打开东方贸易的海上通道。荷兰的创新是，创建股票交易所和谷物交易所，创建新型殖民机构——联合东印度公司。英国在第一期的创新则包括：确立海上霸权；在欧洲推行光荣孤立政策，维持欧洲大陆均势；建立世界贸易规则；发行国债支持海外战争。英国第二期的创新包括：从重商主义转向自由贸易；发动第一次工业革命，将海外殖民地作为原料供应地和销售市场。美国的创新包括：全面推行自由贸易体制；从"孤立主义"逐步转向创建世界体系（联合国、IMF 和世界银行）；通过跨国公司进行全球扩张；推动非殖民化进程。

其次，国际政治演变的模式是"循环的"，世界性领导者主导国际体系的周期约为 100—200 年。回顾历史，葡萄牙主导国际秩序的时期为 1516—1609 年，历时约 94 年；荷兰则在接下来 1609—1713 年的 105 年期间接过权杖；英国成功地抵御了第一次挑战，从而将领导权延续长达 232 年；美国曾在冷战时代面临苏联的挑战，但 1991 年苏联解体后，"谁将成为美国的继承者"这一问题仍有待历史给出答案，唯一确定的是美国称霸的时间尚不足百年——截至 2015 年为 71 年。这表明，国家崛起通常要经历一个以"百年"为时间单位的历史进程，其间的模仿学习、创新突破、蓄势积累以及正确的策略选择均在考验着新兴大国崛起的可持续性。事实上莫德尔斯基本人认为，美国有可能再次繁荣。从历史上看，18 世纪末，英国经过与法国的战争后于 19 世纪实现了大不列颠武力维持的世界和平。他强调历史上继承世界领导国地位的大多数国家是与以前强国有特殊关系并与之合作的第二号强国。核大战是毁灭性的，因此今后的继承国将是不经核战争的继承国，是必须具备为解决人口及环境问题而使全球联合起来的能力的国家。据此他认为，下一个世纪（21 世纪）的世界强国的候选者只能是美国，其他国家取代美国地位的可能性不大。①

最后也是最重要的是，世界领导者均脱颖于全球性战争，但"挑战者"无

---

① 参见《世界经济译丛》，1986 年第 10 期，1987 年第 10 期。

一例外地以失败告终,取代旧的世界领导者的国家往往是被取代国的伙伴或盟友。长周期理论启示人们:五百年来的挑战者周期性地挑战领导国家,但它们统统都失败了,成为新的"世界领导者"的国家统统是先前领导者的主要合作伙伴。这方面最近的例子就是德国在第一次世界大战、第二次世界大战期间两度试图以武力挑战英国的地位,但均告失败;反之,美国则在这两次战争中都选择站在英国一边,最终成功崛起为新一代的世界领导者;如果将冷战也划入挑战性行为的话,冷战期间苏联曾组织起庞大的国家集团,试图取代美国的霸主地位,但最终的结局仍旧是历史的重复。这说明,一国能否崛起,并最终成长为新一代的世界领导者,能否协调好与现有领导者和国际制度的关系至关重要。其背后的逻辑在于:挑战者不仅处处受到领导者的遏制,而且享受不到领导者主导的国际政治、经济秩序带来的好处,最终只能游离于主流社会之外,丧失发展机遇。相反,领导者的合作者,则可以享受"免费搭车"的好处,即可以用较低成本获得由霸权国提供的安全保障、稳定的世界经济环境、自由贸易体系等国际公共物品。这一规律当然绝非定律,但仍然值得任何一个有志于取代美国领导地位的新兴国家深思。

# 第十六章 基于中国经济"新常态"下的"一带一路"愿景[①]

"一带一路"(The Belt and Road Initiative)是"丝绸之路经济带"和"21世纪海上丝绸之路"的简称,自2013年9月和10月由国家主席习近平分别提出建设"新丝绸之路经济带"和"21世纪海上丝绸之路"的愿景构想以来,"一带一路"已经成为当前我国推动区域合作、加快经济转型的新方略,在中国的引领下打造政治互信、经济融合、文化包容的利益共同体、命运共同体和责任共同体。在全球经济形势尚不明朗、国际合作壁垒重重、区域安全屡受威胁的今天,这个具有中国传统文化特色的称呼唤起了世界各国对历史上的中国形象的记忆,借用古代"丝绸之路"的历史符号,中国将在新时期继续高举和平发展的旗帜,主动地发展与沿线国家的经济合作伙伴关系,为当前的国际局势注入新的血液,也为当前"新常态"形势下的国内经济稳速转型提供新的思路。

## 第一节 "一带一路"的历史渊源

谈到"一带一路",我们首先联想到绵亘东西的"丝绸之路"。"丝绸之路"这个称谓最能够唤起世界对于中国的追忆。"一带一路"便是依托于中国历史上驰名世界的陆上和海上丝绸之路。陆上"丝绸之路"起源于汉代,丝绸之路作为一条流动的贸易通道,最初可能是由纯粹的商业贸易驱动而形成的。随着当时对外关系的变化以及时局的调整,这种纯粹的贸易道路被赋予了更多的政治使命和历史使命,成为维护区域之间政治互信和和平稳定的重要纽带。在中国历史上彪炳千秋的张骞,其出使西域之行的政治目的已经大于其开通商路的经济目的。这种以经济为先导、以政治为纽带的东西商路对于当时的军事、政治格局产生了深远的影响。通过丝绸之路,中原王朝的优质手

---

[①] 本章主要内容张辉以《全球价值双环流架构下的"一带一路"战略》发表于《经济科学》2015年第3期。

工业制品向西传播到了西域甚至欧洲,同时也加强了中原王朝与周边国家的联系,丝绸之路也成为维护区域稳定的重要纽带。

到了唐朝中后期乃至宋朝,丝绸之路出现了形式上和内容上的重要变化。首先,在形式上看,陆上丝绸之路所经地区的政治局势稳定,通过丝绸之路进行的商贸活动和战乱时期相比出现了繁荣发展的势头。随着经济重心的逐渐南移,在唐宋期间的福建、广东等沿海地区出现了大型的对外贸易港口,中原王朝的丝绸、瓷器、茶叶等手工业品通过海港运往日本、东南亚、印度乃至非洲,海上丝绸之路出现,从形式上看形成了南北两条丝绸之路并肩发展的局势。同时,从内容上看,此时的丝绸之路的经济色彩更为浓厚,在政府主导之下的政治目的已经不是此时丝绸之路的主流。随着后来中亚的战乱,北方丝绸之路逐渐被阻塞,海上丝绸之路则凭借较为低廉的运输成本和便利稳定的运输条件,逐渐成长为中原王朝对外贸易的生命线。从历史的记载中,我们至今依然能够影影绰绰地看到千百年前泉州港的片片白帆。到了明清时期,这种在经济力量驱使下的海上贸易受到海禁的限制,睦邻友好的政治目的再次上升为主流。明永乐年间,中国船队在郑和的率领之下,沿着当年的海上丝绸之路在东南亚、南亚各国进行友好访问,宣扬明王朝强盛国力的同时也推动了睦邻友好关系的发展。整个明朝中后期至鸦片战争,受到海禁的影响,海上丝绸之路也逐渐冷清下来。

从历史上看"一带一路",可以鲜明感受到其在特定历史时期发挥的作用:一方面,它构成了国内经济体系的一部分,成为推动国内经济发展的引擎之一,其作用在不同的历史时期大小不同,在宋元时期尤为明显,具有鲜明的经济特色,是一个区域在一个时期之内经济发展的重要侧面。另一方面,其在区域发展中扮演了重要的纽带角色,以商贸线路作为沟通的桥梁,发展睦邻友好关系,开辟新的发展空间,营造良好的国际环境。

诚然,"一带一路"在纵向有着很深的历史沿革,然而,在将其作为一个现代化国家的发展愿景时,不能囿于历史原有的模式和体制,不能在愿景之初就先将自己放在曾经的朝贡体系之中去,不能将曾经的国际关系理所当然嫁接到如今新形势之下的国际关系之中,更不能将曾经的国际交流模式局限于商业贸易等特定的领域。在新的格局、新的形势和新的条件之下我们所面对的现实,让我们回想起了曾经光辉的历史时期和历史成就,而对于历史的学习和借鉴,则要以当前经济发展的实际情况和真实需要忖度为之。

## 第二节 全球经济格局与"一带一路"

### 一、"一带一路"提出的背景

（一）国内经济背景

近年来，中国宏观经济处于重大的变革节点，改革开放以来的高速发展阶段已经逐渐过去，经济中速增长将成为一个时期内中国经济发展的"新常态"。2014年我国国内生产总值将达61.7万亿元，同比增长7.3%，城镇新增就业超过1300万人，调查失业率稳定在5%左右，居民消费价格指数增长2.1%，实现了年初预期的目标。同时，中国经济正在全面向新常态转换，经济下行压力不断凸显：全球金融危机后四年（2009—2012年），我国规模以上工业增加值年均增长12.6%，其中2012年回落到10%，2013年则是自2002年以来首次跌破10%，为9.7%。2014年前10个月累计，同比增长8.4%，比上年同期回落1.3个百分点。房地产结束了长达15年的超级繁荣期，进入调整期，2014年1—10月累计，房地产投资同比增长12.4%，比上年同期回落6.8个百分点，这直接拉动投资回落1.5个百分点。由之带动投资增长明显下滑。2002—2012年间，我国全社会固定资产投资连续10年保持20%以上增长（10年增长了9.1倍，年均增长26%），2013年首次跌破20%，为19.3%。2014年则在房地产发展"拐点"开始形成后加快调整，前10个月累计，固定资产投资（不含农户）同比增长15.9%，比上年同期回落4.2个百分点。预计2014年固定资产投资（不含农户）达50.5万亿元，增长15.8%，比上年回落3.8个百分点。

（二）国际经济背景

与此同时，全球宏观局势的发展也在新时期出现了新局面。亚洲地区的重要经济体日本、韩国、印度以及东盟与中国在领土主权等政治领域的摩擦始终存在，经济往来受政治因素影响较大，在诸多核心技术领域尚未能建立起较高的信任，高层次的交流与合作受到种种因素的制约。欧洲深陷债务泥潭，自2009年希腊债务危机爆发以来，欧元地区国家主权信用状况不断告急，整个西欧地区经历了数年的救市，至今仍然处于逐渐恢复的边缘，经济驱动力疲软，在全球金融危机和债务危机的接续重创之下，欧元区的全面恢复尚需时日。非洲、俄乌、中东局势等地缘政治形势恶化，造成了区域的不稳定性，使国际投资、资本撤离该地区，打压投资者信心，抑制各自的进口需求和相互间的贸易。美国逐渐从经济危机中脱身，调整自己的全球战略，在全球范围内继续推动经济和军事霸权。与此同时，美国为围堵打压中国在军事上先后挑起"东海问题"和"南海问题",在经济上组织 TTP 并排斥中国。这一系列问题都加剧全球经贸谈判多边受阻双边缓慢的现象,全球贸易的增速持续低于 GDP 的增速。

"一带一路"的愿景就在这样的国内和国际背景之下提出,形成于 2013 年,完善于 2014 年,实施于 2015 年。首先,该愿景是亚洲在全球经济所占份额快速上升形势下的内在诉求;其次,中国处于工业化加速关键期,需要平衡产业升级换代和产业转移之间关系;再次,中国人民币国际化初见成效,需要为巨额外汇储备寻找更好的投资渠道;最后,中国正处于区域大国向世界大国的转型期,需要一套适应自身发展的全球治理机制。当前国际上保守主义抬头,"逆全球化"开始蔓延,这使中国在全球经营的成本增加,中国需要结合自身发展情况,努力推动经济全球化。这不仅是国家在一定时期内应对自身发展需要的重大决策,也将对周边国家以及全球经济社会发展格局产生深远的影响,其背负着重要的历史使命。一言以蔽之,"一带一路"愿景的提出,既是对自身经济结构、发展模式的重大调整,也是对新时期之下区域合作与国际秩序的展望。

## 二、"一带一路"愿景在全球价值双环流结构中的合理性

"一带一路"愿景是中国在全球价值双环流结构中,构建以中国为主导的亚欧非大区域治理平台,平衡经济治理与社会治理,从而促进本国产业结构升级,以实现和平崛起的一套全球治理机制。全球金融危机之后世界经济格局的一个重大变化就是,发达国家(特别是美国)作为世界经济增长的火车头作用已大大降低,新兴经济体特别是以中国为代表的金砖国家日益成为世界经济发展的重要推动力量。与此同时,世界经济的循环也从传统的"中心—外围"式的单一循环,越来越转变为以中国为枢纽点的"双环流"体系,其中一个环流位于中国与发达国家或地区之间(北美经济体和西欧经济体等),另一个环流存在于中国与亚非拉等发展中国家或地区之间。一方面,中国与发达国家之间形成了以产业分工、贸易、投资、资本间接流动为载体的循环体系;另外一方面,中国又与亚非拉发展中国家之间形成了以贸易、直接投资为载体的循环体系。

在这两个循环体系中,中国已经逐渐替代日本,越来越成为连接发达经济体与亚非拉欠发达经济之间的主要中间节点或枢纽点。

图 16.1 为 1991 年至 2014 年中国、日本对北美(美国和加拿大)商品及服务贸易净出口情况的变化趋势图。从图 16.1 和表 16.1 可以看出,中国对北美贸易规模在 20 世纪 90 年代初期小于日本,但在 90 年代中后期开始逐

渐缩小与日本的差距,2000 年中国对北美(美国和加拿大)的经常项目贸易的顺差额度达到了 964.598 亿美元,第一次超过日本对北美(美国和加拿大)的经常项目贸易的顺差额度(904.934 亿美元);2003 年中国对北美(美国和加拿大)进出口总额为 2 083.917 亿美元,第一次超过日本对北美(美国和加拿大)进出口总额(1 890.308 亿美元)。之后,中国、日本与北美的贸易差距进一步拉大。截至 2014 年,中国对北美贸易净出口额已是日本的 5.4 倍;中国对北美进出口贸易总额是日本的 3.0 倍。

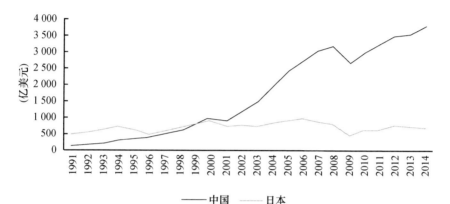

图 16.1　中日对北美(美加)净出口趋势(1991—2014)

表 16.1　北美(美加)对中日进出口数据　　单位:亿美元

| 年份 | 北美对中国 | | | 北美对日本 | | |
| --- | --- | --- | --- | --- | --- | --- |
| | 进口 | 出口 | 逆差 | 进口 | 出口 | 逆差 |
| 1991 | 218.935 | 78.949 | 139.986 | 1 046.617 | 543.510 | 503.107 |
| 1992 | 294.766 | 93.387 | 201.379 | 1 091.256 | 539.530 | 551.726 |
| 1993 | 360.662 | 100.674 | 259.988 | 1 187.023 | 544.878 | 642.144 |
| 1994 | 441.723 | 109.684 | 332.039 | 1 307.887 | 605.355 | 702.532 |
| 1995 | 518.862 | 142.735 | 376.126 | 1 360.090 | 730.357 | 629.733 |
| 1996 | 580.141 | 141.892 | 438.249 | 1 256.209 | 757.368 | 498.841 |
| 1997 | 703.903 | 145.426 | 558.476 | 1 333.308 | 737.213 | 596.095 |
| 1998 | 802.573 | 159.402 | 643.171 | 1 345.272 | 636.901 | 708.371 |
| 1999 | 937.791 | 149.062 | 788.730 | 1 449.925 | 631.313 | 818.612 |
| 2000 | 1 152.088 | 187.490 | 964.598 | 1 618.081 | 713.147 | 904.934 |
| 2001 | 1 175.990 | 219.896 | 956.094 | 1 391.651 | 630.255 | 761.396 |
| 2002 | 1 436.861 | 246.862 | 1 189.999 | 1 344.677 | 567.663 | 777.014 |

(续表)

| 年份 | 北美对中国 | | | 北美对日本 | | |
|---|---|---|---|---|---|---|
| | 进口 | 出口 | 逆差 | 进口 | 出口 | 逆差 |
| 2003 | 1 765.387 | 318.530 | 1 446.857 | 1 311.153 | 579.155 | 731.998 |
| 2004 | 2 290.662 | 399.300 | 1 891.362 | 1 437.392 | 609.871 | 827.521 |
| 2005 | 2 841.986 | 477.970 | 2 364.016 | 1 541.704 | 629.865 | 911.840 |
| 2006 | 3 362.221 | 621.036 | 2 741.186 | 1 657.655 | 679.537 | 978.118 |
| 2007 | 3 759.314 | 741.112 | 3 018.202 | 1 638.705 | 712.668 | 926.037 |
| 2008 | 3 964.568 | 813.379 | 3 151.189 | 1 577.561 | 770.382 | 807.179 |
| 2009 | 3 444.024 | 793.729 | 2 650.295 | 1 092.616 | 584.779 | 507.837 |
| 2010 | 4 081.641 | 1047.654 | 3 033.987 | 1 336.061 | 694.017 | 642.045 |
| 2011 | 4 479.738 | 1211.060 | 3 268.678 | 1 421.216 | 765.680 | 655.536 |
| 2012 | 4 763.221 | 1298.997 | 3 464.224 | 1 614.702 | 803.226 | 811.477 |
| 2013 | 4 915.563 | 1416.271 | 3 499.292 | 1 519.103 | 755.389 | 763.714 |
| 2014 | 5 197.021 | 1411.042 | 3 785.980 | 1 460.170 | 765.242 | 694.928 |

资料来源：UN Comtrade 数据库。

图 16.2 为 2000 年至 2013 年中国、日本对欧盟(28 个国家或地区)净出口趋势图。从图 16.2 和表 16.2 可以看出，中国对欧盟贸易规模在 2000 年小于日本，不过中国对欧盟经常项目贸易的顺差额度为 448.836 亿美元，超过日本的 429.030 亿美元；2002 年中国对欧盟进出口总额为 1 185.473 亿美元，第一次超过日本对欧盟进出口总额(1 107.711 亿美元)。之后，中国、日本与欧盟的贸易差距进一步拉大。截至 2013 年，中国对欧盟净出口额已是日本的 51.6 倍；中国对欧盟进出口贸易总额是日本的 3.9 倍。

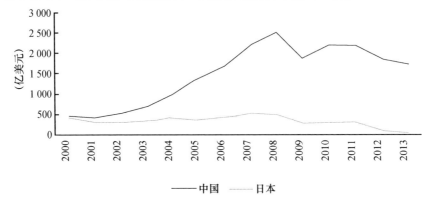

图 16.2 中日对欧盟(28 个国家或地区)净出口趋势(2000—2013)

表 16.2 欧盟(EU-28)对中日进出口数据　　　　单位:亿美元

| 年份 | EU-28 对中国 | | | EU-28 对日本 | | |
|---|---|---|---|---|---|---|
| | 进口 | 出口 | 逆差 | 进口 | 出口 | 逆差 |
| 2000 | 686.629 | 237.793 | 448.836 | 847.261 | 418.230 | 429.030 |
| 2001 | 734.300 | 274.436 | 459.864 | 726.556 | 407.253 | 319.303 |
| 2002 | 853.667 | 331.806 | 521.861 | 696.984 | 410.727 | 286.257 |
| 2003 | 1 201.212 | 469.537 | 731.675 | 818.650 | 463.452 | 355.199 |
| 2004 | 1 606.800 | 601.715 | 1 005.085 | 931.737 | 540.170 | 391.566 |
| 2005 | 1 999.810 | 642.618 | 1 357.193 | 923.497 | 542.716 | 380.781 |
| 2006 | 2 459.944 | 800.634 | 1 659.310 | 985.255 | 562.413 | 422.842 |
| 2007 | 3 208.926 | 985.815 | 2 223.112 | 1 087.573 | 600.394 | 487.179 |
| 2008 | 3 648.834 | 1 155.944 | 2 492.890 | 1 102.168 | 624.641 | 477.527 |
| 2009 | 3 000.594 | 1 150.782 | 1 849.811 | 814.608 | 502.287 | 312.321 |
| 2010 | 3 742.487 | 1 499.687 | 2 242.800 | 891.019 | 581.731 | 309.288 |
| 2011 | 4 105.708 | 1 897.858 | 2 207.850 | 982.275 | 682.751 | 299.523 |
| 2012 | 3 748.284 | 1 850.404 | 1 897.880 | 832.185 | 714.147 | 118.038 |
| 2013 | 3 719.031 | 1 968.279 | 1 750.752 | 750.621 | 716.665 | 33.956 |

资料来源:UN Comtrade 数据库。

图 16.3 为 2000 年至 2014 年中国、日本对东南亚七国(越南、柬埔寨、菲律宾、泰国、马来西亚、新加坡、印度尼西亚)净出口趋势图。从图 16.3 和表 16.3 可以看出,中国对东南亚七国贸易规模在 2000 年明显小于日本,不过到 2005 年中国对东南亚七国经常项目贸易的顺差额度为 79.725 亿美元,超过日本的 71.785 亿美元;2007 年中国对东南亚七国进出口总额为 1 721.821 亿美元,第一次超过日本对东南亚七国进出口总额(1 721.179 亿美元)。之后,中国、日本与东南亚七国的贸易差距进一步拉大。截至 2013 年,中国对东南亚七国净出口额已是日本的 6.3 倍;中国对东南亚七国进出口贸易总额是日本的 1.4 倍。

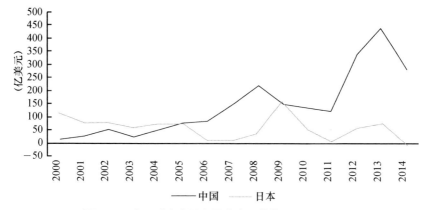

图 16.3　中日对东南亚七国净出口趋势(2000—2014)

注:东南亚七国指越南、柬埔寨、菲律宾、泰国、马来西亚、新加坡、印度尼西亚。

表 16.3　东南亚七国对中日进出口数据(2000—2013)　单位:亿美元

| 年份 | 东南亚七国对中国 | | | 东南亚七国对日本 | | |
| --- | --- | --- | --- | --- | --- | --- |
| | 进口 | 出口 | 逆差 | 进口 | 出口 | 逆差 |
| 2000 | 181.400 | 162.162 | 19.238 | 673.661 | 559.494 | 114.167 |
| 2001 | 194.003 | 164.416 | 29.586 | 595.084 | 515.330 | 79.753 |
| 2002 | 260.687 | 214.638 | 46.049 | 574.781 | 491.320 | 83.461 |
| 2003 | 326.768 | 304.537 | 22.231 | 600.872 | 545.780 | 55.092 |
| 2004 | 465.656 | 411.354 | 54.303 | 720.672 | 652.933 | 67.739 |
| 2005 | 601.481 | 521.756 | 79.725 | 777.383 | 705.598 | 71.785 |
| 2006 | 751.341 | 661.333 | 90.008 | 813.474 | 805.693 | 7.781 |
| 2007 | 938.594 | 783.227 | 155.367 | 863.324 | 857.855 | 5.469 |
| 2008 | 1 105.644 | 880.600 | 225.044 | 1 060.349 | 1 016.759 | 43.590 |
| 2009 | 958.205 | 813.828 | 144.377 | 907.735 | 746.758 | 160.977 |
| 2010 | 1 253.533 | 1 121.059 | 132.473 | 1 035.936 | 988.776 | 47.160 |
| 2011 | 1 526.088 | 1 407.169 | 118.919 | 1 225.354 | 1 224.246 | 1.108 |
| 2012 | 1 735.686 | 1 403.921 | 331.765 | 1 275.331 | 1 218.654 | 56.677 |
| 2013 | 1 934.386 | 1 490.259 | 444.128 | 1 244.605 | 1 173.630 | 70.975 |

注:东南亚七国指越南、柬埔寨、菲律宾、泰国、马来西亚、新加坡、印度尼西亚。
资料来源:UN Comtrade 数据库。

由上述分析可以看出,在全球价值分工体系中,中国在 2003 年全面超越日本,成为东亚对接北美和欧盟或西欧经济体的首位国家,之后十多年来这种分工对接的首位度则越来越强,已经是日本的四五倍规模;而在东南亚等欠发达经济体的全球价值分工体系中,中国要到2007年才全面超越日本成为首位国家,之后虽然差距也在逐步扩大,不过规模没有在发达经济体的差距那么大。这也是目前学界针对第一个环流的研究较为充分(图16.4 左半部),但是对于第二个环流即中国与亚非拉之间(图16.4 右半部)的循环研究得比较少的重要原因。

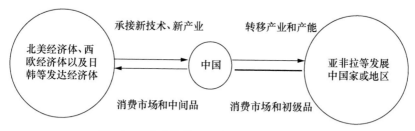

图 16.4　全球价值双环流下的经济合作模式

现在随着中国经济持续高速发展,已经越来越离不开亚非拉的支撑,亚非拉的发展也与中国的发展表现出越来越多的内生性。反思,随着20世纪六七十年代日本的崛起,日本在东亚形成了著名的"雁阵"发展模式,以日本为雁头,通过产业梯度转移,拉动着亚洲"四小龙"和东亚、东南亚欠发达地区快速地从传统农业社会向工业化社会过渡,直至完成了亚洲"四小龙"成为新兴工业化经济体的历史剧变。虽然,20世纪90年代初随着日本陷入经济危机以及其在1997年东亚金融危机过程中的糟糕表现,特别是进入21世纪之后日本经济仍然一蹶不振,曾经高速增长的雁头一直处于增长乏力状态,一连失去了两个十年(见表16.4),以日本为主导的东亚"雁阵"发展模式也逐渐退出了历史舞台,但是,日本曾经主导的东亚"雁阵"发展模式明确地显示出自第二次世界大战以来,大国的发展仍然需要依托于远远超越本国疆域的大尺度区域空间的紧密协同发展;此外,一国能否起到驱动大尺度区域空间发展的前提是该国要有中长期高速增长的潜力。

表 16.4　日本与中国 GDP 年增长率(1995—2012)

| 年份 | 日本 GDP 年增长率 | 中国 GDP 年增长率 |
| --- | --- | --- |
| 1995 | 1.94% | 10.90% |
| 1996 | 2.61% | 10.00% |
| 1997 | 1.60% | 9.30% |
| 1998 | −2.00% | 7.80% |

(续表)

| 年份 | 日本 GDP 年增长率 | 中国 GDP 年增长率 |
| --- | --- | --- |
| 1999 | −0.20% | 7.60% |
| 2000 | 2.26% | 8.40% |
| 2001 | 0.36% | 8.30% |
| 2002 | 0.29% | 9.10% |
| 2003 | 1.69% | 10.00% |
| 2004 | 2.36% | 10.10% |
| 2005 | 1.30% | 11.30% |
| 2006 | 1.69% | 12.70% |
| 2007 | 2.19% | 14.20% |
| 2008 | −1.04% | 9.60% |
| 2009 | −5.53% | 9.20% |
| 2010 | 4.65% | 10.40% |
| 2011 | −0.57% | 9.30% |
| 2012 | 1.94% | 7.80% |

资料来源：世界银行数据库。

从表16.4可以看出，日本经济泡沫破灭后，连续失去了两个十年，与之对应的中国经济则进入持续高速增长周期。改革开放之初，中国经济在全球位列第十，随着改革开放进程的不断推进，我国进入了一个持续高速增长周期，2010年第三季度超过日本成为世界第二大经济体。从表16.5可以看出，2014年中国经济已经从1990年占全球的1.6%上升到了13.3%，提升了11.7个百分点；1990年中国经济总量分别只有美国、日本、德国、法国和英国的6.2%、11.8%、20.8%、28.7%和35.8%，而到2014年中国经济总量则分别为美国、日本、德国、法国和英国的59.5%、225.2%、268.9%、366.2%和352.2%。2014年中国经济总量已经从1990年美国的6%，上升到了美国的60%；2010年中国经济第一次超过日本，仅仅过去4年，2014年中国经济总量已经是日本的2.25倍，比德国、法国和英国之和还要多。与金砖四国中的其他三国相比，1990年中国经济总量仅分别是巴西、俄罗斯和印度的77.3%、69.1%和112.4%，而2014年这些比重则分别为441.6%、556.8%和501.2%。

表 16.5  1990 年、2000 年和 2014 年世界主要国家的 GDP 对比情况

| 国家 | GDP(亿美元) | | | 各国 GDP 占全球比重(%) | | | 中国 GDP 占各国比重(%) | | |
| --- | --- | --- | --- | --- | --- | --- | --- | --- | --- |
| | 1990 年 | 2000 年 | 2014 年 | 1990 年 | 2000 年 | 2014 年 | 1990 年 | 2000 年 | 2014 年 |
| 中国 | 3 569 | 11 985 | 103 601 | 1.6 | 3.7 | 13.30 | — | — | — |
| 美国 | 57 572 | 97 648 | 174 190 | 26.4 | 30.5 | 22.37 | 6.2 | 12.3 | 59.48 |
| 日本 | 30 183 | 46 674 | 46 015 | 13.8 | 14.6 | 5.91 | 11.8 | 25.7 | 225.15 |
| 德国 | 17 145 | 19 002 | 38 526 | 7.9 | 5.9 | 4.95 | 20.8 | 63.1 | 268.91 |
| 法国 | 12 445 | 13 280 | 28 292 | 5.7 | 4.1 | 3.63 | 28.7 | 90.2 | 366.18 |
| 英国 | 9 959 | 14 509 | 29 419 | 4.6 | 4.5 | 3.78 | 35.8 | 82.6 | 352.16 |
| 意大利 | 11 334 | 10 973 | 21 443 | 5.2 | 3.4 | 2.75 | 31.5 | 109.2 | 483.15 |
| 巴西 | 4 620 | 6 447 | 23 461 | 2.1 | 2.0 | 3.01 | 77.3 | 185.9 | 441.59 |
| 俄罗斯 | 5 168 | 2 597 | 18 606 | 2.4 | 0.8 | 2.39 | 69.1 | 461.5 | 556.82 |
| 印度 | 3 175 | 4 602 | 20 669 | 1.5 | 1.4 | 2.65 | 112.4 | 260.4 | 501.24 |
| 世界 | 218 133 | 320 019 | 778 688 | — | — | — | — | — | — |

资料来源：1990 年、2000 年数据来自《国际统计年鉴 2010》，2014 年数据来自世界银行。

由此，在全球经济发生如此重大转换的关键节点，就需要我们进一步站在大国持续发展的角度来深入研究中国在世界双环流中的枢纽功能和中国与亚非拉之间的协同发展问题，从而为中国对外经济关系发展和整体经济的可持续发展提供更好的理论支撑和政策依据。

"一带一路"正是在全球金融危机之后以中国为枢纽点的全球价值双环流体系初现端倪的背景下，中国在从区域大国向世界大国转型的过程中，第一次主动尝试构建适宜自身发展的全球治理机制，是一种最优的路径选择。该愿景的提出也表明，中国已经从"韬光养晦"的对外思维向"主动布局，经济优先，合作共赢"方向进行转变。

从区域空间来看，"丝绸之路经济带"国内主要覆盖中国西南、西北地区，国际覆盖中亚、南亚、中东等地区。"21 世纪海上丝绸之路"国内覆盖中国东部沿海地区，国际覆盖东南亚、印度洋、北非和西非地区。如何实现如此广域空间的紧密协同发展，实现共同繁荣、互利互惠、共同可持续发展将是一个值得中长期深入探讨的命题。

"一带一路"愿景所涉及的国家或地区的经济发展水平普遍较低，尚在工业化初级阶段，铁路、港口、公路等基础设施建设落后，研发能力普遍较弱，不过经济发展速度普遍较快。根据 EPS 数据库，"一带一路"所涉及国家或地区 2008 年至 2012 年五年间的 GDP 平均增速达到 4.96%，具有很强的经济发展需求，从资本形成率和第二产业占比看，大多数国家低于平均水平，工业

水平相对落后;科研创新能力普遍较低,该区域2011年研发支出占GDP比例平均为0.5%,与此相对应,中国达到了1.84%,而日本达到了3.26%。

### 三、"一带一路"基于的五个协同战略

(一)基础设施协同战略

从2011年公路密度来看,剔除岛国、国土面积较小的国家或地区后,该区域公路密度普遍偏低,中亚以及非洲国家公路密度则更低;从2012年铁路来看,该区域所涉及的国家铁路长度与国土面积之比平均值在1%左右,在剔除国土面积较小的国家或地区后,俄罗斯以及中国这样的国土面积大国,其铁路密度也明显低于面积相似的美国;从2008年至2012年海运港口看,其评价体系1为十分欠发达,7为十分发达,该区域港口评价居中下水平,且整体呈现阶梯式分布。为了实现区域内有效互联互通,可见基础设施的协同发展至关重要。实际上,"一带一路"战略核心之一便是设立亚洲基础设施投资银行,为"一带一路"沿线各国的基础设施建设提供融资支持。

(二)贸易协同战略

21世纪初经济全球化加速发展以来,特别是全球金融危机以来,世界经济格局从"中心—外围"单循环体系向"双环流"体系转换的经贸基础即"新南南合作"机制。新南南合作是针对以往单循环格局下发展中国家在世界经济边缘开展的传统南南经济合作而言的,这一合作,无论从背景、内容、形式、意义上看都大大超越了传统南南合作,可以说,新南南合作真正实现之日,也就是"一带一路"愿景真正实现之时。在"一带一路"贸易协同战略下,中国与该区域的贸易模式必将进行新的调整,这种调整包括,贸易与直接投资和产业转移的融合与互动,从产业间贸易向产业内贸易转变,重新调整贸易结构与贸易条件,通过制度性安排保障和推进贸易与投资关系的协同发展。

(三)产业协同战略

在依托中国全球制造大国的基础上,如何实现该区域三次产业特别是第一产业和第三产业现代化的问题,也就是如何将该区域与中国三次产业更好地融为一体,实现以中国为枢纽点的"一带一路"经济、区域一体化。"一带一路"愿景下的产业对接,要借鉴世界产业沿着中心地等级体系等级扩散和位移扩散模式来探讨该区域如何通过构建地方中心地等级体系(城镇体系)来克服与中国漫长空间距离所带来的不利于产业协同发展的问题。

(四)资本协同战略

进入21世纪以来,由于世界大多数国家逐步放松对外汇市场和资本市场的管制,国际金融市场不断完善和发展,伴随着新技术的创新和金融创新

的不断涌现,国际资本流动的成本进一步降低,资本流动速度加快,规模增大。随着外国企业对中国的直接投资(FDI)和中国企业境外直接投资(ODI)的规模提升,从而在中国、发达国家、亚非拉地区之间形成了资本的"双环流"。"一带一路"需要考虑在以中国为枢纽的条件下如何构建区域内资本协同发展问题。为了保证"一带一路"愿景的正常开展,中国为其提供400亿元的丝路基金并筹建成立亚洲基础设施投资银行。根据财政部最新公告,截至2015年4月15日,亚投行意向创始成员国确定为57个,其中域内国家37个,域外国家20个。

(五)协同治理战略

在"一带一路"愿景下,中国与涉及区域的相互建构是一个全方位的历史过程,目前主要体现为经贸关系,但势必在政治、法律、安全、文化等各个层面展开,因此就要全面宏观地研究全球价值双环流下中国与该区域协同治理机制的问题。基于中国的崛起具有超大的规模性,其对于自然资源及市场的需求,都可能会根本性地改变世界秩序的基本运作原则,而这也就提出了"一带一路"愿景在经济与安全这两个层面有着内在必然的辩证互动关系,如何充分理解中国的发展与该区域的内在一致性将十分值得深入审视与思考。

**四、对"一带一路"的研究与探索**

在当前的时代格局之下,"一带一路"的提出让世界人民眼前一亮,针对"一带一路"的研究也从各个方面不断开展。从学术研究到实践探索,社会各界从不同的角度为"一带一路"的具体落实出谋划策。2015年3月28日,国家发展和改革委员会、外交部、商务部联合发布了《推动共建丝绸之路经济带和21世纪海上丝绸之路的愿景与行动》(以下简称《愿景与行动》),从官方角度对"一带一路"未来的发展方向和发展逻辑进行了统筹和整理,以"政策沟通、设施联通、贸易畅通、资金融通、民心相通"为主要内容,建设具有包容性和开放性的国际合作新思路。其中最值得关注的两条主线分别为实践与学术。

从国际实践经验看,20世纪80年代,东亚地区的区域合作和产业结构布局中有过经典的"雁阵理论",中国作为一个发展中大国,在雁阵序列的尾端,扮演着劳动力密集型产业的承接角色,是产业布局的尾端。如今,中国经济飞速发展,在经济总量上已位居全球第二,在生产规模上已经成为全球重要的制造业大国,东南亚地区的经济也迅速起飞,而曾经的亚洲"四小龙"则没有继续保持往日的发展势头,日本也深受90年代经济萧条的重创,元气大伤,整个亚洲的经济格局出现了深刻的变化,新的区域关系和区域秩序呼之欲出。"一带一路"发端于中国,贯通中亚、东南亚、南亚、西亚乃至欧洲、非洲的部分区域,无论是从发展经济、改善民生,还是从应对金融危机、加快转型升级的角度看,它都具有重要的战略意义,是在区域格局转型换代过程中重要的风向标。在新型的区域经济布局中,中国应当仔细思考自己所遇到的问题和所处的环境,既要畅通国际衔接的道路,又要紧密结合自身所处的产业链条,摆好新时期的"新雁阵",以"一带一路"为契机,明确中国定位,构建新型的产业结构框架,充分发挥中国作为区域性大国的影响力。

从国内实践经验看,"一带一路"是新时期改革发展的重要篇章。我们在探讨改革与发展时,往往强调发展,而忽视改革。从已有建设经验来看,实现发展的主流基本上是在现有条件之下扩大规模,提高资源的投入力度和政策支持力度,在具体操作层面相对简单,能够在短期内起到改良效应。相比于发展,改革则更加具有挑战性,而对经济发展的作用更为根本。在"一带一路"的推行过程中,需要在制度上、模式上、思路上进行创新,以上层建筑的创新来引领经济基础的调整。任何简单的规模和投入的扩大都将或早或晚地触碰到边际收益递减的红线,最终也影响到发展的速率和质量。因此,"一带一路"愿景需要有上层建筑的创新,从根本上为"一带一路"的推进保驾护航。

从学术理论角度看,针对"一带一路"的研究主要有两个导向——问题导向和理论导向。到目前为止,"一带一路"的相关研究以问题导向为主,以智库为载体,根据当前区域经济发展所出现的问题来应对和解决问题,具体问题具体分析。对于"一路一带"的经济理论和社会理论,则在目前的学术建设中显得十分薄弱,对于"一带一路"沿线国家的文化传统、历史渊源、经济脉络、发展模式尚缺乏深入的研究。目前在各个高校以及其他科研机构,针对"一带一路"的理论研究正处于起步阶段,理论体系的建立和完善仍需长时间的积累和调整。唯有对"一带一路"愿景上沿线的每个国家、地区、民族有着充分的了解,才能够实现长期稳定的交流与合作;唯有构建一个符合当前现实的、具有高度指导意义的理论体系,才能够高屋建瓴地把握时事脉搏,引领战略方向。因此,仍需不断推进学术理论对"一带一路"的支持,为"一带一路"愿景提供科学指引。

## 本篇总结

纵观历史上每一个具有影响力的大国的崛起,都向世界输出过标志性的事物。早期的葡萄牙与西班牙有雍容华贵的王室推动的海上探险,荷兰有优质的海运团队、先进的股份制理念,后来的英国有大工厂、蒸汽机以及清教徒的勤勉和绅士的高贵,美国则扛着自由民主的旗帜左右挥舞。这些国家在成长历程中都经历着合作与挑战,向世界展示出了属于自己的、脱胎于经济而落脚于文化的国家名片,这些国家名片,则成为在经济背后更为长久的实力延续,其本身的生命力强劲,影响力深远。

在经济"新常态"之下,"一带一路"愿景的提出本身就是区域经济合作的创新,一直吸引着世界各国的目光,社会各界对于"一带一路"有着极高的期许,并从不同的视角对"一带一路"进行深入的解读和分析,对其具体的落实提出各种各样宝贵的思路和建议。"一带一路"沿线上的各国与中国有着悠久的历史联系,经贸合作也随着时间的推移迅猛发展。各国资源禀赋各异,经济互补性较强,合作潜力和空间大。尤其是与中国发展最为密切的亚非拉国家,是中国参与全球治理的重要部分。搭建以中国为主导的"新雁阵",加强区域经济合作,发挥中国经济在世界经济格局中的重要影响力,实现与周边乃至沿线各国互惠共赢的共同目标。"一带一路"战略思想的建立在各方协同的基础上,其各项战略实施既要遵循各国自身发展,又要具备充分的开放性和包容性。

如今,"一带一路"的战略契机摆在了我们的面前,昭示着中国的崛起在国际经济合作与建立全球治理机制中的重要性。那么此时,我们想要向世界展现出一个什么样的中国?我们究竟有什么名片要向世界输出?这些追问要绵延于"一带一路"进程中的每一个环节,是需要时刻反思和总结的重要内容。

## 参考文献

［1］George Modelski and Sylvis Modelski,eds. (1988)Documenting Global Leadership,Houndmills:Macmillan Press.

［2］George Modelski,ed. (1986),Long Cycles in World Politics,Seattle:University of Wellston Press.

［3］Henry Kissinger(1994),Diplomacy,New York:Simon & Schuster.

［4］Immanuel Wallerstein(1980),The Capitalist World Economy,Cambridge:Cambridge University Press.

［5］Richard Rosencrance(1987),"Long Cycle Theory and International Relations," International Organization.

［6］保罗·肯尼迪著,陈景彪译,《大国的兴衰——1500~2000年的经济变迁与军事冲突》[M].北京,中国经济出版社1989年版.

［7］布罗代尔著,顾良等译:《15至18世纪的物质文明、经济和资本主义》第3卷[M].北京,生活·读书·新知三联出版社1993年版.

[8] 樊亢、宋则行:《外国经济史》(第1册)[M].北京,人民出版社1965年版。

[9] 黄邦和等主编:《通向现代世界的500年——哥伦布以来东西两半球汇合的世界影响》[C].北京大学出版社1994年版。

[10] 联合国教科文组织,中国对外翻译出版公司译:《十五至十九世纪非洲的奴隶贸易》[M].北京,中国对外翻译出版公司1984年版。

[11]《世界经济译丛》,1986年第10期,1987年第10期。

[12] 托马斯·帕特森等著,李庆余译:《美国外交政策》[M].北京,中国社会科学出版社1999年版。

[13] 王逸舟:《西方国际政治学:历史与理论》[M].上海人民出版社1998年版。

[14] 杨生茂:《美国外交政策史:1775—1989》[M].北京,人民出版社1991年版。

[15] 于民:《近代早期西班牙和葡萄牙商业经济的兴起与衰弱》[J].《潍坊学院学报》,2008年5月。